四川省志

Sichuan Shengzhi

人大志

1986—2005

【第四卷】

四川省地方志编纂委员会 编

方志出版社
Publishing House of Local Records

图书在版编目(CIP)数据

四川省志. 人大志:1986—2005 / 四川省地方志编纂委员会编. — 北京 : 方志出版社,2020. 3
ISBN 978 - 7 - 5144 - 4143 - 7

Ⅰ. ①四… Ⅱ. ①四… Ⅲ. ①四川 - 地方志②地方各级人民代表大会 - 工作概况 - 四川 - 1986 - 2005 Ⅳ. ①K297. 1

中国版本图书馆 CIP 数据核字(2020)第 044328 号

四川省志·人大志（1986—2005）

编　　者： 四川省地方志编纂委员会
责任编辑： 高孟君

出 版 者： 方志出版社
地址　北京市朝阳区潘家园东里 9 号（国家方志馆 4 层）
邮编　100021
网址　http://www.zgfzcb.cn
发　　行： 方志出版社图书经销中心
电话（010）67110500
经　　销： 各地新华书店
印　　刷： 成都蜀通印务有限责任公司

开　　本： 889 × 1194　　1/16
正文印张： 25. 75
字　　数： 719 千字
版　　次： 2020 年 3 月第 1 版　2020 年 3 月第 1 次印刷
印　　数： 0001 ~ 2000 册

ISBN 978 - 7 - 5144 - 4143 - 7　　**定价：** 340. 00 元

《四川省志（1986—2005）》
审核委员会成员

主　　任	王　宁			
副 主 任	蔡　竞			
委　　员	马小彬	冯宝运	何晓平	胡品生
	王孝平	谭继和	陈世松	陈廷湘

《四川省志（1986—2005）》
总编、副总编

总　　编	陈建春			
副 总 编	赵　行	邓　瑜	陶利辉	熊　倩
	张兆法	高伟明	朱艳林	牛　淼

《四川省志·人大志（1986—2005）》
责任总编、责任编辑

责任总编	陶利辉
责任编辑	黄文记

《四川省志·人大志（1986—2005）》
编纂委员会

《四川省志·人大志（1986—2005）》
编纂委机构成员

主　　编	袁本朴			
副 主 编	朱新华	李清禾	李尚志	
编　　辑	贺江华	岳茂良	何建兴	王　晋
	朱永良	张鹏举	唐煜博	
编委会办公室主任	潘光霞			
副 主 任	郭　丹			

《四川省志·人大志（1986—2005）》初审领导小组成员

负责人　朱新华

成　员　杨　文　李向志　郑泰安　贺江华　潘光霞　石长清

《四川省志（1986—2005）》

凡　　例

一、本书编纂工作以马克思列宁主义、毛泽东思想、邓小平理论、“三个代表”重要思想、科学发展观、习近平新时代中国特色社会主义思想为指导，坚持辩证唯物主义和历史唯物主义的立场、观点和方法，全面客观地记述四川省行政区域内自然、政治、经济、文化和社会的历史与现状。

二、本书系中华人民共和国成立后首部《四川省志》续编，总名《四川省志（1986—2005）》，由总类、大事纪述、专志、人物、市（州）概况、附录共92卷构成。各分卷名称为《四川省志·××志（1986—2005）》或《四川省志·××志》（后者为特色志志名），设中英文目录。

三、本书上限一般起自1986年，下限一般截至2005年。对前志未设之分卷或篇章从事物发端写起；对前志漏载、误载的某些事项进行补载、更正；对前志记载后变化不大的某些事项进行简要复载；升格详载具有地方特色的某些事项。

四、本书记述的地域范围以1986—2005年四川省行政区划为准。

五、本书采用述、记、志、传、图、表、录等体裁，以志为主。

六、本书总类卷设序言、凡例、总述、卷目等，为各卷之首，全书之纲。关于自然环境、建置沿革、经济与社会历史发展状况等基本省情在总述中作简要复载或反映。各专志（分卷）根据社会分工和学科分类的实际，按“以类相从”或“突出地方特色”的原则设立，以篇、章、节横分类别，节、目以下纵述史实，立足反映四川省行政区域某一事物（事业、行业）断限期内历史与现状的全貌。人物志卷采用传、录、表诸种表述形式，坚持“生不立传”原则，在世人物的突出事迹以事系人载入相关分卷。人物传统一收入人物志。本书大事记以编年体为主，辅以纪事本末体。为完整记述一些重要事物，保存有价值史料，有些分卷设置了专记。

七、本书使用规范的现代语体文记述，行文严谨、朴实、简洁、流畅。使用规范汉字，用词概念准确，符合现代汉语语法规范。使用的标点符号、数字、计量单位等均按国家规定的统一标准书写。

八、本书使用公元纪年，各卷正文（除引文外）采用第三人称表述；行文涉及机构、会议、文件、职衔、地名等，均按当时称谓；除涉及人名、地名、纪年和简称等项采用括注外，其余采用页下脚注。

九、本书资料来源于文献、档案、报刊、书摘、口碑及实地调查等，所用资料均经各修志部门考证、核实。各分卷数据一般采用省统计局公布的数据，省统计局缺乏的，采用有关部门正式提供的数据。

十、各分卷图片分为前置图片和随文插图，随文插图和表格均以篇为单位依次排序编号；所用地图均以省测绘局审定的为准。

十一、各分卷需要特别说明的事项，均在各分卷的《编辑说明》中注明。

《四川省志·人大志（1986—2005）》

编辑说明

一、本志是首轮《四川省志·政务志》（中册）续编。鉴于首轮《四川省志·政务志》（中册）完整记述了第六届人民代表大会的内容，为保持记述内容的完整性，本志上限为1988年1月四川省第七届人民代表大会第一次会议开始，下限至2008年1月四川省第十届人民代表大会常务委员会第三十二次会议结束。本志主要记述四川省政权建设的组织形式、依法履行职权的情况，侧重地方国家权力机关的政治活动。按照“详近略远”的原则，正确运用历史事实反映四川省人民代表大会及其常务委员会的性质、地位和作用。

二、本志记述的地域范围，以断限期内四川省行政区域为准。1997年3月，因重庆市设为中央直辖市调整行政区划，四川原辖重庆市、万县市、涪陵市和黔江地区划出四川省。原划出前1986—1996年涉及四川省人民代表大会及其常务委员会的人物与活动记入本志，统称重庆地区。

三、1986年至2000年6月，全省设市（地、州），入志表述为各市（地、州），2000年6月，撤销眉山地区、雅安地区、巴中地区、资阳地区，分别设地级市。2000年7月至2008年1月，全省设市（州），入志表述为各市（州）。

四、本志记载的各种机构、部门、单位、社团、会议名称，在第一次出现时采用全称，后括注惯用简称，再次出现使用简称，如：“四川省人民代表大会”简称“省人大”，“四川省人民代表大会常务委员会”简称“省人大常委会”。

五、本志语言文字、标点符号、数字数据、计量单位的使用和引文注释的书写等，按国家有关规定执行。

六、本志资料主要来源于档案，个别资料经当事人回忆，经甄别核实无误后入志。

目　录

第二篇　会　议

附 录

Contents

概　述

人民当家作主是社会主义民主政治的本质和核心。作为中国的根本政治制度，人民代表大会制度是中国人民当家作主的根本途径和最高实现形式，也是中国共产党在国家政权中充分发扬民主、贯彻群众路线的最好实现形式。实践证明，这一制度体现国家一切权力属于人民，体现中国共产党领导地位和执政地位，体现中国社会主义国家性质。1988年1月至2008年1月，四川省人大及其常委会走过20年的光辉历程。20年来，在邓小平理论、“三个代表”重要思想、科学发展观的指引下，在全国人民代表大会的指导和中共四川省委的领导下，四川省民主法制建设和人大工作进入一个新的、较好的发展时期。四川省七届、八届、九届、十届人大及其常委会紧紧围绕经济建设这个中心，解放思想，奋发进取，切实履行宪法和法律赋予的职权，在加强社会主义民主法制建设，推进依法治省，建设法治四川、和谐四川，维护社会稳定，保障改革开放和经济建设顺利进行，促进社会发展等方面做了大量工作，发挥了地方国家权力机关应有的作用。

一

中共十一届三中全会后，国家通过修改宪法和制定法律，对完善人民代表大会制度作出一系列重要规定。在各级党委的领导和支持下，人民代表大会制度在全省得到全面恢复，政治体制改革取得突破性进展。1979年12月25日，四川省人大常委会建立。随后，全省市（地、州）、县人民代表大会相继设立常委会，各乡镇人大设立专职主席或副主席。2000年前后，达州、巴中、雅安、眉山、资阳5个地区建市后，全省各市（州）全部建立人大常委会。不断健全和完善工作机构，全省培养和造就一支1万余名专业化水平较高、结构比较合理的人大干部队伍，为各级人大工作的开展提供有力的组织保证。

二

做好立法工作，提高立法质量，是省级地方人大常委会的工作重点，也是民主法治建设的基础。省人大常委会在1988—2008年的立法实践中，坚持以宪法和法律为依据的原则，维护国家法制的统一，统筹兼顾好各方面利益，正确处理地方立法的“创制权”与“不抵触”之间的关系、“数量”与“质量”的关系，努力提高立法质量；坚持从实际出发的原则，在突出地方特色上下功夫；坚持从人民的根本利益、国家的长远利益出发的原则，努力克服部门利益倾向；坚持把党的决策与立法决策相结合的原则，将党的主张通过立法变为国家意志。在做好立法规划的综合调研和科学论证方面做了不少努力，做到每次换届后都抓紧制定五年立法规划，并做好年度立法计划，先后召开4次全省立法工作会议，总结经验，找出差距，统一思想，明确目标。切实抓好立法调研，坚持走群众路线，广泛听取人民群众社会各界的意见和建议，维护广大人民群众的利益。在立法工作中，坚持科学立法、民主立法，建立由专家、学者和司法工作者组成的地方立法咨询小组，坚持向社会公开征集对重要法规草案的意见和立法建议，实行法规草案审议统分结合的三审制。逐步完善立法制度，促进立法程序的规范化，建立重要法规草案向省委报告制度，制定关于提高地方立法质量有关事项的决定、地方性法规草案公开征求意见的办法，修改立法听证会规则和立法技术规定等，探索建立立法后评估制度。注意发挥省人大常委会在立法工作中的主导作用，加强对法规起草工作的协调。突出立法重点，加快经济立法，抓紧制定有关社会主义市场经济体制、保障人民当家作主、规范行政和司法行为等方面的法规，同时，根据发展变化的新情况，对已制定的法规进行补充、修改和清理。20年来，全省先后制定和批准地方性法规共544件，其中省级立法346件，批准成都、重庆（区划调整前）两市制定的法规198件，批准民族自治地方制定的自治条例和单行条例76件，内容涉及经济、政治、文化、科技、教育、卫生、体育、人口、资源、环保、民族宗教等方面。在立法工作中，始终把经济立法放在突出位置，使一批有利于保障和促进全省改革和经济发展的法规及时出台，有的法规在贯彻实施中已取得较好的效果。如土地管理法实施办法、农业承包合同管理条例、都江堰水利工程管理条例、反不正当竞争条例、台湾同胞投资保护法实施办法、鼓励外商投资条例、开发区管理条例、个体工商户条例、私营企业条例、价格管理条例、天然林保护条例、促进科技成果转化条例、预算外资金管理条例、劳动和社会保障监察条例、华侨投资权益保护条例、企业技术创新条例、中小企业促进法实施办法、土地承包法实施办法、劳动力市场管理条例、安全生产条例、防洪法实施办法等，这些法规对于贯彻执行基本国策，保障国民经济健康有序发展，对于保护劳动者的生产积极性，维护社会主义市场经济秩序，加大四川省改革开放力度，促进引进外资工作，扶持个体私营企业发展，深化国有企业改革，作用明显。在加快经济立法的同时，还制定维护社会稳定，加快教育、科技、文化、卫生事业发展，加强精神文明建设，完善人民代表大会制度等方面的地方性法规，有力地促进全省各项社会事业的全面发展。如四川省旅游条例、文物保护法实施办法和阆中古城保护条例等。世界遗产保护条例的制定对自然生态和历史文化两个重要资源，既重视保护，又合理开发利用，促进全省旅游业持续、健康发展。全民健身条例的制定，将全民健身工作纳入法制化轨道，推动四川省全民健身活动的广泛开展。《四川省地方志工作条例》的颁布施行使四川地方志工作步入依法治志的新阶段。

三

加强对“一府两院”的法律监督和工作监督，是地方人大及其常委会的重要职责。省人大常委会进一步端正做好监督工作的指导思想，尤其是监督法颁布实施后把思想和行动统一到法律的规定上来，紧紧围绕全省工作大局，抓住人民群众和社会普遍关注、反映的重点难点问题，加大监督力度，改进监督方式，完善监督程序，增强监督实效。

加强对“一府两院”的工作监督。省人大常委会围绕改革开放、经济建设和社会发展中的重大问题，针对“一府两院”在行政执法、公正司法、反腐倡廉等方面的问题及人民群众关心的“热点”问题，听取“一府两院”的工作报告和情况汇报427次。1988—2008年，一直坚持在常委会后向报告单位发送常委会的书面审议意见，督促其改正工作的制度。如1998年，省人大常委会先后听取省政府关于企业职工社会保障工作和实施再就业工程工作情况的两次专题汇报，对全省35万名下岗职工的生活保障和再就业工作加强监督，有力地推进全省国企改革和社会“热点”“难点”问题的解决，也推动“一府两院”工作的开展。2004年，沱江部分流域发生重特大污染事故，给当地人民生产生活造成严重困难和重大损失。省人大常委会连续两次听取和审议省政府关于事故处理情况的报告，进行联组审议并通过媒体转播，得到广大人民群众和社会各界的赞誉。

执法检查突出重点，切中要害，力戒形式主义。领导深入基层和贴近群众，了解法律法规实施的真实情况，使执法检查的过程同时也成为体察民情和了解民意的过程。20年来，围绕改革开放和经济生活、社会生活中的重大问题，对四川省人民政府、四川省高级人民法院、四川省人民检察院的工作进行有力的监督。省人大常委会从实际出发，针对执法工作中存在的突出问题和全社会广泛关注的“热点”问题，每年有计划、有重点地安排检查1—2个法律法规的执行情况，重点解决一两个实际问题。先后对《中华人民共和国全民所有制工业企业法》《全民所有制工业企业转换经营机制条例》《中华人民共和国反不正当竞争法》《中华人民共和国教师法》《中华人民共和国妇女权益保障法》《中华人民共和国农业法》《中华人民共和国科学技术进步法》《中华人民共和国环境保护法》《中华人民共和国森林法》《中华人民共和国乡镇企业法》《中华人民共和国草原法》《中华人民共和国药品管理法》《四川省天然林保护条例》《中华人民共和国水污染防治法》《中华人民共和国节约能源法》《中华人民共和国传染病防治法》《突发公共卫生事件应急条例》《中华人民共和国土地管理法》《中华人民共和国农村土地承包法》《四川省文化市场管理条例》《四川省农民负担管理条例》《四川省计划生育条例》等40多个法律法规执行情况进行全面检查，对发现的问题都责成有关部门认真纠正。如1998年，省人大常委会组织开展农民负担管理条例执行情况的全省性检查，针对四川省一些地方农民负担过重，农民群众反映强烈的实际状况，从4月开始，在省直有关涉农部门和各市（地、州）、县自查的基础上，省人大常委会派出4个检查组，主要检查省直有关部门实施农民负担管理条例的情况，并重点检查部分市（地）执行条例的情况。8月，省人大常委会专门听取执法检查情况汇报，省人大常委会党组向中共四川省委写出报告。中共四川省委、四川省人民政府对减轻农民负担问题非常重视，撤销4个不符合减负要求的省级文件，停止农村各项升级达标活动。该次检查范围广、力度大、重点突出，督促政府解决问题的措施果断有力，效果较好，农民群众比较满意。此外，省人大常委会对郑六一案件、重庆华侨实业总公司房屋纠纷案及治理眉山地区岷江污染的监督，都取得很好的效果。

组织代表对“一府两院”进行评议监督。1995年以后，全省各级人大常委会普遍开展代表评议工作，评议对象由初期基层的“七所八站”（指县市区及上级部门在乡村的派出机构，“七”和“八”都是概指，并非确数）发展到市、县的行政、司法机关。在中共四川省委直接领导下，省人大常委会从1995年起，连续4年组织人大代表先后评议四川省工商行政管理局、四川省公安厅、四川省人民检察院和四川省高级人民法院的工作，收到良好效果。

认真做好规章和规范性文件备案审查工作。2006年省人大常委会制定规章规范性文件备案审查规定，2007年又根据监督法规定作了修改。自2000年以来，常委会备案审查工作机构共受理报送备案的规章55件，报送的规范性文件共389件，均按有关规定作了处理。

进一步抓好信访工作。这是常委会开展监督工作的途径，也是联系人民群众的纽带。建立信访信息综合分析通报制度和常委会主任会议成员接待上访人员制度，多次召开信访工作座谈会。2005年，省人大常委会专题听取和审议信访工作和重大信访案件办理情况的报告。20年间共处理来信283500余封（件），接待来访379595人次，与市（州）人大常委会一起办理全国人大常委会交办的信访案件6829件。

四

省人大常委会紧紧围绕党的中心工作和群众反映的重大问题，抓大事，议大事，认真行使重大事项决定权，做了大量工作，讨论决定本行政区域内的一些重大事项。1988—2008年，先后作出173个决议、决定。这些决议、决定的出台，对促进全省经济发展、政治稳定，对督促“一府两院”改进工作，保证各项法律法规和政策措施的落实起到积极促进作用。1998年5月，眉山地区128名省、县人大代表联名写信给省人大常委会，反映岷江水质污染严重、造成辖区内网箱养鱼大量死亡事件。省人大常委会对该事件非常重视，要求政府调查处理。省人大城乡建设环境资源保护委员会随即对岷江流域眉山蟆颐堰、毛河和成都府河的水质污染进行视察，并向省人大常委会作出翔实的报告。四川省人民政府和成都市人民政府及眉山地区共拿出160多万元向死鱼的村民作了补偿，化解矛盾，维护稳定，受到群众好评。省九届人大常委会第五次会议在听取和审议省政府关于岷江流域水质污染及防治情况的汇报后，作出《关于综合治理岷江流域水质污染的决议》，要求省政府加强对岷江流域污染治理工作的领导，抓紧制定治污规划，限期治理老污染源，坚决控制新污染源，所有工业污染源到2000年必须达标排放，使岷江干流水质在5年内分段达到国家地面水Ⅱ、Ⅲ类水域标准，有力地推动省政府对环保基本国策的实施。1998年8月，省九届人大常委会第四次会议作出《关于加强天然林资源保护的决议》，坚决及时地保证国务院禁伐令的实施，有力地促进四川省天然林资源的保护和经济的可持续发展。2006年，为贯彻落实全国人大常委会关于加强法制宣传教育的决议和法制宣传教育第三个五年规划，省十届人大常委会听取和审议省政府关于“四五”普法工作情况和“五五”普法工作主要安排的报告，作出关于继续深入开展法制宣传教育的决议。

五

随着《中华人民共和国全国人民代表大会和地方各级人民代表大会选举法》和《中华人民共和国地方各级人民代表大会和地方各级人民政府组织法》的实施，选举制度逐步完善。认真实行县乡人大代表直接选举制度，改进代表提名办法，坚持差额选举原则，保障和扩大人民的民主权利，让人民群众直接参与国家事务的管理，自主选择自己的代表，选择人民的公仆，充分行使当家作主的权力。全省两万多个村普遍实行村民自治，初步实现民主选举、民主决策、民主管理和民主监督。国家决策的民主程度有了提高。省人大常委会在任免工作中，始终坚持党管干部的原则，以对党和人民高度负责的政治责任感，充分发扬民主，认真进行审议，严格依照法定程序办事，任免大批地方国家机关工作人员、保证各级国家机关职能作用的发挥。1988—2008年，共任免国家机关工作人员4379人次。

六

人大代表依法行使职权，是人民当家作主的体现。四川省有各级人大代表近30万人，他们大都生活、工作在基层，最贴近人民群众，最了解社情民意。1988—2008年，省人大常委会始终把密切联系代表、充分发挥代表的作用，作为自身的一项基础工作，作为加强同人民群众联系的重要渠道。尤其是2005年以后，省人大常委会认真贯彻落实中共中央和中共四川省委关于进一步发挥人大代表作用，加强人大常委会制度建设的文件精神，代表工作取得新进展。一是不断提高代表议案和建议、批评、意见的提出质量及办理水平，20年间，共办理代表议案349件，督办代表建议、批评和意见13305件；二是为代表知政服务明显增强；三是扩大代表对常委会活动的参与；四是为代表履职创造更好的条件，省人大代表的活动经费有了较大幅度的提高。从省十届人大三次会议开始，启用大会电子表决系统，对保障代表民主权利起到积极作用。省人大常委会十分注意以各种形式建立健全代表小组，在人民代表大会闭会期间开展经常性活动，组织代表视察、检查，评议“一府两院”工作，参与依法治理。从2006年开始，组织代表开展专题调研，根据需要邀请代表列席常委会和专门委员会会议。

七

为贯彻落实中共十五大提出的依法治国，建设社会主义法治国家的基本方略，中共四川省委于1997年作出关于依法治省的决定，省八届人大五次会议及时作出关于依法治省的决议，对依法治省的指导思想、目标任务和保障措施作出明确规定。省人大常委会积极发挥职能作用，按照决定、决议的要求，结合实际情况，努力推进依法治省工作。始终坚持把督促行政、司法机关依法行政、公正司法作为依法治省的重点内容来抓，并把行政、司法机关分别建立健全部门执法责任制和错案责任追究制作为工作突破口。经过几年的努力，全省大部分行政机关和司法机关都分别建立执法责任制和错案责任追究制，依法治省取得实质性进展。全省各行各业，包括各级国家机关、学校、农村、街道、企事业单位和组织，都承担起对本单位、本系统依法治理的责任，结合普法教育，将依法治省落实到基层，使基层依法治理形势良好，工作越来越深入扎实，对维护社会稳定，保持安定团结的政治局面，调动广大人民群众的政治热情和生产积极性起到重要作用。

做好法制宣传教育，提高公民尤其是领导干部的民主意识和法制观念，是依法治省的基础。省人大常委会始终把法制宣传教育作为一项长期的战略任务，常抓不懈。1996年，听取和审议省政府关于“三五”普法工作安排意见的报告，通过关于在全省继续开展法制宣传教育的决议；1995年、1999年、2003年、2006年省人大常委会先后4次召开人大宣传工作座谈会，总结经验，专题研究如何进一步做好人大制度、人大工作和法律法规宣传等问题，省委及时批转省人大常委会关于加强和改进人大宣传工作的报告，全省市（地、州）普遍召开人大宣传工作会议。1999 年、2004 年，《中华人民共和国宪法》修订后，省人大常委会加大对宪法的宣传力度，在全省再一次掀起学习、宣传宪法的高潮，树立宪法的权威，全省一切有接受教育能力的公民都通过不同形式接受宪法宣传教育，增强宪法意识。省人大常委会十分重视发挥报刊、广播、电视、网络等新闻媒体的作用，通过各种形式大力宣传依法治省，宣传人民代表大会制度和各级人大工作、法律法规，有力地促进全社会的法制宣传教育。省人大常委会机关报刊《人民权力报》《民主法制建设》和四川人大网，在宣传工作中发挥重要作用。省人大常委会积极加强与国外地方议会间的友好往来。20 年间，共接待来访代表团 288 批 2900 余人次，组团出访 90 余次，进一步宣传中国的人民代表大会制度和四川省改革开放、经济发展方面的成果，促进四川省同这些国家的经贸、科技、文化交流与合作，提高四川省在国际上的知名度。

八

加强专门委员会的建设，发挥专门委员会的作用，是常委会做好各项工作的重要一环。省七届人大设立民族、政法、财经、教科文卫、农业、城建环保 6 个专门委员会，常委会组成人员中有 45.6% 是各专门委员会的成员。省八届人大根据工作需要新设立侨务外事工作委员会，省人大专门委员会增加至 7 个。省九届人大一次会议决定增设、调整专门委员会的设置：增设法制委员会，将政法委员会改设为内务司法委员会，将城乡建设环境保护委员会改设为城乡建设环境资源保护委员会。至此，省九届人大设置的专门委员会由省八届人大的 7 个增加为 8 个，序列为：法制委员会、民族宗教委员会、内务司法委员会、财政经济委员会、教育科学文化卫生委员会、农业委员会、城乡建设环境资源保护委员会、外事侨务委员会。20 年间，省人大专门委员会的各项制度不断健全，在立法、监督、执法检查等方面做了大量工作。专门委员会加强与法规起草部门的联系，听取法规草案起草修改情况的汇报，通过专题调查研究、参与论证、召开座谈会等形式，了解情况，研究问题，广泛听取各方面的意见，向省人大常委会提出审议意见的报告；为省人大常委会听取和审议“一府两院”工作报告作必要的准备，协助省人大常委会进行法律监督和工作监督，发挥重要作用；加强同代表和各地人大的联系，召开各种座谈会、联系会、研讨会，直接听取代表意见，与各地人大相互沟通情况、交流经验，共同研究问题；还与兄弟省市人大建立联系，为学习他们的好经验创造条件。省八届人大加强省人大各专门委员会起草和审议法规草案的职能，各专门委员会普遍开展立法的前期调查研究，认真审议法规草案，引导起草部门从国家和人民的根本利益出发，克服本位主义和部门利益倾向；由省人大常委会及有关专门委员会牵头起草的法规增加。省九届人大各专门委员会结合自身工作，开展立法调研，开展有关土地使用权流转、农民增收、农村乱建小庙滥塑神像、人防工作、科教兴川等专题调查研究，为立法决策提供依据。省九届、十届人大各专门委员会协助全国人大对农业法等法律进行执法检查，有力促进这些法律法规在四川全省的贯彻实施。20 年间，各专门委员会坚持把思想建设放在首位，统一思想，提高认识，增强履职能力。以省十届人大专门委员会为例，各专门委员会认真学习邓小平理论、“三个代表”重要思想和科学发展观，学习中共十六大、十七大精神和省党代会及省委全会精神，认真贯彻落实省委人大工作会议精神，在党员干部中相继开展保持共产党员先进性教育、领导干部作风整顿建设等活动，增强专委会成员的使命感和责任感，提高履职能力。

九

经过几届省人大常委会组成人员的艰苦努力，省人大常委会及其机关思想、组织、作风、制度等方面的建设有了长足进步。一是常委会组成人员基本素质逐步明显提高，并向年轻化、专业化方向不断发展。培养和造就一支业务素质较好、比较年轻的机关干部队伍。二是人大的工作条件包括会议中心、新办公楼、办公自动化等硬件设施已具规模，服务质量和管理水平不断提高，干部职工的生活条件明显改善。三是常委会组成人员和机关干部探索并形成学习提高的有效办法。（1）举办专题讲座。把学习正式列入常委会会议议程。每次常委会均专门安排时间学习有关重要讲话，举办法律或科技、经济等方面的讲座。（2）召开理论学习会。每年举办一次全省市（地、州）人大主任学习会，从民主法制建设的实践和新时期人大工作的特点出发，每次理论学习围绕一个主题，力求钻研得深透一些。（3）举办培训班。每届任期内，委托省委党校将全省所有县处级以上人大干部全部轮训一遍，帮助各级人大领导干部提高工作能力和业务水平。（4）坚持中心组学习制度。主要是做好省人大常委会和办公厅领导班子成员的理论学习，学习对象扩大到8个专委会、6个办事工作机构的负责人，制定好学习计划，按计划系统地进行读书学习。每季度集中1—2天时间，围绕一两个重点问题，联系实际，组织集体学习讨论，认真学习法律法规。（5）通过认真总结工作经验制定完善包括加强和规范代表活动、代表议案处理、代表建议批评意见处理、省人民代表大会会议和常委会会议的工作程序、发挥专门委员会作用、加强信访工作、加强同“一府两院”工作联系协调等13个具体规定和办法。建立重要事项向省委报告制度，建立并坚持每年初制定常委会立法、执法检查、听取专项工作报告、调查研究、学习等5个工作计划的制度。

十

1988—2008年，是四川深化改革、加快发展的20年，也是四川省人大及其常委会走过光辉历程的20年，四川省人大在提高立法质量、加强监督职能、强化人大自身建设等方面取得显著成效，为四川经济社会发展提供重要的保障。当然，也存在民主政治建设尚滞后于经济社会的发展，宪法规定的人大职权有待进一步落实和加强等不足。未来，四川省人大及其常委会将在落实重大事项决定权、加强监督的实效性等方面着力，强化人大作为权力机关的职能，更好地服务于四川的经济社会建设。

第一篇　组织机构

组织机构是人大活动的重要载体。四川省人大的组织机构包括人民代表大会、常务委员会、专门委员会、办事工作机构、党组等。人民代表大会制度的核心机构是人民代表大会，人民代表大会是由代表组成的，代表按普遍平等原则选举产生，并按一定条件取得代表资格。常务委员会作为大会闭会期间的常设机关，对代表负责，受代表大会监督。专门委员会是代表大会的工作机关，大会闭会期间受常委会领导。省七届人大一次会议设立5个专门委员会，到省八届人大三次会议时，共设立7个专门委员，省九届人大一次会议增设法制委员会，专门委员会增加到8个。办事工作机构是人大常委会的服务机构，省七届人大办事工作机构设有5个，到省十届人大时办事工作机构增加至7个。此外，党为了实现自己的领导，在人大常委会设立党组，以贯彻执行党的方针政策，团结非党干部和群众，完成国家交给的任务，指导机关党组织工作。

第一章　四川省七届人大组织机构

1988年1月，省七届人大一次会议选举何郝炬等78人组成省七届人大常委会，选举张皓若等7人组成新一届省人民政府（名单见第三篇第四章），选举任凌云为省高级人民法院院长，选举龚读纶为省人民检察院检察长。

省七届人大一次会议选举四川省出席第七届全国人民代表大会代表203人（其中中直机关名额11名，四川省名额192名）。

省第七届人民代表大会常务委员会第三次会议决定接受钱憓辞去第七届全国人民代表大会代表的请求。省七届人大会常委员会第六次会议，经过无记名投票方式，选举吴味辛、土登尼玛（藏族）、钟树梁3人为全国人民代表大会代表。省七届人大常务委员会第十五次会议决定罢免胡绩伟的第七届全国人民代表大会职务。

第一节　四川省七届人大代表

一、省七届人大代表构成

1987年，四川省六届人大五次会议决定省七届人大代表名额不超过980名。1988年1月5日前，四川省各市（地、州）所属县选出代表960名，还有缺额20名。（代表名单见附录一）

二、省七届人大代表变化情况

省七届人大一次会议后，成都市蒲保明、万源县费中2名代表逝世，重庆市蒋民宽代表调离四川，共出缺代表23名。由有关选举单位选举和补选代表6名：万县市卓必富，攀枝花市张良明（女）、袁如鹤（白族），甘孜州张时达、巴登（藏族）、降央加村（藏族）。到1988年8月7日，实际有代表963名。省人大常委会第四次会议后，有3名代表调离四川，即：重庆市黄启璪（女），丰都县蔡肇发，宜宾县任旭文（女），由宝兴县等选举单位补选代表9名，经省七届人大常务委员会第七次会议审议确认有效。至1989年1月16日，省七届人大二次会议共有代表969名。

1989年3月，绵阳、遂宁两市先后召开人民代表大会对本市缺额的代表进行选举。经省七届人大常务委员会第九次会议审议，确认补选的5名代表的代表资格有效，其名单为：绵阳市张正铭、范维君、康林，遂宁市王治国、蒲大琼（女）。至1989年5月8日，省七届人大共有代表974名。

省七届人大二次会议后，有1名代表逝世，2名代表调离四川。由有关选举单位先后选举和补选代表7名：绵阳市张正铭、范维君、康林，遂宁市王治国、蒲大琼（女）；成都市易洪光，重庆市戴文经。到1990年1月省人大常委会第十三次会议时，实有代表973名。

省七届人大三次会议后，有5名代表逝世：成都市赵德树，泸州市刘以汶，绵阳市郑中强，彭水县刘德兴，甘孜州赵德清；有7名代表调离四川：自贡市顾金池，泸州市汪培富，绵阳市范维君，梁平县杨茂正，驻川部队储八斤、王继涵、周文碧；由原选举单位罢免2人：遂宁市周良操，重庆市肖体龙。连同换届时，有关选举单位未选足的6名，共应补选省七届人大代表20名。至省七届人大常委会第二十次会议时，已由达县市等9个选举单位补选代表11人，即：达县市邵正权，遂宁市李庸，绵阳市赵文安、胡中太，泸州市颜世增、滕耀彬，梁平县潘文生，成都市伍学高，忠县杜恒产，自贡市李伯勇，甘孜州韩邦彦（回族）。至省人大常委会二十一次会议时，原有关选举单位未选足及因故出缺的代表9名，酉阳县选出的代表吴怀根和渠县的代表肖贵正逝世，共应补选省七届人大代表11名，经会议审议确认冯希尧的代表资格有效。到省七届人大四次会议时，实有代表970名。

省七届人大四次会议后，绵阳市代表王金城调离四川，凉山州商清富（彝族）、垫江县金洪生、成都市陈家齐、广元市穆培满（回族）、南充地区郑永义、绵阳市邹致远、重庆市赵隆侃、珙县于希文8名代表逝世，由有关选举单位选举和补选代表3名：绵阳市冯崇泰、张毓金；凉山州杨发美（彝族）。到1992年1月14日，省七届人大共有代表964名。

第二节　四川省七届人大常委会

四川省七届人大常委会由省七届人大一次会议选举产生，共有组成人员78名。其中，主任1名，副主任10名，秘书长1名（兼），委员67名。

主　任：何郝炬

副主任：（按姓氏笔画为序）

王　敖	王彦立	韦思琪	扎西泽仁（藏族）	邓自力
白尚武	刘西林	刘海泉	宋大凡	康振黄

秘书长：刘海泉（兼）

委　员：（67名，按姓氏笔画为序）

于希文	王　增	王一纯	王文肃（女）	王志民
王学黎	王尊相	尹宾汤	孔繁庚	冯冰向
宁瑶朱	藻　文	乔梓荣	华文江	刘　杰
刘　明	刘元瑄	刘同信	刘惠君（女）	安文烈
许倩云（女）	孙佩瑜	孙致孚	苍定安	杜天文
李兆亮	李果明	李砚田	李恒明（女）	杨学君（女）
吴志远	吴忠观	佟柏芬（女，满族）	余　洁（女）	张　晋
张文清	张训恒	张先禄	张惠明（女）	林向荣
林添麟	欧阳荣	罗开文	罗世英	岳　忠
孟昭祯	赵一明	赵德清	钟树梁	姜成玉

费　中	袁一飞	顾德诚	徐书林	高福晖
黄惠同	盛永堂	康智盛	梁维舟	隋德美
彭　渝	曾子军	赖仲铭	蔡约生	黎汉超
戴大奎	戴明君（女）			

1989年1月28日，省七届人大二次会议补选刘元瑄、饶用虞为省七届人大常委会副主任，何卿桂为省七届人大常委会委员。

第三节　四川省七届人大专门委员会

1988年1月31日，为适应四川省人民代表大会工作的需要，根据《中华人民共和国地方各级人民代表大会和地方各级人民政府组织法》的规定，省七届人大一次会议决定设立5个专门委员会。

一、民族委员会

主任委员：扎西泽仁（藏族）

副主任委员：冯冰向　　罗开文（彝族）

委　　员：（按姓氏笔画为序）

马有钧（回族）	王　增	司徒波尔（彝族）	李光熙（苗族）
杨吉生（羌族）	佟柏芬（女，满族）	赵云奎（土家族）	赵德清（藏族）
薛世华			

二、政法委员会

主任委员：白尚武

副主任委员：孙致孚

委　　员：（按姓氏笔画为序）

王一纯	华文江	孙佩瑜	林向荣	罗世英
费　中				

三、财政经济委员会

主任委员：宋大凡

副主任委员：王学黎　　刘　杰

委　　员：（按姓氏笔画为序）

宁　瑶	乔梓荣	刘同信	吴忠观	沈　鸣
孟昭祯	黎汉超			

四、教育科学文化卫生委员会

主任委员：康振黄

副主任委员：顾德诚　　张　晋

委　　员：（按姓氏笔画为序）

王文肃（女）　　安文烈　　杜天文　　林昌华

五、农业委员会

主 任 委 员：邓自力

副主任委员：盛永堂

委　　员：（按姓氏笔画为序）

于希文　　刘　明　　刘昌旺　　苏大昆（女）

第四节　四川省七届人大办事工作机构

1988—1990 年，四川省人大常委会对部分办事机构进行调整。1988 年 8 月 7 日，省七届人大常委会第四次会议决定设立办事机构：办公厅、法制工作室、研究室、人事工作室。1990 年 12 月 29 日，省七届人大常委会第二十次会议决定将省人大常委会人事工作室更名为省人大常委会选举任免联络工作室。省七届至十届人大办事机构负责人变动情况详见第三篇第四章。

一、省人大常委会办公厅

主　任：（未设置）

副主任：苏廷章　　陈历伟　　袁祥生

二、省人大常委会法制工作室

主　任：孙致孚

副主任：练俊才　　史　敏

三、省人大常委会选举任免联络工作室（1990 年 12 月前为人事工作室）

主　任：黄惟泽

副主任：王　应

四、省人大常委会研究室

主　任：袁一飞

副主任：向玉明　　彭长卿

五、省人大常委会地区联络委员会（地区工作委员会）

1988 年 9 月 26 日，省七届人大常委会第五次会议决定撤销原宜宾、涪陵、万县、达县、南充、雅安地区联络处，设立省人大常委会宜宾、涪陵、万县、达县、南充、雅安、黔江地区联络委员会。各地区联络委员会在省人大常委会的领导下工作，其组成人员由省人大常委会决定任免。

1990 年 9 月 5 日，省七届人大常委会第十八次会议决定：将省人大常委会在地区设立的联络委员会改为省人大常委会地区工作委员会，地区工作委员会是省人大常委会派出的工作机关，向省人大常委会负责并报告工作，原省人大常委会各地区联络委员会主任、副主任、委员，为省人大常委会地区工作委员会主任、副主任、委员，不再重新任命。

第五节　四川省七届人大常委会党组

中共四川省委批准省七届人大常委会党组由何郝炬、王敖等 7 人组成。省七届人大常委会党组的任务主要是贯彻执行党的方针政策，团结非党干部和群众，完成国家交给的任务，指导机关党组织工作。党组会议是它的主要活动方式。党组会议由党组书记召集和主持，议程由党组书记决定，党组会议实行民主集中制。

书　记：何郝炬

副书记：王　敖

成　员：何郝炬　王　敖　刘海泉　扎西泽仁（藏族）　邓自力
白尚武　宋大凡

第二章　四川省八届人大组织机构

1993年2月，省八届人大一次会议选举杨析综等78人组成省八届人大常委会，选举肖秧等9人组成新一届四川省人民政府（名单见第三篇第四章），选举李玉龙为四川省高级人民法院院长，选举龚读纶为四川省人民检察院检察长。

省八届人大一次会议选举四川省出席第十届全国人民代表大会代表205人（代表名录见附录一）。1993年12月4日，代表高贤华（华西医科大学教授）病逝，代表出缺1名。省八届人大常委会第十一次会议补选刘芸为四川省出席八届全国人大代表。1996年2月10日，代表张美惠（女、自贡东方锅炉厂设计处处长、副总工程师）病逝，代表出缺1名。11月25日，接全国人大常委会办公厅通知：考虑到重庆市的特殊情况，同意从中直机关的八届全国人大代表名额的缺额中调剂一名代表名额给四川。12月17日，省八届人大常委会第二十四次会议补选朱文明、张德邻为四川省出席八届全国人大代表。

第一节　四川省八届人大代表

一、省八届人大代表构成

省八届人大代表名额应为1000名，全省14个市（州）和74个选举单位，实际选出省八届人大代表983名，尚缺17名。其中，女代表192名，占总数的19.5%，少数民族代表113名，占总数的11.5%。这届代表比上届平均年龄有所下降，文化程度上升，其中55岁以下的代表占77.6%，具有大中专以上文化程度的代表占71.55%，妇女、无党派人士和来自工厂、农村生产第一线的代表比上届也有增加，代表中企业家和经济界人士、科技人员显著增加。

省八届人大换届后，代表任乾元（德阳）逝世，省八届人大代表共缺额18名。出席省八届人民代表大会第一次会议的代表982名（名单见附录一）。

二、省八届人大代表变化情况

省八届人大一次会议后，由有关选举单位依法选举或补选缺额代表。省八届人大常委会第三次会议，确认由有关选举单位补选的秦万祥、孙安琅（女）、明琍（女）、夏辉曦（攀枝花市）；李永寿、贺登秋（女）、谭启彬（德阳）；孙昌莲（女）（武隆县）；李继祥（达县地区白沙工农区）9名代表资格有效。至此，省八届人大代表共有991名，缺额9名。后有代表李伯勇（江安县）、陈蓉平（女）（成都）因调离四川，杨同彩（宣汉县）逝世，省八届人大常委会五次会议确认3人的代表资格终止，确认由有关选举单位补选的唐立平（驻川部队）的代表资格有效。至此，省八届人大代表共有989名，缺额11名。后有3名省人大代表调离四川：朱伯儒（驻川部队）、江林洋（渠县）、殷大奎（攀枝花市）；有2名省人大代表逝世：邹世昌（凉山州）、陈大智（重庆市）。省八届人大常委会七次会议，确认3人的代表资格终止，确认由有关选举单位补选的梁英（驻川部队）、段维义（成都市）、赖宜生（宣汉县）的代表资格有效。至此，省八届人大代表共有987名，缺额13名。

省八届人大二次会议后，代表范佩鑫（成都市），丁自立、沈自凯（驻川部队）调离四川。省八届人大常委会十一次会议，确认由有关选举单位补选的魏益章、吴明宗、谭优秀（女）、江贵文（万县市），郝振贤、彭以清、付家寿（广元市），刘永富（甘孜州），钮小明（女）（成都市），左文斯（岳池县），韩忠信（通江县），周固京（凉山州），宋宏、尹伯阶（驻川部队）14人的代表资格有效。至此，省八届人大代表共有998名，缺额2名。后有代表明云成（南充市）调离四川，代表何明刚（南充市）、黄承淑（岳池县）逝世。省八届人大常委会十二次会议，确认3人的代表资格终止，确认由有关选举单位补选的肖慕何（重庆市）的代表资格有效。省八届人大常委会十三次会议，确认由有关选举单位补选出的刘子寿（甘孜州）的代表资格有效。至此，省八届人大代表共有997名，缺额3名。

省八届人大三次会议后，代表全洪瑞（凉山州）调离四川，代表黄伦坤（遂宁市）、左昌其（阿坝州）逝世，代表韩为模（重庆市）被依法罢免，代表陈桂生、黄方毅（自贡市），陈金龙、陈宽金（德阳市），章玉钧（乐山市）辞去代表职务。省八届人大常委会十九次会议，确认12人的代表资格终止，确认由有关选举单位补选的陈历伟（重庆市），王东洲、刘少锋（自贡市），刘伯华、李植松（德阳市），熊继尧（遂宁市），张世银（乐山市），王源峰（南充市），牟绪珩（土家族）（黔江县），王为德（岳池县）10人的代表资格有效。至此，省八届人大代表共有998名，缺额2名。

省八届人大四次会议后，代表王福兴（天全县）调离四川，代表潘广河（重庆市）、遍能（乐山市）逝世。省八届人大常委会二十五次会议，确认3人的代表资格终止，确认由有关选举单位补选的李慎宽（南充市）、欧泽高（藏族）、王体仁（羌族）（阿坝州）10人的代表资格有效。至此，省八届人大代表共有998名，缺额2名。

1997年3月14日，八届全国人大五次会议通过关于批准设立重庆直辖市的决定。决定的第二项明确重庆直辖市管辖原重庆市、万县市、涪陵市和黔江地区所辖行政区域。由原三市一地各选举单位选出的省八届人民代表大会代表总数是250名。行政区域划分调整后：（1）王成惠等32名省八届人民代表大会代表仍生活、工作在四川省行政区域，根据全国人大常委会法工委的答复，他们的选举单位划出，由原选举单位选出的代表仍在原行政区域，其代表资格在该届任期届满前继续有效。对32名代表分别安排到19个市（地、州）代表团，参加省八届人民代表大会第五次会议。（2）由原重庆、万县、涪陵、黔江三市一地各选举单位选出的丁芸仪等218人（重庆128人、万县46人、涪陵24人、黔江20人）生活、工作在重庆直辖市行政区域，驻川部队选出的省八届人民代表大会代表中有汪龙德等8人生活、工作在重庆直辖市行政区域。以上226人随着区域划分而离开四川省行政区域，其代表资格终止。省八届人大五次会议前，有226人随着重庆设立直辖市后离开四川省行政区域，宜宾县肖健康、驻川部队邵积平、胡世祥代表调离四川，攀枝花市选出的王季勋代表病逝，至1997年4月7日有230名代表资格终止，省八届人大五次会议应到代表共有768名。

省八届人大五次会议后，根据省八届人大常务委员会第二十八次会议通过的《省人大常务委员会关于四川省第九届人民代表大会代表名额分配和选举时间的决定》，全省15个市（地、州）所辖30个县（市）及驻川部队，共46个选举单位于1997年12月15日前选出四川省第九届人民代表大会代表885名。第八届全国人民代表大会常务委员会第二十五次会议决定，四川省第九届人民代表大会代表名额为894名，尚缺9名。

第二节 四川省八届人大常委会

省八届人大一次会议选举产生省八届人大常委会组成人员78名。其中，主任1名，副主任10名，委员67名，秘书长1名。

主　任：	杨析综			
副主任：	宋大凡	康振黄	罗通达（藏族）	饶用虞（女）
	任凌云	韦思琪	王叔云	孙自强（彝族）
	孟俊修	徐尚志		
秘书长：	孟俊修			
委　员：	（67名，按姓氏笔画为序）			
	王永锡	王润霖	扎　舍（藏族）	邓继成
	孔繁庚	申富安	兰瑞华	吉福仓
	朱藻文	任益民	刘代坤	刘惠君（女）
	孙文启	孙致孚	杜恒产	杨　岐
	杨灿清	杨国攀	杨家全	苍定安（藏族）
	苏大昆（女）	李月春（回族）	李恒明（女）	李绍明（土家族）
	巫学德	佟柏芬（女，满族）	余钧汉	宋文泳
	张玉清	张先禄	张荣先	张国辉
	阿都泽呷（女，藏族）	陈忠慧	陈宝荣	林添麟
	罗　彤（女）	罗开文（彝族）	罗良仰	岳　忠
	周　琳	周玉振	屈永正	练俊才
	经荣生	胡泽轩	赵文定	钟　戡
	钟树梁	姜　凌（满族）	洛桑拼错（藏族）	袁一飞
	顾乐观	高福晖	黄丹华（女）	黄昌华
	章增荣	续俊海	蒋长安	蒋远猷
	程英男	傅运鸿	舒銮逸（女）	蔡约生
	熊清泉	戴大奎	戴明君（女）	

省八届人大三次会议选举刘子寿、李永寿为副主任。至此，省八届人大常委会共有组成人员80名。

省八届人大四次会议接受2名常委会副主任、13名委员辞去职务。其中，宋大凡辞去省八届人大常委会副主任、省八届人大财经委员会主任委员职务；饶用虞辞去省八届人大常委会副主任、省八届人大外事侨务委员会主任委员职务；罗通达辞去省八届人大民族宗教委员会主任委员职务；罗开文辞去省八届人大常委会委员、省八届人大民族宗教委员会副主任委员职务；任凌云辞去省八届人大政法委员会主任委员职务；孙致孚辞去省八届人大常委会委员、省八届人大政法委员会副主任委员职务；原继先辞去省八届人大政法委员会委员职务；袁一飞辞去省八届人大常委会委员、省八届人大财经委员会副主任委员职务；郑振华辞去省八届人大财经委员会委员职务；姜凌辞去省八届人大常委会委员、省八届人大教科文卫委员会委员职务；杨家全辞去省八届人大常委会委员、省八届人大农业委员会副主任委员职务；杜恒产辞去省八届人大常委会委员、省八届人大城乡建设环境保护委员会副主任委员职务；高福晖、蒋长安辞去省八届人大常委会委员、省八届人大城乡建设环境保护委员会委员职务；王润霖辞去省八届人大常委会委员、省八届人大外事侨务委员会委员职务。

同时，省八届人大四次会议补选常委会副主任 1 名、委员 10 名。其中，

副主任：牟绪珩（土家族）

委　员：（按姓氏笔画为序）

王为德　王源峰　刘少峰　刘安钧　刘伯华
刘崇理　安学发（彝族）　李植松　张世银　陈历伟

1997 年 4 月，因重庆设为直辖市，省八届人大常委会组成人员中，有 1 名副主任、8 名委员随着他们的省八届人大代表资格的终止而相应终止职务。其中，

副主任：韦思琪

委　员：刘惠君　张先禄　陈忠慧　陈宝荣
顾乐观　章增荣　蔡约生　戴大奎

至此，省八届人大常委会组成人员从 80 人减少到 71 人。

第三节　四川省八届人大专门委员会

省七届人大设立的民族、政法、财经、教科文卫、农业、城建环保 6 个专门委员会，常委会组成人员中有 45.6% 是各专门委员会的成员。

省八届人大一次会议选举出 6 个专门委员会的组成人员。其中，有 6 名省八届人大常委会副主任兼任 6 个专门委员会主任委员，32 名省八届人大常委会委员兼任 6 个专门委员会的副主任委员和委员。

一、民族宗教委员会

主 任 委 员：罗通达（藏族）

副主任委员：熊清泉　罗开文（彝族）　王廷杰（羌族）　李月春（回族）

委　　　员：（按姓氏笔画为序）

李绍明（土家族）　李鲁章（苗族）　洛桑拼错（藏族）　蔡约生

二、政法委员会

主 任 委 员：任凌云
副主任委员；孙致孚　　巫学德
委　　员：（按姓氏笔画为序）
邢泸生　　张荣先　　原继先　　程英男　　戴大奎

三、财政经济委员会

主 任 委 员：宋大凡
副主任委员：扎　舍（藏族）　袁一飞　　经荣生
委　　员：（按姓氏笔画为序）
申富安　　吉福仓　　佟柏芬（女，满族）　张先禄　　郑振华
蒋　恒

四、教育科学文化卫生委员会

主 任 委 员：康振黄
副主任委员：钟　戡　　原　钧
委　　员：（按姓氏笔画为序）
刘崇理　　张国辉　　张兴美（女）　周　琳　　姜　凌（满族）

五、农业委员会

主 任 委 员：王叔云
副主任委员：杨家全　　续俊海
委　　员：（按姓氏笔画为序）
兰瑞华　　刘　宇　　苏大昆（女）　周玉振　　黄昌华

六、城乡建设环境保护委员会

主任委员：徐尚志
副主任委员：杜恒产　　岳　忠
委　　员：（按姓氏笔画为序）
杨灿清　　屈永正　　高福晖

七、外事侨务委员会（省八届人大三次会议决定设立）

主 任 委 员：饶用虞（女）
副主任委员：朱藻文　　戴明君（女）
委　　员：（按姓氏笔画为序）
王润霖　　陈忠慧　　吴明瑛（女）　林添麟

至此，省八届人大有7个专门委员会。

省八届人大四次会议决定接受宋大凡等16人辞去在省八届人大7个专门委员会的职务。同时，省八届人大四次会议决定补选出省八届人大各专门委员会24名成员。其中：

民族宗教委员会

主任委员：刘子寿

委　　员：安学发

政法委员会

主 任 委 员：牟绪珩

副主任委员：张荣先　　程英男

委　　员：邓继成　　刘代坤

财政经济委员会

主 任 委 员：李永寿

副主任委员：申富安　　吉福仓

委　　员：王永锡　　刘安钧　　张世银

教育科学文化卫生委员会

委　　员　李植松

农业委员会

主 任 委 员：孙自强

副主任委员：周玉振　　黄昌华

委　　员：王为德　　陈历伟

城乡建设环境保护委员会

副主任委员：杨灿清

委　　员：王源峰　　刘少锋　　杨　岐

外事侨务委员会

主 任 委 员：王叔云

1997年4月，因重庆设为直辖市，省人大民族宗教委员会委员李鲁章、蔡约生，省人大政法委员会委员戴大奎，省人大财经委员会委员张先禄，省人大外事侨务委员会委员陈忠慧5名省八届人大专门委员会组成成员，随着他们的省八届人大代表资格的终止而依法终止相应职务。

第四节　四川省八届人大办事工作机构

一、省人大常委会办公厅

主　任：刘伯华

副主任：陈历伟　　张渝田　　陈克福

二、省人大常委会侨务外事工作委员会（1993年4月16日决定设立）

主　任：饶用虞（女）

副主任：朱藻文　　　　戴明君（女）
委　员：王润霖　　　　陈忠慧　　　　吴明英（女）　　　　林添麟

三、省人大常委会法制工作委员会（1996年6月前为法制工作室）

主　任：孙致孚　　　　练俊才
副主任：（未设置）

四、省人大常委会人事代表工作委员会（1996年6月前为选举任免联络工作室）

主　任：王　应　　　　黄惟泽（1996年6月后）
副主任：黄惟泽（1993年10月至1996年6月）　　严铁桥

五、省人大常委会研究室

主　任：彭长卿
副主任：向玉明　　　　谢　昆

第五节　四川省八届人大常委会党组

省八届人大常委会党组由中共四川省委批准，并受其直接领导，由杨析综、宋大凡、罗通达等7人组成。常委会党组自觉服从本级党组织的领导，积极向省委报告工作，在人民代表大会中贯彻党的意图。

书　记：杨析综
副书记：宋大凡　　　　罗通达（藏族）
成　员：杨析综　　　　宋大凡　　　　罗通达（藏族）　　　　饶用虞（女）　　　　任凌云
孙自强（彝族）孟俊修

第三章　四川省九届人大组织机构

1998年1月，省九届人大一次会议选举谢世杰等81人组成省九届人大常委会，选举宋宝瑞等10人组成新一届四川省人民政府（名单见第三篇第四章），选举敬瑞祥为四川省高级人民法院院长，选举韩忠信为四川省人民检察院检察长，选出四川省出席全国人民代表大会的代表151名。（代表名单见附录）

第一节　四川省九届人大代表

一、省九届人大代表构成

第八届全国人民代表大会常务委员会第二十五次会议决定，四川省第九届人民代表大会代表名额为894名。截至1997年12月15日，全省15个市（地、州）所辖30个县（市）及驻川部队，共46个选举单位，采取差额选举和无记名投票的办法进行换届选举，实际选出885名，尚缺9名（代表名单见附录一）。

二、省九届人大代表变化情况

省九届人大一次会议后，出缺代表3名：南充市选出的黄工乐因故辞去代表职务；绵阳市选出的黄丹华调团中央工作；德阳市选出的徐松南调湖北省工作，以上共缺额省九届人大代表12名。未选足的2名和出缺的1名，一并推荐到资阳地区选举。由有关选举单位依法选举和补选出9名代表。即：自贡市熊开洪，攀枝花市刁鸿，遂宁市邓孝志、陈树荣，绵阳市杨建国，甘孜州毛云辉，资阳地区汪兴高、杨崇汇、罗通达。至省九届人大常委会第七次会议时，省九届人民代表大会共有代表891名，尚缺3名。

省九届人大二次会议后，成都市的代兴泉被罢免代表资格，自贡市的宋宝瑞，攀枝花市的吴登昌已调离四川省，绵阳市的张应文因工作变动辞去代表职务。2000年1月19日，由有关选举单位依法选举和补选出6名代表，即：成都市的唐贤智，自贡市的廖杰，攀枝花市的张成明，德阳市的吴勉坚，绵阳市的周永康①，内江市的乔耀海。

省九届人大三次会议后，成都市选出的代表胥洪秋，阿坝州选出的代表王廷杰，凉山州选出的代表吉克木曲3名代表去世；自贡市选出的代表郑信鑫调深圳市工作，泸州市选出的代表徐晓玉调

① 周永康，2015年6月11日以受贿、滥用职权、故意泄露国家秘密案被判处无期徒刑，剥夺政治权利终身、并处没收个人财产。

重庆市工作，广安市选出的代表敬正书调水利部工作，驻川部队选出的代表艾永康、谭凤平、叶万勇[1]等6名代表调离四川；2名代表被罢免：名山县选出的代表刘×山，涉嫌贪污、受贿；内江市选出的林×，涉嫌虚开增值税专用发票和受贿犯罪。由有关选举单位依法选举和补选4名代表：甘孜州的降呷，凉山州的骆玉祥，驻川部队的李柏霖、李文忠。到2000年11月24日省九届人大常委会第二十次会议时，实有代表886名。省九届人大常委会第二十次会议后，由有关选举单位依法补选5名代表：自贡市的唐坚，泸州市的李春城[2]，内江市的黄小祥，雅安市的李建华，阿坝州的杨吉生。到2001年1月12日省九届人大常委会第二十一次会议时，省九届人民代表大会实有代表891名。

省九届人大四次会议后，由有关选举单位补选11名代表，即泸州市的徐波，自贡市的钟历国、吴长生，内江市的曾省权，南充市的黄顺福，眉山市的晏永和，德阳市的李成云[3]，资阳市的王景荣、陈光志，广安市的王三运[4]、谭力[5]。截至2002年3月30日，省九届人大常委会第二十八次会议，省九届人民代表大会实有代表894名。

第二节　四川省九届人大常委会

四川省九届人大常委会由省九届人大一次会议选举产生，共有组成人员85人。主任1名，副主任10名，委员69名，秘书长1名，委员尚缺额4人。

主　任：谢世杰

副主任：孟俊修　牟绪珩（土家族）　孙自强（彝族）　刘子寿（藏族）　李永寿　张宗源　刘永顺　张国辉　钮小明（女）　卢铁城

秘书长：杨启泉

委　员：(69名，按姓氏笔画为序)

王　应	王为德	王廷杰（羌族）	王道延	王源峰
田景岳（土家族）	冉光荣	兰树堂	尧斯丹（藏族）	朱藻文
向　阳	刘少峰	刘世明	刘同心	刘庆来
刘伯华	刘建纪	刘崇理	江相麒	孙本先
李开明	李恒明（女）	李慎宽	李植松	杨　岐
杨秀明	苏大昆（女）	严建成	苍定安（藏族）	吴性儒
吴济华	何毓成	余天佑（彝族）	余光银	汪定熵
张世银	陆明远	邵启昌	阿都·泽呷（女，藏族）	
陈历伟	陈协蓉	陈家铨	林先泽	周礼成（羌族）
周新远	屈乾华	练俊才	胡　渝（女）	胡祖禹

---

① 2014年5月，中央军委纪委对叶万勇立案调查，2014年8月移送军事司法机关依法处理。
② 2015年10月12日，李春城因受贿罪、滥用职权罪被判处有期徒刑十三年，没收个人财产100万元。
③ 2017年5月31日，李成云因受贿罪被判处有期徒刑10年，并处罚金60万元。
④ 2019年4月11日，王三运因受贿罪被判处有期徒刑12年，并处罚金人民币400万元。对其受贿所得财物及其孳息予以追缴，上缴国库。
⑤ 2016年10月13日，谭力因受贿罪被判处无期徒刑，剥夺政治权利终身，并处没收个人全部财产。对其受贿所得财物予以追缴，上缴国库。

姜仁初	耿全礼	袁福有	唐孝耇	唐益财
扈远仁	梁世鹏	彭长卿	彭柏林	舒銮逸（女）
傅德芝（女）	鲁满保	童若春（女）	曾清华（女）	赖宜生
赖明扬	詹君美（女）	谭洪信	熊钟澜	樊月明

省九届人民代表大会第三次会议选举出汪兴高、黄永光、黄惟泽、廖杰 4 名省九届人大常委会委员。至 2000 年 1 月 27 日，省九届人大常委会共有 85 名组成人员。省九届人大三次会议后，省九届人大常委会委员向阳调省监察厅工作，于 2000 年 5 月 7 日省十届人大常委会在省九届人大常委会第十六次会议上辞去常委会委员、内务司法委员会副主任委员职务；省九届人大常委会委员王廷杰于 2000 年 5 月因公殉职；省九届人大常委会副主任李永寿因到任职年龄界限，于 2001 年 1 月 13 日省十届人大常委会在省九届人大常委会第二十一次会议上辞去省人大常委会副主任职务。

省九届人大四次会议接受李永寿辞去省九届人民代表大会财政经济委员会主任委员职务，决定黄寅逵为省九届人民代表大会财政经济委员会主任委员；依法选举了黄寅逵和徐世群为省人大常委会副主任。省人大常委会组成人员实有 82 名，出缺 3 名。省九届人大四次会议后，省人大常委会委员周新远因病去世。因到任职年龄，2002 年 3 月 30 日，省九届人大常委会第二十八次会议，决定接受卢铁城辞去省九届人大常委会副主任职务。

省九届人大五次会议依法选举席义方、敬中春为省人大常委会副主任。2002 年 11 月 30 日，省九届人大常委会第三十二次会议，决定接受尧斯丹辞去省九届人大常委会委员职务。

第三节　四川省九届人大专门委员会

四川省九届人大一次会议决定增设、调整专门委员会的设置。增设法制委员会，将政法委员会改设为内务司法委员会，将城乡建设环境保护委员会改设为城乡建设环境资源保护委员会。至此，省九届人大专门委员会由省八届人大的 7 个增加为 8 个，序列为法制委员会、民族宗教委员会、内务司法委员会、财政经济委员会、教育科学文化卫生委员会、农业委员会、城乡建设环境资源保护委员会、外事侨务委员会。

一、法制委员会

主 任 委 员：牟绪珩（土家族）
副主任委员：练俊才　吴性儒　彭长卿
委　　　员：（按姓氏笔画为序）
李植松　陈宗麒　屈乾华

二、民族宗教委员会

主 任 委 员：刘子寿（藏族）
副主任委员：周礼成（羌族）　樊月明　王毓强（藏族）
委　　　员：（按姓氏笔画为序）
王廷杰（羌族）　苏呷沙且（彝族）　余天佑（彝族）　陆明远

胡克礼（藏族）　释大恩

三、内务司法委员会

主 任 委 员：张宗源
副主任委员：谭洪信　杨秀明　向　阳
委　　　员：（按姓氏笔画为序）
尧斯丹（藏族）　赵肖东（女）　鲁满保　曾清华（女）

四、财政经济委员会

主 任 委 员：李永寿
副主任委员：刘伯华　张世银　詹君美（女）　姜仁初
委　　　员：（按姓氏笔画为序）
王天强　王永锡　陈家铨　傅德芝（女）　廖整风（女）

五、教育科学文化卫生委员会

主 任 委 员：钮小明（女）
副主任委员：扈远仁　刘世明　刘建纪　刘崇理
委　　　员：（按姓氏笔画为序）
冉光荣　刘庆来　徐晓康（女）　黄元正　童若春（女）

六、农业委员会

主 任 委 员：孙自强（彝族）
副主任委员：陈协蓉　周新远　王为德　陈历伟
委　　　员：（按姓氏笔画为序）
王道延　苏大昆（女）　何毓成　陈双全

七、城乡建设环境资源保护委员会

主 任 委 员：刘永顺
副主任委员：刘少峰　唐孝耇　王　应
委　　　员：（按姓氏笔画为序）
王源峰　杨　岐　吴济华　唐　伦　舒銮逸（女）

八、外事侨务委员会

主 任 委 员：张国辉
副主任委员：朱藻文　梁世鹏　黄惟泽
委　　　员：（按姓氏笔画为序）
刘同心　汪定熵　林家湘　胡　渝（女）

1998—1999 年，四川省九届人大常委会任命部分副主任委员。1998 年 6 月 12 日，省九届人大常委会第三次会议任命袁福有为省九届人大外事侨务委员会副主任委员。1998 年 12 月 18 日，省九届人大常委会第六次会议任命耿全礼为省九届人大内务司法委员会副主任委员。1999 年 4 月 3 日，省九届人大常委会第八次会议任命汪兴高为省九届人大教育科学文化卫生委员会副主任委员；黄永光为省九届人大农业委员会副主任委员。

2000 年 3 月 31 日，省九届人大常委会第十五次会议任命余天佑为省九届人大民族宗教委员会副主任委员；林先泽为省九届人大内务司法委员会副主任委员；廖杰为省九届人大财政经济委员会副主任委员；唐伦为省九届人大城乡建设环境资源保护委员会副主任委员；刘同心为省九届人大外事侨务委员会副主任委员。

2000 年 5 月 7 日，省九届人大常委会第十六次会议决定接受向阳辞去省九届人大常委会委员、内务司法委员会副主任委员职务。同时，任命吴才荣为省九届人大内务司法委员会副主任委员；董任远为省九届人大教育科学文化卫生委员会副主任委员；陈德静为省九届人大农业委员会副主任委员；刘丹陵为省九届人大城乡建设环境资源保护委员会副主任委员；李长春为省九届人大外事侨务委员会副主任委员。

2000 年 11 月 30 日，省九届人大常委会第二十次会议免去赵肖东的省九届人大内务司法委员会委员职务；陈双全的省九届人大农业委员会委员职务。任命陈开华为省九届人大常委会法制工作委员会主任；赵肖东、陈双全为省九届人大法制委员会委员。

2001 年后，省九届人大常委会又作出两项重要的任命，分别为：2001 年 3 月 30 日省九届人大常委会第二十二次会议任命徐宗钰为省九届人大教育科学文化卫生委员会副主任委员；2002 年 1 月 18 日省九届人大常委会第二十七次会议任命周登全为省九届人大农业委员会副主任委员。

第四节　四川省九届人大办事工作机构

一、省人大常委会办公厅

主　任：杨启泉　　李代友
副主任：陈克福　　张渝田　　赵正源　　张丽华　　杨善均
　　　　宋国文　　杨　文

二、省人大常委会法制工作委员会

主　任：陈开华
副主任：赵肖东　　陈双全

三、省人大常委会人事代表工作委员会

主　任：严铁桥
副主任：邱传杰　　肖荣齐

四、省人大常委会预算工作委员会

主　任：詹君美

副主任：胥　纯

五、省人大常委会研究室

主　任：彭长卿　　　　袁祥生（2001 年 3 月后）

副主任：袁祥生（1998 年 1 月至 2001 年 3 月）　　谢　昆　　　　李尚志

六、省人大常委会信访办公室

主　任：王　杨

第五节　四川省九届人大常委会党组

中共四川省委批准省九届人大常委会党组由谢世杰、孟俊修、牟绪珩、黄寅逵、徐世群、席义方等 13 人组成。省九届人大常委会党组的任务为接受省委发布的指示，积极向省委报告工作，并在人大贯彻党的意图。主要活动方式为召开党组会议。党组会议由党组书记召集和主持，议程由党组书记决定，党组会议实行民主集中制。

书　记：谢世杰

副书记：孟俊修　　　牟绪珩（土家族）　　黄寅逵　　　徐世群　　　席义方

成　员：谢世杰　　　孟俊修　　　牟绪珩（土家族）　黄寅逵　　　徐世群
　　　　席义方　　　孙自强（彝族）刘子寿（藏族）　李永寿　　　张宗源
　　　　刘永顺　　　敬中春　　　杨启泉

第四章 四川省十届人大组织机构

2003 年 1 月，省十届人大一次会议选举张学忠等 82 人组成省十届人大常委会，选举张中伟等 9 人组成新一届省人民政府（名单见第三篇第四章），选举李少平为省高级人民法院院长，选举陈文清为省人民检察院检察长。

省十届人大一次会议选举四川省出席第十届全国人民代表大会代表 147 名。在 147 名代表中，中直机关 10 名；四川各方面的代表 137 名。其中少数民族代表 21 名，妇女代表 33 名。年龄最大的 71 岁，年龄最小的 26 岁。

省十届人大常委会第四次会议依法罢免鄢良钟的第十届全国人民代表大会代表职务，经第十届全国人大常委会代表资格审查委员会审查，全国人大常委会终止鄢良钟的第十届全国人民代表大会代表资格，四川省出席第十届全国人民代表大会代表现出缺 1 名。省十届人大常委会第七次会议等额补选攀枝花市市长赵爱明为四川省出席第十届全国人民代表大会代表。

第一节 四川省十届人大代表

一、省十届人大代表的构成

按照八届全国人大常委会二十五次会议通过的代表名额的决定，省十届人大代表名额应为 894 名。21 个市、州和驻川部队，于 2002 年 12 月 17 日前选出四川省第十届人民代表大会代表 885 名，尚有 9 名代表未选足。省十届人大一次会议召开前，成都市选出的代表中 1 名调离四川，出缺 1 名。

二、省十届人大代表变化情况

省十届人大一次会议应有代表 884 名，共缺额 10 名（名单见附录二）。省十届人大常委会第四次会议，确认德阳市第五届人民代表大会第一次会议选出的省十届人大代表曾顺碧、雷庆铭、谭开玉的代表资格有效。后有成都市选出的王洪章代表、驻川部队选出的朱新民代表调离四川，自贡市选出的晏世明代表去世，内江市选出的鄢良钟的代表职务被罢免。上述 4 名代表的代表资格终止，共缺额 11 名。王洪章的省十届人大财经委员会委员职务也相应终止。省十届人大常委会第七次会议，确认成都市人大常委会补选的葛红林、自贡市人大常委会补选的甘居华、内江市人大常委会补选的叶壮、驻川部队补选的刁国新 4 人的省十届人大代表的代表资格有效。至此，省十届人大代表有 887 名。

省十届人大二次会议后，宜宾市选出的范让能代表辞去代表职务，攀枝花市选出的张涛代表调离四川。依照代表法的有关规定，范让能、张涛的代表资格终止。后由有关选举单位依法选举或补选，省十届人大常委会第八次会议确认王佐元、余明华（攀枝花）、梁治辉（巴中）3名代表的代表资格有效，缺额6名。至此，省十届人大代表有888名。后有驻川部队选出的徐宏亮代表调离四川，代表资格依法自行终止。宜宾市人大常委会补选焦伟侠、驻川部队补选李尚富为省十届人大代表。省十届人大常委会第十次会议确认其代表资格有效。至此，省十届人大实有代表889名，缺额5名。后有成都市选出的弓继权代表的代表职务被罢免，泸州市选出的袁秀平代表调离四川，省直机关分配到乐山市选举的刘鹏代表调离四川，以上共缺额8名。省十届人大常委会第十三次会议，确认由有关选举单位补选出的骆隆森（成都）、孙平（攀枝花）、陈冠松（泸州）的代表资格有效。至此，省十届人大实有代表889名，缺额5名。

省十届人大三次会议后，省直机关分配到德阳市人大选举的韩祥林代表调离四川。省十届人大常委会第十六次会议，确认由有关选举单位补选出的于伟（乐山）的代表资格有效。至此，省十届人大实有代表889名，缺额5名。有赵国庆（成都）因病去世，秦宜智（攀枝花）调离四川，李达昌（遂宁）被依法罢免，省十届人大常委会第十七次会议公告这3名代表的代表资格终止。至此，省十届人大实有代表886名，共缺额8名。后有陈德玉（乐山）辞去代表职务，张大常、刘羽成、杨国友（乐山）被罢免代表职务，其代表资格依法终止，共缺额12名。省十届人大常委会第十八次会议，确认由有关选举单位补选出的戴洪生（德阳）的代表资格有效。至此，省十届人大实有代表883名，缺额11名。后有代表赵强（成都）、刁国新（驻川部队）调离四川，代表资格依法终止，以上共缺额13名。省十届人大常委会第十九次会议，确认由有关选举单位补选出的李明昌、李华、唐巧（成都），翁蔚祥（自贡），赵爱明（攀枝花），姜晓亭、陈伯伦、李佳（乐山），曾正元（驻川部队）的代表资格有效。至此，省十届人大实有代表890名，共缺额4名。

省十届人大四次会议后，代表李先国（广安）调离四川，饶先树（成都）和邓龙琪（自贡）被依法罢免，上述3人的代表资格终止。省十届人大常委会第二十一次会议，确认由有关选举单位补选出的解洪（宜宾）的代表资格有效。至此，省十届人大实有代表888名，缺额6名。省十届人大常委会第二十二次会议，确认邱德峰（自贡）的代表资格有效。后有代表陈文清（达州）调离四川，黄学玖（绵阳）被依法罢免，省十届人大常委会第二十三次会议，确认上述2人的代表资格终止。省十届人大实有代表887名。省十届人大常委会第二十四次会议，确认因代表戴洪生（德阳）调离四川，陈永亮（宜宾）迁出四川，傅志康（雅安）工作调动辞去代表职务，李祖伦（达州）、骆玉祥（凉山）被依法罢免，上述5人的代表资格终止；确认由有关选举单位补选出的崔保华（遂宁）、杨冬生（宜宾）、李仲彬（巴中）、徐孟加（雅安）、吴靖平（凉山）的代表资格有效。省十届人大实有代表887名。省十届人大常委会第二十四次会议，确认由有关选举单位补选出的杜青林（成都）、胥健（达州）的代表资格有效。省十届人大实有代表889名。省十届人大常委会第二十六次会议，确认由有关选举单位补选出的甘道明（德阳）、唐利民（绵阳）、韩忠信（广安）的代表资格有效。省十届人大实有代表892名。

省十届人大五次会议后，代表陈家荣（成都）被依法罢免。省十届人大常委会第二十九次会议，确认陈家荣的代表资格终止。省十届人大实有代表891名，缺额3名。省十届人大常委会第三十一次会议，确认代表马开明（广安）、周维莲（成都）因公去世，韩宗山（攀枝花）被依法罢免，其代表资格自行终止。共出缺代表6名，省十届人大代表实有888名。

第二节 四川省十届人大常委会

省十届人大常委会由85人组成。省十届人大一次会议选举产生组成人员82名。其中主任1名、副主任12名、秘书长1名、委员68名。

主 任：张学忠

副主任：黄寅逵 席义方 牟绪珩（土家族） 徐世群 刘子寿（藏族） 张宗源 刘永顺 钮小明（女） 马开明（彝族） 敬中春 陶晞晦 陈德玉

秘书长：杨启泉

委 员：（68名，按姓氏笔画为序）

水普老毛（彝族）	田景岳（土家族）	母继福	兰树堂	成 甦
任登菊（女）	任德俭	华铁平	向 阳	刘庆来
严建成	杜 江	李 峰	李之侠	李开明
李先国	李荣伟	李洪福	李锡炎（土家族）	李德元
杨 岐	何毓成	汪定熵	张世昌	
阿什老轨（彝族）	阿都泽呷（女，藏族）		陈开华	陈历伟
陈恩美（女，回族）	卓凯星	罗 强	罗松柏	罗懋康
周维莲（女）	周登全	赵 岷	赵希文	郝士权
柯尊洪	侯一平	姚汉民	夏代川	徐学元
高 庆（女）	郭晓黎	唐 宁	唐公昭	唐朝纪
凌时人	曹正其	彭言智（女）	董任远	董保真
蒋明政	蒋显伦	韩祥林	喻秉钧	释永寿
傅应铨	舒维双	鲁满保	曾清华（女）	谢天刚
谢文楷	谭华生	熊 珩	熊兴苹（女）	熊继尧

2003年9月25日，省十届人大常委会第五次会议决定接受蒋显伦辞去省十届人大常务委员会委员职务。

省十届人大二次会议补选王荣轩为省十届人大常务委员会副主任，选出朱俊伟、李隆春、骆玉祥3人为省十届人大常务委员会委员。

省十届人大三次会议后，乐山市人大常委会作出《关于接受陈德玉辞去四川省第十届人民代表大会代表职务请求的决定》。省十届人大常委会第十八次会议，决定终止陈德玉省十届人大代表资格，其省十届人大常务委员会副主任职务相应终止。

省十届人大四次会议决定接受黄寅逵、牟绪珩、徐世群、张宗源、刘永顺等省人大常委会部分副主任辞去职务；决定接受兰树堂辞去省十届人大常委会委员职务。决定接受董任远辞去省十届人大常委会委员、省十届人大教育科学文化卫生委员会副主任委员职务。会议选举陈文光、李洪仁为省人大常委会副主任；选举王体乾、李高伟、张仲炎、姜保山、黄忠鑫、蒋先继为省人大常委会委员。省十届人大常委会第二十次会议，决定接受罗强辞去省十届人大常委会委员。省十届人大常委会第二十四次会议确认骆玉祥的代表资格终止，其省十届人大常委会委员相应撤销。

省十届人大五次会议接受张学忠辞去省十届人大常委会主任职务；接受敬中春辞去省十届人大常委会副主任职务。选举杜青林为省十届人大常委会主任。甘道明、韩忠信、杨志文为省十届人大常委会副主任。补选颜家瑾、颜继禄为省十届人大常委会委员。省十届人大常委会第二十九次会议，决定接受蒋先继辞去省十届人大常委会委员职务。省十届人大常委会第三十一次会议，决定因为马开明、周维莲去世的代表资格自然终止，马开明的省十届人大常委会副主任职务和周维莲的省十届人大常委会委员、省十届人大财政经济委员会主任委员职务自然终止。省十届人大常委会第三十二次会议，决定接受杜青林辞去省十届人大常委会主任职务；推选省十届人大常委会副主任席义方代理省十届人大常委会主任职务。

第三节　四川省十届人大专门委员会

省九届人民代表大会设置8个专门委员会，即法制委员会、民族宗教委员会、内务司法委员会、财政经济委员会、教育科学文化卫生委员会、农业委员会、城乡建设环境资源保护委员会、外事侨务委员会。

省十届人大一次会议选举出8个专门委员会的组成人员。

一、法制委员会

主 任 委 员：唐公昭

副主任委员：徐学元　　赵希文　　熊　珩

委　　　员：（按姓氏笔画为序）

陈双全　　陈恩美（女，回族）　　谢文楷

二、民族宗教委员会

主 任 委 员：陈开华

副主任委员：王毓强（藏族）　阿什老轨（彝族）

委　　　员：（按姓氏笔画为序）

李洪福　　李清禾　　杨吉生（羌族）　　胡克礼（藏族）　　释永寿

三、内务司法委员会

主 任 委 员：向　阳

副主任委员：蒋明政　　鲁满保　　李　峰

委　　　员：（按姓氏笔画为序）

侯一平　　赵肖东（女）　谢商华（女）　　韩祥林

四、财政经济委员会

主 任 委 员：周维莲（女）

副主任委员：傅应铨　　夏代川　　赵　岷
委　　员：（按姓氏笔画为序）
王天强　　王洪章　　白云升　　徐晓康（女）

五、教育科学文化卫生委员会

主 任 委 员：李之侠
副主任委员：董任远　　卓凯星　　唐朝纪
委　　员：（按姓氏笔画为序）
刘庆来　　宋玉鹏　　董保真　　廖整风（女）

六、农业委员会

主 任 委 员：舒维双
副主任委员：曹正其　　陈历伟
委　　员：（按姓氏笔画为序）
李先国　　李荣伟　　杨武云　　柏　凡　　滕家谟

七、城乡建设环境资源保护委员会

主 任 委 员：周登全
副主任委员：唐　宁　　熊兴苹（女）　　凌时人
委　　员：（按姓氏笔画为序）
杨　岐　　何毓成　　葛文彬　　谭华生

八、外事侨务委员会

主 任 委 员：罗松柏
副主任委员：郭晓黎　　彭言智（女）　　袁祥生
委　　员：（按姓氏笔画为序）
成　甦　　汪定熵　　姚汉民　　高　庆（女）

省十届人大常委会第七次会议决定，省十届人大财经委员会委员王洪章，由于调离四川，依法自行终止其代表资格，其省十届人大财经委员会委员职务也相应终止。

省十届人大常委会第八次会议接受谢商华辞去省十届人大内务司法委员会委员职务。省十届人大常委会第四次会议接受董任远辞去省十届人大教育科学文化卫生委员会副主任委员职务。省十届人大常委会第二十四次会议确认骆玉祥的代表资格终止，其省十届人大民族宗教委员会副主任委员职务相应撤销。

省十届人大常委会第三十一次会议决定，因周维莲的代表资格自然终止，其省十届人大财政经济委员会主任委员职务自然终止，任命傅应铨为省十届人大财政经济委员会代理主任委员。

在机构设置方面，省十届人大常委会第十四次会议决定设立省人大常委会港澳台事务工作委员会，与省人大外事侨务委员会实行“两块牌子、一套班子”，合署办公。

第四节　四川省十届人大办事工作机构

一、省人大常委会办公厅

主　任：李代友　　　　张渝田
副主任：张丽华　　　　杨　文

二、省人大常委会法制工作委员会

主　任：陈开华　　　　张渝田
副主任：赵肖东　　　　陈双全　　　　肖　萍　　　　张　力

三、省人大常委会人事代表工作委员会

主　任：宋国文
副主任：邱传杰　　　　肖荣齐　　　　弓继柏　　　　吕　华

四、省人大常委会预算工作委员会

主　任：詹君美、付应铨
副主任：胥　纯

五、省人大常委会港澳台事务工作委员会

主　任：罗松柏
副主任：郭晓黎　　　　彭言智　　　　袁祥生

六、省人大常委会研究室

主　任：袁祥生　　　　谢　琨
副主任：崔建华　　　　钟剑麟

七、省人大常委会信访办公室

主　任：王　杨　　　　王　建

第五节　四川省十届人大常委会党组

省十届人大常委会党组由中共四川省委批准，并接受其直接领导，由黄寅逵、席义方、牟绪珩、徐世群、王荣轩、陈文光等 14 人组成。党组认真贯彻省委的指示，并接受省委对其工作的指导监督，在人民代表大会中积极贯彻省委的意图。

书　记：黄寅逵　　　　席义方

副书记：牟绪珩（土家族）　徐世群　王荣轩　陈文光

成　员：黄寅逵　席义方　牟绪珩（土家族）　徐世群　王荣轩
陈文光　刘子寿（藏族）　张宗源　刘永顺　马开明（彝族）
敬中春　陶晞晦　陈德玉　杨启泉

第二篇　会　议

人民代表大会是民意机关，一切事情都必须通过民主的程序、集体讨论决定，这就离不开召集会议。通过开会，人民代表大会的作用才能得到发挥。因此，召开会议是人大行使职权的基本方式，这是人大与其他国家机关相比的一个显著特点。四川省七至十届人大均召开5次人民代表大会；省七届人大常委会共召开33次会议，省八届人大常委会共召开30次会议，省九届人大常委会共召开33次会议，省十届人大常委会共召开32次会议。

第一章　四川省七届人民代表大会

第一节　四川省七届人大一次会议

1988年1月20—31日，省七届人大一次会议在成都举行。会议安排1次预备会议和4次大会。大会应到代表960名，实到代表908名。

一、大会主席团和秘书长

1988年1月19日，省七届人大一次会议举行预备会议，选举省七届人大一次会议主席团和秘书长。

主席团（81名，按姓氏笔画为序）

于汉卿　马学成（彝族）　马荣胜（回族）　王　敖　王　瑞
王　增　王一纯　王天惠（女）　王为超　王志民
王秀荣（女，土家族）　王金城　王彦立（土家族）　王济涵
韦思琪　扎西泽仁（藏族）　尹宾汤　邓自力　左昌其（羌族）
田德举　白尚武　冯道芳（女）　刘元瑄　刘西林
刘泽汉　刘海泉　刘惠君（女）　许倩云（女）　严代泽
苍定安（藏族）　苏英雄　李兆亮　李光熙（苗族）　李志贵
李林枝　李果明　李恒明（女）　杨汝岱　吴希海
吴忠观　吴晓萍（女）　何郝炬　佟柏芬（女，满族）　余　洁（女）
宋大凡　张子英　张文清　张玉清　张训恒
张秀熟　张昌友　张金省　林硕林　向　荣
林添麟　罗开文（彝族）　周文碧　周玉振　屈乾华
赵　湘　赵一明　赵洪秀（女）　赵培善　赵德清（藏族）
胡玉蓉（女）　胡懋洲　南斯挖挖（彝族）　姜成玉　唐章锦
陶昌廉　黄启璪（女）　黄崇智　盛永堂　隋德美
彭　华　彭　渝　蒲保明　蒙健漆　渝　秀（女）
戴明君（女）　魏柏良

秘书长　刘海泉

1988年1月19日，省七届人大一次会议主席团第一次会议决定杨汝岱、何郝炬、王敖、王彦

立、扎西泽仁、邓自力、刘西林、刘海泉、吴希海、黄启璪为大会主席团常务主席；王彦立、孙致孚、张锋、杨启泉、李洪仁为大会副秘书长；同时，会议决定大会执行主席分组名单。

二、会议议程

听取和审议省人民政府政工作报告；审议 1988 年省国民经济和社会发展计划；听取和审议省 1987 年财政预算执行情况和 1988 年财政预算草案的报告；听取和审议省第六届人民代表大会常务委员会工作报告；听取和审议省高级人民法院、省人民检察院工作报告；审议通过省七届人大一次会议关于议案的规定；审议通过省七届人大一次会议关于省人民代表大会设立专门委员会的决定；选举事项。

三、议案审查委员会和计划预算委员会

1988 年 1 月 19 日，省七届人大一次会议举行预备会议，通过省七届人大一次会议议案审查委员会名单（18 人）。

主 任 委 员：王　敖

副主任委员：白尚武　刘西林

委　　　员：（按姓氏笔画为序）

冯冰向　任乾元　安文烈　杨吉生　肖慈瑶（女）

吴志远　张　晋　张惠明（女）　周文碧　陈大智

柏承印　陶厚裕　蒋永清　谭万娴（女）　潘志久

预备会议同时通过省七届人大一次会议计划预算委员会名单（25 人）。

主 任 委 员：王彦立（土家族）

副主任委员：宋大凡　扎西泽仁（藏族）

委　　　员：（按姓氏笔画为序）

王天进　王文肃（女）　王学黎　文跃友　宁　坪（女）

宁　瑶　华文江　李砚田　李惠民（女）　李腊望

何用先　张世箕　张翠蓉（女）　陈露珍（女）　孟昭祯

赵　菁（女）　顾德成　郭吉生　黄　冶　梁维舟

雷秀祥　黎汉超

四、代表资格审查委员会

1988 年 5 月 23—28 日，省七届人大常委会举行第三次会议。会议通过省七届人大常委会代表资格审查委员会组成人员名单。

主 任 委 员：王彦立（土家族）

副主任委员：吴志远

委　　　员：苍定安（藏族）　李恒明（女）　佟柏芬（女，满族）　余　洁（女）

张文清　罗开文（彝族）　赵一明　钟树梁

梁维舟　彭　渝　戴明君（女）

五、全体会议

会议听取和审议省长蒋民宽作的《政府工作报告》，决定批准该报告；会议听取和审议副省长兼省计划经济委员会主任蒲海清作的《关于四川省 1988 年国民经济和社会发展计划（草案）的报告》；会议经过审查并根据计划预算委员会的审查报告，决定批准省政府提出的省 1988 年国民经济和社会发展计划；会议听取和审议省财政厅副厅长李达昌作的《关于四川省 1987 年财政预算执行情况和 1988 年财政预算草案的报告》。会议经过审查并根据计划预算委员会的审查报告，决定批准省政府提出的省 1988 年财政预算，批准《关于四川省 1987 年财政预算执行情况和 1988 年财政预算草案的报告》；会议听取和审议省人大常委会主任何郝炬作的《四川省人大常委会工作报告》，决定批准该报告；会议听取和审议省高级人民法院院长任凌云作的《四川省高级人民法院工作报告》，决定批准该报告；会议听取和审议省人民检察院检察长高振中作的《四川省人民检察院工作报告》，决定批准该报告。

六、会议选举工作（详见第三篇第四章）

七、议　案

七届人大一次会议会议议案审查委员会收到代表团提出的议案 21 件，10 名以上代表联名提出的议案 139 件，共计 160 件。其中，政法、民族方面 35 件，财政经济方面 94 件，教科文卫方面 31 件，议案审查委员对全部议案进行审议。审议结果：建议将属于省人民代表大会职权范围内并已具有一定立法基础的议案，即赵科进等 12 名代表提出的“要求制定维护老年人合法权益的地方法规”（议案第 1 号）、韦思琪等 23 名代表提出的“请省人大制定我省保护老年人合法权益若干规定”（议案第 29 号）、华文江等 15 名代表提出的“请制定保护消费者合法权益条例的议案”（议案第 51 号）、安文烈等 11 名代表提出的“请求制定我省关于职业技术教育的地方法规”（议案第 89 号）4 件议案，交省人大常设机构审议，提出是否列入省人民代表大会议程或常委会议程的报告，由省人大常委会审议决定。其余 156 件议案，有些属于省人大常委会工作方面的问题，有些属于省政府职权范围内的问题，还有一些需向国务院及有关部、委请示报告，因此，拟作为建议、批评和意见，按《地方各级人民代表大会和地方各级人民政府组织法》的规定，由省人大常委会办公厅交有关部门研究处理，并负责答复代表。

省七届人大一次会议期间，代表提出的建议、批评和意见 623 件，代表提出的议案转为建议的 156 件，共计 780 件，除交省政府办理的 736 件。另外 44 件由省人大常委会机关办理 34 件，省法院办理 3 件，省检察院办理 1 件。交省委组织部办理 2 件，省委宣传部办理 2 件，省纪委办理 1 件，省军区办理 1 件。截至 1988 年 10 月 29 日，已全部办理完毕，并直接答复代表。

第二节　四川省七届人大二次会议

1989 年 1 月 20—28 日，省七届人大二次会议在成都举行。会议安排 1 次预备会议和 3 次大会。大会应到代表 969 名。会议秘书处设在滨江饭店。

一、大会主席团和秘书长

1989 年 1 月 19 日，省七届人大二次会议举行预备会议，选举省七届人大二次会议主席团 83 名组成人员和大会秘书长。

主席团（按姓氏笔画为序）

于汉卿	马学成（彝族）	马荣胜（回族）	王 敖	王 瑞
王 增	王一纯	王天惠（女）	王为超	王志民
王秀荣（女，土家族）		王金城	王彦立（土家族）	王济涵
韦思琪	扎西泽仁（藏族）	尹宾汤	邓自力	左昌其（羌族）
田德举	白尚武	冯道芳（女）	刘元瑄	刘西林
刘泽汉	刘海泉	刘惠君（女）	许倩云（女）	严代泽
苍定安（藏族）	苏英雄	李士勋	李兆亮	李光熙（苗族）
李志贵	李林枝	李果明	李恒明（女）	杨汝岱
吴希海	吴忠观	吴晓萍（女）	何郝炬	何卿桂（女）
佟伯芬（女，满族）	余 洁（女）	宋大凡	张子英	张文清
张玉清	张训恒	张秀熟	张昌友	张金省
林 硕	林向荣	林添麟	罗开文（彝族）	周文碧
周玉振	屈乾华	赵 湘	赵一明	赵洪秀（女）
赵德清（藏族）	胡玉蓉（女）	胡懋洲	南斯挖挖（彝族）	姜成玉
唐章锦	顾金池	陶昌廉	黄崇智	隋德美
康振黄	康智盛	彭 华	彭 渝	税正宽
蒙 健	潘志久	漆渝秀（女）	魏柏良	

秘书长 刘海泉

1989 年 1 月 19 日，省七届人大二次会议主席团第一次会议召开，会议决定杨汝岱、何郝炬、王敖、王彦立、韦思琪、扎西泽仁、邓自力、白尚武、刘西林、刘海泉、宋大凡、康振黄为大会主席团常务主席；孙致孚、袁一飞、戴明君、杨启泉、李洪仁、梁守勋、毕清林为大会副秘书长。同时，会议决定大会执行主席分组名单。

二、会议议程

听取和审议省人民政府工作报告；听取和审议 1989 年省国民经济和社会发展计划；听取和审议省 1988 年财政预算执行情况和 1989 年财政预算草案的报告；听取和审议省人大常委会工作报告；听取和审议省高级人民法院工作报告；听取和审议省人民检察院工作报告；选举事项。

三、全体会议

会议听取和审议省长张皓若作的《政府工作报告》，决定批准该报告；会议听取和审议省计划经济委员会主任包叙定作的《关于 1988 年国民经济和社会发展计划执行情况及 1989 年计划（草案）的报告》；会议根据计划预算委员会的审查报告，决定批准省政府提出的省 1989 年国民经济和社会发展计划，批准《关于1988年国民经济和社会发展计划执行情况及1989年计划（草案）的报告》；会议听取和审议省财政厅厅长李达昌作的《关于四川省1988年财政预算执行情况和1989年财政预算草案的报告》。会议经过审查并根据计划预算委员会的审查报告，决定批准省政府提出的省1989年财政预算，批准《关于四川省1988年财政预算执行情况和1989年财政预算草案的报告》。

会议听取和审议省人大常委会副主任王敖作的《四川省人大常委会工作报告》，决定批准该报告；会议听取和审议省高级人民法院院长任凌云作的《四川省高级人民法院工作报告》，决定批准该报告；会议听取和审议省人民检察院检察长龚读纶作的《四川省人民检察院工作报告》，决定批准该报告。

四、会议选举工作（详见第三篇第四章）

五、议　案

省七届人大二次会议收到收到省政府提出的议案1件，省人大专门委员会提出的议案1件，代表团提出的议案8件，10名以上代表联合提出的议案178件，共188件。其中，民族方面10件，政法方面36件，财政经济方面78件，教育、科学、文化、卫生方面30件，农业方面34件。这些议案对四川省社会主义法制建设、经济建设、教育科学文化卫生事业等方面，提出很重要的意见。经各专门委员会初步审议，大会秘书处同有关专门委员会商议，建议将其中11件列为议案，分别交有关专门委员会进一步审议，提出是否列入省人民代表大会或省人大常委会议程的意见，由省人大常委会审议决定。拟交专门委员会审议的11件，其余177件议案有些属于省人大常委会工作方面的问题，有些属于省政府职权范围内的问题，有些属于对某项工作的建议，还有一些需全国人大常委会、国务院及有关部、委解决。因此，这177件拟改作建议、批评和意见，按《地方各级人民代表大会和地方各级人民政府组织法》的规定，由省人大常委会办公厅交有关部门研究处理，并负责答复代表。

省七届人大二次会议期间，代表提出的建议、批评和意见1029件，代表提出的议案转为建议的177件，共计1206件，除交省政府办理1112件外，余下94件由省人大常委会机关办理66件，交省法院办理9件，省检察院办理1件；交省委有关部门办理13件；交成都军区办理1件，省军区办理3件；交省妇联办理1件。截至1989年10月31日，基本办理完毕，并直接答复代表。

交各专门委员会审议的议案11件。

（一）交民族委员会审议的议案2件

1．省政府：关于修改我省三个民族自治州自治条例有关财政税收条款的议案（议案第26号）；2．甘孜、阿坝、凉山州3个代表团：关于要求严格依法办事，贯彻民族区域自治法和三州自治条例的议案（议案第104号）。

（二）交政法委员会审议的议案3件

1．张文清等23名代表：关于制定全民国防教育的暂行规定的议案（议案第32号）；2．卓昆贤等15名代表：省人大常委会应迅速制定地方人大如何行使职权的地方性法规的议案（议案第55号）；3．彭渝等13名代表：制定青少年保护法规的议案（议案第80号）。

（三）交财经委员会审议的议案3件

1．省人大财经委员会：粮食亏损补贴越来越大，建议研究对策，采取措施（议案第113号）；

2. 李果明等10名代表：要把清理公司、整治“官倒”、压缩基本建设搞彻底（议案第8号）；3. 于不凡等20名代表：要求增加压缩省内基建的透明度（议案第156号）。

（四）交教科文卫委员会审议的议案2件

1. 康振黄等14名代表：应采取法律和行政手段解决中小学生辍学现象日趋严重问题的议案（议案第29号）；2. 康振黄等17名代表：关于省政府要加强农业科技推广工作领导的议案（议案第139号）。

（五）交农业委员会审议的议案1件

蒙健等14名代表：关于迅速制定农业投入的地方性法规的议案（议案第2号）。

第三节　四川省七届人大三次会议

1990年2月10—17日，省七届人大三次会议在成都举行。会议秘书处设在滨江饭店。会议安排1次预备会议和3次大会。大会应到代表972名，实到代表843名。

一、大会主席团和秘书长

1990年2月9日，省七届人民代表大会第三次会议举行预备会议，选举出省七届人大第三次会议主席团84名组成人员和大会秘书长。

主席团（按姓氏笔画为序）

于汉卿	马学成（彝族）	马荣胜（回族）	王　敖	王　瑞
王　增	王一纯	王天惠（女）	王为超	王志民
王秀荣（女，土家族）		王金城	王彦立（土家族）	王济涵
韦思琪	扎西泽仁（藏族）	尹宾汤	邓自力	左昌其（羌族）
田德举	白尚武	冯道芳（女）	刘元瑄	刘西林
刘泽汉	刘海泉	刘惠君（女）	许倩云（女）	严代泽
苍定安（藏族）	苏英雄	李士勋	李兆亮	李光熙（苗族）
李志贵	李林枝	李果明	李恒明（女）	杨汝岱
吴希海	吴忠观	吴晓萍（女）	何郝炬	何卿桂（女）
佟柏芬（女，满族）	余　洁（女）	宋大凡	张子英	张文清
张玉清	张训恒	张秀熟	张金省	林　硕
林向荣	林添麟	罗开文（彝族）	周文碧	周玉振
屈乾华	赵　湘	赵一明	赵洪秀（女）	胡玉蓉（女）
胡懋洲	南斯挖挖（彝族）	柏承印（藏族）	姜成玉	饶用虞（女）
唐章锦	顾金池	陶昌廉	黄崇智	隋德美
康振黄	康智盛	彭　华	彭　渝	税正宽
蒙　健	谭爱诗（女）	潘志久	漆渝秀（女）	魏柏良

秘书长　刘海泉

1990年2月9日，省七届人大三次会议主席团第一次会议推定杨汝岱、何郝炬、王敖、王彦立、韦思琪、扎西泽仁、邓自力、白尚武、刘西林、刘海泉、宋大凡、康振黄、刘元瑄、饶用虞担任大会常务主席；孙致孚、袁一飞、戴明君、杨启泉、李洪仁、梁守勋、毕清林为大会副秘书长。会议还决定大会执行主席分组名单。

二、会议议程

听取和审议省政府工作报告；听取和审议1990年省国民经济和社会发展计划草案的报告；听取和审议省1989年财政预算执行情况和1990年财政预算草案的报告；听取和审议省人大常委会工作报告；听取和审议省高级人民法院工作报告；听取和审议省人民检察院工作报告；审议《四川省人民代表大会议事规则（草案）》；通过其他各项决议等。

三、全体会议

会议听取和审议省长张皓若作的《政府工作报告》，决定批准该报告；会议听取和审议省计划经济委员会主任包叙定作的《关于1989年国民经济和社会发展计划执行情况及1990年计划（草案）的报告》；会议根据计划预算委员会的审查报告，决定批准省人民政府提出的省1990年国民经济和社会发展计划，批准《关于1989年国民经济和社会发展计划执行情况及1990年计划（草案）的报告》；会议听取和审议省财政厅厅长李达昌作的《关于四川省1989年财政预算执行情况和1990年财政预算草案的报告》。会议经过审查并根据计划预算委员会的审查报告，决定批准省政府提出的省1990年财政预算，批准《关于四川省1989年财政预算执行情况和1990年财政预算草案的报告》。

会议听取和审议省人大常委会主任何郝炬作的《四川省人大常委会工作报告》，决定批准该报告；会议听取和审议省高级人民法院院长任凌云作的《四川省高级人民法院工作报告》，决定批准该报告；会议听取和审议省人民检察院检察长龚读纶作的《四川省人民检察院工作报告》，决定批准该报告。会议审议《四川省人民代表大会议事规则（草案）》，表决通过《四川省人民代表大会议事规则》。

四、会议选举工作（详见第三篇第四章）

五、议　案

省七届人大三次会议收到省人大专门委员会提出的议案2件，代表团提出的议案14件，10名以上的代表联名提出议案125件，共141件。其中，民族方面5件，政法方面31件，财政经济方面46件，教育、科学、文化、卫生方面28件，农业方面31件。这些议案对四川省治理整顿、深化改革，稳定局势，加强社会主义民主与法制建设，发展经济、教育科学文化卫生事业等方面，提出很重要的意见。省人大各专门委员会对代表提出的这些议案进行审查，大会秘书处根据各委员会的意见，建议将其中19件列为议案，分别交有关专门委员会审议，提出是否列入省人民代表大会或省人大常委会议程的意见，由省人大常委会审议决定。拟交专门委员会审议的19件议案，其余122件有些属于省人大常委会工作方面的问题，有些属于省政府职权范围内的问题，有些属于对某项工作的建议，还有一些需全国人大常委会、国务院及有关部、委解决。因此，这122件拟改作建议、批评和意见，按《地方各级人民代表大会和地方各级人民政府组织法》的规定，由省人大常委会办公厅交有关部门研究处理，并负责答复代表。

省七届人大三次会议期间，代表提出的建议、批评和意见805件，代表提出的议案转为建议122件，共计927件，除交省政府办理860件外，其余67件由省人大常委会机关办理44件，交省法院办理14件，省检察院办理2件；交省委有关部门办理4件；交省军区办理2件；交省妇联办理1件。截至1990年10月31日，已办理完毕，并直接答复代表。

省七届人大三次会议交各专门委员会审议议案一览表

表2-1

审议部门	件数	议案号	提出议案者	议案内容
政法委员会	10	3号	省人大财经委员会	要求省政府采取有力措施对“三乱”进行认真的治理整顿
		4号	杨廷开等13名代表	要求将地区人大联络委员会改为工作委员会并制定工作条例
		8号	康智盛等10名代表	将地区人大联络委员会改为省人大常委会地区工作委员会
		19号	郭琳等14名代表	将省人大常委会地区联络委员会改为地区工作委员会
		23号	刘培生等10名代表	尽快制定地区人大工作机构条例
		33号	张训恒等28名代表	改联络委员会为工作委员会及制订其工作条例
		60号	邓全意等12名代表	尽快制定集会、示威、游行法实施办法
		117号	唐怒涛等15名代表	要求省政府贯彻落实清理整顿乱收费乱摊派乱罚款
		120号	朱友生等13名代表	要求将省人大常委会地区联络委员会改为省人大常委会地区工作委员会并赋予相应职权
		141号	道志仁等25名代表	国防教育立法
教育科学文化卫生委员会	2	7号	张启文等11名代表	关于把加强中小学德育工作落到实处的建议
		14号	省人大教科文卫委员会、省人大财经委员会	依靠科技进步提高工业技术水平和经营管理水平
农业委员会	7	11号	赵湘等15名代表	控制和减轻农民负担
		13号	李伯俊等14名代表	请求制定《水法》实施细则
		18号	赖仲铭等10名代表	请按国务院有关新规定，立即着手修改《四川省农作物种子管理条例》
		44号	付从云等10名代表	农民负担年年增加，省政府应采取有力措施
		52号	杨胜雄等14名代表	要求制定确保农业投入减轻农民负担的法规
		77号	苏大昆等11名代表	修改《四川省农作物种子管理条例》的建议
		100号	郭琳等10名代表	要求省政府对农民负担进行立法

第四节　四川省七届人大四次会议

省七届人大四次会议于1991年1月28日至2月5日，在成都举行。会议安排1次预备会议和3次大会。大会应到代表970名，实到代表840名。

一、大会主席团和秘书长

1991年1月27日，省七届人大四次会议举行预备会议，选举出省七届人大四次会议主席团84名组成人员和大会秘书长。

主席团（按姓氏笔画为序）

于汉卿	马学成（彝族）	马荣胜（回族）	王　敖	王　瑞
王　增	王一纯	王天惠（女）	王为超	王志民
王秀荣（女，土家族）		王金城	王彦立（土家族）	韦思琪
扎西泽仁（藏族）	尹宾汤	邓自力	左昌其（羌族）	田德举
白尚武	冯道芳（女）	刘元瑄	刘西林	刘泽汉
刘海泉	刘惠君（女）	许倩云（女）	安继光	严代泽
苍安定（藏族）	苏英雄	李士勋	李兆亮	李光熙（苗族）
李志贵	李伯勇	李林枝	李果明	李恒明（女）
杨汝岱	吴希海	吴忠观	吴晓萍（女）	何郝炬
何卿桂（女）	佟柏芬（女，满族）	余　洁（女）	宋大凡	阿基彭措（藏族）
张子英	张文清	张玉清	张训恒	张秀熟
张金省	林　硕	林向荣	林肖芸（女）	林添麟
罗开文（彝族）	周玉振	屈乾华	赵　湘	赵一民
赵洪秀（女）	胡玉蓉（女）	胡懋洲	南斯挖挖（彝族）	姜成玉
饶用虞（女）	唐章锦	陶昌廉	黄崇智	隋德美
康振黄	康智盛	彭　华	彭　渝	税正宽
蒙　健	谭爱诗（女）	潘志久	漆渝秀（女）	魏柏良

秘书长　刘海泉

1991年1月27日，省七届人大四次会议主席团第一次会议推定杨汝岱、何郝炬、王敖、王彦立、韦思琪、扎西泽仁、邓自力、白尚武、刘西林、刘海泉、宋大凡、康振黄、刘元瑄、饶用虞为大会主席团常务主席；决定孙致孚、袁一飞、戴明君、李承松、杨启泉、梁守勋、毕清林为大会副秘书长。同时，会议决定大会执行主席分组名单。

二、会议议程

听取和审议省政府工作报告；听取和审议关于省1991年国民经济和社会发展计划草案的报告，批准省1991年国民经济和社会发展计划；听取和审议省1990年财政预算执行情况和1991年财政预算草案的报告，批准省1991年财政预算；听取和审议省人大常委会工作报告；听取和审议省高级人民法院工作报告；听取和审议省人民检察院工作报告；审议关于设立省人民代表大会城乡建设环境保护委员会的议案。

三、全体会议

会议听取和审议省长张皓若作的《政府工作报告》，决定批准该报告；会议听取和审议副省长兼省计划经济委员会主任马麟作的《关于1990年国民经济和社会发展计划执行情况及1991年计划（草案）的报告》；会议根据计划预算委员会的审查报告，决定批准省政府提出的省1991年国民经济和社会发展计划，批准《关于1990年国民经济和社会发展计划执行情况及1991年计划（草案）的报告》；会议听取和审议省财政厅厅长李达昌作的《关于四川省1990年财政预算执行情况和1991年财政预算草案的报告》。会议经过审查并根据计划预算委员会的审查报告，决定批准省政府提出的省1991年财政预算，批准《关于四川省1990年财政预算执行情况和1991年财政预算草案的报告》。

会议听取和审议省人大常委会主任何郝炬作的《四川省人大常委会工作报告》，决定批准该报告；会议听取和审议省高级人民法院院长任凌云作的《四川省高级人民法院工作报告》，决定批准该报告；会议听取和审议省人民检察院检察长龚读纶作的《四川省人民检察院工作报告》，决定批准该报告。会议审议省人大常委会副主任王敖作的《关于设立四川省人民代表大会城乡建设环境保护委员会的议案的说明（书面）》，表决通过《关于设立四川省人民代表大会城乡建设环境保护委员会的决定》。

四、会议选举工作（详见第三篇第四章）

五、议 案

七届人大四次会议收到省人大专门委员会提出的议案1件，代表团提出的议案4件，10名以上代表联名提出的议案157件，共计162件。其中，民族方面6件，政法方面27件，财政经济方面72件，教育科学文化卫生方面26件，农业方面31件。这些议案对于发展四川经济及教育科学文化卫生等各项事业，加强社会主义民主法制建设，完善人民代表大会制度和加强社会主义精神文明建设方面提出很重要的意见。省人大各专门委员会对这些议案进行审查，根据各专门委员会的意见，将其中10件列为议案，提请主席团审议确定是否作为议案，主席团决定作为议案的由大会秘书处交有关专门委员会审议，提出是否列入省人民代表大会或省人大常委会会议议程的意见，由省人大常委会决定。其余152件议案，有些属于省人大常委会工作方面的问题，有些属于省政府职权范围内的问题，有些属于对某项工作的建议，还有一些需全国人大常委会、国务院及其有关部、委、办解决。因此，这152件拟改作建议、批评和意见，按《四川省人民代表大会议事规则》的规定，由省人大常务委员会办公厅交有关机关和组织研究办理，并负责答复代表。

省七届人大四次会议期间，大会议案组收到代表提出的建议、批评和意见955件，代表提出的议案转为建议152件，共计1107件。这些建议除交省政府系统办理1021件外，其余86件，由省人大常委会机关办理52件；交省法院办理19件，交省检察院办理2件；交省委有关部门办理10件；交省军区办理2件；交省妇联办理1件。截至1991年8月28日，全部建议办理完毕，并直接答复代表。

省七届人大四次会议交各专门委员会审议议案一览表

表2－2

审议部门	件数	议案号	提出议案者	议案内容
政法委员会	1	33号	余洁等14名代表	提请省人大设置侨务工作机构
财经委员会	3	120号	欧阳城等19名代表	强化行业管理，振兴食品工业的意见
		126号	省人大财经委员会	认真清理部门着装问题
		159号	徐尧亮等28名代表	清理整顿四川省食品开发总公司
教育科学文化卫生委员会	4	102号	税正宽等16名代表	建议重视乡级卫生机构的巩固和发展
		108号	康振黄等31名代表	切实加强我省精神文明建设
		113号	袁安全等10名代表	强化各级领导的文化意识
		118号	郭彬等10名代表	要求省政府加强农村医疗卫生工作的建议
农业委员会	2	1号	苏大昆等17名代表	及早修改《四川省种子管理条例》
		83号	张涵等11名代表	要求省人大常委会尽快制定移民法规

第五节　四川省七届人大五次会议

1992年1月17—25日，省七届人大五次会议在成都举行，安排1次预备会议和4次大会。大会应到代表964名，实到代表887名。

一、大会主席团和秘书长

1992年1月16日，省七届人大五次会议举行预备会议，选举出省七届人大第五会议主席团84名组成人员和大会秘书长。

主席团（按姓氏笔画为序）

于汉卿　马学成（彝族）　马荣胜（回族）　王　敖（女）　王　瑞
王　增　王一纯　王天惠　王为超　王志民
王秀荣（女，土家族）　王彦立（土家族）　韦思琪　扎西泽仁（藏族）
尹宾汤　邓自力　左其昌（羌族）　田德举　白尚武
冯道芳（女）　刘元瑄　刘西林　刘泽汉　刘海泉
刘惠君（女）　许倩云（女）　安继光　严代泽　苍定安（藏族）
苏英雄　李士勋　李兆亮　李光熙（苗族）　李志贵
李伯勇　李林枝　李果明　李恒明（女）　杨汝岱
吴希海　吴忠观　吴晓萍（女）　何郝炬　何卿桂（女）
佟柏芬（女，满族）　余　洁（女）　宋大凡　阿基彭措（藏族）　张子英
张文清　张玉清　张训恒　张秀熟　张金省
林　硕　林向荣　林肖芸（女）　林添麟　罗开文（彝族）

周玉振	屈乾华	赵 湘	赵一明	赵文定
赵洪秀（女）	胡玉蓉（女）	胡懋州	南斯挖挖（彝族）	姜成玉
饶用虞（女）	唐章锦	陶昌廉	黄崇智	隋德美
康振黄	康智盛	彭 华	彭 渝	税正宽
蒙 健	谭爱诗（女）	潘志久	漆渝秀（女）	魏柏良

秘书长 刘海泉

1992年1月16日，省七届人大五次会议主席团第一次会议推定杨汝岱、何郝炬、王敖、王彦立、韦思琪、扎西泽仁、邓自力、白尚武、刘西林、刘海泉、宋大凡、康振黄、刘元瑄、饶用虞为大会主席团常务主席；孙致孚、袁一飞、戴明君、李承松、杨启泉、张仲炎、毕清林为大会副秘书长。同时，会议决定大会执行主席分组名单。

二、会议议程

听取和审议省国民经济和社会发展十年规划和“八五”计划纲要的报告；审查和批准省国民经济和社会发展十年规划和“八五”计划纲要；听取和审议省1991年国民经济和社会发展计划执行情况和1992年国民经济和社会发展计划草案的报告，审查和批准四川省1991年国民经济和社会发展计划执行情况和1992年国民经济和社会发展计划；听取和审议省1991年财政预算执行情况和1992年财政预算草案的报告，审查和批准省1991年财政预算执行情况和1992年财政预算；听取和审议省人大常委会工作报告；听取和审议省高级人民法院工作报告；听取和审议省人民检察院工作报告；审议《四川省绿化条例（草案）》。

三、全体会议

会议听取和审议省长张皓若作的《政府工作报告》，决定批准该报告；会议听取和审议省计划经济委员会主任陈宽金作的《关于1991年国民经济和社会发展计划执行情况及1992年计划（草案）的报告》；会议根据计划预算委员会的审查报告，决定批准省政府提出的《关于四川省国民经济和社会发展十年规划和第八个五年计划纲要》，省1992年国民经济和社会发展计划，批准《关于1991年国民经济和社会发展计划执行情况及1992年计划（草案）的报告》；会议听取和审议省财政厅厅长李达昌作的《关于四川省1991年财政预算执行情况和1992年财政预算草案的报告》。会议经过审查并根据计划预算委员会的审查报告，决定批准省政府提出的省1992年财政预算，批准《关于四川省1991年财政预算执行情况和1992年财政预算草案的报告》。

会议听取和审议省人大常委会副主任王敖作的《四川省人大常委会工作报告》，决定批准该报告；会议听取和审议省高级人民法院院长任凌云作的《四川省高级人民法院工作报告》，决定批准该报告；会议听取和审议省人民检察院检察长龚读纶作的《四川省人民检察院工作报告》，决定批准该报告。会议审议省人大常委会副主任、省人大农业委员会主任委员邓自力作的关于《四川省绿化条例（草案）》的说明，表决通过《四川省绿化条例》。

四、会议选举工作（详见第三篇第四章）

五、议 案

七届人大五次会议收到省人大专门委员会提出的议案3件，代表团提出的议案5件，10名以上代表联合提出的议案116件，共计124件。其中，民族方面4件，政法方面21件，财政经济方面41件，教育科学文化卫生方面26件，农业方面26件，城乡建设环境保护方面6件。这些议案对于实施四川省国民经济和社会发展十年规划和“八五”计划，发展四川经济及教育科学文化卫生等各项事业，加强社会主义民主法制建设等方面提出很重要的意见。按照《四川省人民代表大会议事规则》的规定，省人大各专门委员会分别对这些议案进行审查，根据专门委员会的意见，将其中11件列为议案，提请主席团审议确定。主席团决定作为议案的，由大会秘书处交省人大有关专门委员会审议，提出是否列入省人民代表大会或省人大常委会会议议程的意见，再由省人大常委会决定。其余113件议案，有的属于省人大常委会工作方面的问题，有的属于省政府职权范围内的问题，有的属于对某项工作的建议，还有一些需要向全国人大常委会、国务院及其有关部、委、办反映解决的问题。因此，这113件议案拟改作建议、批评和意见，按《四川省人民代表大会议事规则》的规定，由省人大常委会办公厅交有关机关和组织研究办理，并负责答复代表。

省七届人大五次会议期间，收到代表建议、批评和意见720件，议案转为建议的103件，共计823件，除交省政府办理752件外，余下71件，由省人大机关办理40件；交省委有关部门办理12件，省法院办理15件，省检察院办理2件；省军区办理1件；省妇联办理1件，截至1992年10月15日，已全部办理完毕并答复代表。

省七届人大五次会议交各专门委员会审议议案一览表

表2－3

审议部门	件数	议案号	提出议案者	议案内容
政法委员会	1	52号	罗世英等27名代表	要求依法查处重庆渝丰国际公司董事长兼总经理魏文烈违法犯罪行为案
财政经济委员会	1	第96号	佟柏芬等11名代表	制定《四川省女职工劳动保护规定实施细则》
教育科学文化卫生委员会	4	1号	顾德诚等14名代表	加强我省农村文化工作
		3号	康振黄等18名代表	尽快制定《四川省科技成果推广条例》
		10号	顾德诚等13名代表	理顺我省中医中药统一管理体制
		19号	凉山代表团	解决民族地区缺医少药问题
农业委员会	2	115号	张惠明等10名代表	制定《四川省农业合作化组织条例》
		36号	攀枝花代表团	建议尽快制定四川省贯彻《中华人民共和国大中型水利水电工程建设征地补偿和移民安置条例》的实施细则
城乡建设环境保护委员会	1	13号	省人大城建环保委员会	关于加快四川旅游发展的议案
民族委员会	2	16号	省人大民族委员会	建议省八届人大单独设立宗教委员会或将民族委员会改为民族宗教委员会
		103号	余洁等16名代表	建议省人大成立华侨委员会或民族宗教侨务委员会

第二章 四川省八届人民代表大会

第一节 四川省八届人大一次会议

1993年1月31至2月11日，省八届人大一次会议在成都举行。会议安排1次预备会议、7次全体会议和6次主席团会议。大会应到代表982名，实到代表976名。

一、大会主席团和秘书长

1993年1月30日，省八届人大一次会议举行预备会议，选举省八届人大一次会议主席团86名组成人员和大会秘书长，干部57名，工人6名，农民5名，部队及武警4名，民主党派和无党派人士12名，归侨1名。其中，妇女12名，少数民族13名，共产党员69名，非共产党员16名等方面的代表。

主席团（按姓氏笔画为序）

于汉卿	马黑木切（彝族）	王 敖	王大贤	王永锡
王红梅（女）	王廷杰（羌族）	王叔云	王荣轩	韦思琪
邓自力	邓继成	扎 舍（藏族）	田兴泉（土家族）	
白 玛（女，藏族）	白尚武	冯希尧	朱伯儒	朱藻文
刘代坤	刘育仁	许梦侠	许蔺琴（女）	任益民
任凌云	安学发（彝族）	孙文启	孙自强（彝族）	孙春明
苍定安（藏族）	李玉龙	李安民	李伯勇	苏大昆（女）
杨 岐	杨发美（彝族）	杨汝岱	杨析综	杨国攀
杨家全	何郝炬	佟柏芬（女，满族）	谷风宝	宋大凡
宋文泳	张先禄	张素英（女）	张祥国	陈桂生
邵积平	林添麟	罗 彤（女）	罗开文（彝族）	罗华芬（女）
罗良仰	罗通达（藏族）	周 琳	周玉振	周儒清
孟俊修	赵 湘	赵文定	胡泽轩	胡殿明
钟树梁	饶用虞（女）	洛桑拼错（藏族）	敖仁良（土家族）	原继先
顾乐观	徐尚志	殷国茂	翁航琛	黄丹华（女）
章增荣	康振黄	彭光显	蒋长安	蒋远猷
傅远鸿	谢世杰	蒙 健	滕传丽（女）	蔡约生

熊清泉　　　　　　　颜厚敏（女）

秘书长　宋大凡

1993 年 1 月 30 日，省八届人大一次会议主席团第一次会议召开。会议决定杨汝岱、谢世杰、杨析综、宋大凡、罗通达、任凌云、康振黄、饶用虞、韦思琪为大会主席团常务主席；戴明君、罗良仰、练俊才、杨启泉、贾本乾为大会副秘书长。同时，会议决定大会执行主席分组名单。

二、会议议程

听取和审议副省长肖秧关于政府工作的报告；听取和审议省计划委员会主任陈宽金关于 1992 年省国民经济和社会发展计划执行情况及 1993 年计划（草案）的报告，审查和批准省 1992 年国民经济和社会发展计划执行情况和 1993 年国民经济和社会发展计划；听取和审议省财政厅厅长李达昌关于 1992 年财政预算执行情况和 1993 年财政预算（草案）的报告，审查和批准省 1992 年财政预算执行情况和 1993 年财政预算；听取和审议省七届人大常委会的工作报告；听取和审议省高级人民法院院长任凌云关于省高级人民法院的工作报告；听取和审议省人民检察院检察长龚读纶关于省人民检察院的工作报告；选举省八届人大常委会主任、副主任、秘书长、委员，省政府省长、副省长，省高级人民法院院长，省人民检察院检察长，选举省出席第八届全国人民代表大会代表；通过省八届人大各专门委员会主任委员、副主任委员、委员人选。

三、议案审查委员会和计划预算委员会

省八届人大一次会议议案审查委员会由 18 人组成，有干部 12 名，工人、农民各 1 名，民主党派和无党派人士 4 名。其中妇女 3 名，少数民族 4 名，非共产党员 6 名。省八届人大一次会议计划预算委员会由 25 人组成，有干部 17 名，工人、农民和其他劳动者各 1 名，民主党派和无党派人士 5 名。其中妇女 3 名，少数民族 4 名，非共产党员 8 名。

1993 年 1 月 30 日，省八届人大一次会议举行预备会议，通过省八届人大一次会议议案审查委员会和计划预算委员名单。

四、代表资格审查委员会

1993 年 4 月 10 日，省八届人大常委会举行第二次会议。会议通过省八届人大常委会代表资格审查委员会 13 名组成人员名单。

主任委员：孙自强（彝族）

副主任委员：罗良仰

委　　员：（按姓氏笔画为序）

刘代坤	苍定安（藏族）	李恒明（女）	李绍明（土家族）
佟柏芬（女，满族）	宋文泳	张国辉	罗　彤（女）
练俊才	钟树梁	黄丹华（女）	

五、全体会议

会议听取和审议副省长肖秧作的《政府工作报告》，决定批准该报告；听取和审议省计划委员会主任陈宽金作的《四川省 1992 年国民经济和社会发展计划执行情况及 1993 年计划草案的报告》。会

议经过审查并根据计划预算委员会的审查报告，决定批准省政府提出的省2003年国民经济和社会发展计划，批准《四川省1992年国民经济和社会发展计划执行情况及1993年计划草案的报告》；听取和审议省财政厅厅长李达昌受省政府委托所作的《关于省1992年财政预算执行情况和1993年财政预算草案的报告》。会议经过审查并根据计划预算委员会的审查报告，决定批准《关于省1992年财政预算执行情况和1993年财政预算草案的报告》，并授权省人大常委会审查批准省1992年财政决算。

听取和审议省人大常委会副主任宋大凡作的《四川省人大常委会工作报告》。会议决定批准该报告；听取和审议省高级人民法院院长任凌云作的《四川省高级人民法院工作报告》，会议决定批准该报告；听取和审议省人民检察院检察长龚读纶作的《四川省人民检察院工作报告》，会议决定批准该报告。

六、会议选举工作（详见第三篇第四章）

七、议 案

截至1993年2月7日，省八届人大一次会议收到代表团提出的议案17件，10名以上代表联名提出的议案127件，共计144件。其中，民族方面20件，政法方面6件，财政经济方面70件，教育科学文化卫生方面21件，农业方面18件，城乡建设环境保护方面9件。经省十届人大一次会议议案审查委员会审查，会议主席团第七次会议审议决定将其中15件列为议案。其余129件议案，有的是人大常委会工作方面的问题，有的是"一府两院"职权范围内的问题，有的属于对某项工作的建议，还有一些需要向全国人大常委会、国务院及其有关部、委、办反映、解决的问题。因此，这129件议案拟改作建议、批评和意见，按照《四川省人民代表大会议事规则》的规定，由省人大常委会办公厅交有关机关和组织研究办理，并负责答复代表。

省八届人大一次会议期间，大会收到代表建议386件、议案转为建议128件，共计514件。这些建议按内容除交省政府办理487件外，其余27件，由省人大专门委员会和常委会办事机构办理12件；交省委有关部门办理6件；省法院办理7件；省妇联办理1件；驻川部队办理1件。

省八届人大一次会议交各专门委员会审议议案一览表

表2－4

审议部门	件数	议案号	提出议案者	议案内容
政法委员会	1	54号	罗彤等15名代表	迅速采取措施，确保《妇女权益保障法》在我省得到实施
财政经济委员会	1	12号	韦思琪等17名代表	加速我省经济立法步伐
教育科学文化卫生委员会	7	1号	韦思琪等11名代表	完善《四川省计划生育条例》
		10号	叶贵平等16名代表	加强基础教育
		14号	宋道华等13名代表	请省政府依法处理大足县宝顶山圣寿寺权属争端问题
		48号	孔凡庚等30名代表	尊重知识，加强立法计划，保护知识产权

续表 2－4

审议部门	件数	议案号	提出议案者	议案内容
教育科学文化卫生委员会	7	84 号	王登高等 16 名代表	深化教育改革加大义务教育力度
		138 号	傅光国等 11 名代表	尽快解决当前普及九年制义务教育中的几个问题
		144 号	聂厚德等 25 名代表	修改《四川省预防控制狂犬病条例》的意见
农业委员会	3	47 号	刘昌平等 16 名代表	尽快制定农业投资法规
		49 号	江涛等 10 名代表	制定乡镇企业管理法规的建议
		73 号	辜文兴等 20 名代表	切实减轻农民负担
城乡建设环境保护委员会	1	4 号	聂卫国等 10 名代表	要求对三峡库区实行特殊优惠政策
民族委员会	2	139 号	蔡约生等 12 名代表	加强我省宗教立法工作
		143 号	黔江代表团	进一步落实民族区域自治法

第二节　四川省八届人大二次会议

1994 年 1 月 18—24 日，省八届人大二次会议在成都举行。会议安排 1 次预备会议和 4 次大会。大会应到代表 987 名。

一、大会主席团和秘书长

省八届人大一次会议主席团由 86 人组成，因为李伯勇、朱伯儒调离四川，王荣轩、张祥国职务变动，李玉龙已当选为省高级人民法院院长，不再参加主席团，省八届人大二次会议主席团组成人员作了调整：增补宋宝瑞、梁英、段维义、赵宗发、李永寿、宋仕珍（巴中）、敬中春（广安）为主席团组成人员，其余拟不变动，省八届人大二次会议主席团由 88 人组成。

1994 年 1 月 17 日，省八届人大二次会议举行预备会议，选举出省八届人大第二次会议主席团 88 名组成人员和大会秘书长。

主席团（按姓氏笔画为序）

于汉卿	马黑木切（彝族）	王　敖	王大贤	王永锡
王红梅（女）	王廷杰（羌族）	王叔云	韦思琪	邓自力
邓继成	扎　舍（藏族）	田兴泉（土家族）	白　玛（女，藏族）	白尚武
冯希尧	朱藻文	刘代坤	刘育仁	许梦侠
许蔺琴（女）	任益民	任凌云	安学发（彝族）	孙文启
孙自强（彝族）	孙春明	苍定安（藏族）	李永寿	李安民
苏大昆（女）	杨　岐	杨发美（彝族）	杨汝岱	杨析综
杨国攀	杨家全	何郝炬	佟柏芬（女，满族）	谷凤宝

宋大凡	宋文泳	宋仕珍	宋宝瑞	张先禄
张素英（女）	陈桂生	邵积平	林添麟	罗 彤（女）
罗开文（彝族）	罗华芬（女）	罗良仰	罗通达（藏族）	周 琳
周玉振	周儒清	孟俊修	赵 湘	赵文定
赵宗发	胡泽轩	胡殿明	段维义	钟树梁
饶用虞（女）	洛桑拼错（藏族）	敖仁良（土家族）	原继先	顾乐观
徐尚志	殷国茂	翁航琛	黄丹华（女）	章增荣
梁 英	康振黄	彭光显	敬中春	蒋长安
蒋远猷	傅运鸿	谢世杰	蒙 健	滕传丽（女）
蔡约生	熊清泉	颜厚敏（女）		

秘书长 宋大凡

1994 年 1 月 17 日，省八届人大二次会议主席团第一次会议推定杨析综、宋宝瑞、宋大凡、康振黄、罗通达、饶用虞、任凌云、韦思琪、王叔云、孙自强、孟俊修、徐尚志担任大会主席团常务主席；孟俊修、陈文光、雷喻义、练俊才、杜江、徐学元为大会副秘书长。会议还决定大会执行主席分组名单。

二、会议议程

听取和审议省长肖秧关于政府工作的报告；听取和审议省计划委员会主任陈宽金关于 1993 年省国民经济和社会发展计划执行情况及 1994 年计划（草案）的报告，审查和批准省 1993 年国民经济和社会发展计划执行情况和 1994 年国民经济和社会发展计划；听取和审议省财政厅厅长李达昌关于 1993 年财政预算执行情况和 1994 年财政预算（草案）的报告，审查和批准省 1993 年财政预算执行情况和 1994 年财政预算；听取和审议省人大常委会主任杨析综关于省人大常委会的工作报告；听取和审议省高级人民法院院长李玉龙关于省高级人民法院的工作报告；听取和审议省人民检察院检察长龚读纶关于省人民检察院的工作报告。

三、全体会议

会议听取和审议省长肖秧作的《政府工作报告》，会议决定批准该报告；会议听取和审议省计划委员会主任陈宽金作的《关于四川省 1993 年国民经济和社会发展计划执行情况及 1994 年国民经济和社会发展计划草案的报告》。大会根据财政经济委员会的审查报告，决定批准省政府提出的省 1994 年国民经济和社会发展计划，批准《关于四川省 1993 年国民经济和社会发展计划执行情况及 1994 年国民经济和社会发展计划草案的报告》；会议听取和审议省财政厅厅长李达昌作的《关于 1993 年财政预算执行情况和 1994 年财政预算（草案）的报告》。大会根据财政经济委员会的审查报告，决定批准《关于省 1993 年财政预算执行情况和 1994 年财政预算初步安排的报告》，同意省政府提出的省 1994 年财政预算初步安排。会议授权省人大常委会审查批准省 1993 年财政决算和 1994 年财政预算。

会议听取和审议省人大常委会主任杨析综作的《省人大常委会工作报告》，会议决定批准该报告；会议听取和审议省高级人民法院院长李玉龙作的《省高级人民法院工作报告》，会议决定批准该报告；会议听取和审议省人民检察院检察长龚读纶作的《省人民检察院工作报告》，会议决定批准该报告。

四、议　案

截至1994年1月22日，省八届人大二次会议收到省人大专门委员会提出的议案1件，代表团提出的议案8件，10名以上代表联名提出的议案203件，共计222件。其中，民族宗教方面39件，政法方面35件，财政经济方面78件，教育科学文化卫生方面29件，农业方面33件，城乡建设环境保护方面6件，其他方面2件。省八届人大二次会议主席团第三次会议，根据省人大各专门委员会审查，决定将其中30件列为议案。其余192件议案（详见附件），有的属于人大及其常委会工作方面的问题，有的属于人民政府、人民法院和人民检察院职权范围内的问题，有的属于对某项工作的建议，还有一些是需要向全国人大常委会、国务院及其有关部、委、办反映解决的问题。这192件议案改作代表建议。主席团决定作为议案的，由大会秘书处分别交省人大有关专门委员会审议，提出是否列入省人民代表大会或省人民代表大会常务委员会会议的议程的意见，由省人大常委会审议决定。改作代表建议的192件议案，连同大会秘书处还收到代表提出的建议、批评和意见458件（在会议期间已直接交有关机关和组织办理30件），其余的由省人大常委会办公厅分别交有关机关和组织研究处理，在闭会之日起3个月内，至迟不超过6个月答复代表。

省八届人大二次会议期间，大会秘书处收到代表建议593件，议案转为建议188件，共计781件。这些建议按内容除交省政府办理712件外，其余69件交省人大各专门委员会和常委会办事机构办理44件，省委有关部门办理14件，省高级人民法院办理8件，省人民检察院办理3件。

省八届人大二次会议交各专门委员会审议议案一览表

表2－5

审议部门	件数	议案号	提出议案者	议案内容
政法委员会	7	77号	省人大政法委员会	对“除六害”方面的法律、法规开展执法检查
		166号	戴大奎等23名代表	制定《错案追究制条例》
		167号	罗荣汉等17名代表	尽快制定人大代表持证视察实施细则
		200号	佟柏芬等12名代表	对《工会法》实施情况进行检查
		206号	佟柏芬等12名代表	制定《中华人民共和国工会法》实施细则
		220号	驻川部队代表团	加强《军事设施保护法》的贯彻落实
		221号	驻川部队代表团	加强对全省贯彻执行《兵役法》的监督和检查
教育科学文化卫生委员会	5	35号	康振黄等27名代表	要求为成都地区高等学校征地、建房减免各项收费
		42号	蒙健等13名代表	加快文化市场管理的立法步伐
		170号	罗荣汉等17名代表	制定社会办医管理法规，把社会办医的管理纳入法制轨道
		175号	贺启洪等24名代表	要求尽快制定颁布实施《教师法》办法
		209号	滕耀彬等12名代表	尽快采取措施贯彻执行好《教师法》

续表 2-5

审议部门	件数	议案号	提出议案者	议案内容
农业委员会	4	21 号	陶秀华等 16 名代表	提请对《四川省土地管理实施办法》有关条文作出补充规定
		41 号	蒙健、黄伦坤等 14 名代表	修改和完善《四川省农民负担管理条例》
		146 号	蒲朝祯等 10 名代表	《四川省绿化条例》第三十条之后第六章中应补充或加注“违法责任”
		186 号	沈人楠等 20 名代表	修改《四川省农民负担管理条例》
城乡建设环境保护委员会	1	123 号	自贡市代表团	在长葫水源保护区内理顺关系严格执法禁止污染源确保城市饮用水源水质
财政经济委员会	5	36 号	王斯仁等 13 名代表	严格执行生猪定点屠宰、集中检疫、分散经营
		37 号	高鸿烈等 13 名代表	四川省的猪肉打水现象必须坚决纠正
		70 号	江涛等 10 名代表	尽快制定集体企业股份合作制地方法规
		109 号	滕耀彬等 10 名代表	制定和完善我省劳动力市场和就业服务机构管理条例
		122 号	自贡市代表团	加强生猪市场的治理整顿，制定地方性法规
民族宗教委员会	6	26 号	凉山州代表团	要求切实解决开发攀西四个突出问题
		46 号	吞珠等 13 名代表	促进民族地区经济发展，解决甘孜州交通困难
		60 号	蔡约生等 16 名代表	尽快解决落实宗教房产问题
		63 号	甘孜州代表团	请求派员赴丹巴县调查处理山体滑坡情况
		173 号	李月春等 13 名代表	妥善解决我省三峡库区被淹没的宗教活动场所搬迁问题
		191 号	黔江地区代表团	进一步落实《民族区域自治法》
待定有关专门委员会	2	19 号	万县市代表团	提请省人大常委会加强对三峡工程库区移民搬迁工作的指导和监督
		39 号	徐道洲等 11 名代表	请求解决四川三峡经济区在运作实施中的有关问题

第三节　四川省八届人大三次会议

1995 年 2 月 15—22 日，省八届人大三次会议在成都举行。会议安排 1 次预备会议和 3 次大会。由于锦江大礼堂存在着严重的火灾隐患，不宜举行大型会议。会议的主会场设在成都军区礼堂。大会应到代表 997 名，实到代表 927 名。大会秘书处设在省人大机关办公楼。

一、大会主席团和秘书长

省八届人大二次会议主席团巴中代表团的韩忠信进主席团，该代表团的宋仕珍不再进主席团。

作为企业方面代表进主席团的陈桂生已调省外办工作，不再进主席团。

1995 年 2 月 14 日，省八届人大三次会议举行预备会议，选举出省八届人大三次会议主席团 87 名组成人员和大会秘书长。

主席团（按姓氏笔画为序）

于汉卿	马黑木切（彝族）	王　敖	王大贤	王永锡
王红梅（女）	王廷杰（羌族）	王叔云	韦思琪	邓自力
邓继成	扎　舍（藏族）	田兴泉（土家族）	白　玛（女，藏族）	白尚武
冯希尧	朱藻文	刘代坤	刘育仁	许梦侠
许蔺琴（女）	任益民	任凌云	安学发（彝族）	孙文启
孙自强（彝族）	孙春明	苍定安（藏族）	李永寿	李安民
苏大昆（女）	杨　岐	杨发美（彝族）	杨汝岱	杨析综
杨国攀	杨家全	何郝炬	佟柏芬（女，满族）	谷风宝
宋大凡	宋文泳	宋宝瑞	张先禄	张素英（女）
邵积平	林添麟	罗　彤（女）	罗开文（彝族）	罗华芬（女）
罗良仰	罗通达（藏族）	周　琳	周玉振	周儒清
孟俊修	赵　湘	赵文定	赵宗发	胡泽轩
胡殿明	段维义	钟树梁	饶用虞（女）	洛桑拼错（藏族）
敖仁良（土家族）	原继先	顾乐观	徐尚志	殷国茂
翁航琛	黄丹华（女）	章增荣	梁　英	康振黄
彭光显	敬中春	蒋长安	蒋远猷	韩忠信
傅运鸿	谢世杰	蒙　健	滕传丽（女）	蔡约生
熊清泉	颜厚敏（女）			

秘书长　宋大凡

1995 年 2 月 14 日，省八届人大三次会议主席团第一次会议推定谢世杰、杨析综、荣贵瑞、宋大凡、康振黄、罗通达、饶用虞、任凌云、韦思琪、王叔云、孙自强、孟俊修、徐尚志担任大会常务主席；孟俊修、陈文光、雷喻义、刑泸生、杜江、徐学元为大会副秘书长。会议还决定大会执行主席分组名单。

二、会议议程

听取和审议省长肖秧关于政府工作的报告，听取和审查省计划委员会主任陈宽金关于 1994 年省国民经济和社会发展计划执行情况及 1995 年计划（草案）的报告，审议和批准省 1994 年国民经济和社会发展计划执行情况和 1995 年国民经济和社会发展计划，听取和审议省财政厅厅长李达昌关于 1994 年财政预算执行情况和 1995 年财政总预算草案的报告，审查和批准省 1995 年省级财政预算，听取和审议省人大常委会主任杨析综关于省人大常委会工作的报告，听取和审议省高级人民法院院长李玉龙关于省高级人民法院工作的报告，听取和审议省人民检察院检察长龚读纶关于省人民检察院工作的报告，审议关于设立省人大外事侨务委员会的议案，选举省八届人大常委会副主任两名。

三、全体会议

会议听取和审议省长肖秧作的《政府工作报告》，决定批准该报告；会议听取和审议省计划委员会主任陈宽金作的《关于四川省1994年国民经济和社会发展计划执行情况及1995年国民经济和社会发展计划草案的报告》。大会根据省人大财政经济委员会的审查报告，决定批准省人民政府提出的1995国民经济和社会发展计划，批准《关于四川省1994年国民经济和社会发展计划执行情况及1995年国民经济和社会发展计划草案的报告》；会议听取和审议省财政厅厅长李达昌作的《关于四川省1994年财政预算执行情况和1995年财政预算草案的报告》。大会根据省人大财政经济委员会的审查报告，同意《关于四川省1994年财政预算执行情况和1995财政预算草案的报告》，决定批准省政府提出的1995年省本级财政预算。

会议听取和审议省人大常委会主任杨析综作的《省人民代表大会常务委员会工作报告》，决定批准该报告；会议听取和审议省高级人民法院院长李玉龙作的《省高级人民法院工作报告》，决定批准该报告；会议听取和审议省人民检察院检察长龚读纶作的《省人民检察院工作报告》，决定批准该报告。

四、会议选举工作（详见第三篇第四章）

五、议　案

截至1995年2月20日，省八届人大三次会议收到代表提出的议案9件，10名以上代表联名提出的议案189件，共计198件。其中，民族宗教方面38件，政法方面26件，财政经济方面75件，教育科学文化卫生方面28件，农业方面22件，城乡建设环境保护方面5件，外事侨务方面4件。省八届人大三次会议主席团第五次会议，根据省人大各专门委员会审查，决定将其中28件列为议案，其余170件议案改作建议。主席团作为议案的，由大会秘书处分别交省人大有关专门委员会审议，提出是否列入省人民代表大会或省人民代表大会常务委员会会议的议程的意见，由省人民代表大会常务委员会审议决定。改作建议的议案，连同大会秘书处还收到代表提出的建议377件，在闭会之日起3个月内，交省政府和有关机关研究办理，至迟不超过6个月答复代表。

该次会议收到质询案2件：林添麟等42名代表提出的“关于对省高级人民法院办理重庆渝丰国际公司董事长魏文烈玩忽职守的质询案”，韦思琪等55名代表提出的“要求省卫生厅对委托重庆市卫生局在重庆市范围内代行药品审批权限的答复”。这两件质询案经大会主席团决定，已由省人大政法委员会、省人大教科文卫委员会分别主持召开会议，省高级人民法院、省卫生厅主要负责人到会作了答复。会议还收到询问5件，已由有关单位负责人作了答复。

省八届人大三次会议期间，大会秘书处收到代表建议494件，议案转为建议的170件，共计664件。这些建议按内容除交省政府办理601件外，其余63件，交省人大各专门委员会和常委会办事机构办理33件，省委各有关部门办理14件，省高级人民法院办理16件。

省八届人大三次会议交各专门委员会审议议案一览表

表2－6

审议部门	件数	议案号	提出议案者	议案内容
民族宗教委员会	8	5号	凉山州代表团	要求抓紧治理沙坝卫星发射基地泥石流灾害
		6号	凉山州代表团	要求在实行“两税”增长三项政策中对民族地区以上划基数为考核指标
		38号	姜文康等16名代表	确保甘孜州国有民贸企业转换经营机制
		45号	左昌其等12名代表	修建茂绵公路
		46号	李月春等23名代表	加快我省宗教立法步伐
		92号	马志强等16名代表	请省政府将普雄镇列入省小城镇建设试点项目
		142号	蔡约生等16名代表	请省府建立省宗教教育培训中心
		145号	马志强等16名代表	请省人大常委会制定民族教育投资法规
政法委员会	3	55号	朱洪明等12名代表	要求解决劳改单位经费问题
		110号	罗荣汉等53名代表	尽快制定四川省人大干部任免工作条例
		126号	戴大奎等24名代表	请求制定《赔偿法》实施办法
农业委员会	2	33号	胡渝等16名代表	刹住乱占耕地，强化耕地管理
		193号	魏芸荪等10名代表	对省农作物种子管理条例作个别修改
财政经济委员会	5	11号	胡殿明等14名代表	请省人大及其常委会制定《反不正当竞争法》《消费者权益保护法》实施细则
		12号	胡殿明等14名代表	请省人大及其常委会制定价格法规
		67号	蒙健等24名代表	制定反暴利及价格欺诈法规
		81号	罗荣汉等24名代表	加强对《反不正当竞争法》和《反暴利法》的宣传教育，制定实施细则
		108号	罗荣汉等23名代表	在进行全省预算外资金管理大检查基础上，总结经验，听取意见、修订和完善有关预算外资金管理法规
教育科学文化卫生委员会	8	1号	孔凡庚、陈忠慧等51名代表	公共场所提倡禁烟
		48号	于不凡等19名代表	制定“四川省公共场所禁止吸烟条例”
		70号	周琳等17名代表	制定《四川省防震减灾条例》
		78号	邹人凤等26名代表	要求制定《中华人民共和国母婴保健法》实施细则
		80号	罗荣汉等23名代表	制定《四川省学校收费管理条例》
		94号	罗荣汉等27名代表	制定在我省公共场所禁止吸烟的法规
		184号	驻川部队代表团	加强贯彻执行《四川省国防教育条例》的监督和检查
		198号	康振黄等30名代表	进一步解决高等学校征地建房减免各项收费
外事侨务委员会	2	95号	陈忠慧等21名代表	加强侨务立法，维护侨资企业合法权益
		119号	陈忠慧等12名代表	我省侨眷身份认定问题

第四节 四川省八届人大四次会议

1996年2月1—9日，省八届人大四次会议在成都举行。由于锦江大礼堂在维修改造前仍不宜举行大型会议，省八届人大四次会议的主会场安排在金牛宾馆礼堂，大会实行微机打卡报到。大会应到代表998名，实到代表886名。

一、大会主席团和秘书长

省八届人大四次会议主席团和秘书长建议名单是以省八届人大三次会议主席团和秘书长名单为基础，分别征求有关地区和省级有关部门的意见，对因工作和职务变动和个别人作了调整和增补，甘孜代表团的刘子寿已任省人大常委会副主任，增补为主席团成员；德阳代表团的李永寿已任省人大常委会副主任，继续担任主席团成员；德阳代表团的张祥国（市人大常委会副主任）、内江代表团的罗开忠（市人大常委会主任）、遂宁代表团的熊继尧（市人大常委会主任）、达川代表团的赖宜生（行署专员）、驻川部队乐山代表团的胡世祥（国防科工委某基地司令员）增补为主席团成员。乐山代表团的杨汝岱、内江代表团的傅运鸿、遂宁代表团的蒙健、达川代表团的赵宗发因工作变动不再担任主席团成员；驻川部队代表团的邵积平因工作离不开不能出席省八届人大四次会议，故不担任主席团成员。雅安代表团的罗良仰请假，不担任主席团成员。增补、调整后的主席团由87人组成。

鉴于省八届人大三次会议秘书长宋大凡本人希望不再担任大会秘书长，由省人大常委会副主任兼秘书长孟俊修担任省八届人大四次会议秘书长。

1996年1月31日，省八届人大四次会议举行预备会议，选举省第八届人大四次会议87名组成人员和大会秘书长。

主席团（按姓氏笔画为序）

于汉卿	马黑木切（彝族）	王 敖	王大贤	王永锡
王红梅（女）	王廷杰（羌）	王叔云	韦思琪	邓自力
邓继成	扎 舍（藏族）	田兴泉（土家族）	白 玛（女，藏族）	白尚武
冯希尧	朱藻文	刘子寿（藏族）	刘代坤	刘育仁
许梦侠	许蔺琴（女）	任益民	任凌云	安学发（彝族）
孙文启	孙自强（彝族）	孙春明	苍定安（藏族）	李永寿
李安民	苏大昆（女）	杨 岐	杨发美（彝族）	杨析综
杨国攀	杨家全	何郝炬	佟柏芬（女，满族）	谷凤宝
宋大凡	宋文泳	宋宝瑞	张先禄	张祥国
张素英（女）	林添麟	罗 彤（女）	罗开文（彝族）	罗开忠
罗华芬（女）	罗通达（藏族）	周 琳	周玉振	周儒清
孟俊修	赵 湘	赵文定	胡世祥	胡泽轩
胡殿明	段维义	钟树梁	饶用虞（女）	洛桑拼错（藏族）
敖仁良（土家族）	原继先	顾乐观	徐尚志	殷国茂
翁航琛	黄丹华（女）	章增荣	梁 英	康振黄

彭光显	敬中春	蒋长安	蒋远猷	韩忠信
谢世杰	赖宜生	滕传丽（女）	蔡约生	熊清泉
熊继尧	颜厚敏（女）			

秘书长　孟俊修

1996年1月31日，省八届人大四次会议主席团第一次会议推定谢世杰、杨析综、宋大凡、康振黄、罗通达、饶用虞、任凌云、韦思琪、王叔云、孙自强、孟俊修、徐尚志、刘子寿、李永寿担任大会常务主席；决定陈文光、杜江、邢泸生、蒋明政为大会副秘书长。会议还通过大会执行主席分组名单。

二、会议议程

听取和审议省长肖秧关于政府工作的报告，审查和批准省国民经济和社会发展“九五”计划及2010年远景目标纲要，听取和审议省计划委员会主任陈宽金关于1995年省国民经济和社会发展计划执行情况及1996年计划草案的报告，审查和批准1995年计划执行情况和1996年国民经济和社会发展计划，听取和审议省财政厅厅长李达昌关于1995年财政预算执行情况的报告和1996年财政预算草案的报告，审查和批准省1995年省本级财政预算执行情况的报告和1996年省本级财政预算，听取和审议省人大常委会主任杨析综关于省人大常委会工作报告，听取和审议省高级人民法院院长李玉龙关于省高级人民法院工作报告，听取和审议省人民检察院检察长龚读纶关于省人民检察院工作报告；选举事项。

三、全体会议

会议听取和审议省长肖秧作的《负重自强团结登攀为实现第二步战略目标而努力奋斗》的政府工作报告，决定批准该报告；会议听取和审议省计划委员会主任陈宽金作的《省1995年国民经济和社会发展计划执行情况及1996年国民经济和社会发展计划草案的报告》，大会根据省人大财政经济委员会的审查报告，决定批准省政府提出的省1996年国民经济和社会发展计划，批准《省1995年国民经济和社会发展计划执行情况及1996年国民经济和社会发展计划草案的报告》；会议审议《省国民经济和社会发展“九五”计划和2010年远景目标纲要》（草案），决定批准该纲要；会议听取和审议省财政厅厅长李达昌作的《省1995年财政预算执行情况和1996年财政预算草案的报告》。大会根据省人大财政经济委员会的审查报告，决定批准《省1995年财政预算执行情况和1996年财政预算草案的报告》，批准1995年省本级财政预算执行情况的报告和1996年省本级财政预算。

会议听取和审议省人大常委会主任杨析综作的《省人民代表大会常务委员会工作报告》，决定批准该报告；会议听取和审议省高级人民法院院长李玉龙作的《省高级人民法院工作报告》，决定批准该报告；会议听取和审议省人民检察院检察长龚读纶作的《省人民检察院工作报告》，决定批准该报告；会议通过关于《省第八届人民代表大会第四次会议代表提出的议案的处理意见的报告》。

四、会议选举工作（详见第三篇第四章）

五、议　案

截至1996年2月7日，省八届人大四次会议收到代表团提出的议案25件，10名以上代表联名提出的议案177件，共计202件。其中，民族宗教方面39件，政法方面29件，财政经济方面60件，教育科学文化卫生方面28件，农业方面24件，城乡建设环境资源保护方面13件，外事侨务方面9件。省八届人大四次会议主席团第七次会议，根据省人大各专门委员会审查，决定将其中38件列为议案，其余164件议案改作建议。主席团决定作为议案的，由大会秘书处分别交省人大有关专门委员会审议，提出是否列入省人大或省人大常委会会议议程的意见，由省人大常委会审议决定。改作建议的议案，连同大会秘书处收到代表提出的建议240件，分别交省政府和有关机关研究办理。在闭会之日起3个月内，至迟不超过6个月答复代表。

该次会议收到质询案1件：孔凡庚等40名代表提出的“关于夹江县彩印厂诉省技术监督局查获印制假冒彩虹牌灭蚊片包装盒装箱单一案的质询案”。该件质询案经大会主席团决定，已由省人大政法委员会主持召开会议，省高级人民法院主要负责人到会作了答复。此次会议还收到询问案7件，已由有关单位负责人作了答复。

省八届人大四次会议期间，大会秘书处收到代表建议435件，议案转为建议的164件，共计599件，这些建议除交省政府办理525件，其余74件交省人大各专门委员会和常委会办事机构办理47件，省委各有关部门办理10件，省高级人民法院办理13件，省人民检察院办理4件。

省八届人大四次会议交各专门委员会审议议案一览表

表2-7

审议部门	件数	议案号	提出议案者	议案内容
教育科学文化卫生委员会	9	5号	韦思琪等62名代表	制定《四川省中医发展条例》的议案
		45号	张国辉等24名代表	制定《四川省公民献血条例》
		66号	邹人凤等24名代表	尽快制定《四川省实施食品卫生法办法》
		89号	罗荣汉等26名代表	制定《四川省命名及汉字使用规范化管理条例》
		92号	童光琦等28名代表	制定《四川省实施〈体育法〉办法》
		94号	罗荣汉等26名代表	制定《四川省中医工作条例》
		128号	鲜光亚等13名代表	制定《四川省中医工作条例》
		148号	李绍明等11名代表	制定基建工程中保护文物的地方性法规
		188号	驻川部队代表团	组织有关部门和部分人大代表对《四川省国防教育条例》实施情况进行检查
城乡建设环境保护委员会	4	59号	文武等13名代表	建筑行业投标的规范管理和建筑队伍分等定级
		67号	罗荣汉等19名代表	尽快制订《四川省旅游业管理条例》
		172号	江亦李等15名代表	从速制定建筑安全法规，以保障人民生命财产安全7
		199号	蒋长安等10名代表	尽快制定《四川省旅游区管理工作条例》
农业委员会	3	4号	陈忠慧等26名代表	制定《四川省农村机电提灌设施保护条例》
		109号	自贡市代表团	提请省人大常委会制定我省农村机电提灌设施保护条例
		170号	刘宇等15名代表	制定《四川省基本农田保护条例》

续表 2－7

审议部门	件数	议案号	提出议案者	议案内容
财政经济委员会	6	77 号	敖仁良等 12 名代表	加快道路交通运输管理立法
		102 号	王斯仁等 11 名代表	加强盐政管理，制止假冒食用盐的生产、贩运和销售
		93 号	罗荣汉等 40 名代表	制订《四川省行政性收费和罚没收入管理条例》
		34 号	戴大奎等 53 名代表	尽快制订《四川省高速公路管理条例》
		61 号	蒋依高等 16 名代表	制定《四川省乱收费处罚条例》
		164 号	黄梅等 16 名代表	把渝怀铁路项目列入“九五”计划
民族宗教委员会	9	10 号	明维禄等 14 名代表	将阿坝州汶川福堂坝电站立项建设
		44 号	马志强等 16 名代表	制定《四川省少数民族双语教学条例》
		113 号	竺世方等 12 名代表	尽快解决阿坝州民族工业出路和行政区划问题
		124 号	江郎阿牛等 18 名代表	请求立项开发九龙县河水资源
		179 号	甘孜州代表团	康定县城灾后重建问题
		182 号	黔江地区代表团	要求将渝怀铁路纳入“九五”计划开工建设
		183 号	黔江地区代表团	要求将乌江彭水电站纳入“九五”计划进行开工建设
民族宗教委员会	9	184 号	黔江地区代表团	认真落实《民族区域自治法》
		187 号	曲木中国等 13 名代表	解决贫困民族地区缺医少药问题
外侨委员会	3	26 号	朱藻文等 14 名代表	解决扩建成都双流国际机场进度缓慢问题
		24 号	戴明君等 16 名代表	要求省政府积极向国家申报准许重庆港对外轮开放
		27 号	朱藻文等 16 名代表	要求解决民航驻双流机场各单位人员户口入城问题
政法委员会	4	31 号	罗荣汉等 16 名代表	尽早制定《四川省见义勇为奖励及保障条例》
		68 号	罗荣汉等 18 名代表	尽快制定《四川省〈未成年人保护法〉实施条例》
		第 91 号	罗荣汉等 24 名代表	开展《赔偿法》宣传，尽快制定实施条例，切实保障公民合法权益
		158 号	戴大奎等 39 名代表	制定四川省《赔偿法》实施条例

第五节　四川省八届人大五次会议

八届全国人大五次会议决定四川省的行政区划作大的调整，重庆市及涪陵市、万县市、黔江地区合并成立重庆直辖市。1997 年 4 月 10—16 日，省八届人大五次会议在成都举行。会议安排 1 次预备会议和 4 次大会，会场安排在金牛宾馆礼堂，主席团会议安排在金牛宾馆俱乐部和锦江礼堂 311 会议室。大会应到代表 768 名，实到代表 686 名。大会秘书处设在省人大机关办公楼，设立秘书、组织、宣传、简报、议案、计划预算、保卫、总务、翻译、金牛、望江 11 个组，对于安全保卫、人民群众的来信来访、宣传报道作了更高、更严格的要求。

一、大会主席团和秘书长

省八届人大五次会议主席团和秘书长的名单，是以省八届人大四次会议主席团和秘书长名单为基础，分别征求各地和省级有关部门意见，对因区划调整和个别职务变动或工作变动的，作了相应的调整和增补。1997 年 3 月 14 日，八届全国人大五次会议通过设立重庆直辖市的决定。按《中华人民共和国选举法》的规定，在重庆直辖市行政区域内的四川省八届人大代表资格自行终止。原重庆市代表团于汉卿（重庆市人大常委会主任），孙春明（工人代表），顾乐观（重庆大学党委书记），韦思琪（省人大常委会原副主任、重庆市政协副主席），张先禄（民建重庆市委副主委），蔡约生（基督教爱国会），原万县代表团章增荣（原省人大常委会委员），周儒清（农民代表），原涪陵代表团敖仁良（原涪陵地区人大工委主任），原黔江代表团田兴泉（黔江地区人大工委主任），张素英（农民代表）11 人，已离开四川省行政区域，省八届人大五次会议主席团成员人数相应减少。代表宋宝瑞已担任省政府省长，按惯例不再担任主席团成员；代表牟绪珩已担任省人大常委会副主任，增补为主席团成员；代表敬中春已调任中共南充市委书记，不再担任广安代表团团长和主席团成员，由代表左文斯（广安地区人大工委主任）进入主席团；代表韩忠信该次会议请假，不再担任主席团成员，由代表宋仕珍（巴中地区人大工委副主任）进入主席团；解放军代表团胡世祥已调北京工作，代表资格自行终止，增补刘绍湘代表（国防科工委某基地原副司令员）为主席团成员。增补、调整后的主席团由 76 人组成。

1997 年 4 月 9 日，省八届人大五次会议举行预备会议。会议通过省八届人大五次会议主席团和秘书长名单。

主席团（按姓氏笔画为序）

马黑木切（彝族）	王　敖	王大贤	王永锡	王红梅（女）
王廷杰（羌族）	王叔云	邓自力	邓继成	扎　舍（藏族）
左文斯	白　玛（女，藏族）	白尚武	冯希尧	朱藻文
刘子寿（藏族）	刘代坤	刘育仁	刘绍湘	许梦侠
许蔺琴（女）	任益民	任凌云	安学发（彝族）	
牟绪珩（土家族）	孙文启	孙自强（彝族）	苍定安（藏族）	李永寿
李安民	苏大昆（女）	杨　岐	杨发美（彝族）	杨析综
杨国攀	杨家全	何郝炬	佟伯芬（女，满族）	谷风宝
宋大凡	宋文泳	宋仕珍	张祥国	林添麟
罗　彤（女）	罗开文（彝族）	罗开忠	罗华芬（女）	罗通达（藏族）
周　琳	周玉振	孟俊修	赵　湘	赵文定
胡泽轩	胡殿明	段维义	钟树梁	饶用虞（女）
洛桑拼错（藏族）	原继先	徐尚志	殷国茂	翁航琛
黄丹华（女）	梁　英	康振黄	彭光显	蒋长安
蒋远猷	谢世杰	赖宜生	滕传丽（女）	熊清泉
熊继尧	颜厚敏（女）			

秘书长　孟俊修

1997 年 4 月 9 日，省八届人大五次会议主席团第一次会议推定谢世杰、杨析综、康振黄、罗通达、任凌云、王叔云、孙自强、孟俊修、徐尚志、刘子寿、李永寿、牟绪珩担任常务主席；彭柏林、杜江、刘伯华、蒋明政为大会副秘书长。会议还决定大会执行主席分组名单。

二、会议议程

听取和审议省长宋宝瑞关于政府工作的报告；听取和审议副省长、省计划委员会主任王金祥关于省 1996 年国民经济和社会发展计划执行情况及 1997 年国民经济和社会发展计划草案的报告，审议、批准省 1996 年国民经济和社会发展计划执行情况的报告及 1997 年国民经济和社会发展计划；听取和审议省财政厅厅长黄工乐关于省 1996 年财政预算执行情况和 1997 年财政预算草案的报告；审议、批准省 1996 年省本级财政预算执行情况的报告和 1997 年省本级财政预算；听取和审议省人大常委会主任杨析综关于省人大常委会工作的报告；听取和审议省高级人民法院院长李玉龙关于省高级人民法院工作的报告；听取和审议省人民检察院检察长龚读纶关于省人民检察院工作的报告；审议和通过省人民代表大会关于依法治省的决议。

三、全体会议

会议听取和审议省长宋宝瑞作的《政府工作报告》，决定批准该报告；会议听取和审议副省长、省计划委员会主任王金祥作的《关于省 1996 年国民经济和社会发展计划执行情况及 1997 年计划草案的报告》。大会根据省人大财政经济委员会的审查报告，决定批准省政府提出的省 1997 年国民经济和社会发展计划，批准《关于省 1996 年国民经济和社会发展计划执行情况及 1997 年计划草案的报告》；会议听取和审议省财政厅厅长黄工乐作的《关于省 1996 年财政预算执行情况和 1997 年财政预算草案的报告》。大会根据省人大财政经济委员会的审查报告，同意《关于省 1996 年财政预算执行情况和 1997 年财政预算草案的报告》，决定批准 1996 年省本级财政预算执行情况的报告和 1997 年省本级财政预算。

会议听取和审议省人大常委会主任杨析综作的《省人大常委会工作报告》，决定批准该报告；会议听取和审议省人大常委会副主任任凌云作的《关于省人民代表大会关于依法治省的决议（草案）的说明》。大会通过《省第八届人民代表大会第五次会议关于依法治省的决议》；会议听取和审议省高级人民法院院长李玉龙作的《省人民法院工作报告》，决定批准该报告；会议听取和审议省人民检察院检察长龚读纶作的《省人民检察院工作报告》，决定批准该报告。

四、议　案

截至 1997 年 4 月 14 日，省八届人大第五次会议收到代表团提出的议案 15 件，10 名以上代表联名提出的议案 150 件，共计 165 件。其中，民族宗教方面 1 件，政治法律方面 22 件，财政经济方面 56 件，教育科学文化卫生方面 26 件，农业方面 31 件，城乡建设环境保护方面 24 件，外事侨务方面 5 件。省八届人大第五次会议主席团第四次会议根据省人大各专门委员会审查，决定将其中 16 件列为议案，另外 149 件议案改作为建议。主席团决定作为议案的，由大会秘书处分别交省人大有关专门委员会审议，提出是否列入省人大或省人大常委会会议议程的意见，由省人大常委会审议决定。改作为建议的议案，连同大会秘书处还收到代表对各方面工作提出的建议、批评和意见 188 件，由省人大常委会办公厅交有关机关和组织研究处理，在闭会之日起3个月内，至迟不超过6个月答复代表。该次会议收到代表询问5件，已由有关单位作了答复。

省八届人大五次会议期间，大会秘书处收到代表建议273件，议案转为建议的149件，共计422件。这些建议除交省政府办理377件外，其余45件，交省人大各专门委员会和常委会办事机构办理12件，省政协办公厅办理1件，省军区办理1件，省委各有关部门办理12件，省高级人民法院办理16件，省人民检察院办理3件。

省八届人大五次会议交各专门委员会审议议案一览表

表2－8

审议部门	件数	议案号	提出议案者	议案内容
政法委员会	2	53号	马志强等16名代表	请求省人大常委会视察全省禁毒工作
		81号	驻川部队代表团	学习宣传贯彻《中华人民共和国国防法》
农业委员会	3	129号	自贡市代表团	建议尽快制定《四川省〈农业法〉实施办法》
		132号	刘朝定等25名代表	《四川省都江堰水利工程管理条例（草案）》的几点修改意见案
农业委员会	3	145号	王良金等10名代表	关于对《四川省都江堰水利工程管理条例（草案）》几点意见的议案
财政经济委员会	5	78号	成都、德阳、遂宁、南充代表团	加快成南高速公路建设
		101号	汪富业等13名代表	要求尽快制定修改后的《中华人民共和国矿产资源法》实施细则
		128号	自贡市代表团	建议尽快制定《四川省社会保险条例》
		131号	蒋长安等11名代表	严格执行“石油、天然气管道保护条例”
		150号	佟柏芬等11名代表	制定《四川省劳动保护群众监督检查条例》
教育科学文化卫生委员	2	43号	广安代表团	建立邓小平同志纪念馆
		142号	朱承芳等11名代表	请求省政府继续加大对贫困县教育的扶持力度，增加教育投入，确保教育稳步发展
民族宗教委员会	1	54号	马志强等16名代表	请求省政府将中央“两税”增量部分全额转移支付给凉山州

第三章　四川省九届人民代表大会

第一节　四川省九届人大一次会议

1998年1月13—22日，省九届人大一次会议在成都举行。大会会场设在金牛宾馆礼堂。主席团会议设在金牛宾馆俱乐部和锦江礼堂311会议室。大会秘书处设在省人大机关办公楼。

一、大会主席团和秘书长

1998年1月12日，省九届人大一次会议举行预备会议。会议选举省九届人大一次会议主席团86名组成人员和大会秘书长。

主席团（按姓氏笔画为序）

王　于（女）　王东洲　王廷杰（羌族）　王道延　卢铁城
田景坤（女）　冯崇泰　吉克木曲（彝族）　尧斯丹（藏族）　曲别格初（彝族）
朱藻文　任凌云　向　阳　刘子寿（藏族）　刘永顺
刘同心　刘建纪　牟绪珩（土家族）　买长荣（回族）　孙文启
孙本先　孙自强（彝族）　纪尽善　苍定安（藏族）　苏大昆（女）
苏呷沙且（彝族）　严如高　李永寿　李吉荣　李恒明（女）
李隆春　李植松　李慎宽　杨　岐　杨水源
杨运洪　杨秀明　杨析综　杨绍珍（女，藏族）　肖光成
吴济华　余光银　宋大凡　张国辉　张宗源
张清秀（女）　陆明远　阿都·泽呷（女，藏族）　陈文光
陈协蓉　陈德玉　林先泽　罗开忠　罗玉芳（女）
罗世元　罗松柏　周礼成（羌族）　周登全　周新远
孟俊修　赵尔珉（满族）　胡克礼（藏族）　胡祖禹　段维义
钮小明（女）　洪及鄙　姚正耀　秦玉琴（女）　秦登田
耿全礼　郭振祥　席义方　唐贤明　陶武先
黄寅逵　韩桂莲（女）　鲁满保　童若春　曾清华（女）
游　红（女）　谢世杰　赖明扬　詹君美（女）　廖世孔
熊华跃（苗族）　熊继尧

秘书长　孟俊修

二、会议议程

听取和审议省长宋宝瑞关于省政府工作的报告；听取和审议省计划委员会主任陶晞晦关于省1997年国民经济和社会发展计划执行情况及1998年国民经济和社会发展计划草案的报告；审查、批准省1997年国民经济和社会发展计划执行情况的报告及1998年国民经济和社会发展计划；听取和审议省财政厅厅长黄工乐关于省1997年财政预算执行情况和1998年财政预算草案的报告；审查、批准省1997年省本级财政预算执行情况的报告和1998年省本级财政预算；听取和审议省人大常委会主任杨析综关于省人大常委会工作的报告；听取和审议省高级人民法院院长李玉龙关于省高级人民法院工作的报告；听取和审议省人民检察院检察长龚读纶关于省人民检察院工作的报告；选举省九届人大常委会主任、副主任、秘书长、委员，省人民政府省长、副省长，省高级人民法院院长，省人民检察院检察长；选举四川省出席第九届全国人民代表大会代表；审议关于省第九届人民代表大会各专门委员会设置的议案；通过省第九届人民代表大会各专门委员会主任委员、副主任委员、委员的人选。

三、议案审查委员会和计划预算委员会

1998年1月12日，省九届人大一次会议预备会议通过省九届人大一次会议计划预算委员会19人名单。

主 任 委 员：李永寿

副主任委员：张国辉

委　　员：（按姓氏笔画为序）

朱藻文　刘少峰　刘伯华　孙本先　李植松

张世银　陈家铨　苏向东（回族）　周礼成（羌族）　周新远

姜仁初　常新建（女）　蒲敦武　傅德芝（女）　詹君美（女）

谭洪信　穆仁懋（女，满族）

同时，通过省九届人大一次会议议案审查委员会18人名单。

主 任 委 员：牟绪珩（土家族）

副主任委员：钮小明（女）

委　　员：（按姓氏笔画为序）

王　应　王永锡　尧斯丹（藏族）　向　阳　庄成金

刘崇理　苏大昆（女）　苏呷沙且（彝族）　李慎宽　陈协蓉

邵启昌　练俊才　鲁满保　曾清华（女）　舒銮逸（女）

赖明扬

四、代表资格审查委员会

1998年8月30日，省九届人大常委会第四次会议通过省九届人大常委会代表资格审查委员会组成人员名单。

主 任 委 员：卢铁城

副主任委员：彭柏林

委　　员：（按姓氏笔画为序）
尧斯丹（藏族）余天佑（彝族）屈乾华　练俊才　鲁满保
童若春（女）　曾清华（女）

五、全体会议

会议听取和审议省长宋宝瑞作的《省政府工作报告》，决定批准该报告。会议听取和审议省计划委员会主任陶晞晦作的《关于四川省1997年国民经济和社会发展计划执行情况及1998年计划（草案）》的报告，决定批准该报告；会议听取和审议省财政厅厅长黄工乐作的《关于四川省1997年财政预算执行情况和1998年财政预算（草案）》的报告，决定批准该报告。

会议听取和审议省人大常委会主任杨析综作的《四川省人大常委会工作报告》，决定批准该报告；会议听取和审议省高级人民法院院长李玉龙作的《四川省高级人民法院工作报告》，决定批准该报告；会议听取和审议省人民检察院检察长龚读纶作的《四川省人民检察院工作报告》，决定批准该报告。会议还通过《关于四川省第九届人民代表大会专门委员会设置的决定》。

六、会议选举工作（详见第三篇第四章）

七、议　案

此次会议收到代表团提出的议案7件，10名以上代表联名提出的议案151件，共计158件。其中，民族宗教方面11件，内务司法方面14件，财政经济方面47件，教育科学文化卫生方面24件，农业方面37件，城乡建设环境资源保护方面18件，外事侨务方面7件。这些议案以中共十五大精神为指导，坚持党的基本路线，为实施四川省国民经济跨世纪发展战略，深化改革，扩大开放，保持稳定，健全社会主义民主法制，把四川省的经济社会发展全面推向21世纪提出许多重要的建议和意见。根据《四川省人民代表大会议事规则》第二十一条规定，议案审查委员会对这些议案进行审查。建议将其中17件列为议案，并提请主席团审议确定。主席团决定作为议案的，由大会秘书处分别交省人大有关专门委员会审议，提出是否列入省人大或省人大常委会会议议程的意见，由省人大常务委员会审议决定。

其余141件议案，有的属于人大及其常委会工作方面的问题；有的属于人民政府、人民法院、人民检察院职权范围内的问题；有的属于对某项工作的建议；还有一些需要向全国人大常委会、国务院及其有关部门反映解决的问题。因此，这141件议案拟改作建议、批评和意见，根据《四川省人民代表大会议事规则》的规定，由省人大常委会办公厅交有关机关和组织研究处理，并负责答复代表。

截至1998年1月19日，大会秘书处还收到代表对各方面工作提出的建议、批评和意见166件，已按其内容分别交省政府和有关机关、组织研究办理。从会议闭会之日起3个月内，至迟不超过6个月答复代表。

省九届人大一次会议交各专门委员会审议议案一览表

表2-9

审议部门	件数	议案号	提出议案者	议案内容
内务司法委员会	2	51号	张世昌等14名代表	制定公民见义勇为与刑事犯罪作斗争保护奖励法规
		72号	江亦李等10名代表	制定人大监督检察机关的地方性法规
民族宗教委员会	3	39号	马志强等22名代表	请求省人大常委会对全省少数民族贫困地区的扶贫开发工作进行视察
		18号	郭全喜等19名代表	在民族地区实施民族卫生扶贫
		25号	郭全喜等18名代表	将甘孜州九个非国定、省定贫困县纳入国家义务教育扶贫工作
城乡建设环境资源保护委员会	4	101号	邹海泉等11名代表	要求修改《四川省建筑管理条例》第19条第3款
		141号	葛文彬等10名代表	加强四川地质环境监督管理制定四川地质环境保护条例
		147号	耿全礼等21名代表	制定四川省人民防空法实施办法
		152号	陈京祥等11名代表	制定四川省人民防空法实施办法
财政经济委员会	2	34号	纪尽善等10名代表	制定四川省股份合作制企业条例
		157号	刘荣富等17名代表	完善“打假”法规、加大“打假”力度
教育科学文化卫生委员	2	6号	张国辉等12名代表	尽快制定促进四川民营科技企业发展的地方性法规
		106号	陈松乔等14名代表	制定办民办学校办法
农业委员会	2	50号	何绍江等18名代表	认真贯彻《四川省农业技术推广法实施办法》强化乡镇农业社会化服务体系建设
		111号	苏大昆等11名代表	进一步依法建立健全基层农技推广服务体系
外事侨务委员会	2	16号	林家湘等11名代表	尽快修定《四川省〈中华人民共和国归侨侨眷权益保护法〉实施办法》
		55号	林家湘等10名代表	制定四川省口岸工作综合管理条例

第二节 四川省九届人大二次会议

1999年2月1—6日，省九届人大二次会议在成都举行。大会应到代表891名，实到代表786人。省九届人大二次会议除预备会议外有3次大会，大会会场设在金牛宾馆礼堂。

一、大会主席团和秘书长

1999年1月31日，省九届人大二次会议举行预备会议，通过省九届人大二次会议主席团和秘书长名单。主席团92人。

主席团（按姓氏笔画为序）

王　于（女）	王东洲	王廷杰（羌族）	王道延	卢铁城
田景坤（女）	冯崇泰	兰树堂	吉克木曲（彝族）	尧斯丹（藏族）
曲别格初（彝族）	朱藻文	任凌云	向　阳	刘子寿（藏族）
刘永顺	刘同心	刘建纪	牟绪珩（土家族）	买长荣（回族）
孙文启	孙本先	孙自强（彝族）	纪尽善	苍定安（藏族）
苏大昆（女）	苏呷沙且（彝族）	严如高	李永寿	李吉荣
李恒明（女）	李隆春	李植松	李慎宽	杨　岐
杨水源	杨运洪	杨志文	杨秀明	杨启泉
杨析综	杨绍珍（女，藏族）	杨崇汇	肖光成	吴济华
余光银	宋大凡	张国辉	张宗源	张清秀（女）
陆明远	阿都·泽呷（女，藏族）		陈文光	陈协蓉
陈德玉	林先泽	罗开忠	罗玉芳（女）	罗世元
罗松柏	罗通达（藏族）	周礼成（羌族）	周登全	周新远
孟俊修	赵尔珉（满族）	胡克礼（藏族）	胡祖禹	段维义
钮小明（女）	洪及鄙	姚正耀	秦玉琴（女）	秦登田
耿全礼	郭振祥	席义方	唐贤明	唐益财
陶武先	黄寅逵	韩桂莲（女）	鲁满保	童若春（女）
曾清华（女）	游　红（女）	谢世杰	赖明扬	詹君美（女）
廖世孔	熊华跃（苗族）	熊继尧		

秘书长　孟俊修

二、会议议程

听取和审议省长宋宝瑞关于省政府工作的报告；听取和审议省计划委员会主任陶晞晦关于省1998年国民经济和社会发展计划执行情况及1999年计划草案的报告；审查、批准省1998年国民经济和社会发展计划执行情况的报告及1999年国民经济和社会发展计划；听取和审议省财政厅厅长周维莲关于省1998年财政预算执行情况和1999年财政预算草案的报告；审查、批准省1998年省本级财政预算执行情况的报告和1999年省本级财政预算；听取和审议省人大常委会主任谢世杰关于省常委会工作的报告；听取和审议省高级人民法院院长敬瑞祥关于省高级人民法院工作的报告；听取和审议省人民检察院检察长韩忠信关于省人民检察院工作的报告。

三、全体会议

会议听取和审议省长宋宝瑞作的《省政府工作报告》，决定批准该报告；听取和审议省计划委员会主任陶晞晦作的《关于四川省1998年国民经济和社会发展计划执行情况及1999年计划（草案）》的报告。大会根据财政经济委员会的审查报告，决定批准省1998年国民经济和社会发展计划执行情况及1999年计划；听取和审议省财政厅厅长周维莲作的《关于四川省1998年财政预算执行情况和

1999 年财政预算（草案）》的报告。大会根据财政经济委员会的审查报告，决定批准省 1998 年财政预算执行情况和 1999 年财政预算。

听取和审议省九届人大常委会主任谢世杰作的《四川省人民代表大会常务委员会工作报告》，决定批准该报告；听取和审议省高级人民法院院长敬瑞祥作的《四川省高级人民法院工作报告》，决定批准该报告；听取和审议省人民检察院检察长韩忠信作的《四川省人民检察院工作报告》，决定批准该报告。

四、议 案

此次会议收到代表团提出的议案 12 件，10 名以上代表联名提出的议案 137 件，共计 149 件。其中，法制方面 1 件，民族宗教方面 10 件，内务司法方面 9 件，财政经济方面 58 件，教育科学文化卫生方面 25 件，农业方面 28 件，城乡建设环境资源保护方面 17 件，外事侨务方面 1 件。这些议案以中共十五大精神为指导，从四川实际出发，坚持以经济建设为中心，为深化改革，扩大开放，推进四川省经济社会全面发展和民主法制建设，维护社会政治稳定，促进民族团结和人民安居乐业，提出许多重要的建议和意见。根据《四川省人民代表大会议事规则》第二十一条规定，省人大各专门委员会分别对这些议案进行审查，建议将其中 13 件列为议案，提请主席团审议。主席团决定作为议案的，由大会秘书处分别交省人大有关专门委员会审议，提出是否列入省人大或省人大常委会会议议程的意见，由省人大常委会审议决定。

其余 136 件议案，有的属于人大及其常委会工作方面的问题；有的属于人民政府、人民法院、人民检察院职权范围内的问题；有的属于对某项工作的具体建议；还有一些需要向全国人大、国务院及有关部委反映解决的问题。因此，这 136 件议案拟改作建议、批评和意见，由省人大常委会办公厅交有关机关和组织研究处理，并负责答复代表。

截至 1999 年 2 月 5 日，大会秘书处收到代表对各方面工作提出的建议、批评和意见 203 件，已按内容分别交省政府和有关机关、组织研究办理。从会议闭会之日起 3 个月内，至迟不超过 6 个月答复代表。此外，代表按规定提出质询案 1 件，询问案 3 件，已按有关程序办理。

省九届人大二次会议交各专门委员会审议议案一览表

表 2－10

审议部门	件数	议案号	提出议案者	议案内容
法制委员会	1	136 号	王传义等 12 名代表	请求省人大常委会尽快修改《乡镇人大主席团工作条例》
内务司法委员会	3	75 号	扈远仁等到 13 名代表	积极筹集四川省见义勇为基金
		129 号	耿全礼等 19 名代表	尽快制定《四川省〈兵役法〉实施办法》
		130 号	耿全礼等 19 名代表	尽快制定《四川省预备役军官管理条例》
财政经济委员会	3	65 号	李明德等 24 名代表	督促政府严格监控、管好、用好各种专项基金
		74 号	扈远仁等 13 名代表	增加省人大各专门委员会业务经费
		82 号	李恒明等 39 名代表	增拨省人大代表活动的经费

续表 2－10

审议部门	件数	议案号	提出议案者	议案内容
民族宗教委员会	1	1 号	马志强等 18 名代表	请求省人大常委会对全省贯彻宪法和民族区域自治法的情况进行视察
教育科学文化卫生委员会	2	69 号	李伦蓉等 13 名代表	整治课本发行渠道，减轻中小学生书包重量
		139 号	黄大贵等 17 名代表	制定四川省科技创新发展与高新技术产业孵化条例，努力实现四川创新系统
农业委员会	2	12 号	何大彬等 32 名代表	修改完善《四川省农民负担管理条例》
		46 号	吴大富等 22 名代表	建议修改《四川省农民负担管理条例》
城乡建设环境资源保护委员会	1	149 号	胡淑修等 34 名代表	督促会东铅锌矿根治污染源

第三节　四川省九届人大三次会议

由于中共中央通知2000年1月11—19日各省（市、自治区）党委、政府主要领导到北京学习、开会，四川省第九届人民代表大会第三次会议由原定的2000年1月16日召开推迟到2000年1月22日在成都召开，会期9天。美国驻成都总领事馆、加拿大驻重庆总领事馆总领事旁听了开幕式。

一、大会主席团和秘书长

2000年1月21日，省九届人大三次会议举行预备会议。会议选举省九届人大三次会议主席团92名组成人员和秘书长。

主席团（按姓氏笔画为序）

王　于（女）	王廷杰（羌族）	王道延	卢铁城	田景坤（女）
冯崇泰	兰树堂	吉克木曲（彝族）	尧斯丹（藏族）	曲别格初（彝族）
朱藻文	任凌云	向　阳	刘子寿（藏族）	刘永顺
刘同心	刘建纪	牟绪珩（土家族）	买长荣（回族）	孙本先
孙自强（彝族）	纪尽善	乔耀海	苍定安（藏族）	苏大昆（女）
苏呷沙且（彝族）	严如高	李永寿	李吉荣	李恒明（女）
李隆春	李植松	李慎宽	杨　岐	杨水源
杨运洪	杨秀明	杨启泉	杨析综	杨绍珍（女，藏族）
吴济华	余光银	宋大凡	张国辉	张宗源
张清秀（女）	陆明远	阿都·泽呷（女，藏族）		陈文光
陈协蓉		陈德玉	林先泽	罗开忠
罗玉芳（女）	罗世元	罗林书	罗松柏	罗通达（藏族）
周永康	周礼成（羌族）	周登全	周新远	孟俊修

赵尔珉（满族）	胡克礼（藏族）	胡祖禹	段维义	钮小明（女）
洪及鄙	柳斌杰	姚正耀	秦玉琴（女）	秦登田
耿全礼	郭振祥	席义方	高万权	唐贤明
唐益财	陶武先	黄寅逵	韩桂莲（女）	鲁满保
童若春（女）	曾清华（女）	游 红（女）	谢世杰	赖明扬
詹君美（女）	廖世孔	熊华跃（苗族）	熊继尧	

秘书长 孟俊修

二、会议议程

听取和审议代省长张中伟关于省政府工作的报告；听取和审查省计划委员会主任陶晞晦关于省1999年国民经济和社会发展计划执行情况及2000年计划草案的报告；审查、批准省1999年国民经济和社会发展计划执行情况的报告及2000年国民经济和社会发展计划；听取和审查省财政厅厅长周维莲关于省1999年财政预算执行情况和2000年财政预算草案的报告；审查、批准省1999年省本级财政预算执行情况的报告和2000年省本级财政预算；听取和审议省人大常委会主任谢世杰关于省人大常委会工作的报告；听取和审议省高级人民法院院长敬瑞祥关于省高级人民法院工作的报告；听取和审议省人民检察院检察长韩忠信关于省人民检察院工作的报告；选举事项。

三、全体会议

听取和审议代省长张中伟作的《省政府工作报告》，决定批准该报告；听取和审议省计划委员会主任陶晞晦作的《关于四川省1999年国民经济和社会发展计划执行情况及2000年计划（草案）》的报告，决定批准该报告；听取和审议省财政厅厅长周维莲作的《关于四川省1999年财政预算执行情况和2000年财政预算（草案）》的报告。大会根据财政经济委员会的审查报告，决定批准省1999年财政预算执行情况和2000年财政预算。

听取和审议省九届人大常委会主任谢世杰作的《四川省第九届人民代表大会常务委员会工作报告》，决定批准该报告；听取和审议省高级人民法院院长敬瑞祥作的《四川省高级人民法院工作报告》，决定批准该报告；听取和审议省人民检察院检察长韩忠信作的《四川省人民检察院工作报告》，决定批准该报告。

四、会议选举工作（详见第三篇第四章）

五、议 案

此次大会收到代表团提出的议案12件，10名以上代表联名提出的议案160件，共计172件。其中，法制方面2件，民族宗教方面9件，内务司法方面17件，财政经济方面74件，教育科学文化卫生方面27件，农业方面23件，城乡建设环境资源保护方面17件，外事侨务方面3件。这些议案，以中共十五大和十五届三中、四中全会及中央经济工作会议精神为指导，从四川实际出发，坚持以经济建设为中心，为深化改革，扩大开放，实施西部大开发战略，加快四川省经济建设和社会全面进步，为加强社会主义民主法制建设，推进依法治省，维护社会稳定，促进民族团结和人民安居乐业，提出许多重要的建议和意见。省人大各专门委员分别对这些议案进行审查，建议将其中19件列为议案，提请主席团审议。主席团决定作为议案的，由大会秘书处分别交省人大有关专门委员会审议，提出是否列入省人大或省人大常委会会议议程的意见，由省人大常委会审议决定。

其余153件议案，有的属于人大及其常委会工作方面的问题；有的属于人民政府、人民法院、人民检察院职权范围内的问题；有的属于对某项工作的具体建议；还有一些需要向全国人大、国务院及有关部委反映解决的问题。因此，这153件议案拟改作建议、批评和意见，由省人大常委会办公厅交有关机关和组织研究处理，并在规定的时限内答复代表。截至1月26日18时止，大会秘书处还收到代表对各方面工作提出的建议、批评和意见238件，将按内容分别交省政府和有关机关、组织研究办理。此外，代表依法提出质询案3件，已按有关程序办理。

省九届人大三次会议交各专门委员会审议议案一览表

表2－11

审议部门	件数	议案号	提出议案者	议案内容
城乡建设环境资源保护委员会	2	92号	林永寿等20名代表	认真抓好旅游业作为四川支柱产业的落实工作
		162号	昌荣河等12名代表	尽快制定《四川省〈世界自然与文化遗产〉保护条例》
民族宗教委员会	3	48号	马志强等18名代表	请求省人大常委会制定《四川省民族工作条例》
		81号	阿坝州代表团	阿坝州西北部农牧区七县电网建设
		164号	王定清等17名代表	建议制定《四川省民族工作条例》
内务司法委员会	4	24号	王怀彬等11名代表	实施按比例安置残疾人就业
		54号	邓学荣等13名代表	制定《四川省〈中华人民共和国村民委员会组织法〉实施办法》
		58号	王南等12名代表	制定“四川省保护见义勇为行为”地方性法规
		154号	马志强等18名代表	请求省政府进一步加大对凉山州公安机关禁毒经费投入
财政经济委员会	2	3号	李明德等14名代表	加强我省国企经营者队伍建设
		95号	王大京等13名代表	加强天然气管道质量监督和安全监察
教育科学文化卫生委员	3	27号	黄大贵等13名代表	抓住高校管理体制改革机遇，发展四川高等教育产业
		47号	扈远仁等14名代表	认真贯彻执行法规，切实做好文物保护工作
		129号	林家湘等17名代表	请求省人大尽快制定我省专业技术人员继续教育的地方法规
农业委员会	4	10号	张建华等10名代表	修改《四川省农民负担条例》
		18号	何绍江等12名代表	请求省人大常委会对《动物防疫法》实施情况进行视察
		19号	何绍江等12名代表	请求制定《四川省农业投入管理办法》
		126号	郭建英等10名代表	修改《四川省水利工程管理条例》
外事侨务委员会	1	66号	梁世鹏等12名代表	尽快制定《四川省民用机场净空管理条例》

第四节 四川省九届人大四次会议

2001 年 2 月 6—13 日，省九届人大四次会议在成都举行，应到代表 891 名，实到代表 830 名。包括预备会议和 3 次大会，会场设在锦江大礼堂。

一、大会主席团和秘书长

2001 年 2 月 5 日，省九届人大四次会议举行预备会议，根据中央批准的人事变动方案和工作需要，省九届人大四次会议主席团增加 4 人。会议选举省九届人大四次会议主席团 97 名组成人员和秘书长。

主席团（按姓氏笔画为序）

王　于（女）	王雨顺（藏族）	王荣轩	王道延	卢铁城
田景坤（女）	冯崇泰	兰树堂	吉克加加（彝族）	尧斯丹（藏族）
曲别格初（彝族）	朱藻文	任凌云	刘子寿（藏族）	刘永顺
刘同心	刘建纪	牟绪珩（土家族）	买长荣（回族）	孙本先
孙自强（彝族）	纪尽善	乔耀海	苍定安（藏族）	苏大昆（女）
苏呷沙且（彝族）	严如高	李永寿	李吉荣	李恒明（女）
李建华	李崇禧	李隆春	李植松	李慎宽
杨　岐	杨水源	杨运洪	杨秀明	杨启泉
杨析综	杨绍珍（女，藏族）	欧泽高（藏族）	吴才荣	吴济华
余光银	宋大凡	张国辉	张宗源	张清秀（女）
陆明远	阿都·泽呷（女，藏族）		陈协蓉	陈德玉
林先泽	罗开忠	罗玉芳（女）	罗世元	罗松柏
罗通达（藏族）	周永康	周礼成（羌族）	周登全	周新远
孟俊修	赵尔琨（满族）	胡克礼（藏族）	胡祖禹	段维义
钮小明（女）	洪及鄙	柳斌杰	姚正耀	秦玉琴（女）
秦登田	耿全礼	郭振祥	席义方	高万权
唐　坚	唐贤明	唐益财	徐世群	陶武先
黄寅逵	韩桂莲（女）	鲁满保	童若春（女）	曾清华（女）
游　红（女）	谢世杰	赖明杨	蒲双祥	詹君美（女）
廖世孔	熊华跃（苗族）	熊继尧		

秘书长　孟俊修

二、会议议程

听取和审议省长张中伟关于省政府工作报告；审议和批准省国民经济和社会发展第十个五年计划纲要（草案）；听取和审议省发展计划委员会主任陶晞晦关于省 2000 年国民经济和社会发展计划执行情况及 2001 年计划草案的报告；审议、批准省 2000 年国民经济和社会发展计划执行情况的报告及2001年国民经济和社会发展计划；听取和审议省财政厅厅长周维莲关于省2000年财政预算执行情况和2001年财政预算草案的报告；审查、批准省2000年省本级财政预算执行情况的报告和2001年省本级财政预算；听取和审议省人大常委会主任谢世杰关于省人大常委会工作的报告；审议省人民代表大会及其常务委员会立法程序规定（草案）；听取和审议省高级人民法院院长敬瑞祥关于省高级人民法院工作的报告；听取和审议省人民检察院检察长韩忠信关于省人民检察院工作的报告；选举事项。

三、全体会议

会议听取和审议省长张中伟作的《省政府工作报告》，决定批准该报告；听取和审议省计划委员会主任陶晞晦作的《关于四川省2000年国民经济和社会发展计划执行情况及2001年计划（草案）》的报告，决定批准省2000年国民经济和社会发展计划执行情况及2001年计划；听取和审议《四川省国民经济和社会发展第十个五年计划纲要》（草案），决定批准《四川省国民经济和社会发展第十个五年计划纲要》；听取和审议省财政厅厅长周维莲作的《关于四川省2000年财政预算执行情况和2001年财政预算（草案）》的报告。决定批准省2000年财政预算执行情况和2001年财政预算。

听取和审议省人大常委会主任谢世杰作的《四川省人民代表大会常务委员会工作报告》，决定批准该报告，通过《关于四川省人民代表大会常务委员会工作报告的决议》；听取和审议省高级人民法院院长敬瑞祥作的《四川省高级人民法院工作报告》，决定批准该报告；听取和审议省人民检察院检察长韩忠信作的《四川省人民检察院工作报告》，决定批准该报告；会议通过《四川省人民代表大会及其常务委员会立法程序规定》。

四、会议选举工作（详见第三篇第四章）

五、议　案

此次会议收到代表团提出的议案16件，10名以上代表联名提出的议案157件，共计173件。其中，民族宗教方面2件，内务司法方面11件，财政经济方面74件，教育科学文化卫生方面30件，农业方面38件，城乡建设环境资源保护方面11件，外事侨务方面7件。这些议案，以中共十五大和十五届五中全会及江泽民“三个代表”重要思想为指导，突出民主与法制的主题，围绕实施西部大开发这一中心任务，为加快四川省经济建设和社会全面进步，推进依法治省，维护社会稳定，促进民族团结和人民安居乐业，提出许多重要的建议和意见。省人大各专门委员会分别对这些议案进行审查，建议将其中18件列为议案，提请主席团审议。主席团决定作为议案的，由大会秘书处分别交省人大有关专门委员会审议，提出是否列入省人大常委会会议议程的意见，由省人大常委会审议决定。

其余155件议案，有的属于人大及其常委会工作方面的问题；有的属于人民政府、人民法院、人民检察院职权范围内的问题；有的属于对某项工作的具体建议；还有一些需要向全国人大、国务院及有关部委反映解决的问题。因此，这155件议案拟改作建议、批评和意见，根据《四川省人民代表大会议事规则》的规定，并在规定的时限内认真负责地答复代表。

截至2001年2月10日12时，大会秘书处还收到代表对各方面工作提出的建议、批评和意见

231件，将按内容分别交省政府和有关机关、组织研究办理。此外，代表依法提出询问案4件，已按有关程序办理。

省九届人大四次会议交各专门委员会审议议案一览表

表2－12

审议部门	件数	议案号	提出议案者	议案内容
城乡建设环境资源保护委员会	2	18号	乐山市代表团	加大岷江流域中上游水污染防治力度
		27号	江相麒等19名代表	对《四川省城市房屋拆迁管理条例》作适当修改
内务司法委员会	3	30号	钮小明等13名代表	尽快进行《四川省司法鉴定管理条例》立法
		165号	廖健康等11名代表	制订《四川省人民陪审员条例》
		168号	黄大贵等13名代表	切实推进四川省城市社区建设
财政经济委员会	1	170号	黄大贵等14名代表	实施“三移动网融合”，建立数字电视试验区
教育科学文化卫生委员会	6	20号	林永寿等14名代表	请求在商业街原址建古蜀开明王朝晚期大型船棺、独木棺墓葬博物馆
		38号	张世昌等23名代表	制定《四川省教育投入与管理条例》
		52号	纪尽善等10名代表	制定成都高新技术产业开发区条例
		69号	马志强等18名代表	请求省政府在四川省电视台增设“彝、藏语四川新闻节目”
		107号	艾力等10名代表	修改医疗机构设置审批权限
		116号	徐晓康等10名代表	抓住入世良机，大力发展中药产业
农业委员会	4	8号	何绍江等10名代表	请求省人大常委会对《四川省〈中华人民共和国草原法〉实施细则》进行检查
		58号	赵通明等11名代表	规范个体种子经营者资格
		87号	沈建军等11名代表	请求修改《四川省农作物种子管理条例》
		88号	沈建军等11名代表	请求省人大常委会视察《四川省农药管理条例》实施情况
外事侨务委员会	2	138号	梁世鹏等14名代表	理顺关系加强外侨工作
		164号	梁世鹏等19名代表	省人大外侨委加挂台湾事务工作委员会牌子

第五节 四川省九届人大五次会议

2002年4月3—8日，省九届人大五次会议在成都举行，大会应到代表894名，实到代表784名，包括预备会议和3次大会，会场设在锦江大礼堂。

一、大会主席团和秘书长

2002 年 4 月 2 日，省九届人大五次会议预备会议召开。会议选举省九届人大五次会议主席团 97 名组成人员和秘书长。

主席团（按姓氏笔画为序）

王　于（女）	王三运	王荣轩	王道延	亓九才
卢铁城	田景坤（女）	冯崇泰	兰树堂	吉克加加（彝族）
尧斯丹（藏族）	曲别格初（彝族）	朱藻文	任凌云	刘子寿（藏族）
刘永顺	刘同心	刘建纪	牟绪珩（土家族）	买长荣（回族）
孙自强（彝族）	纪尽善	乔耀海	苍定安（藏族）	苏大昆（女）
苏呷沙且（彝族）	李开明	李永寿	李吉义	李建华
李恒明（女）	李崇禧	李隆春	李敦伯	李慎宽
杨吉生（羌族）	杨　岐	杨水源	杨运洪	杨秀明
杨启泉	杨析综	杨绍珍（女，藏族）	欧泽高（藏族）	吴才荣
吴济华	余光银	宋大凡	张成明	张国辉
张宗源	张清秀（女）	陆明远	阿都·泽呷（女，藏族）	
陈协蓉	陈德玉	林先泽	罗开忠	罗玉芳（女）
罗世元	罗通达（藏族）	周永康	周礼成（羌族）	孟俊修
赵尔琚（满族）	胡克礼（藏族）	胡祖禹	段维义	钮小明（女）
洪及鄙	晏永和	姚正耀	秦玉琴（女）	秦登田
耿全礼	郭振祥	席义方	高万权	唐　坚
唐益财	徐世群	陶武先	黄寅逵	敬中春
韩桂莲（女）	鲁满保	童若春（女）	曾清华（女）	游　红（女）
谢世杰	赖明杨	蒲双祥	詹君美（女）	谭　力
廖世孔	熊华跃（苗族）	熊继尧		

秘书长　孟俊修

二、会议议程

听取和审议省长张中伟关于省政府工作的报告；听取和审议省发展计划委员会主任陶晞晦关于省 2001 年国民经济和社会发展计划执行情况及 2002 年计划草案的报告；审查、批准省 2001 年国民经济和社会发展计划执行情况的报告及 2002 年国民经济和社会发展计划；听取和审议省财政厅厅长周维莲关于省 2001 年财政预算执行情况和 2002 年财政预算草案的报告；审查、批准省 2001 年省本级财政预算执行情况的报告和 2002 年省本级财政预算；听取和审议省人大常委会主任谢世杰关于省人大常委会工作的报告；审议省人民代表大会议事规则修正案（草案）；听取和审议省高级人民法院院长敬瑞祥关于省高级人民法院工作的报告；听取和审议省人民检察院检察长韩忠信关于省人民检察院工作的报告；选举事项。

三、全体会议

会议听取和审议省长张中伟作的《省政府工作报告》，决定批准该报告；听取和审议省计划委员会主任陶晞晦作的《关于四川省2001年国民经济和社会发展计划执行情况及2002年计划（草案）》的报告，决定批准省2001年国民经济和社会发展计划执行情况及2002年计划；听取和审议省财政厅厅长周维莲作的《关于四川省2001年财政预算执行情况和2002年财政预算（草案）》的报告，决定批准省2001年财政预算执行情况和2002年财政预算。

听取和审议省人大常委会主任谢世杰作的《四川省人民代表大会常务委员会工作报告》，决定批准该报告；听取和审议省高级人民法院院长敬瑞祥作的《四川省高级人民法院工作报告》、决定批准该报告；听取和审议省人民检察院检察长韩忠信作的《四川省人民检察院工作告》。决定批准该报告；会议还通过《四川省人民代表大会关于修改〈四川省人民代表大会议事规则〉的决定》。

四、会议选举工作（详见第三篇第四章）

五、议 案

此次会议收到代表团提出的议案16件，10名以上代表联名提出的议案180件，共计196件。其中，法制方面3件，民族宗教方面7件，内务司法方面17件，财政经济方面98件，教育科学文化卫生方面35件，农业方面27件，城乡建设环境资源保护方面9件。

代表们认真履行宪法和法律赋予的职责，坚持以邓小平理论和江泽民“三个代表”重要思想为指导，坚持以发展为主题，围绕实施西部大开发和四川跨越式发展这一中心任务和人民群众关注的重要问题，为加快四川省经济发展和社会全面进步，积极推进民主法制建设和依法治省，维护社会稳定，促进民族团结，关心人民群众切身利益等方面，积极提出议案。省人大各专门委员会分别对这些议案进行审查，建议将其中11件正式议案，提请主席团审议。主席团决定作为议案的，由大会秘书处分别交省人大有关专门委员会审议，提出是否列入省人大或省人大常委会会议议程的意见，由省人大常委会审议决定。

其余185件议案，有的属于人大及其常委会工作方面的问题；有的属于人民政府、人民法院、人民检察院职权范围内的问题；有的属于对某项工作的具体建议；还有一些需要向全国人大、国务院及有关部委反映解决的问题。因此，这185件议案拟改作建议、批评和意见，在规定的时限内认真负责地答复代表。

截至2002年4月6日12时，大会秘书处还收到代表对各方面工作提出的建议、批评和意见270件，将按内容分别交省政府和有关机关、组织研究办理。此外，代表依法提出询问案4件，已按有关程序办理。

省九届人大五次会议交各专门委员会审议议案一览表

表 2－13

审议部门	件数	议案号	提出议案者	议案内容
内务司法委员会	1	64 号	杨秀明等 14 名代表	进一步加强我省禁毒工作
农业委员会	3	12 号	何绍江等 12 名代表	对《四川省农业技术推广法实施办法》实施情况进行视察
		70 号	沈建军等 11 名代表	制定《四川省〈防洪法〉实施办法》
		79 号	赵通明等 12 名代表	加快出台《瀑布沟电站移民条例》
教育科学文化卫生委员会	4	1 号	刘崇理等 41 名代表	将计划外生育社会抚养费用作农村独生子女父母奖励金
		32 号	罗为群等 17 名代表	关于做好流动人口子女入学工作
		80 号	钟薇等 10 名代表	尽快修订《四川省计划生育条例》
		91 号	江丽蓉等 20 名代表	务工人员子女义务教育的议案
财政经济委员会	1	24 号	刘庆来等 10 名代表	保护民工合法权益
民族宗教委员会	1	10 号	马志强等 17 名代表	制定《四川省民族区域自治法实施条例》
城乡建设环境资源保护委员会	1	82 号	魏常坤等 23 名代表	制定四川省防治江河污染地方法规

第四章 四川省十届人民代表大会

第一节 四川省十届人大一次会议

2003年1月13—20日，省十届人大一次会议在成都锦江大礼堂举行。会议安排1次预备会议和4次大会。大会应到代表884名，实到代表825名。大会秘书处的秘书、组织、宣传、简报、议案、计划预算、保卫、总务、翻译9个工作机构，设在锦江大礼堂后楼办公区和北楼办公区。

一、大会主席团和秘书长

2003年1月12日，省十届人大一次会议举行预备会议，选举省十届人大一次会议主席团85名组成人员和大会秘书长，成员包括领导干部、企事业管理人员和专业技术人员、工人、农民、部队和武警、民主党派和无党派爱国人士等方面的代表。

主席团（按姓氏笔画为序）

王凤朝	王荣轩	邓 川	石 柯	叶元玖（女）
成 甦	乔耀海	任登菊（女）	向 阳	刘 鹏
刘子寿（藏族）	刘永顺	许 伦	牟绪珩（土家族）	孙自强（彝族）
苏呷沙且（彝族）	杜 江	李从秀（女，傈僳族）		李成云
李先国	李洪福	李崇禧	李隆春	李敦伯
李慎宽	杨 岐	杨吉生（羌族）	杨安民	杨启泉
张 林	张成明	张国辉	张学忠	张宗源
阿什老轨（彝族）	阿都·泽呷（女，藏族）		陈恩美（女，回族）	陈 林（女）
陈德玉	欧泽高（藏族）	罗 强	罗开忠	孟俊修
郝士权	胡克礼（藏族）	段维义	钮小明（女）	侯一平
侯邦发	侯雄飞	洪及鄙	姚汉民	秦登田
袁秀平	晏永和	徐 波	徐世群	徐宏亮
高 庆（女）	郭永祥	席义方	唐 坚	唐公昭
唐月明（女）	陶武先	黄寅逵	黄新初	盛永利
董保真	敬中春	蒋 静	蒋显伦	韩祥林
释永寿	舒维双	鲁满保	曾清华（女）	谢世杰
谢文楷	赖明扬	谭 力	谭华生	熊运元

廖世孔　　　　　　魏　宏

秘书长　黄寅逵

2003年1月12日，省十届人大一次会议主席团第一次会议召开。会议决定张学忠、谢世杰、刘鹏、魏宏、黄寅逵、席义方、牟绪珩、徐世群、刘子寿、张宗源、刘永顺、钮小明、敬中春、杨启泉为大会主席团常务主席；杨启泉、李洪仁、黄泽云、陈华为大会副秘书长。同时，会议决定大会执行主席分组名单。

二、会议议程

会议听取和审议省长张中伟关于省政府工作的报告；听取和审议省发展计划委员会主任陶晞晦关于省2002年国民经济和社会发展计划执行情况及2003年国民经济和社会发展计划草案的报告；审查批准省2002年国民经济和社会发展计划执行情况的报告及2003年国民经济和社会发展计划；听取和审议省财政厅厅长周维莲关于省2002年财政预算执行情况和2003年财政预算草案的报告；审查批准省2002年省极财政预算执行情况的报告和2003年省级财政预算。听取和审议省人大常委会主任谢世杰关于省人大常委会工作的报告；听取和审议省高级人民法院院长敬瑞祥关于省高级人民法院工作的报告；听取和审议省人民检察院检察长陈文清关于省人民检察院工作的报告；选举省十届人大常务委员会组成人员，省人民政府省长、副省长省高级人民法院院长，省人民检察院检察长；选举四川省出席第十届全国人民代表大会；各专门委员会设置；审议关于省十届人大各专门委员会设置的议案；通过省十届人大各专门委员会组成人员。

三、议案审查委员会和计划预算委员会

2003年1月12日，省十届人大一次会议举行预备会议，通过省十届人大一次会议议案审查委员会名单（18人）。

主任委员：牟绪珩（土家族）

副主任委员：钮小明（女）

委　　员：（按姓氏笔画为序）

王　茄（女）　兰树堂　向阳苏　呷沙且（彝族）　李　锋
李之侠　陈开华　欧小鸥　罗　强　胡克礼（藏族）
徐学元　唐公昭　蒋明政　曾清华（女）　谢文楷
谢商华（女）

预备会议同时通过省十届人大一次会议计划预算委员会名单（18人）。

主任委员：席义方

副主任委员：刘永顺

委　　员：（按姓氏笔画为序）

王洪章　石　柯　杨吉生（羌族）　吴伯骥　张乃富
周登全　钟　强　聂兆和　夏代川　徐晓康（女）
唐　宁　葛文彬　蒋显伦　韩　亮（苗族）　傅应铨
舒銮逸（女）

四、代表资格审查委员会

2003 年 5 月 26—28 日，省十届人大常委会举行第三次会议。会议通过省十届人大常委会代表资格审查委员会 9 名组成人员名单。

主 任 委 员：席义方

副主任委员：任登菊（女）

委　　　员：（按姓氏笔画为序）

向　阳　杜　江　阿什老轨（彝族）　罗　强　舒维双

曾清华（女）　熊　珩

2006 年 3 月 31 日，省十届人大常委会第二十次会议通过决定，因工作分工的调整，省人大常委会副主任席义方不再担任省十届人大常委会代表资格审查委员会主任委员职务。因工作调动，罗强已辞去省十届人大常委会委员连同代表资格审查委员会委员职务。按照地方组织法的规定，省人大常委会决定，省人大常委会副主任陈文光担任省十届人大常委会代表资格审查委员会主任委员职务。补充省人大常委会委员李高伟为省十届人大常委会代表资格审查委员会委员。

五、全体会议

会议听取和审议省长张中伟向大会作的《政府工作报告》，决定批准该报告；听取和审议省发展计划委员会主任陶晞晦作的《关于四川省 2002 年国民经济和社会发展计划执行情况及 2003 年计划草案的报告》。会议经过审查并根据计划预算委员会的审查报告，决定批准省政府提出的省 2003 年国民经济和社会发展计划，批准《关于四川省 2002 年国民经济和社会发展计划执行情况及 2003 年计划草案的报告》；听取和审议省财政厅厅长周维莲受省政府委托所作的《关于四川省 2002 年财政预算执行情况和 2003 年财政预算草案的报告》。会议经过审查并根据计划预算委员会的审查报告，决定批准省政府提出的 2002 年省本级财政预算执行情况的报告和 2003 年省本级财攻预算，同意《关于四川省 2002 年财政预算执行情况和 2003 年财政预算草案的报告》。

听取和审议省九届人大常委会主任谢世杰作的《四川省人大常委会工作报告》。会议决定批准该报告；听取和审议省高级人民法院院长敬瑞祥作的《四川省高级人民法院工作报告》，会议决定批准该报告；听取和审议省人民检察院检察长陈文清作的《四川省人民检察院工作报告》，会议决定批准该报告。

六、会议选举工作（详见第三篇第四章）

七、议　案

截至 2003 年 1 月 17 日 16 时，省十届人大一次会议收到代表团提出的议案 25 件，10 名以上代表联名提出的议案 217 件，共计 242 件。其中，法制方面 3 件，民族宗教方面 69 件，内务司法方面 7 件，财政经济方面 99 件，教育科学文化卫生方面 19 件，农业方面 25 件，城乡建设环境资源保护方面 19 件，外事侨务方面 1 件。

经省十届人大一次会议议案审查委员会审查，会议主席团第七次会议审议决定：将其中 19 件列为议案，其余 223 件议案改作建议、批评和意见。主席团决定作为议案的，由大会秘书处交本届省人大有关专门委员会审议，提出意见，再由十届省人大常委会决定是否列入省人民代表大会或省人大常委会会议议程。有的议案涉及省人大多个专门委员会的职责范围，交由一个专门委员会牵头，相关的专门委员会协助审议。

省十届人大一次会议期间，代表共提出建议、批评和意见397件，议案转为建议的223件，共计620件。这些建议，除交省政府办理548件外，其余72件交有关机关和部门办理。其中，省人大各专门委员会和常委会办事工作机构办理29件，省委各有关部门办理26件，省法院办理14件，省检察院办理2件，驻川部队办理1件。

省十届人大一次会议交各专门委员会审议议案一览表

表2－14

审议部门	件数	议案号	提出议案者	议案内容
内务司法委员会	2	149号	鲁满保等10名代表	对《工会法》进行执法检查
		151号	崔太平等12名代表	对《四川省司法鉴定管理条例》进行执法检查
民族宗教委员会	3	47号	凉山州代表团	出台四川省《中华人民共和国民族区域自治法》实施办法
		66号	阿坝州代表团	制定四川省《中华人民共和国民族区域自治法》实施细则
		116号	阿坝州代表团	按照行政区划界限对紫坪铺库区水面进行管理开发保护
财政经济委员会	8	196号	李柏云等11名代表	修订《四川省保护消费者合法权益条例》
		10号	王登高等15名代表	制定《四川省促进非公有制经济发展条例》
		92号	黄晓赤等15名代表	加强食品安全立法和管理
		107号	赖明扬等12名代表	出台四川省《中华人民共和国中小企业促进法》实施办法
		113号	李再春等11名代表	对《四川省私营企业条例）进行修改
		115号	胡景寿等14名代表	制定《四川省中小企业促进法实施办法》
		164号	杨大陆等13名代表	制定《四川省实施〈中华人民共和国中小企业促进法〉条例》
		167号	王南等24名代表	制定《四川省中小企业促进法实施办法》
教育科学文化卫生委员会	2	87号	康永恒等12名代表	制定《民办教育促进法》实施办法
		199号	张廷模等10名代表	修改《四川省预防控制性病艾滋病条例》
农业委员会	3	2号	何绍江等12名代表	制定《四川省农产品质量安全管理条例》
		17号	欧可宗等12名代表	制定绿色食品生产条例
		30号	张宁生等12名代表	修改《四川省〈中华人民共和国土地管理法〉实施办法》
城乡建设环境资源保护委员会	1	1号	何绍江等12名代表	对《环境噪声污染防治法》进行执法检查

第二节　四川省十届人大二次会议

2004 年 2 月 12—17 日，省十届人大二次会议在成都锦江大礼堂举行。会议安排 1 次预备会议和 3 次大会。大会应到代表 887 名，实到代表 841 名，大会秘书处的秘书、组织、宣传、简报、议案、计划预算、保卫、总务、翻译、信息、来信来访 11 个工作机构，设在锦江大礼堂后楼办公区和北楼办公区。

一、大会主席团和秘书长

2004 年 2 月 11 日，省十届人大二次会议举行预备会议，选举省十届人大二次会议主席团 85 名组成人员和大会秘书长，成员包括领导干部、企事业管理人员、专业技术人员、工人、农民、部队和武警、民主党派、无党派爱国人士和非公有制经济等方面的代表。

主席团（按姓氏笔画为序）

马开明（彝族）	王凤朝	王荣轩	王体乾	邓新民
石　柯	兰树堂	叶元玖（女）	成　甦	乔耀海
刘　鹏	刘子寿（藏族）	刘永顺	许伦曲	木史哈（彝族）
牟绪珩（土家族）	孙自强（彝族）	杜　江	李从秀（女、傈僳族）	
李成云	李先国	李春城	李洪福	李崇禧
李敦伯	余　斌	杨　岐	杨吉生（羌族）	杨安民
杨启泉	张　林	张成明	张国辉	张学忠
张宗源	阿什老轨（彝族）	阿都·泽呷（女，藏族）		
陈恩美（女，回族）	陈德玉	欧泽高（藏族）	罗　云	罗　强
罗开忠	孟俊修	郝士权	胡克礼（藏族）	钮小明（女）
侯一平	侯邦发	侯雄飞	洪及鄙	姚汉民
秦登田	袁秀平	晏永和	徐　波	徐世群
徐宏亮	高　庆（女）	郭永祥	席义方	唐　坚
唐月明（女）	陶武先	陶晞晦	黄顺福	黄寅逵
黄新初	鲁满保	董保真	敬中春	蒋　静
蒋先继	韩　亮（苗）	韩祥林	释永寿	曾清华（女）
谢世杰	谢文楷	赖明扬	谭　力	谭华生
熊运元	廖世孔	魏　宏		

秘书长　黄寅逵

2004 年 2 月 11 日，省十届人大二次会议主席团第一次会议召开，会议决定张学忠、刘鹏、魏宏、黄寅逵、席义方、牟绪珩、徐世群、刘子寿、张宗源、刘永顺、钮小明、马开明、敬中春、陶晞晦、陈德玉、杨启泉为大会主席团常务主席；杨启泉、李洪仁、蒋先继、陈华为大会副秘书长。同时，会议决定大会执行主席分组名单。

二、会议议程

听取和审议省长张中伟关于省政府工作的报告，听取和审议省发展计划委员会主任翁蔚祥关于省2003年国民经济和社会发展计划执行情况及2004年国民经济和社会发展计划草案的报告，审查、批准省2003年国民经济和社会发展计划执行情况的报告及2004年国民经济和社会发展计划，听取和审议省财政厅厅长王宁关于省2003年财政预算执行情况和2004年财政预算草案的报告，审查、批准省2003年省本级财政预算执行情况的报告和2004年省本级财政预算，听取和审议省人大常委会主任张学忠关于省人大常委会工作的报告，听取和审议省高级人民法院院长李少平关于省高级人民法院工作的报告，听取和审议省人民检察院检察长陈文清关于省人民检察院工作的报告，选举省十届人大常务委员会副主任、委员。

三、全体会议

会议听取和审议省长张中伟代表省政府作的《政府工作报告》，决定批准该报告；会议听取和审议省发展和改革委员会主任翁蔚祥受省政府委托作的《关于四川省2003年国民经济和社会发展计划执行情况及2004年计划草案的报告》。会议根据省人大财政经济委员会的审查报告，决定批准《关于四川省2003年国民经济和社会发展计划执行情况及2004年计划草案的报告》，批准省政府提出的省2004年国民经济和社会发展计划；会议听取和审议省财政厅厅长王宁受省政府委托作的《关于四川省2003年财政预算执行情况和2004年财政预算草案的报告》。会议经过审查并根据省人大财政经济委员会的审查报告，同意《关于四川省2003年财政预算执行情况和2004年财政预算草案的报告》，决定批准2003年省本级财政预算执行情况的报告和2004年省本级财政预算。

会议听取和审议省人大常委会主任张学忠代表省人大常委会作的《四川省人民代表大会常务委员会工作报告》，会议决定批准该报告；会议听取和审议省高级人民法院院长李少平作的《四川省高级人民法院工作报告》，会议决定批准该报告；会议听取和审议省人民检察院检察长陈文清作的《四川省人民检察院工作报告》，会议决定批准该报告。

四、议　案

截至2004年2月15日上午12时，省十届人大二次会议收到代表团提出的议案11件，10名以上代表联名提出的议案178件，共计189件。其中，要求制定地方性法规和加强监督的48件，占议案总数的25%。代表们提出的议案涉及的内容主要有调整经济结构，扶持优势产业；推进国民经济信息化；加强土地管理和监督，合理开发和利用土地资源；加快旅游资源的开发利用；坚持可持续发展战略，加强城乡建设环境资源保护；加强公路、水利等基础设施建设；加强城市规划管理；关心城镇居民生活，做好就业和再就业工作，解决弱势群体困难；完善义务教育机制，规范教育收费；落实人口与计划生育政策。代表们尤其对“三农”问题给予极大关注，对完善农村税费改革、增加农民收入、保护农民利益、抓好扶贫开发等提出许多值得重视的意见。

大会秘书处在收到议案后及时分送各专门委员会提出初步处理意见。省十届人大二次会议主席团第四次会议审议决定：将其中18件列为议案，其余171件改作为建议、批评和意见。主席团决定作为议案的，由大会秘书处分别交省人大有关专门委员会审议，提出是否列入省人民代表大会会议或省人大常委会会议议程的意见，由省人大常委会审议决定。改作为建议、批评和意见的议案，连同大会期间收到代表提出的建议497件，由省人大常委会办公厅交由有关机关、组织认真研究处理，并负责答复代表。省十届人大二次会议期间，大会秘书处共收到代表建议497件，议案转为建议171件，共计668件。其中，交省政府办理596件，交有关机关和部门办理72件。

省十届人大二次会议交各专门委员会审议议案一览表

表2-15

审议部门	件数	议案号	提出议案者	议案内容
内务司法委员会	2	47号	崔太平等11名代表	修订《四川省司法鉴定管理条例》
		171号	钟祖祥等14名代表	制定《四川省预防职务犯罪工作条例》案
民族宗教委员会	1	108号	郝士昌等11名代表	尽快理顺汶川县“卧龙特别行政区”管理体制
财政经济委员会	4	30号	张廷模等11名代表	再次修改《四川省道路运输管理条例》
		50号	崔太平等16名代表	废止《四川省涉案物品价格鉴定管理条例》
		88号	王一刚等17名代表	制定《四川省石油天然气管道及设施保护条例》
		113号	谢商华等13名代表	修改《四川省保护消费者合法权益条例》
城乡建设环境资源保护委员会	1	45号	崔太平等22名代表	制定《四川省〈城市房地产管理法〉实施办法》
教育科学文化卫生委员会	2	37号	唐恭等21名代表	对《教育法》执行情况进行大检查
		41号	翟峰等11名代表	制定四川省《民办教育促进法》实施办法
农业委员会	7	1号	陈恩美等13名代表	尽快制定《四川省征收征用集体所有土地房屋拆迁补偿安置条例》
		5号	何绍江等10名代表	请求省人大常委会对《〈中华人民共和国农村土地承包法〉进行执法检查》
		6号	何绍江等10名代表	请求省人大常委会对《四川省〈中华人民共和国草原法〉实施细则》进行修订
		60号	柏凡等13名代表	抓紧制定《四川省民工权益保护条例》
		76号	张世昌等13名代表	制定《四川省维护农民权益条例》
		180号	蔡保成等10名代表	修改《四川省农作物种子管理条例》
		188号	王翠花等11名代表	加大对种子法执法监督力度，规范种子市场
外事侨务委员会	1	13号	高庆等17名代表	建议省人大常委会设立台湾事务工作委员会

第三节　四川省十届人大三次会议

2005年1月21—26日，省十届人大三次会议在成都锦江大礼堂举行。会议安排1次预备会议和3次大会。大会应到代表889名，实到代表821名。大会秘书处的秘书、组织、宣传、简报、议案、计划预算、保卫、总务、翻译、信息、来信来访11个工作机构，设在锦江大礼堂后楼办公区和北楼办公区。30名公民应邀旁听大会第一次全体会议。在成都的外国领事馆人员旁听大会。

为提高会议效率，省十届人大三次会议作如下改革：（1）将省发展和改革委员会《关于四川省2004年国民经济和社会发展计划执行情况及2005年计划草案的报告》、省财政厅《关于四川省2004年财政预算执行情况和2005年财政预算草案的报告》改为书面报告，印发会议审查批准。（2）将预备会议安排在第一次大会前举行。完成预备会议议程后，举行主席团第一次会议，随后召开第一次大会，听取省政府省长关于政府工作的报告。（3）要求会议关于各项工作报告的决议（草案），要文字简短，不重复报告内容。（4）大会通过各项决议和预备会议选举，均采用电子表决系统进行。

一、大会主席团和秘书长

2005年1月21日，省十届人大三次会议举行预备会议，选举出省十届人大三次会议主席团85名组成人员和大会秘书长，成员包括省委、省人大领导、各代表团负责人、省级有关部门负责人、省级群团负责人、企事业管理人员和专业技术人员、工人、农民、部队和武警、民主党派和无党派人士等方面的代表。

主席团（按姓氏笔画为序）

马开明（彝族）　王　平　王　宁　王凤朝　王荣轩
王体乾　石　柯　兰树堂　叶元玖（女）　成　甦
刘子寿（藏族）　刘永顺　许　伦　匡文俊　牟绪珩（土家族）
孙　平　孙自强（彝族）　杜　江　李从秀（女，傈僳族）
李成云　李先国　李尚福　李春城　李洪福
李崇禧　李登菊（女）　余　斌　杨　岐　杨吉生（羌族）
杨安民　杨启泉　张　林　张国辉　张学忠
张宗源　阿什老轨（彝族）　阿都·泽呷（女，藏族）　陈恩美（女，回族）
陈德玉　欧泽高（藏族）　罗　云　罗　强　罗开忠
孟俊修　郝士权　钮小明（女）　侯一平　侯邦发
侯雄飞　洪及鄙　姚汉民　骆隆森　秦宜智
秦登田　袁本朴　晏永和　徐　波　徐世群
高　庆（女）　高　烽　郭永祥　郭赤诚（藏族）　席义方
唐　坚　唐月明（女）　陶武先　陶晞晦　黄寅逵
黄新初　敬中春　董保真　蒋　静　蒋先继
韩　亮（苗族）　韩祥林　焦伟侠　释永寿　曾清华（女）
谢　明　谢世杰　谢文楷　谭　力　谭华生

熊运元　　　　　　魏　宏

秘书长　黄寅逵

2005 年 1 月 21 日，省十届人大三次会议主席团第一次会议推定张学忠、黄寅逵、席义方、牟绪珩、徐世群、王荣轩、刘子寿、张宗源、刘永顺、钮小明、马开明、敬中春、陶晞晦、陈德玉、杨启泉担任大会常务主席；杨启泉、李洪仁、蒋先继、陈华为大会副秘书长。会议还决定大会执行主席分组名单。

二、会议议程

听取和审议省长张中伟关于政府工作的报告，审议和批准省 2004 年国民经济和社会发展计划执行情况及 2005 年计划草案的报告，审议省 2004 年财政预算执行情况及 2005 年财政预算草案的报告，批准 2004 年省本级财政预算执行情况的报告及 2005 年省本级财政预算，听取和审议省人大常委会主任张学忠关于省人大常委会工作的报告，听取和审议省高级人民法院院长李少平关于省高级人民法院工作的报告，听取和审议省人民检察院检察长陈文清关于省人民检察院工作的报告。

三、全体会议

会议听取和审议省长张中伟代表省政府作的《政府工作报告》，决定批准该报告；会议听取和审议省发展和改革委员会主任翁蔚祥受省政府委托作的《关于四川省 2004 年国民经济和社会发展计划执行情况及 2005 年计划草案的报告》。大会根据省人大财政经济委员会的审查报告，决定批准《关于四川省 2004 年国民经济和社会发展计划执行情况及 2005 年计划草案的报告》，批准省政府提出的省 2005 年国民经济和社会发展计划；会议听取和审议省财政厅厅长泽巴足作的《关于四川省 2004 年财政预算执行情况和 2005 年财政预算草案的报告》。大会根据省人大财政经济委员会的审查报告，同意《关于四川省 2004 年财政预算执行情况和 2005 年财政预算草案的报告》，决定批准省政府提出的 2005 年省本级财政预算。

会议听取和审议省人大常委会主任张学忠作的《四川省人大常委会工作报告》，会议决定批准该报告；会议听取和审议省高级人民法院院长李少平作的《四川省高级人民法院工作报告》，会议决定批准该报告；会议听取和审议省人民检察院检察长陈文清作的《四川省人民检察院工作报告》，会议决定批准该报告。

四、会议选举工作（详见第三篇第四章）

五、议　案

截至 2005 年 1 月 23 日 18 时，省十届人大三次会议收到代表团提出的议案 16 件，10 名以上代表联名提出的议案 156 件，共计 172 件。其中，要求制定地方性法规和加强监督的 42 件，占议案总数的 24%。内容主要涉及：加强能源、公路、水利等基础设施建设；加强农村经济工作；加强土地和水利资源的管理和监督，合理开发和利用土地、水能资源；治理污染，保护生态环境；大力开发利用旅游资源；加强城乡建设和环境保护；加强安全生产管理；整顿规范市场经济秩序；加强房地产市场管理；减轻农民负担、保护农民利益、增加农民收入；做好扶贫开发工作；加强农村卫生工作，控制疾病流行；加强青少年思想道德教育；发展民族地区经济；推进文教卫生事业的改革；推进民主法制建设；加强地方立法；完善人大常委会的各项制度；推进政务公开和依法行政；推进司法改革等。

大会秘书处在收到议案后及时分送各专门委员会提出初步处理意见。省十届人大三次会议主席团第三次会议审议决定：将其中18件列为议案，其余154件改作为建议、批评和意见。主席团决定作为议案的，由大会秘书处分别交省人大有关专门委员会审议，提出是否列入省人民代表大会会议或省人大常委会会议议程的意见，由省人大常委会审议决定。其余的154件作为建议、批评和意见，连同大会期间收到代表提出的建议，由省人大常委会办公厅交由有关机关、组织认真研究处理，并负责答复代表。同时将答复内容向省人大常委会办事机构反馈，以便进行监督和核查。

省十届人大三次会议期间，代表提出建议共505件，由议案转为建议154件，共计659件。其中，交省政府办理570件，交有关机关和部门办理89件。

省十届人大三次会议交各专门委员会审议议案一览表

表2－16

审议部门	件数	议案号	提出议案者	议案内容
内务司法委员会	3	2号	何绍江等15名代表	制定《〈中华人民共和国道路交通安全法〉实施办法》
		154号	崔太平等10名代表	开展《关于完善人民陪审员制度的决定》执法检查
		172号	罗强等10名代表	制定四川省志愿服务地方性法规
财政经济委员会	3	11号	翟峰等11名代表	加强对重点建设投资项目监督
		56号	钟祖祥等14名代表	制定《四川省国有资产监督管理条例》
		58号	钟祖祥等14名代表	制定《四川省安全生产管理条例》
法制委员会	5	14号	罗南辉等13名代表	制定行使重大事项决定权法规
		17号	巴中、达州代表团	制定《四川省支持川陕革命老区发展条例》
		86号	张世昌等16名代表	制定《四川省农村房屋拆迁管理条例》
		101号	孟俊修等15名代表	制定《四川省支持老区建设发展条例》
		153号	崔太平等11名代表	制定《四川省规范性文件备案审查办法》
教育科学文化卫生委员会	4	1号	何绍江等15名代表	对《中华人民共和国食品卫生法》进行执法检查
		62号	李明德等13名代表	制定《四川省精神卫生工作条例》
		117号	樊映川等16名代表	制定《四川省眼角膜捐献移植条例》
		162号	张悦等16名代表	制定《四川省遗体捐献条例》
农业委员会	3	3号	何绍江等15名代表	省人大常委会对《中华人民共和国渔业法》进行执法检查
		4号	何绍江等15名代表	制定《四川省〈中华人民共和国农村土地承包法〉实施办法》
		21号	乐山代表团	制定《农村土地承包法》实施细则

第四节 四川省十届人大四次会议

2006 年 1 月 15—20 日，省十届人大四次会议在成都锦江大礼堂举行。会议安排 1 次预备会议和 3 次大会。大会应到代表 890 名，实到代表 825 名。大会秘书处的秘书、组织、宣传、简报、议案、计划预算、保卫、总务、翻译、信息、来信来访 11 个工作机构，设在锦江大礼堂后楼办公区和北楼办公区。

为贯彻落实中共中央 9 号文件和省委 13 号文件精神，拓展代表知情知政渠道，省人大常委会办公厅、人事代表工委于 2005 年 12 月 20 日为在成都的省人大代表举办报告会，省“一府两院”向代表们通报有关工作情况，并将会议材料印送全体省人大代表。按照中共中央 9 号文件精神要求，会议邀请部分全国人大代表，出席省九届政协四次会议的政协委员和列席省政协会议的人员列席会议，会议邀请 30 名公民旁听大会第一次全体会议，在成都的外国领事馆人员旁听大会。

一、大会主席团和秘书长

2006 年 1 月 15 日，省十届人大四次会议举行预备会议，选举出省十届人大四次会议主席团 85 名组成人员和大会秘书长，成员包括省委、省人大常委会领导、各代表团负责人、省级有关部门负责人、省级群团负责人、企事业管理人员和专业技术人员、工人、农民、部队和武警、民主党派和无党派人士等方面的代表。

主席团（按姓氏笔画为序）

于　伟	马开明（彝族）	王　平	王　宁	王荣轩
王体乾	尹德宏	石　柯	叶　壮叶	元玖（女）
成　甦	刘子寿（藏族）	刘永顺	许　伦	匡文俊
牟绪珩（土家族）	孙自强（彝族）	杜　江	李从秀（女、傈僳族）	
李成云	李先国	李向志	李尚福	李春城
李洪仁	李洪福	李崇禧	李登菊（女）	杨　岐
杨吉生（羌族）	杨启泉	肖天任	张　林	张国辉
张学忠	张宗源	阿什老轨（彝族）	阿都·泽呷（女，藏族）	
陈恩美（女，回族）	欧泽高（藏族）	欧阳晓玲（女）	罗　云	罗开忠
孟俊修	赵爱明（女）	郝士权	钮小明（女）	侯一平
侯邦发	侯雄飞	洪及鄙	姚汉民	骆隆森
秦登田	袁本朴（土家族）	晏永和	徐　波	徐世群
高　庆（女）	高　烽	郭永祥	郭赤诚（藏族）	席义方
唐　坚	唐月明（女）	陶武先	陶晞晦	黄寅逵
黄新初	敬中春	董保真	蒋　静	蒋仁富
蒋先继	韩　亮（苗族）	释永寿	曾清华（女）	谢　明
谢世杰	谢文楷	谭　力	谭华生	熊光林
戴洪生	魏　宏			

秘书长　黄寅逵

2006 年 1 月 15 日，省十届人大四次会议主席团第一次会议召开，会议决定张学忠、黄寅逵、席义方、牟绪珩、徐世群、王荣轩、刘子寿、张宗源、刘永顺、钮小明、马开明、敬中春、陶晞晦、杨启泉为大会主席团常务主席；杨启泉、王东洲、杜江、刘云夏为大会副秘书长。同时，会议决定大会执行主席分组名单。

二、会议议程

听取和审议省政府工作报告，审议、批准省国民经济和社会发展第十一个五年规划纲要（草案），审议和批准省 2005 年国民经济和社会发展计划执行情况的报告及 2006 年国民经济和社会发展计划草案，审议省 2005 年财政预算执行情况的报告及 2006 年财政预算草案，批准 2005 年省本级财政预算执行情况的报告及 2006 年省本级财政预算，听取和审议省十届人大常务委员会工作报告，听取和审议省高级人民法院工作报告，听取和审议省人民检察院工作报告，选举事项。

三、全体会议

会议听取和审议省长张中伟代表省政府作的《政府工作报告》，决定批准该报告；会议审议并决定批准《四川省国民经济和社会发展第十一个五年规划纲要》。会议听取和审议省发展和改革委员会主任翁蔚祥受省政府委托作的关于省 2005 年国民经济和社会发展计划执行情况及 2006 年计划草案的报告》。会议根据省人大财政经济委员会的审查报告，决定批准《关于四川省 2005 年国民经济和社会发展计划执行情况及 2006 年计划草案的报告》，批准省政府提出的省 2006 年国民经济和社会发展计划；会议听取和审议省财政厅厅长泽巴足作的《关于四川省 2005 年财政预算执行情况和 2006 年财政预算草案的报告》。会议根据省人大财政经济委员会的审查报告，同意《关于四川省 2005 年财政预算执行情况和 2006 年财政预算草案的报告》，决定批准 2005 年省本级财政预算执行情况的报告和 2006 年省本级财政预算。

会议听取和审议省人大常委会主任张学忠作的《四川省人大常委会工作报告》，会议决定批准该报告；会议听取和审议省高级人民法院院长李少平作的《四川省高级人民法院工作报告》，会议决定批准该报告；会议听取和审议省人民检察院检察长陈文清作的《四川省人民检察院工作报告》，会议决定批准该报告。

四、会议选举工作（详见第三篇第四章）

五、议　案

截至 2006 年 1 月 18 日上午 12 时，省十届人大四次会议收到代表团提出的议案 2 件，10 名以上代表联名提出的议案 63 件，共计 65 件。代表们提出的议案涉及的内容主要有：完善并落实“十一五”规划、大力发展循环经济、加强社会主义新农村建设、保护生态环境、加强国土资源和环境保护、加强金融法制建设、建立和完善人民基本生活保障体系、强化教育优先发展保障措施、推进医疗卫生体制改革、加强法律实施的监督、加强财政专项资金的监督管理等方面。

大会秘书处在收到议案后及时分送各专门委员会提出初步处理意见。省十届人大四次会议主席团第四次会议审议决定：将其中 27 件列为议案，其余 38 件改作为建议。主席团决定作为议案的，由大会秘书处分别交省人大有关专门委员会审议，提出是否列入省人民代表大会会议或省人大常委会会议议程的意见，由省人大常委会审议决定。改作为建议的议案，连同大会期间收到代表提出的建议，由省人大常委会办公厅交由有关机关、组织认真研究处理，并负责答复代表。

省十届人大四次会议期间，代表提出对各方面工作的建议共635件，其中由议案转为建议44件。交省政府办理536件，交有关机关和组织办理99件。

省十届人大四次会议交各专门委员会审议议案一览表

表2－17

审议部门	件数	议案号	提出议案者	议案内容
内务司法委员会	5	35号	张廷模等12名代表	制定《四川省社会捐赠条例》
		37号	钟祖祥等22名代表	制定《四川省家庭暴力防治条例》
		38号	钟祖祥等23名代表	制定《四川省预防职务犯罪工作条例》
		51号	张世昌等22名代表	制定《四川省〈中华人民共和国行政许可法〉实施办法》
		55号	高庆等14名代表	制定《四川省社会捐助管理条例》
城乡建设环境资源保护委员会	6	1号	翟峰等11名代表	制定《四川省〈环境影响评价法〉实施办法》
		5号	翟峰等11名代表	加强《城市规划法》实施情况检查
		6号	翟峰等11名代表	加强对《水污染防治法》实施情况检查
		12号	何绍江等12名代表	制定《四川省〈环境影响评价法〉实施办法》
		13号	何绍江等12名代表	建议省人大常委会对《水污染防治法》进行执法检查
		47号	泽波等15名代表	制定《四川省自驾车旅游管理办法》
财政经济委员会	9	2号	翟峰等11名代表	提议省人大常委会作出《大力发展四川循环经济的决定》
		14号	肖春等11名代表	制定《四川省〈中华人民共和国公司法〉实施办法》
		15号	肖春等11名代表	制定《四川省〈中华人民共和国证券法〉实施办法》
		28号	黄洪浪等11名代表	加快推进国有资产监督管理立法工作
		32号	李明德等14名代表	制定《四川省物价听证条例》
		36号	钟祖祥等20名代表	制定《四川省基本养老保险条例》
		54号	郝士权等12名代表	尽快制定《四川省〈中华人民共和国公路法〉实施办法》
		58号	刘明英等22名代表	要求省人大常委会监督省政府撤销108国道三河场收费站
		64号	熊珩等11名代表	制定《四川省政府债务监督暂行办法》

续表 2－17

审议部门	件数	议案号	提出议案者	议案内容
教育科学文化卫生委员会	3	39 号	钟祖祥等 22 名代表	制定《四川省非物质文化遗产保护工作条例》
		49 号	崔太平等 11 名代表	制定《四川省实施教育优先发展战略的决议》
		45 号	陈永红等 10 名代表	建议省人大常委会制定《四川省考试条例》
农业委员会	4	10 号	何绍江等 12 名代表	建议省人大常委会对《中华人民共和国动物防疫法》进行执法检查
		11 号	何绍江等 11 名代表	建议省人大常委会对《中华人民共和国土地管理法》进行执法检查
		18 号	翟峰等 12 名代表	制定《四川省土地征用和征收管理办法》
		46 号	周齐铭等 13 名代表	修改《四川省农作物种子管理条例》

第五节　四川省十届人大五次会议

2007 年 1 月 26—31 日，省十届人大五次会议在成都锦江大礼堂举行。会议安排 1 次预备会议和 3 次大会。大会应到代表 892 名，实到代表 808 名。大会秘书处的秘书、组织、宣传、简报、议案、计划预算、保卫、总务、翻译、信息、来信来访 11 个工作机构，设在锦江大礼堂后楼办公区和北楼办公区。

为提高会议效率，在省十届人大五次会议上，《关于四川省 2006 年国民经济和社会发展计划执行情况及 2007 年计划草案的报告》《关于四川省 2006 年财政预算执行情况和 2007 年财政预算草案的报告》作为书面报告印发会议审查批准。大会安排 1 次专题审议会，审议内容为：加大对“三农”的投入，扎实推进社会主义新农村建设。根据会议工作程序规定，6 个报告在各代表团审议后，各报告单位根据审议意见提出书面修改说明，大会秘书处起草报告决议草案经主席团会议讨论后再次提交各代表团审议，大会决议草案经审议后提请大会表决。此次会议的各项议案表决，均采用电子表决方式进行。会议仍邀请在成都的外国领事馆人员旁听大会。邀请 30 名公民旁听大会第一次全体会议。

一、大会主席团和秘书长

2007 年 1 月 26 日，省十届人大四次会议举行预备会议，选举出省十届人大五次会议主席团 88 名组成人员和大会秘书长。成员名单是在省十届人大四次会议主席团成员的基础上，对少数因工作单位和职务发生变化的人员作了部分调整后提出的，成员包括省委、省人大常委会领导、各代表团负责人、省级有关部门负责人、省级群团负责人、企事业管理人员和专业技术人员、工人、农民、部队、民主党派和无党派人士等方面的代表。

主席团（按姓氏笔画为序）

于　伟　　马开明（彝族）　　王　平　　王　宁　　王荣轩

王体乾　方小方　甘道明　石　柯　叶　壮
叶元玖（女）　成　甦　尧斯丹（藏族）　刘　捷　刘子寿（藏族）
刘永顺　许　伦　牟绪珩（土家族）　孙自强（彝族）　杜青林
李　佳（女）　李从秀（女，傈僳族）　李向志　李仲彬
李明昌　李尚福　李春城　李洪仁　李洪福
李崇禧　李登菊（女）　杨　岐　杨冬生　杨吉生（羌族）
杨志文　杨启泉　肖天任　吴靖平　张　林
张国辉　张学忠　张宗源　阿什老轨（彝族）
阿都·泽呷（女，藏族）　陈文光　陈恩美（女，回族）　欧泽高（藏族）
欧阳晓玲（女）　罗　云　孟俊修　赵爱明（女）　郝士权
钟　勉　钮小明（女）　侯一平　侯邦发　侯雄飞
姚汉民　骆隆森　秦登田　袁本朴（土家族）　晏永和
徐世群　徐孟加　高　庆（女）　高　烽　席义方
陶武先　陶晞晦　黄顺福　黄寅逵　黄新初
崔保华　敬中春　董保真　蒋　静　蒋仁富
蒋先继　韩　亮（苗族）　韩忠信　释永寿　曾清华（女）
谢　明　谢世杰　谢文楷　谭　力　谭华生
魏　宏

秘书长　席义方

2007 年 1 月 26 日，省十届人大五次会议主席团召开第一次会议，会议决定杜青林、张学忠、席义方、王荣轩、陈文光、刘子寿、钮小明、马开明、敬中春、陶晞晦、李洪仁、杨启泉为大会主席团常务主席；杨启泉、王东洲、蒋先继、侯雄飞为大会副秘书长。同时，会议决定大会执行主席分组名单。

二、会议议程

听取和审议省政府工作报告，审议和批准省 2006 年国民经济和社会发展计划执行情况的报告及 2007 年国民经济和社会发展计划草案，审议省 2006 年财政预算执行情况的报告及 2007 年财政预算草案，批准 2006 年省本级财政预算执行情况的报告及 2007 年省本级财政预算，听取和审议省十届人大常委会工作报告，听取和审议省高级人民法院工作报告，听取和审议省人民检察院工作报告，选举事项。

三、全体会议

会议听取和审议省长蒋巨峰代表省政府作的《政府工作报告》，会议决定批准该报告；会议审议并决定批准《四川省国民经济和社会发展第十一个五年规划纲要》。会议听取和审议省发展和改革委员会主任解洪受省政府委托作的《关于四川省 2006 年国民经济和社会发展计划执行情况及 2007 年计划草案的报告》。会议根据省人大财政经济委员会的审查报告，决定批准《关于四川省 2006 年国民经济和社会发展计划执行情况及 2007 年计划草案的报告》，批准省政府提出的省 2007 年国民经济

和社会发展计划；会议听取和审议省财政厅厅长泽巴足作的《关于四川省2006年财政预算执行情况和2007年财政预算草案的报告》。会议根据省人大财政经济委员会的审查报告，同意《关于四川省2006年财政预算执行情况和2007年财政预算草案的报告》，决定批准2006年省本级财政预算执行情况的报告和2007省本级财政预算。

会议听取和审议省人大常委会主任张学忠受省人大常委会委托作的《四川省人大常委会工作报告》，会议决定批准该报告；会议听取和审议省高级人民法院院长李少平作的《四川省高级人民法院工作报告》，会议决定批准该报告；会议听取和审议省人民检察院代理检察长邓川作的《四川省人民检察院工作报告》，会议决定批准该报告。

四、议　案

截至2007年1月29日10时，大会秘书处收到10名以上代表联名提出的议案共34件。大会秘书处分送各专门委员会审查，提出议案处理的初步意见。省十届人大五次会议主席团第四次会议审议决定：34件议案均不需要列入该次大会议程进行审议，交省人大有关专门委员会审议，并向省人大常委会报告审议结果，由省人大常委会决定是否列入省人民代表大会或省人大常委会会议议程。

省十届人大五次会议期间，代表提出对各方面工作的建议共493件，其中议案转为建议53件。交省政府办理439件，交有关机关和组织办54件。

省十届人大五次会议交各专门委员会审议议案一览表

表2－18

审议部门	件数	议案号	提出议案者	议案内容
法制委员会	3	1号	翟峰等10名代表	制定《四川省〈中华人民共和国各级人民代表大会常务委员会监督法〉实施办法》
		19号	余佰玲等10名代表	制定《四川省人民代表大会议案条例》
		29号	肖春等12名代表	制定《四川省〈中华人民共和国各级人民代表大会常务委员会监督法〉实施办法》
内务司法委员会	5	3号	翟峰等11名代表	制定《四川省人民调解工作条例》
		7号	崔太平等11名代表	制定《四川省行业协会条例》
		23号	肖春等12名代表	建议省人大常委会对《中华人民共和国道路交通安全法》进行执法检查
		28号	赵德喜等13名代表	建议省人大常委会对《四川省〈中华人民共和国档案法〉实施办法》进行执法检查
		30号	谢商华等16名代表	制定《四川省民间商（协）会管理条例
财政经济委员会	8	4号	翟峰等12名代表	省人大常委会应强化法律职能支持政府搞好节能降耗工作
		9号	翟峰等13名代表	制定《四川省农民工医疗保险办法》
		11号	高庆等12名代表	制定《四川省农村养老保障条例》
		13号	熊珩等11名代表	制定《四川省政府投资建设项目审计条例》
		16号	钟祖祥等20名代表	制定《四川省企业商号保护条例》

续表 2－18

审议部门	件数	议案号	提出议案者	议案内容
财政经济委员会	8	32 号	杨大陆等 14 名代表	对我省公路收费执行国务院《收费公路管理条例》情况进行视察监督
		33 号	黄晓赤等 17 名代表	制定《四川省医疗和医药广告管理条例》
		8 号	翟峰等 13 名代表	制定《四川省农村可再生能源条例》
教育科学文化卫生委员会	7	14 号	康永恒等 12 名代表	组织《中华人民共和国教师法》及《四川省〈中华人民共和国教师法〉实施办法》执法检查
		15 号	康永恒等 11 名代表	修订《四川省义务教育条例》
		17 号	钟祖祥等 20 名代表	制定《四川省国家教育考试条例》
		18 号	郝士权等 12 名代表	尽快制定《四川省药品管理条例》
		20 号	肖春等 20 名代表	建议省人大常委会对《中华人民共和国义务教育法》进行执法检查
		27 号	肖春等 12 名代表	建议省人大常委会对《中华人民共和国食品卫生法》进行执法检查
		34 号	罗为群等 20 名代表	尽快出台《四川省〈中华人民共和国民办教育促进法〉实施细则》
农业委员会	7	10 号	翟峰等 12 名代表	制定《四川省农产品质量安全条例》
		21 号	肖春等 12 名代表	建议省人大常委会对《中华人民共和国农产品质量安全法》进行执法检查
		22 号	肖春等 12 名代表	建议省人大常委会对《中华人民共和国种子法》进行执法检查
		24 号	何绍江等 13 名代表	制定《四川省〈中华人民共和国农产品质量安全法〉实施办法》
		25 号	何绍江等 13 名代表	尽快制定《四川省〈中华人民共和国畜牧法〉实施办法》
		26 号	何绍江等 13 名代表	建议省人大常委会对《中华人民共和国森林法》进行执法检查
		31 号	王萌等 12 名代表	制定《四川省湿地保护条例》
城乡建设环境资源保护委员会	4	2 号	钟祖祥等 19 名代表	制定《四川省物业管理条例》
		5 号	翟峰等 12 名代表	制定《四川省建筑节能条例》
		6 号	翟峰等 12 名代表	制定《四川省公众参与环境保护办法》
		12 号	李勇林等 10 名代表	尽快出台我省城市公交地方性法规

第五章　常委会会议

第一节　四川省七届人大常委会会议

1988年2月至1993年1月，省七届人大常委会共举行33次会议，完成700多项议程，听取和审议省人民政府和省高级人民法院、省人民检察院的工作报告、情况汇报113次；通过决议、决定35项；制定和批准地方性法规109个；任免国家机关工作人员1359人次。

一、省七届人大常委会第一次会议

1988年2月2—4日，省七届人大常委会第一次会议在成都举行。省人大常委会主任何郝炬，副主任王敖、王彦立、韦思琪、扎西泽仁、邓自力、白尚武、刘西林、刘海泉、宋大凡、康振黄及委员61人出席会议。副省长谢世杰、罗通达，省高级人民法院院长任凌云，省人民检察院检察长高振中列席会议。何郝炬就开展人大常委会工作的有关问题讲话。会议议程共5项。省人大常委会副主任邓自力提交关于六届全国人大常委会第二十四次会议情况汇报的书面材料；会议通过任免事项。

二、省七届人大常委会第二次会议

1988年3月10—16日，省七届人大常委会第二次会议在成都举行。省人大常委会主任何郝炬，副主任王敖、王彦立、扎西泽仁、邓自力、白尚武、刘西林、刘海泉、宋大凡、康振黄和委员59人出席会议。副省长谢世杰、罗通达，省高级人民法院院长任凌云，省人民检察院检察长高振中、副检察长赵希尧，省级有关部门负责人，以及部分市（州）人大常委会和地区联络处的负责人列席会议。该次会议议程共6项，主要议程是学习《中华人民共和国地方各级人民代表大会和地方各级人民政府组织法》《中华人民共和国全国人民代表大会和地方各级人民代表大会选举法》《全国人大常委会议事规则》，听取韦思琪代表重庆市人大常委会作的“关于提请批准重庆市技术市场管理办法的说明”、成都市人大常委会副主任马维政作的“关于成都市保护老年人合法权益的暂行规定的说明”、阿坝州人大常委会副主任赵永忠作的“关于阿坝藏族羌族自治州自治条例的说明”、省人民政府外事办公室主任徐世群作的“认真贯彻独立自主的和平外交政策积极为我省经济建设服务”的汇报；批准《重庆市技术市场管理暂行规定》《成都市保护老年人合法权益的暂行规定》《阿坝藏族羌族自治州自治条例》；省人大常委会副主任王彦立提交“关于第六届全国人大常委会第二十五次会议情况汇报”的书面材料。省人大政法委员会分别对重庆、成都两个法规草案提交审议结果的报告，民族委员会提交关于阿坝藏族羌族自治州修改自治条例的初审报告。会议通过任免事项。

三、省七届人大常委会第三次会议

1988 年 5 月 23—28 日，省七届人大常委会第三次会议在成都举行。省人大常委会主任何郝炬，副主任王敖、王彦立、韦思琪、邓自力、白尚武、刘西林、刘海泉、宋大凡、康振黄和委员 54 人出席会议。省长张皓若，副省长谢世杰、罗通达，省高级人民法院院长任凌云，省人民检察院副检察长李玉龙，省级有关部门的负责人，以及部分市（州）人大常委会和地区联络处的负责人列席会议。会议议程 10 项，主要议程是通过省七届人大常委会代表资格审查委员会名单，《四川省人民代表大会常务委员会议事规则》，关于批准修改《重庆市城镇建设拆迁管理办法》第 24 条条文的决议，关于省 1987 年财政决算和部分变更 1988 年财政支出预算的决议，关于进一步贯彻实施食品卫生法的决议，关于接受钱悳辞去第七届全国人民代表大会代表的决定；会议通过任免事项。

四、省七届人大常委会第四次会议

1988 年 7 月 30 日至 8 月 7 日，省七届人大常委会第四次会议在成都举行。省人大常委会主任何郝炬，副主任王敖、王彦立、韦思琪、扎西泽仁、邓自力、白尚武、刘西林、刘海泉、宋大凡和委员 54 人出席会议。省长张皓若，副省长谢世杰、马麟，省高级人民法院副院长刘家琛，省人民检察院检察长龚读纶；省级有关部门的负责人；8 市、3 州人大常委会和 5 个地区联络处的负责人列席会议。会议议程 13 项，主要议程是听取副省长马麟关于 1988 年上半年工交生产完成情况和下半年工作安排的汇报，关于省能源生产、建设的情况汇报，省劳动人事厅副厅长刘继邦关于两个劳动安全法规执行情况和今后修改意见的汇报，省司法厅副厅长杨立中关于省劳改工作情况及发展中存在的问题的汇报，副省长谢世杰关于省扶贫工作情况的汇报；通过省人大常委会批准成都、重庆两市地方性法规的办法，关于批准《成都市保障适龄儿童、少年接受义务教育权利的规定》的决定，关于补选省七届人大代表的代表资格审查报告，省人大代表常委会关于设立办事机构的决定；会议通过包括任命蒲海清为副省长的任免事项。

五、省七届人大常委会第五次会议

1988 年 9 月 21—26 日，省七届人大常委会第五次会议在成都举行。省人大常委会主任何郝炬，副主任王敖、王彦立、扎西泽仁、邓自力、白尚武、刘西林、刘海泉、宋大凡、康振黄和委员 52 人出席会议，副省长谢世杰、刘昌杰、金洪生，省高级人民法院院长任凌云、省人民检察院副检察长赵希尧，省级有关部门的负责人，以及各市（州）人大常委会、地区联络处和各专门委员会委员列席会议。会议议程 13 项，会议主要议程是听取省人大常委会副主任邓自力关于常委会成员视察《四川省计划生育条例》《四川省土地管理实施办法》实施情况的报告；省计划生育委员会主任钟戡关于贯彻实施《四川省计划生育条例》的情况汇报；省国土局局长焦成斌关于贯彻执行四川省土地管理实施办法的情况汇报等；通过《四川省保护消费者合法权益条例》《四川省工业产品质量监督条例》《四川省预防控制狂犬病条例》，关于批准阿坝州修改《施行〈中华人民共和国婚姻法〉的补充规定》的决议，关于批准《峨边彝族自治县自治条例》的决议，关于进一步贯彻实施《四川省计划生育条例》的决议，关于依法强化土地管理的决议，关于加强四川省社会治安工作的决议，关于设立地区联络委员会的决定，关于加强财政预算、决算审查工作的决定；会议通过任免事项。

六、省七届人大常委会第六次会议

1988 年 11 月 29 日至 12 月 7 日，省七届人大常委会第六次会议在成都举行。省人大常委会主任何郝炬，副主任王敖、王彦立、韦思琪、扎西泽仁、邓自力、白尚武、刘西林、刘海泉、宋大凡、康振黄和委员 53 人出席会议；省长张皓若，副省长罗通达、韩邦彦、蒲海清，省高级人民法院副院长魏彬，省人民检察院检察长龚读纶，省级有关部门的负责人，以及各市（州）人大常委会、地区联络委员会的负责人和各专门委员会部分委员列席会议。会议议程 14 项，主要议程是听取副省长蒲海清关于 1988 年四川省两起特大沉船事故情况及加强四川省安全生产工作采取的措施的汇报；省高级人民法院副院长魏彬作的全省法院贯彻实施民法通则情况的报告等；通过关于贯彻落实治理经济环境、整顿经济秩序、全面深化改革方针的决定；关于召开省第七届人民代表大会第二次会议的决定，通过《四川省水源涵养保护条例》、省人大常委会关于部分变更 1988 年财政预算的决议。批准《成都市城市建设规划管理条例》《重庆市实施〈中华人民共和国渔业法〉的办法》《阿坝藏族羌族自治州施行〈四川省义务教育实施条例〉的补充规定》；会议通过任免事项。

七、省七届人大常委会第七次会议

1989 年 1 月 13—16 日，省七届人大常委会第七次会议在成都举行。省人大常委会主任何郝炬，副主任王敖、王彦立、韦思琪、扎西泽仁、邓自力、刘西林、刘海泉、宋大凡、康振黄和委员 60 人出席会议；副省长马麟、韩邦彦，省高级人民法院院长任凌云，省人民检察院检察长龚读纶，省级有关部门负责人，以及成都、重庆两市人大常委会和省人大各专门委员会部分在成都委员列席会议。省人大常委会副主任王敖在第二次全体会议上讲话。会议议程 7 项，主要议程是听取副主任刘海泉关于七届全国人大常委会第五次会议精神的传达；副主任王敖关于省七届人大二次会议筹备工作情况的汇报；重庆市人大常委会副主任兼财政经济委员会主任黄梅作的关于《重庆市预决算审批监督暂行条例》的说明；省人大常委会代表资格审查委员会副主任委员吴志远作的关于补选省第七届人民代表大会代表的代表资格审查报告；副省长马麟作的关于压缩固定资产投资规模和执行 55 号议案——清理楼堂馆所的情况汇报；通过补选省七届人大代表的代表资格的审查报告；通过关于批准《重庆市预决算审批监督暂行条例》的决议。通过省七届人大二次会议议程（草案），主席团和秘书长名单（草案），列席人员名单（草案），决定提交省七届人大二次会议预备会议或主席团会议审议。

八、省七届人大常委会第八次会议

1989 年 3 月 6—10 日，省七届人大常委会第八次会议在成都举行。省人大副主任王敖、王彦立、韦思琪、扎西泽仁、邓自力、白尚武、刘西林、刘海泉、宋大凡、康振黄、刘元瑄、饶用虞和委员 51 人出席会议；副省长刘昌杰、马麟、蒲海清，省高级人民法院副院长魏彬，省人民检察院副检察长赵希尧，省级有关部门的负责人，以及各市（州）人大常委会、各地区联络委员会的负责人和各专门委员会部分在成都委员列席会议。会议议程 9 项，主要议程是听取省人大常委会副主任康振黄作的关于列席七届全国人大常委会第六次会议的情况汇报；省人大政法委员会副主任孙致孚作的关于《四川省老年人合法权益保护条例（草案）》的修改说明等；通过《四川省老年人合法权益保护条例》《四川省人民代表大会常务委员会人事任免办法》《成都市人民代表大会常务委员会监督市中级人民法院、市人民检察院实施法律的暂行规定》《重庆市关于游行、示威的暂行规定》和《四川省人民代表大会常务委员会依靠科技进步振兴农业的决议》；会议通过任免事项。

九、省七届人大常委会第九次会议

1989年5月3—8日，省七届人大常委会第九次会议在成都举行。省人大常委会主任何郝炬，副主任王敖、韦思琪、扎西泽仁、邓自力、白尚武、刘西林、刘海泉、宋大凡、康振黄、刘元瑄、饶用虞和委员55名出席会议，副省长谢世杰、韩邦彦、金洪生、蒲海清，省高级人民法院院长任凌云、副院长刘家琛，省人民检察院副检察长刘仲林，省级有关部门负责人，9市、3州人大常委会和5地区联络委员会（处）的负责人和省人大各专门委员会成员列席会议。省委党校人大干部培训班的35名学员旁听第一、三次全体会议。会议议程14项，主要议程是听取省人大常委会代表资格审查委员会副主任委员吴志远关于补选省七届人大代表的代表资格审查报告等；通过关于确认补选的5名省七届人大代表的代表资格有效的“公告”，关于批准《重庆市城市规划管理条例》的决议，关于批准《重庆市林地保护管理办法》的决议，关于批准《甘孜藏族自治州计划生育办法》的决议，关于批准《阿坝藏族羌族自治州计划生育办法》的决议，关于批准《凉山彝族自治州计划生育办法》的决议，关于批准《峨边彝族自治县施行〈四川省计划生育条例〉的补充规定》的决议，关于省1988年财政决算的决议，关于廉政工作的决议，关于深入开展全民国防教育的决议；通过任免事项。

十、省七届人大常委会第十次会议

1989年7月10—16日，省七届人大常委会第十次会议在成都举行。省人大常委会主任何郝炬，副主任王敖、王彦立、韦思琪、扎西泽仁、邓自力、白尚武、刘西林、刘海泉、宋大凡、康振黄、刘元瑄、饶用虞和委员55人出席会议。省长张皓若，副省长马麟、金洪生，省高级人民法院院长任凌云，省人民检察院副检察长刘仲林，省级有关厅局负责人，11市、2州人大常委会和6个地区联络委员会负责人，各专门委员会在成都成员列席会议。会议议程7项，主要议程是听取省公安厅副厅长胡志华关于《四川省禁止赌博条例（草案）》的说明，省监察厅副厅长曾宪章关于查处德阳汽车违控案的情况汇报，省计划经济委员会主任包叙定关于四川省1989年上半年工农业生产情况和下半年工作安排的汇报；通过关于学习贯彻中共十三届四中全会精神把制止动乱的斗争进行到底的决议；通过关于县、乡两级人民代表大会代表选举时间的决定；通过任免事项。在第四次全体会议上，副主任王敖归纳委员们审议关于查处德阳汽车违控案的意见。

十一、省七届人大常委会第十一次会议

1989年9月13—20日，省七届人大常委会第十一次会议在成都举行。省人大常委会主任何郝炬，副主任王敖、扎西泽仁、饶用虞分别主持全体会议。副主任王彦立、韦思琪、邓自力、白尚武、刘西林、刘海泉、宋大凡、康振黄、刘元瑄和委员53人出席会议。副省长谢世杰、韩邦彦、刘昌杰，省高级人民法院副院长魏彬，省人民检察院检察长龚读纶、副检察长赵希尧，省级有关厅局负责人，省人大各专门委员会成员，部分全国人大代表、省人大代表，8市、2州人大常委会和6地区

联络委员会的负责人列席会议。会议议程15项，主要议程是听取和审议副省长韩邦彦关于全省整顿清理书报刊及音像市场情况的汇报，省人大常委会副主任宋大凡关于检查《中华人民共和国全民所有制工业企业法》实施情况的报告，省体委副主任陈保明关于当前省体育工作情况和意见的汇报；通过《四川省禁止赌博条例》；批准《成都市环境噪声（震动）管理条例》《阿坝藏族羌族自治州施行〈中华人民共和国继承法〉的变通规定》《峨边彝族自治县施行〈中华人民共和国婚姻法〉的补充规定》；并通过《关于切实整顿清理书报刊及音像市场的决议》《关于进一步贯彻执行〈中华人民共和国全民所有制工业企业法〉的决议》《关于进一步发展我省体育事业的决议》；会议通过人事任免事项。

十二、省七届人大常委会第十二次会议

1989年11月8—15日，省七届人大常委会第十二次会议在成都举行。省人大常委会主任何郝炬，副主任王敖、邓自力、白尚武分别主持全体会议。副主任王彦立、扎西泽仁、刘西林、刘海泉、宋大凡、康振黄、刘元瑄、饶用虞和委员51人出席。省长张皓若、副省长谢世杰、刘昌杰，省高级人民法院副院长敬瑞祥，省人民检察院检察长龚读纶，省级有关厅局负责人，省人大各专门委员会在成都成员和常委会办事机构负责人，部分全国人大代表、省人大代表，9市2州人大常委会和6地区联络委员会负责人列席会议。省委党校第10期县级人大干部培训班学员旁听会议。会议议程12项，主要议程是听取省人大常委会副主任邓自力关于七届全国人大常委会第十次会议情况的汇报（书面）；听取和审议省人大常委会副主任刘元瑄关于检查《中华人民共和国村民委员会组织法（试行）》实施情况的报告，省财政厅厅长李达昌关于1989年1—9月财政预算调整及执行情况的报告；通过《四川省〈中华人民共和国渔业法〉实施办法》《〈四川省土地管理实施办法〉修正案》；审议批准《重庆市文化市场管理暂行条例》；并通过《关于进一步实施〈中华人民共和国村民委员会组织法（试行）〉的决议》《关于批准四川省1989财政预算调整的决议》；会议通过人事任免事项。

十三、省七届人大常委会第十三次会议

1990年1月10—16日，省七届人大常委会第十三次会议在成都举行。省人大常委会主任何郝炬，副主任王敖、王彦立、韦思琪、扎西泽仁、邓自力、白尚武、刘西林、刘海泉、宋大凡、康振黄、刘元瑄、饶用虞和委员56人出席会议。省长张皓若，副省长韩邦彦、刘昌杰、金洪生，省高级人民法院副院长魏彬，省人民检察院检察长龚读纶，省级有关厅局和省人大常委会办事机构的负责人，部分省人大各专门委员会成员，全国人大代表、省人大代表，市（州）人大常委会和地区联络委员会负责人列席会议。会议议程16项，主要议程是听取省人大常委会副主任饶用虞关于七届人大常委会第十一次会议情况汇报，审议通过《关于召开四川省第七届人民代表大会第三次会议的决定》《四川省〈中华人民共和国野生动物保护法〉实施办法》《四川省县级人民代表大会常务委员会行使职权的规定》《四川省乡镇人民代表大会主席团工作条例》，审议批准《成都市〈中华人民共和国渔业法〉实施办法》《成都市市容和环境卫生管理条例》，确认补选的省七届人大代表易洪光（成都）、戴文经（重庆）的代表资格有效，通过关于省七届人大二次会议主席团交付省人大民族、政法、财经、教科文卫、农业5个委员会审议的议案审议结果的报告；会议通过人事任免事项。

十四、省七届人大常委会第十四次会议

1990年2月5—7日，省七届人大常委会第十四次会议在成都举行。省人大常委会主任何郝炬、副主任王敖分别主持两次全体会议。副主任王彦立、扎西泽仁、白尚武、刘西林、刘海泉、宋大凡、康振黄、刘元瑄、饶用虞和委员61人出席会议。副省长罗通达、马麟，省高级人民法院院长任凌云，省人民检察院检察长龚读纶列席会议。会议主要任务是为即将召开的省七届人大三次会议作准备。会议议程5项，主要议程是听取和审议省人民检察院检察长龚读纶作的关于郑六一经济案件办理情况的汇报；通过省七届人大三次会议议程草案、主席团和秘书长名单草案，决定提请大会的预备会议审议；原则通过向大会作的省人大常委会工作报告；决定将《四川省人民代表大会议事规则（草案）》提请大会审议。会议通过省七届人大三次会议列席人员名单。

十五、省七届人大常委会在第十五次会议

1990年3月13日，省七届人大常委会第十五次会议在成都举行。省人大常委会主任何郝炬、副主任刘海泉分别主持两次全体会议。副主任王彦立、扎西泽仁、邓自力、白尚武、宋大凡、康振黄、饶用虞和委员58人出席会议。副省长韩邦彦、省高级人民法院院长任凌云、省人民检察院检察长龚读纶、省人大常委会办事机构负责人列席会议。会议议程1项，主要是听取省人大常委会副主任白尚武作的《〈关于罢免胡绩伟第七届全国人民代表大会代表的议案〉的说明》，经过审议，决定罢免胡绩伟第七届全国人民代表大会职务。

十六、省七届人大常委会第十六次会议

1990年4月20—28日，省七届人大常委会第十六次会议在成都举行。省人大常委会主任何郝炬，副主任王敖、扎西泽仁、宋大凡分别主持4次全体会议。副主任王彦立、韦思琪、邓自力、白尚武、刘西林、刘海泉、康振黄、刘元瑄、饶用虞和委员56人出席会议。省长张皓若、副省长谢世杰、罗通达、韩邦彦，省政协副主席刘纯夫，省高级人民法院院长任凌云，省人民检察院检察长龚读纶，省有关厅局负责人，省人大各专门委员会成员和常委会办事机构负责人，部分全国人大代表、省人大代表，6市1州人大常委会和6地区联络委员会负责人列席会议。会议议程13项，主要议程是通过《四川省工业企业劳动安全条例》《四川省〈中华人民共和国集会游行示威法〉实施办法》；审议批准《重庆市实施〈中华人民共和国集会游行示威法〉办法》《重庆市城市园林绿化条例》《凉山彝族自治州义务教育实施办法》；听取和审议副省长韩邦彦关于依靠科技进步提高工业技术水平和经营管理水平情况的汇报，省地矿局局长刘少峰关于全省贯彻执行《矿产资源法》情况的汇报，并通过《关于进一步推动我省工业企业科技进步的决议》和《关于进一步贯彻实施矿产资源法的决议》；会议通过人事任免事项。

十七、省七届人大常委会第十七次会议

1990年6月20—27日，省七届人大常委会第十七次会议在成都举行。省人大常委会主任何郝炬，副主任王敖、王彦立、韦思琪、扎西泽仁、邓自力、白尚武、刘西林、刘海泉、宋大凡、刘元瑄、饶用虞和委员55人出席会议。副省长罗通达、金洪生、蒲海清，省高级人民法院院长任凌云，省人民检察院副检察长赵希尧，省级有关厅局和省人大常委会办事机构负责人，部分省人大专门委

员会成员、全国人大代表、省人大代表，市（州）人大常委会和地区联络委员会负责人列席会议。省委党校人大干部培训班的学员旁听第二次全体会议。会议议程 17 项，主要议程是通过《四川省人民代表大会常务委员会关于民族自治地方自治法规报批程序的规定》《关于批准四川省 1989 年财政决算的决议》《关于确认主任会议许可对省人大代表肖体龙贪污问题依法进行审理的决定》，审议批准《成都市未成年人保护暂行规定》《重庆市人民代表大会常务委员会监督工作条例》《〈重庆市城市规划管理条例〉修正》《重庆市林业行政管理处罚条例》；会议通过人事任免事项。

十八、省七届人大常委会第十八次会议

1990 年 8 月 28 日至 9 月 5 日，省七届人大常委会第十八次会议在成都举行。省人大常委会主任何郝炬、副主任邓自力分别主持 3 次全体会议，副主任王敖、扎西泽仁、刘西林、宋大凡、刘元瑄、饶用虞和委员 52 人出席会议。副省长谢世杰、罗通达、金洪生，省政协副主席刘纯夫，省高级人民法院副院长敬瑞祥，省人民检察院检察长龚读纶、省有关厅局负责人、省人大各专门委员会成员和常委会办事机构负责人，部分省人大代表，市（州）人大常委会和地区联络委员会负责人列席会议。会议议程 15 项，主要议程是审议《四川省实施〈中华人民共和国草原法〉细则（草案）》；审议副省长谢世杰关于当前农业生产情况的汇报，副省长金洪生关于清理整顿公司工作的汇报；通过《关于将省人大常委会地区联络委员会改为地区工作委员会的决定》《四川省人大常委会地区工作委员会工作条例》；审议批准《成都市实施〈中华人民共和国集会游行示威法〉办法》《重庆市环境保护条例》《马边彝族自治县自治条例》；听取和审议省计划生育委员会主任钟戡关于贯彻实施《四川省计划生育条例》情况的汇报，通过《关于全面深入贯彻实施〈四川省计划生育条例〉的决议》；会议通过人事任免事项。

十九、省七届人大常委会第十九次会议

1990 年 10 月 31 日至 12 月 7 日，省七届人大常委会第十九次会议在成都举行。省人大常委会主任何郝炬、副主任王敖、韦思琪、扎西泽仁、邓自力、白尚武、刘西林、刘海泉、宋大凡、康振黄、刘元瑄、饶用虞和委员 53 人出席会议。副省长韩邦彦、刘昌杰、金洪生，省高级人民法院院长任凌云、副院长魏彬，省人民检察院副检察长李玉龙，省级有关厅局和省人大常委会办事机构负责人，部分省人大专门委员会成员、全国人大代表、省人大代表，市（州）人大常委会和地区工作委员会负责人列席会议。省委党校举办的省第七期县级人大主任学习班的学员旁听第二次全体会议。会议议程 19 项，主要议程是审议通过《四川省工业企业劳动卫生管理条例》《四川省〈中华人民共和国草原法〉实施细则》《关于批准四川省 1990 年财政支出预算部分变动的决议》；审议批准《〈成都市城市规划管理条例〉修正案》《〈成都市环境噪声（震动）管理条例〉修正案》《重庆市保护妇女儿童合法权益条例》《重庆市保护消费者合法权益条例》《重庆市实施全民义务植树条例》；会议通过人事任免事项。

二十、省七届人大常委会第二十次会议

1990 年 12 月 24—29 日，省七届人大常委会第二十次会议在成都举行。省人大常委会主任何郝炬，副主任王敖、王彦立、邓自力、白尚武、刘西林、刘海泉、宋大凡、康振黄、饶用虞和委员 53

人出席会议；副省长谢世杰、马麟、蒲海清，省高级人民法院副院长刘家琛、省人民检察院检察长龚读纶、省有关厅局负责人、省人大各专门委员会在成都的成员和常委会办事机构负责人，部分省人大代表，市（州）人大常委会和地区工作委员会负责人列席会议。会议议程14项，主要议程是审议省建设委员会副主任杨启后关于省1990年重点建设工作情况汇报、省物价局局长经荣生关于全省开展清理乱收费、乱摊派、乱罚款的情况汇报、省教委主任卢铁城关于全省中小学德育工作情况的汇报；通过《关于召开省七届人大四次会议的决定》《关于补选省七届人大代表的代表资格审查报告》《省人大政法委员会、农业委员会、教科文卫委员会关于省七届人大三次会议主席团交付审议的代表提出的议案审议结果的报告》《关于人事工作室更名为选举任免联络工作室的决定》《关于进一步加强中小学德育工作的决议》；审议批准《重庆市职工教育条例》《阿坝藏族羌族自治州施行〈四川省土地管理实施办法〉的变通规定》；会议通过人事任免事项。

二十一、省七届人大常委会第二十一次会议

1991年1月21—23日，省七届人大常委会第二十一次会议在成都举行。省人大常委会主任何郝炬、副主任王敖、王彦立、韦思琪、扎西泽仁、邓自力、刘西林、刘海泉、宋大凡、刘元瑄和委员53人出席会议。副省长罗通达，省高级人民法院院长任凌云，省人民检察院检察长龚读纶，省人大各专门委员会在成都的成员，省人大常委会办事机构负责人，各市（州）人大常委会和地区工作委员会负责人列席会议。会议议程7项，主要议程是听取省人大常委会副主任扎西泽仁关于七届全国人大常委会第十七次会议的情况汇报（书面）、省人大常委会副主任兼代表资格审查委员会主任委员王彦立关于补选省第七届人民代表大会代表的代表资格审查报告、省人大常委会副主任王敖关于省七届人大四次会议筹备工作情况汇报和关于设立省人大城乡建设环境保护委员会的议案的说明（书面）；通过关于补选省七届人大代表的代表资格审查报告、关于设立省人大城乡建设环境保护委员会的议案；通过省七届人大四次会议议程草案、主席团和秘书长名单草案，通过向大会作的省人大常委会工作报告；会议通过省七届人大四次会议列席人员名单。

二十二、省七届人大常委会第二十二次会议

1991年3月13日，省七届人大常委会第二十二次会议在成都举行。省人大常委会主任何郝炬，副主任王敖、王彦立、韦思琪、扎西泽仁、邓自力、刘西林、刘海泉、宋大凡、康振黄、刘元瑄、饶用虞和委员49名出席会议。副省长刘昌杰、蒲海清，省政协副主席刘纯夫，省高级人民法院副院长敬瑞祥，省人民检察院副检察长赵希尧，省级有关部门负责人，省人大各专门委员会在成都的成员，省人大常委会办事机构负责人，各市（州）人大常委会和地区工作委员会负责人列席会议。会议议程5项，主要议程是听取邓自力关于七届全国人大常委会第十八次会议情况的汇报、省人大教科文卫委员会副主任委员张晋关于《四川省技术市场管理条例（再修改草案)》的审议意见、省建委主任甘宇平关于《四川省〈中华人民共和国城市规划法〉实施办法（草案)》的说明、副省长蒲海清关于四川省开展质量品种效益年活动安排情况的汇报；通过《四川省技术市场管理条例》；会议通过人事任免事项。

二十三、省七届人大常委会第二十三次会议

1991年5月21—28日，省七届人大常委会第二十三次会议在成都举行。省人大常委会主任何郝

炬，副主任韦思琪、王敖分别主持全体会议。副主任扎西泽仁、邓自力、白尚武、刘西林、刘海泉、宋大凡、康振黄、刘元瑄、饶用虞和委员66人出席。副省长罗通达、刘昌杰、韩邦彦，省人民检察院副检察长赵希尧、省高级人民法院副院长刘家琛、省政协副主席陈祖湘，省人大专门委员会成员和常委会办事机构负责人，省政府有关厅局负责人，部分全国人大代表、省人大代表，9市1州人大常委会、6地区人大工作委员会以及部分县级市人大常委会负责人列席会议。会议议程18项，主要议程是听取赵希尧《关于侦办郑六一贪污案的工作报告》、刘家琛《关于郑六一贪污案审理情况的报告》；通过《四川省〈中华人民共和国村民委员会组织法〉（试行）实施办法》《四川省文化市场管理暂行条例》《四川省成都平原耕地保护区耕地保护条例》等；通过省人大常委会《关于批准设置四川省珙县芙蓉地区人民检察院的决定》《关于批准四川省1990年财政决算的决议》《关于加强社会治安综合治理的决定》《关于在全省公民中实施法制宣传教育的第二个五年规划的决议》；会议通过人事任免事项。

二十四、省七届人大常委会第二十四次会议

1991年7月23—29日，省七届人大常委会第二十四次会议在成都举行。省人大常委会主任何郝炬、副主任邓自力分别主持3次全体会议。省人大常委会副主任韦思琪、白尚武、刘西林、刘海泉、宋大凡、康振黄、刘元瑄、饶用虞和委员63人出席会议。省长张皓若，副省长韩邦彦、蒲海清，省高级人民法院院长任凌云、副院长刘家琛，省人民检察院检察长龚读纶、副检察长李锋，省级有关厅局负责人，省人大各专门委员会在成都的成员和常委会各办事机构负责人，部分全国人大代表、省人大代表，10市3州人大常委会、6地区人大工委会和部分县级市人大常委会负责人列席会议。省政协副主席刘纯夫应邀列席会议。会议议程17项，主要议程是审议和通过《四川省中等职业技术教育暂行条例》《四川省环境保护条例》《四川省农民负担管理条例》《四川省酒类管理条例》；审议和批准《重庆市农村合作经济组织承包合同条例》《重庆市罚款和没收财物管理条例》；审议《四川省人民代表大会常务委员会审查国民经济和社会发展计划的规定（草案）》《四川省〈中华人民共和国水法〉实施办法（草案）》《四川省消防管理条例（草案）》和上半年国民经济计划执行情况、法纪检察控告申诉检察工作情况、清理整顿社会团体工作情况、《会计法》实施情况、《环境保护法》实施情况、《食品卫生法》和《传染病防治法》实施情况；会议通过人事任免事项。

二十五、省七届人大常委会第二十五次会议

1991年9月20—28日，省七届人大常委会第二十五次会议在成都举行。省人大常委会主任何郝炬，副主任扎西泽仁、王敖分别主持全体会议。副主任邓自力、白尚武、刘西林、刘海泉、宋大凡、康振黄、刘元瑄、饶用虞和委员56人出席会议。省长张皓若，副省长谢世杰、蒲海清，省人民检察院检察长龚读纶、副检察长庞先玉，省高级人民法院副院长魏彬列席会议。省政协副主席刘纯夫应邀列席会议。列席会议的还有省人大各专门委员会成员和常委会办事机构负责人，省政府有关厅、局负责人，部分全国人大代表、省人大代表，各市（州）人大常委会和地区工作委员会及广汉、都江堰、江油、峨眉山市人大常委会负责人。会议议程14项，主要议程是听取和审议省建委主任甘宇平关于省1991年重点建设执行情况汇报、省卫生厅厅长殷大奎关于四川省农村卫生工作情况汇报、省监察厅厅长程英男关于全面开展行政监察工作等；通过人事任免事项。省人大教科文卫委员会提

交关于检查《中华人民共和国技术合同法》和《中华人民共和国专利法》实施情况的书面汇报。省广播电视厅厅长卢子贵向会议提交关于中国四川国际电视节筹备情况的书面汇报。省计经委主任陈宽金向会议作了关于《四川省国民经济和社会发展十年规划和“八五”计划纲要（讨论稿）》的说明。

二十六、省七届人大常委会第二十六次会议

1991 年 11 月 20—27 日，省七届人大常委会第二十六次会议在成都举行。省人大常委会主任何郝炬、副主任邓自力分别主持全体会议。副主任王敖、韦思琪、扎西泽仁、邓自力、白尚武、刘西林、刘海泉、宋大凡、康振黄、刘元瑄、饶用虞和委员 57 人出席会议。副省长谢世杰、韩邦彦、蒲海清，省高级人民法院院长任凌云、省人民检察院检察长龚读纶列席会议。省政协副主席姜泽亭应邀列席会议。列席会议的还有省人大各专门委员会成员和常委会办事机构负责人，省政府有关厅、局负责人，部分全国人大代表和省人大代表，各市（州）人大常委会和地区工作委员会及广汉、都江堰、江油、峨眉山市人大常委会负责人。会议议程 21 项，主要议程是听取和审议副省长韩邦彦关于四川省贯彻执行《中华人民共和国义务教育法》和《四川省义务教育实施条例》的情况汇报、省科委主任袁景葵关于四川省“科技兴工”工作情况及“八五”初步安排意见的汇报；审议《四川省律师履行职务暂行规定（草案）》《四川省绿化条例（草案）》《四川省〈中华人民共和国水法〉实施办法（修改草案）》；通过《关于召开省七届人大五次会议的决定》《四川省预算外资金管理条例》《四川省人大常委会关于加强国民经济和社会发展计划审查监督的规定》《关于批准四川省 1991 年财政收支预算部份变更的决议》；审议通过关于省七届人大四次会议主席团交付审议的代表提出的议案审议结果和办理情况的书面报告；会议通过人事任免事项。

二十七、省七届人大常委会第二十七次会议

1992 年 1 月 11—14 日，省七届人大常委会第二十七次会议在成都举行。省人大常委会主任何郝炬，副主任王敖、王彦立、韦思琪、扎西泽仁、邓自力、白尚武、刘西林、刘海泉、宋大凡、康振黄、刘元瑄、饶用虞和委员 53 人出席会议。副省长刘昌杰，省高级人民法院副院长刘家琛，省人民检察院副检察长庞先玉，省人大各专门委员会在成都的成员，省人大常委会办事机构负责人，各市（州）人大常委会和地区工作委员会负责人列席会议。会议议程 11 项，主要议程是听取白尚武关于第七届全国人大常委会第二十三次会议的情况汇报（书面）、省人大常委会代表资格审查委员会副主任委员吴志远关于补选代表资格审查报告、王敖关于省七届人大五次会议筹备工作情况的汇报等；通过关于补选代表的代表资格审查报告；通过省七届人大五次会议议程草案、主席团和秘书长名单草案，决定提请大会的预备会议审议，通过向大会作的省人大常委会工作报告，通过省七届人大五次会议列席人员名单。会议还分别通过关于省七届人大四次会议主席团交付教科文卫委员会、财经委员会审议的议案的审议结果和办理情况的报告。省人大教科文卫委员会向会议提交关于检查万县、广元、内江、攀枝花市（地）实施计划生育“一条例两决议”及各地人大开展自查的情况汇报。

二十八、省七届人大常委会第二十八次会议

1992 年 3 月 9—13 日，省七届人大常委会第二十八次会议在成都举行。省人大常委会主任何郝

炬主持会议，副主任王敖、韦思琪、扎西泽仁、邓自力、白尚武、刘西林、刘海泉、宋大凡、康振黄、刘元瑄、饶用虞和委员66人出席会议。副省长罗通达、省高级人民法院副院长魏彬、省人民检察院副检察长李锋列席会议，省政协副主席刘纯夫应邀列席会议。列席会议的还有省人大各专门委员会成员和常委会办事机构负责人，省政府有关厅、局负责人，部分省人大代表，各市（州）人大常委会和地区工作委员会及广汉、江油、峨眉山市人大常委会负责人。会议议程11项，主要议程是听取和审议省广播电视厅厅长卢子贵关于全省广播电视工作情况的汇报，魏彬关于贯彻实施《行政诉讼法》的情况报告；通过《四川省〈中华人民共和国水法〉实施办法（草案）》；批准《成都市蔬菜基地管理条例》《成都市饮用水水源保护条例》《重庆市蔬菜基地管理条例》《重庆市鼓励外商投资办法》和《木里藏族自治县自治条例》；审议《四川省国防教育条例（草案）》；通过人事任免事项。

二十九、省七届人大常委会第二十九次会议

1992年5月21—27日，省七届人大常委会第二十九次会议在成都举行。省人大常委会主任何郝炬，副主任王敖、白尚武分别主持全体会议。副主任扎西泽仁、邓自力、刘西林、刘海泉、宋大凡、康振黄、刘元瑄、饶用虞和委员59人出席会议。省长张皓若，副省长韩邦彦、马麟，省高级人民法院院长任凌云，省人民检察院副检察长赵希尧列席会议。省政协副主席刘纯夫应邀列席会议。列席会议的还有省人大各专门委员会成员和常委会办事机构负责人，省政府有关厅、局负责人，部分省人大代表，各市（州）人大常委会和地区工作委员会及广汉、都江堰、江油、峨眉山市人大常委会负责人。会议议程13项，主要议程是审议通过《四川省律师履行职务的若干规定》《关于批准四川省1991年财政决算的决议》《关于综合治理沱江污染的决议》；审议批准《成都市水资源管理条例》；审议《四川省个体工商户管理条例（草案）》《四川省城市园林绿化条例（草案）》；会议通过人事任免事项。

三十、省七届人大常委会第三十次会议

1992年7月16—22日，省七届人大常委会第三十次会议在成都举行。省人大常委会主任何郝炬，副主任王敖、宋大凡分别主持会议，副主任韦思琪、扎西泽仁、邓自力、白尚武、刘西林、刘海泉、康振黄、刘元瑄、饶用虞和委员68人出席会议。省长张皓若、副省长罗通达、省高级人民法院院长任凌云、省人民检察院检察长龚读纶列席会议，省政协副主席刘纯夫应邀列席会议。列席会议的还有省人大各专门委员会在成都的成员和常委会办事机构负责人，省政府有关厅、局负责人，部分全国人大代表和省人大代表，各市（州）人大常委会和地区工作委员会及广汉、江油、都江堰、峨眉山市人大常委会负责人。会议议程13项，主要议程是听取和审议省计划委员会主任陈宽金关于省1992年上半年国民经济计划执行情况的汇报，省经贸委主任张应文关于省对外经济贸易工作情况的汇报，省旅游局局长何一心关于省旅游工作情况的汇报等；审议省人大教科文卫委员会提交的关于全国人大义务教育法检查组在川检查的情况报告（书面）；通过《四川省人大常委会关于四川省八届人民代表大会代表名额和选举时间的决定》《四川省人大常委会关于县乡两级人民代表大会代表选举时间的决定》；会议通过人事任免事项。

三十一、省七届人大常委会第三十一次会议

1992 年 9 月 21—26 日，省七届人大常委会第三十一次会议在成都举行。省人大常委会主任何郝炬，副主任王敖、康振黄分别主持全体会议。副主任邓自力、白尚武、刘西林、刘海泉、宋大凡、饶用虞和委员 67 人出席会议。省长张皓若，副省长马麟、蒲海清，省高级人民法院院长任凌云、副院长敬瑞祥，省人民检察院副检察长赵希尧列席会议。省政协副主席姜泽亭应邀列席会议。列席会议的还有省人大各专门委员会成员和常委会办事机构负责人，省政府有关厅、局负责人，部分全国人大代表、省人大代表，各市（州）人大常委会和地区工作委员会及广汉、都江堰、江油、峨眉山市人大常委会负责人。会议议程 17 项，主要议程是审议通过《四川省各级人民代表大会常务委员会监督条例》《四川省查禁卖淫嫖娼活动的规定》《四川省地方各级人民代表大会代表选举实施细则修正案》《四川省保护消费者合法权益条例修正案》；审议批准《成都市鼓励外商投资条例》《重庆市社会治安综合治理条例》《重庆市城市房屋拆迁管理条例》《凉山彝族自治州彝族语言文字工作条例》《马边彝族自治县施行〈中华人民共和国婚姻法〉的补充规定》；会议通过人事任免事项。

三十二、省七届人大常委会第三十二次会议

1992 年 11 月 23 日至 12 月 1 日，省七届人大常委会第三十二次会议在成都举行。省人大常委会主任何郝炬，副主任王敖、刘元瑄分别主持会议，副主任王彦立、韦思琪、扎西泽仁、邓自力、白尚武、刘西林、刘海泉、宋大凡、康振黄、饶用虞和委员 73 人出席会议。省长张皓若，副省长韩邦彦、罗通达、蒲海清，省高级人民法院副院长郫红旗，省人民检察院副检察长赵希尧、庞先玉列席会议，省政协副主席刘纯夫应邀列席会议。列席会议的还有省人大各专门委员会在成都的成员和常委会办事机构负责人，省政府有关厅、局负责人，部分全国人大代表和省人大代表，各市（州）人大常委会和地区工作委员会及广汉、江油、峨眉山市人大常委会负责人。会议议程 15 项，主要议程是审议通过关于召开省八届人民代表大会第一次会议的决定、《关于接受张皓若辞去四川省省长职务的决定》；审议批准《成都市市容和环境卫生管理条例（修正案）》《成都市罚没财物和追回赃款赃物管理条例》；审议《四川省查禁拐卖妇女儿童的规定（草案）》；听取和审议罗通达关于全省农业生产情况的汇报，省公安厅厅长巫学德关于禁毒工作的情况汇报，省长助理邹广严关于贯彻实施《矿产资源法》情况的汇报，省计生委主任钟戡关于《四川省计划生育条例》贯彻实施情况的汇报，省财政厅厅长李达昌关于省 1992 年 1—10 月财政收支预算调整及执行情况的汇报；会议通过人事任免事项。

三十三、省七届人大常委会第三十三次会议

1993 年 1 月 14—16 日，省七届人大常委会第三十三次会议在成都举行。省人大常委会主任何郝炬主持会议，副主任韦思琪、扎西泽仁、邓自力、白尚武、刘西林、宋大凡、康振黄、刘元瑄、饶用虞出席会议。副省长韩邦彦、省高级人民法院院长任凌云、省人民检察院检察长龚读纶列席会议。省政协副主席刘纯夫应邀列席会议。会议议程 10 项，主要议程是听取并审议通过代表资格审查委员会主任委员王彦立关于省八届人大代表代表资格的审查报告；会议审议并原则通过向省八届一次会议作的省七届人大常委会工作报告；通过省八届人大一次会议议程草案、主席团和秘书长名单草案、

列席人员名单；通过省人大民族、政法、财经、教科文卫、城建环保委员会作的关于省七届人大五次会议主席团交付的代表议案审议结果和办理情况的报告。

第二节　四川省八届人大常委会会议

1993 年 2 月至 1998 年 1 月，省八届人大常委会共举行 30 次会议，审议各类议题 227 项；通过决议、决定 53 项；制定和批准地方性法规 190 件，占 1979 年以来全省立法总数的 56.88%，其中常委会制定的地方性法规 95 件，批准成都、重庆（区划调整前）两市制定的地方性法规 77 件，批准民族自治地方制定的单行条例、补充或变通规定 18 件；决定任免和批准任免行政机关、审判机关、检察机关工作人员 896 人次。

一、省八届人大常委会第一次会议

1993 年 2 月 13 日，省八届人大常委会第一次会议在成都举行。省人大常委会主任杨析综主持会议。副主任宋大凡、康振黄、罗通达、饶用虞、任凌云、韦思琪、王叔云、孙自强、孟俊修、徐尚志出席会议。省高级人民法院院长李玉龙，省人民检察院检察长龚读纶列席会议。会议议程 1 项，表决通过沈国俊等 39 名省政府委、办、厅、局负责人的任命。

二、省八届人大常委会第二次会议

1993 年 4 月 14—18 日，省八届人大常委会第二次会议在成都举行。省人大常委会主任杨析综主持会议，副主任宋大凡、康振黄、饶用虞、任凌云、韦思琪、王叔云、孙自强、孟俊修、徐尚志和委员 69 人出席会议。副省长徐世群、张中伟，省高级人民法院院长李玉龙，省人民检察院检察长龚读纶列席会议。省政协副主席杨岭多吉应邀列席会议。列席会议的还有省人大各专门委员会在成都的成员和常委会办事机构负责人、省政府有关厅、局负责人，部分全国人大代表和省人大代表，各市、州人大常委会和地区工作委员会负责人。会议议程 12 项，主要议程是杨析综传达八届全国人大一次会议精神，副主任罗通达提交七届全国人大常委会第三十次会议情况的书面汇报等。会议审议通过《关于设立四川省人民代表大会常务委员会侨务外事工作委员会的决定》《四川省第八届人大常委会代表资格审查委员会组成人员名单》《四川省第八届人大常委会侨务外事工作委员会组成人员名单》以及人事任免事项。

三、省八届人大常委会第三次会议

1993 年 6 月 15—21 日，省八届人大常委会第三次会议在成都举行。省人大常委会副主任宋大凡、康振黄分别主持会议，副主任罗通达、饶用虞、任凌云、韦思琪、王叔云、孙自强、孟俊修、徐尚志和委员 71 人出席会议。副省长马麟、李蒙、欧泽高，省高级人民法院副院长敬瑞祥，省人民检察院副检察长谭洪信列席会议。列席会议的还有省人大各专门委员会在成都的成员和常委会办事机构负责人，省政府有关厅、局负责人，各市（州）人大常委会和地区工作委员会负责人。会议议程 13 项，主要议程是审议《四川省实施〈中华人民共和国归侨侨眷权益保护法〉办法（草案）》等，会议审议通过孙自强关于补选代表的代表资格审查报告以及人事任免事项；审查批准省 1992 年财政决算。

四、省八届人大常委会第四次会议

1993 年 8 月 16—21 日，省八届人大常委会第四次会议在成都举行。省人大常委会主任杨析综、副主任罗通达分别主持全体会议。副主任宋大凡、康振黄、饶用虞、任凌云、韦思琪、王叔云、孙自强、孟俊修、徐尚志和委员 72 人出席会议。副省长刁金祥、徐世群、张中伟，省高级人民法院院长李玉龙、副院长邬红旗，省人民检察院检察长龚读纶、副检察长李锋列席会议。省委副书记郭金龙，省委常委、省纪委书记杨崇汇，省政协副主席杨岭多吉、刘昌杰应邀列席会议。列席会议的还有省人大各专门委员会在成都的成员和常委会办事机构负责人，省政府有关厅、局负责人，各市（州）人大常委会和地区工作委员会负责人，以及部门全国人大代表和省人大代表。会议议程 13 项，主要议程是孟俊修作关于八届全国人大常委会第二次会议和省（市、自治区）人大常委会负责人座谈会的情况汇报等，表决通过关于设立南充市选举委员会的决定及人事任免事项。

五、省八届人大常委会第五次会议

1993 年 10 月 21—28 日，省八届人大常委会第五次会议在成都举行。省人大常委会主任杨析综、副主任饶用虞分别主持会议。副主任宋大凡、罗通达、任凌云、韦思琪、王叔云、孟俊修、徐尚志和委员 68 人出席会议。副省长张中伟、省高级人民法院副院长邬红旗、省人民检察院检察长龚读纶列席会议。列席会议的还有省人大各专门委员会成员和常委会办事机构负责人，省政府有关厅、局负责人，部分全国人大代表和省人大代表，各市（州）人大常委会和地区工作委员会负责人。省人大常委会副主任康振黄提交关于第八届全国人大常委会第三次会议情况的书面汇报。会议议程 20 项，主要议程是审议《四川省计划生育条例修正案（草案）》《四川省人民代表大会常务委员会关于制定地方性法规程序的规定（草案）》《四川省企业负担监督管理条（草案）》《四川省村镇规划建设管理条例（草案）》等，会议审议通过代表资格审查委员会关于补选代表的代表资格审查报告及人事任免事项；关于省 1993 年财政预算部分变更的决议，关于深入贯彻企业法和全民所有制工业企业转换经营机制条例的决议，关于严格依法管理土地资源和土地资产的决议。

六、省八届人大常委会第六次会议

1993 年 12 月 9—15 日，省八届人大常委会第六次会议在成都举行。省人大常委会主任杨析综、副主任任凌云分别主持全体会议。副主任宋大凡、罗通达、饶用虞、王叔云、孙自强、孟俊修、徐尚志和委员 72 人出席会议。副省长张中伟、欧泽高、甘宇平，省高级人民法院副院长邬红旗、张建魁，省人民检察院检察长龚读纶、副检察长庞先玉列席会议。列席会议的还有省人大各专门委员会成员和常委会办事机构负责人，省政府有关厅、局负责人，各市（州）人大常委会和地区工作委员会负责人，以及部分全国人大代表和省人大代表。孙自强作关于八届全国人大常委会第四次会议情况的汇报（书面）。会议议程 25 项，主要议程是审议《四川省〈中华人民共和国妇女权益保障法〉实施细则（草案）》《四川省科技成果推广条例（草案）》《成都市劳务市场管理条例》等。会议审议通过《关于召开四川省第八届人民代表大会第二次会议的决定》，省人大民宗委、政法委、财经委、教科文卫委、城环委、农委关于省八届人大一次会议主席团交付的代表议案审议结果的报告及人事任免事项。

七、省八届人大常委会第七次会议

1994 年 1 月 13—15 日，省八届人大常委会第七次会议在成都举行。省人大常委会主任杨析综主持会议。副主任宋大凡、康振黄、罗通达、饶用虞、韦思琪、王叔云、孙自强、孟俊修、徐尚志和委员 70 人出席会议。副省长蒲海清、李蒙，省高级人民法院副院长张建魁，省人民检察院副检察长苟兴和列席会议。徐尚志向会议提交关于八届全国人大常委会第五次会议情况的书面汇报。会议议程 7 项，主要议程是宋大凡向会议作关于省八届人大二次会议筹备工作情况的汇报，就省八届人大二次会议议程草案、主席团和秘书长名单草案、列席人员名单及省人大常委会工作报告等事项作了说明等，会议听取并审议通过代表资格审查委员会主任委员孙自强关于补选代表的代表资格审查报告。会议审议并原则通过向省八届人大二次会议作的省人大常委会工作报告；通过省八届人大二次会议议程草案、主席团和秘书长名单草案、列席人员名单及人事任免事项。

八、八届人大常委会第八次会议

1994 年 3 月 28 日至 4 月 2 日，省八届人大常委会第八次会议在成都举行。省人大常委会主任杨析综、副主任韦思琪分别主持会议。副主任宋大凡、康振黄、罗通达、饶用虞、任凌云、王叔云、孙自强、孟俊修、徐尚志和委员 72 人出席会议。省长肖秧、副省长李蒙、省政府秘书长沈国俊，省高级人民法院院长李玉龙、省人民检察院副检察长谭洪信列席会议。省政协副主席刘元瑄应邀列席会议。列席会议的还有省人大各专门委员会在成都的成员和常委会办事机构负责人，省政府有关厅、局负责人，各市（州）人大常委会和地区工作委员会负责人。会上，省人大常委会副主任徐尚志提交关于第八届全国人民代表大会常务委员会第六次会议的情况汇报（书面）。会议议程 12 项，主要议程是听取杨析综关于八届全国人大二次会议精神的传达，审议《〈四川省公路路政管理条例〉修正案》《四川省〈中华人民共和国残疾人保障法〉实施办法（草案）》《四川省风景名胜区管理条例（草案）》等，会议审议通过关于进一步加强“二五”普法工作的决议、关于初级卫生保健工作的决议及人事任免事项。

九、省八届人大常委会第九次会议

1994 年 5 月 23—28 日，省八届人大常委会第九次会议在成都举行。省人大常委会主任杨析综、副主任徐尚志分别主持全体会议。副主任宋大凡、罗通达、饶用虞、任凌云、韦思琪、王叔云、孙自强、孟俊修、徐尚志和委员 67 人出席会议。副省长徐世群、欧泽高，省高级人民法院副院长张建魁，省人民检察院检察长龚读纶列席会议。列席会议的还有省人大各专门委员会成员和常委会办事机构负责人，省政府有关厅、局负责人，各市（州）人大常委会和地区工作委员会负责人，以及部分全国人大代表和省人大代表。会议议程 16 项，主要议程是审议韦思琪提交的关于八届全国人大常委会第七次会议情况的书面汇报，《四川省私营企业条例（草案）》《四川省公证条例（草案）》《四川省农业承包合同管理条例（草案）》等，表决通过关于加强上市猪肉卫生质量管理的决定及人事任免事项。

十、省八届人大常委会第十次会议

1994 年 7 月 21—26 日，省八届人大常委会第十次会议在成都举行。省人大常委会主任杨析综、副主任孙自强分别主持会议。副主任宋大凡、罗通达、饶用虞、任凌云、韦思琪、王叔云、孟俊修、徐尚志和委员 72 人出席会议。副省长马麟、张中伟，省高级人民法院副院长张建魁、省人民检察院副检察长苟兴和列席会议。省政协副主席刘昌杰、曾平江应邀列席会议。列席会议的还有省人大各专门委员会成员和常委会办事机构负责人，省政府有关厅、局负责人，各市（州）人大常委会和地区工作委员会负责人。任凌云提交关于第八届全国人民代表大会常务委员会第八次会议的情况汇报（书面）。会议议程 12 项，主要议程是审议《四川省公证条例（草案）》等，会议审查批准省 1993 年财政决算和 1994 年财政预算及人事任免事项。

十一、省八届人大常委会第十一次会议

1994 年 9 月 19—26 日，省八届人大常委会第十一次会议在成都举行。省人大常委会主任杨析综、副主任王叔云、孟俊修分别主持全体会议。副主任宋大凡、康振黄、罗通达、饶用虞、任凌云、孙自强和委员 67 人出席会议。副省长蒲海清、甘宇平，省高级人民法院副院长敬瑞祥列席会议。省政协副主席刘元瑄应邀列席会议。列席会议的还有省人大各专门委员会成员和常委会办事机构负责人，省政府有关厅、局负责人，各市（州）人大常委会和地区工作委员会负责人，以及部分全国人大代表和省人大代表。会上，省人大常委会副主任徐尚志提交关于八届全国人大常委会第九次会议的情况汇报（书面）。会议议程 19 项，主要议程是审议《四川省测绘管理条例（草案）》《四川省查处生产和销售假冒伪劣商品行为条例（草案）》《四川省〈中华人民共和国产品质量法〉实施细则（草案）》《四川省卫生机构条例（草案）》《四川省〈中华人民共和国居民委员会组织法〉实施办法（草案）》等。会议审议通过关于设立四川省科学城人民法院的决定、四川省第八届人民代表大会常务委员会第十一次会议选举办法及人事任免事项；补选四川省出席第八届全国人民代表大会代表。

十二、省八届人大常委会第十二次会议

1994 年 11 月 24 日至 12 月 3 日，省八届人大常委会第十二次会议在成都举行。省人大常委会主任杨析综，副主任康振黄、罗通达分别主持会议。副主任宋大凡、饶用虞、任凌云、韦思琪、王叔云、孙自强、孟俊修、徐尚志和委员 72 人出席会议。副省长蒲海清、刁金祥、张中伟、甘宇平，省高级人民法院副院长敬瑞祥、省人民检察院副检察长苟兴和列席会议。省政协副主席杨岭多吉应邀列席会议。列席会议的还有省人大各专门委员会成员和常委会办事机构负责人，省政府有关厅、局负责人，各市、州人大常委会和地区工作委员会负责人。会上，王叔云提交关于第八届全国人民代表大会常务委员会第十次会议的情况汇报（书面）。会议议程 28 项，主要议程是审议《四川省〈中华人民共和国全国人民代表大会和地方各级人民代表大会代表法〉实施办法（草案）》《四川省实施〈中华人民共和国教师法〉条例（草案）》《四川省长江防护林体系管理条例（草案）》《四川省〈中华人民共和国台湾同胞投资保护法〉实施办法（草案）》等。会议审议通过关于召开省第八届人民代表大会第三次会议的决定，省人大民族宗教、政法、财经、农业委员会关于省八届人大二次会议主席团交付审议的代表提出的议案审议结果的报告，关于补选省八届人大代表的代表资格审查报告

及人事任免事项。

十三、省八届人大常委会第十三次会议

1995年2月9—11日，省八届人大常委会第十三次会议在成都举行。省人大常委会主任杨析综主持两次全体会议。副主任宋大凡、康振黄、罗通达、饶用虞、任凌云、韦思琪、王叔云、孙自强、孟俊修、徐尚志和委员73人出席会议。副省长马麟、甘宇平，省高级人民法院副院长邬红旗，省人民检察院检察长龚读纶列席会议。省政协副主席杨岭多吉应邀列席会议。韦思琪、徐尚志分别向会议提交《关于八届全国人大常委会第11次会议情况的书面汇报》和《关于全国人大94环境与资源保护工作座谈会会议的情况汇报》（书面）。会议议程13项，主要议程是听取宋大凡关于省八届人大三次会议筹备工作情况的报告，审议《重庆市水上交通安全管理条例》等。会议审议通过省八届人大三次会议议程草案、省八届人大三次会议主席团和秘书长建议名单，决定列席人员名单。会议还审议并通过《关于设立四川省人民代表大会外事侨务委员会的议案》，决定提交省八届人大三次会议审议；审议通过关于省八届人大二次会议主席团交付教科文卫委员会、城建环保委员会审议的代表提出的议案审议结果的报告；审议通过孙自强作的代表资格审查委员会关于补选省八届人大代表的代表资格审查报告；审议并原则通过向省八届人大三次会议作的省人大常委会工作报告。

十四、省八届人大常委会第十四次会议

1995年4月20—26日，省八届人大常委会第十四次会议在成都举行。省人大常委会主任杨析综，副主任宋大凡、饶用虞分别主持全体会议。副主任康振黄、罗通达、任凌云、韦思琪、王叔云、孙自强、孟俊修、刘子寿、李永寿和委员72人出席会议。副省长李蒙、甘宇平，省高级人民法院院长李玉龙、副院长邬红旗，省人民检察院副检察长谭洪信列席会议。省政协副主席杨岭多吉应邀列席会议。列席会议的还有省人大各专门委员会在成都的成员和常委会办事机构负责人，省政府有关厅、局负责人，各市（州）人大常委会和地区工作委员会负责人，以及部分全国人大代表和省人大代表。省人大常委会副主任徐尚志向会议提交关于第八届全国人民代表大会常务委员会第十二次会议情况的书面汇报。会议议程18项，主要议程是审议《四川省文化市场管理暂行条例修正案（草案）》《四川省土地管理实施办法修正案（草案）》《四川省外商投资企业工会条例（草案）》等，表决通过人事任免事项。

十五、省八届人大常委会第十五次会议

1995年6月13—20日，省八届人大常委会第十五次会议在成都举行。省人大常委会主任杨析综、副主任韦思琪分别主持3次全体会议。副主任宋大凡、康振黄、罗通达、饶用虞、任凌云、王叔云、孙自强、孟俊修、徐尚志、刘子寿、李永寿和委员74人出席会议。副省长蒲海清、徐世群、甘宇平，省高级人民法院副院长敬瑞祥、省人民检察院检察长龚读纶及部分全国人大代表列席会议。省政协副主席杨岭多吉应邀列席会议。会议议程24项，主要议程是审议《四川省人大常委会地区工委工作条例修正案（草案）》《四川省〈工会法〉实施细则（草案）》《四川省农业机械管理条例（草案）》《四川省预防控制性病、艾滋病条例（草案）》《四川省统计管理条例（草案）》等。表决通过省1994年财政决算的决议及人事任免事项，补选1名八届全国人大代表。

十六、省八届人大常委会第十六次会议

1995 年 8 月 10—17 日，省八届人大常委会第十六次会议在成都举行，省人大常委会主任杨析综主任、副主任任凌云分别主持 3 次全体会议。副主任宋大凡、康振黄、罗通达、饶用虞、韦思琪、王叔云、孙自强、孟俊修、徐尚志、李永寿和委员 72 人出席会议。副省长马麟、徐世群、甘宇平，省高级人民法院院长李玉龙、副院长邬红旗，省人民检察院副检察长李锋，省人大各专门委员会、常委会各办事机构负责人、各市（地、州）人大常委会和地区人大工委负责人、省级机关有关部门负责人及部分省人大代表列席会议。省政协副主席孔萨益多应邀列席会议。韦思琪向会议提交八届全国人大常委会第十四次会议的情况汇报。会议议程 27 项，主要议程是初审《四川省社会治安综合治理条例（草案）》《四川省反不正当竞争条例（草案）》《四川省劳动安全条例（草案）》《四川省实施〈义务教育法〉条例（草案）》《四川省饮用水水源保护条例（草案）》等。会议审议通过《关于进一步加强环境保护工作的决定》《关于四川省乡级人民代表大会代表选举时间的决定》及人事任免事项。

十七、省八届人大常委会第十七次会议

1995 年 10 月 10—19 日，省八届人大常委会第十七次会议在成都举行。省人大常委会主任杨析综，副主任宋大凡、孟俊修分别主持 3 次全体会议。副主任康振黄、罗通达、饶用虞、任凌云、王叔云、孙自强、徐尚志、刘子寿、李永寿和委员 74 人出席会议。副省长张中伟、徐世群，省高级人民法院副院长邬红旗、省人民检察院副检察长庞先玉列席会议。省人大各专门委员会、常委会各办事机构负责人以及省政府有关厅局负责人列席会议；各市（州）人大常委会及地区人大工委负责人和部分省人大代表列席会议。王叔云向会议提交关于八届全国人大常委会第十五次会议的情况汇报。会议议程 31 项，主要议程是初步审议《四川省基层法律服务条例（草案）》《四川省收容遣送条例（草案）》《四川省蚕种管理条例（草案）》等。表决通过关于部分乡、民族乡另加人大代表名额的决定，关于凉山彝族自治州人民代表大会名额的决定，关于进一步加强禁毒工作的决议及人事任免事项。

十八、省八届人大常委会第十八次会议

1995 年 12 月 13—20 日，省八届人大常委会第十八次会议在成都举行。省人大常委会主任杨析综、副主任王叔云分别主持 3 次全体会议。副主任宋大凡、康振黄、罗通达、饶用虞、任凌云、韦思琪、孙自强、孟俊修、徐尚志、刘子寿、李永寿和委员 75 人出席会议。副省长徐世群、李蒙、省高级人民法院副院长曹世维、省人民检察院副检察长谭洪信列席会议；省人大各专门委员会、各办事机构负责人以及省政府有关厅局负责人列席会议；各市（地、州）人大常委会、地区人大工委负责人及部分省人大代表列席会议。孟俊修向会议提交关于八届全国人大常委会第十六次会议的情况汇报（书面）。会议议程 27 项，主要议程是初步审议《四川省价格管理条例（草案）》《四川省职业介绍条例（草案）》《四川省道路运输管理条例（草案）》《四川省实施〈红十字会法〉条例（草案）》《四川省归侨侨眷企事业权益保护条例（草案）》等。会议审议通过《关于召开四川省第八届人民代表大会第四次会议的决定》《关于涪陵市及枳城区、李渡区和内江市市中区、东兴区人民代表

大会代表名额和凉山彝族自治州、涪陵市及枳城区、李渡区人大常委会组成人员名额的决定》《关于设立涪陵市选举委员会的决定》及人事任免事项。

十九、省八届人大常委会第十九次会议

1996年1月26—28日，省八届人大常委会第十九次会议在成都举行。省人大常委会主任杨析综主持会议。副主任宋大凡、康振黄、罗通达、饶用虞、任凌云、王叔云、孙自强、孟俊修、徐尚志、刘子寿、李永寿和委员76人出席会议。副省长甘宇平、省高级人民法院副院长李少平、省人民检察院副检察长谭洪信和省人大各专委会成员及办事机构负责人列席会议。省政协副主席杨岭多吉应邀列席会议。会议议程8项，主要议程是听取副主任任凌云关于八届全国人大常委会第十七次会议的情况汇报；听取宋大凡关于省八届人大四次会议筹备工作情况的汇报等。会议审议通过代表资格审查委员会主任委员孙自强关于补选省八届人大代表的代表资格审查报告，确认补选的10名代表的代表资格有效；会议采用无记名投票方式，补选宋宝瑞为四川省出席第八届全国人民代表大会代表；审议通过省八届人大四次会议议程草案、主席团和秘书长名单草案，决定列席人员名单；讨论通过向省八届人大四次会议作的常委会工作报告；会议听取省计划委员会副主任王金祥关于省国民经济和社会发展“九五”计划和2010年远景目标纲要草案的说明并初步审议纲要草案；会议通过人事任免案。

二十、省八届人大常委会第二十次会议

1996年4月10—16日，省八届人大常委会第二十次会议在成都举行。省人大常委会主任杨析综，副主任孙自强、任凌云分别主持3次全体会议及联组会议。副主任康振黄、罗通达、韦思琪、王叔云、徐尚志、刘子寿、李永寿、牟绪珩和委员67人出席会议。省长宋宝瑞，副省长李达昌、邹广严，省高级人民法院副院长张建魁、省人民检察院副检察长李锋、省人大各专委会在成都的成员和常委会办事机构负责人及各市（地、州）人大负责人，部分省人大代表列席会议。省政协副主席杨岭多吉应邀列席会议。会议议程17项，主要议程是审议《四川省防震减灾条例（草案）》等。会议通过《关于泸州市龙马潭区人大代表名额和常委会组成人员名额的决定》《关于进一步加强消防工作的决议》及人事任免事项。

二十一、省八届人大常委会第二十一次会议

1996年6月11—18日，省八届人大常委会第二十一次会议在成都举行。省人大常委会主任杨析综、副主任刘子寿分别主持3次全体会议。副主任康振黄、罗通达、任凌云、韦思琪、王叔云、孙自强、孟俊修、徐尚志、李永寿、牟绪珩和委员63人出席会议。副省长张中伟、欧泽高、邹广严，省高级人民法院副院长邬红旗、省人民检察院副检察长庞先玉和省人大各专门委员会委员及办事机构负责人、部分全国人大和省人大代表列席会议。省政协副主席杨岭多吉应邀列席会议。牟绪珩向会议提交关于八届全国人大常委会第十九次会议的情况汇报。会议议程25项，主要议程是初步审议《四川省水上交通事故处理条例（草案）》《四川省〈母婴保护法〉实施条例（草案）》《四川省农村机电提灌设施保护管理条例（草案）》《四川省建筑市场管理暂行条例（草案）》等。会议审议并通过关于在全省继续开展法制宣传教育的决议、关于加强人民法院执行工作的决定、关于法制工作室

和选举任免联络工作室更名为法制工作委员会和人事代表工作委员会的决定；审查批准省 1995 年省级财政决算；会议审议通过人事任免事项。

二十二、省八届人大会常委会第二十二次会议

1996 年 8 月 13—19 日，省八届人大常委会第二十二次会议在成都举行。省人大常委会主任杨析综、副主任李永寿分别主持 3 次全体会议。副主任康振黄、罗通达、任凌云、韦思琪、王叔云、孙自强、孟俊修、徐尚志、刘子寿、牟绪珩和委员 71 人出席会议。副省长张中伟、甘宇平、邹广严，省高级人民法院院长李玉龙、省人民检察院检察长龚读纶、副检察长李锋列席会议。省政协副主席杨岭多吉应邀列席会议。会议议程 23 项，主要议程是初步审议《四川省殡葬管理办法（草案）》《四川省社会咨询法律服务条例（草案）》《四川省邮电通讯管理条例（草案）》《四川省经济开发区管理条例（草案）》《四川省公民献血条例（草案）》等。表决通过人事任免事项。鉴于国务院已提请全国人大常委会审议《建筑法（草案）》，为与国家《建筑法》相衔接，暂缓将《四川省建筑管理条例（修改草案）》提交会议表决。

二十三、省八届人大常委会第二十三次会议

1996 年 10 月 8—14 日，省八届人大常委会第二十三次会议在成都举行。省人大常委会主任杨析综、副主任牟绪珩分别主持 3 次全体会议。副主任康振黄、罗通达、任凌云、韦思琪、王叔云、孙自强、孟俊修、徐尚志、李永寿和委员 73 人出席会议。副省长欧泽高、甘宇平、李达昌，省高级人民法院副院长张建魁，省人民检察院副检察长荀兴和列席会议。省政协副主席杨岭多吉、孔萨益多应邀列席会议。会议议程 21 项，主要议程是初步审议《四川省暂住人口治安管理条例（草案）》《四川省〈中华人民共和国农业技术推广法〉实施办法（草案）》《四川省〈中华人民共和国档案法〉实施办法（草案）》《四川省土地监察条例（草案）》《四川省各级人民代表大会常务委员会评议工作条例（草案）》等，表决通过人事任免事项。

二十四、省八届人大常委会第二十四次会议

1996 年 12 月 17—24 日，省八届人大常委会第二十四次会议在成都举行。省人大常委会主任杨析综、副主任康振黄分别主持 3 次全体会议。副主任罗通达、任凌云、韦思琪、王叔云、孙自强、孟俊修、徐尚志、刘子寿、李永寿、牟绪珩和委员 72 人出席会议。副省长张中伟、敬正书，省高级人民法院院长李玉龙、副院长邬红旗，省人民检察院副检察长李锋列席会议。省政协副主席杨岭多吉应邀列席会议。会议议程 27 项，主要议程是初步审议《四川省公路养路费征收管理条例（草案）》《四川省发展中医条例（草案）》《四川省农业机械安全监理和事故处理条例（草案）》等。表决通过关于批准 1996 年省本级财政预算调整的决议，审议通过关于宜宾市设立选举委员会、宜宾市和德阳市旌阳区、罗江县人大代表名额和常委会组成人员名额的决定；会议听取并审议通过省人大民族宗教、政法、教科文卫、农业、外事侨务 5 个专门委员会关于省八届人大四次会议主席团交付审议的代表提出的议案审议结果的报告。会议通过无记名投票方式补选朱文明、张德邻为四川省出席第八届全国人民代表大会代表，其代表资格待全国人大代表资格委员会审查后公布。会议通过人事任免事项。

二十五、省八届人大常委会第二十五次会议

1997年2月18—21日，省八届人大常委会第二十五次会议在成都举行。省人大常委会主任杨析综主持两次全体会议。副主任罗通达、任凌云、韦思琪、王叔云、孙自强、孟俊修、徐尚志、李永寿、牟绪珩和委员75人出席会议。副省长张中伟、欧泽高、敬正书，省高级人民法院副院长李少平，省人民检察院检察长龚读纶、副检察长谭洪信分别列席会议。省人大常委会副主任康振黄向会议提交关于八届全国人大常委会第二十三次会议情况的书面汇报，省人大常委会办公厅向会议提交关于省八届人大四次会议74件代表建议、批评和意见办理情况的书面汇报。会议议程14项，主要议程是初步审议《四川省商品交易市场管理条例（草案）》等，表决通过《关于召开四川省第八届人民代表大会第五次会议的决定》，关于补选的省八届人大代表的代表资格审查报告；省人大财经、城建环保委员会关于省八届人大四次会议主席团交付审议的代表提出的议案审议结果的报告及人事任免事项。《四川省农业机械安全监理和事故处理条例（修改草案）》因有分歧，尚需协调，暂缓提交此次会议表决。

二十六、省八届人大常委会第二十六次会议

1997年4月4—7日，省八届人大常委会第二十六次会议在成都举行。省人大常委会主任杨析综主持两次全体会议。副主任康振黄、罗通达、任凌云、王叔云、孙自强、孟俊修、徐尚志、刘子寿、李永寿、牟绪珩和委员67人出席会议。副省长徐世群、王金祥，省高级人民法院副院长敬瑞祥、邬红旗，省人民检察院检察长龚读纶列席会议。省政协副主席杨岭多吉应邀列席会议。孟俊修向会议提交关于八届全国人大常委会第二十四次会议情况的书面汇报。会议议程13项，主要议程是初步审议省政府关于提请审议《四川省专利保护条例（草案）》《四川省都江堰灌区水利工程管理条例（草案）》的议案等。会议原则通过《四川省人民代表大会关于依法治省的决议（草案）》、省八届人大五次会议议程（草案）、省八届人大五次会议主席团和秘书长名单（草案）、向省八届人大五次会议作的省人大常委会工作报告，决定提交省八届人大五次会议审议通过；决定列席省八届人大五次会议人员名单及人事任免事项。

二十七、省八届人大常委会第二十七次会议

1997年6月12—16日，省八届人大常委会第二十七次会议在成都举行。省人大常委会主任杨析综、副主任罗通达分别主持3次全体会议。副主任康振黄、任凌云、王叔云、孙自强、孟俊修、徐尚志、刘子寿、李永寿和委员65人出席会议。副省长欧泽高、邹广严、敬正书，省高级人民法院副院长敬瑞祥，省人民检察院检察长龚读纶列席会议。省政协副主席郝振贤应邀列席会议。李永寿向会议提交关于第八届全国人民代表大会常务委员会第二十五次会议情况的书面汇报，省人大政法委员会向会议提交关于组织人大代表评议全省公安机关工作的书面总结报告。会议议程18项，主要议程是初步审议《四川省会计管理条例（草案）》《四川省〈中华人民共和国乡镇企业法〉实施办法（草案）》《四川省体育条例（草案）》《四川省植物检疫条例（草案）》《四川省城市市容和环境卫生管理条例（草案）》等，表决通过省1996年省级财政决算的决议及人事任免事项。

二十八、省八届人大常委会第二十八次会议

1997年8月12—19日，省八届人大常委会第二十八次会议在成都举行。省人大常委会主任杨析综、副主任任凌云分别主持3次全体会议。副主任康振黄、罗通达、王叔云、孙自强、孟俊修、徐尚志、刘子寿、李永寿、牟绪珩和委员64人出席会议。副省长徐世群、邹广严、敬正书，省高级人民法院院长李玉龙、副院长邬红旗，省人民检察院副检察长李锋分别列席会议。徐尚志向会议提交关于八届全国人大常委会第二十六次会议情况的书面汇报、关于全国人大'97环境与资源保护工作座谈会会议情况的书面汇报。会议议程28项，主要议程是初步审议《四川省公墓管理条例（草案）》《四川省禁止燃放烟花爆竹条例（草案）》《四川省矿产资源管理条例（草案）》《四川省计量监督管理条例（草案）》《四川省〈中华人民共和国矿山安全法〉实施办法（草案）》《四川省标准化监督管理条例（草案）》《四川省〈中华人民共和国食品卫生法〉实施办法（草案）》《四川省科学技术进步条例（草案）》《四川省木材运输管理条例（草案）》《四川省旅游管理条例（草案）》《四川省进出口商品检验管理条例（草案）》等。会议审议通过《关于县级人民代表大会代表选举时间的决定》《关于部分市、州、县（市、区）人民代表大会代表名额和新一届人大常委会组成人员名额的决定》《关于四川省第九届人民代表大会代表名额分配和选举时间的决定》及人事任免事项。

二十九、省八届人大常委会第二十九次会议

1997年10月9—17日，省八届人大常委会第二十九次会议在成都举行。省人大常委会主任杨析综、副主任王叔云分别主持3次全体会议。副主任康振黄、罗通达、任凌云、孙自强、孟俊修、徐尚志、刘子寿、李永寿、牟绪珩和委员68人出席会议。副省长张中伟、欧泽高、敬正书，省高级人民法院副院长敬瑞祥，省人民检察院检察长龚读纶列席会议。王叔云向会议提交关于第八届全国人大常委会第二十七次会议情况的书面汇报，省人大城乡建设环境保护委员会向会议提交关于《四川省建筑管理条例》执法检查情况的书面汇报。会议议程30项，主要议程是听取并审议省政府关于行政处罚法贯彻执行情况的汇报等，表决通过《关于召开四川省第九届人民代表大会第一次会议的决定》，关于批准1997年省本级财政预算调整的决议及人事任免事项。

三十、省八届人大常委会第三十次会议

1997年12月23—27日，省八届人大常委会第三十次会议在成都举行。省人大常委会主任杨析综主持两次全体会议。副主任罗通达、任凌云、王叔云、孙自强、孟俊修、徐尚志、刘子寿、李永寿、牟绪珩和委员64人出席会议。副省长张中伟、邹广严，省高级人民法院副院长张建魁，省人民检察院检察长龚读纶列席会议。省政协副主席杨岭多吉应邀列席会议。会议议程29项，主要议程是听取和审议省人大常委会办公厅、省政府办公厅关于省八届人大五次会议代表提出的建议、批评和意见办理情况的汇报等，会议审议通过省人大民族宗教、政法、财经、教科文卫、农业、城建环保、外事侨务委员会关于省八届人大五次会议主席团交付审议的代表提出的议案审议结果的报告；通过《关于遂宁市蓬溪县、大英县人大代表和人大常委会组成人员名额的决定》，关于省九届人大代表的资格审查报告及人事任免事项；会议原则通过省九届人大一次会议议程（草案）、主席团和秘书长名单（草案）、计划预算委员会和议案审查委员会建议名单（草案）、向省九届人大一次会议作的省人

大常委会工作报告，决定提交省九届人大一次会议审议。此外，会议决定省九届人大一次会议列席人员名单，以及人事任免事项。

第三节　四川省九届人大常委会会议

1998年1月至2003年1月，省九届人大常委会共举行33次会议，听取和审议省人民政府和省高级人民法院、省人民检察院的工作报告、情况汇报227项；通过决议、决定86项；制定法规56件，修改法规38件，废止法规15件；批准成都市制定的法规38件，批准民族自治地方制定的单行条例17件。5年间，省人大常委会先后就预算审查监督、加强天然林资源保护、综合治理岷江流域水质污染、认真实施公路法、选举工作等作出86项决议、决定；办理代表议案51件，建议、批评和意见2228件；处理人民群众来信70712件，接待来访群众28134人次；决定任免和批准任免行政机关、审判机关、检察机关工作人员1076人次。

一、省九届人大常委会第一次会议

1998年1月22日，省九届人大常委会第一次会议在成都举行。省人大常委会主任谢世杰主持全体会议。副主任孟俊修、牟绪珩、孙自强、刘子寿、李永寿、张宗源、刘永顺、张国辉、钮小明、卢铁城，秘书长杨启泉和委员78人出席会议。省长宋宝瑞、省高级人民法院院长敬瑞祥、省人民检察院副检察长韩忠信列席会议。会议听取副省长张中伟关于人事任免事项的说明，经过大会审议后，表决通过人事任免事项。

二、省九届人大常委会第二次会议

1998年3月31日至4月6日，省九届人大常委会第二次会议在成都举行。省人大常委会主任谢世杰，副主任孟俊修、牟绪珩、孙自强、刘子寿、李永寿、张宗源、刘永顺、张国辉、卢铁城，秘书长杨启泉及委员共72人出席会议。副省长徐世群、欧泽高、王金祥、李进，省高级人民法院副院长李少平，省人民检察院检察长韩忠信列席会议。省政协副主席郝振贤应邀列席会议。会议议程16项，主要议程是举行省人大常委会颁布任命书大会，对经省人大常委会任命的省人民政府秘书长，各厅厅长、各委员会主任、外办、国防科工办主任颁发任命书。会议表决通过人事任免事项。

三、省九届人大常委会第三次会议

1998年6月8—12日，省九届人大常委会第三次会议在成都举行。省人大常委会主任谢世杰、副主任牟绪珩分别主持3次全体会议。副主任孙自强、刘子寿、李永寿、刘永顺、张国辉、钮小明、卢铁城，秘书长杨启泉和委员72人出席会议。副省长徐世群、欧泽高，省高级人民法院院长敬瑞祥，省人民检察院检察长韩忠信、副检察长庞先玉及省级有关部门负责人列席会议；省政协副主席郝振贤应邀列席会议。会议议程12项，主要议程是听取并审议省政府关于贯彻执行禁毒决定的情况汇报、关于省1997年财政决算及1998年1—4月财政预算执行情况的报告等。会议通过有关人事任免事项。

四、省九届人大常委会第四次会议

1998 年 8 月 24—30 日，省九届人大常委会第四次会议在成都举行，省人大常委会主任谢世杰、副主任李永寿分别主持 3 次全体会议。副主任孟俊修、牟绪珩、孙自强、张宗源、刘永顺、张国辉、钮小明、卢铁城，秘书长杨启泉和委员 72 人出席会议。副省长张中伟、王金祥、李进，省高级人民法院副院长张建魁，省人民检察院副检察长苟兴和，省人大各专门委员会组成人员、常委会办事机构、工作机构负责人，市（州）人大常委会和地区人大工作委员会负责人，以及省级有关部门负责人列席会议；省政协副主席郝振贤应邀列席会议。会议议程 12 项，主要议程是听取并审议省人大常委会执法检查组关于《四川省农民负担管理条例》执法检查情况的汇报、省政府关于民族工作情况的汇报等，会议通过省九届人大常委会代表资格审查委员会组成人员名单；会议通过有关人事任免事项。

五、省九届人大常委会第五次会议

1998 年 10 月 13—17 日，省九届人大常委会第五次会议在成都举行。省人大常委会主任谢世杰、副主任孟俊修、张宗源分别主持 3 次全体会议。副主任牟绪珩、孙自强、刘子寿、李永寿、刘永顺、张国辉、钮小明、卢铁城，秘书长杨启泉和委员 74 人出席会议。副省长徐世群、欧泽高、邹广严、李达昌，省高级人民法院副院长李少平，省人民检察院检察长韩忠信、副检察长庞先玉，省人大各专门委员会组成人员、常委会办事机构、工作机构负责人，市（州）人大常委会和地区人大工作委员会负责人，以及省级有关部门负责人列席会议；省政协副主席章玉钧应邀列席会议。会议议程 16 项，主要议程是听取省高级人民法院关于《中华人民共和国刑法》《中华人民共和国刑事诉讼法》贯彻执行情况的汇报等。

六、省九届人大常委会第六次会议

1998 年 12 月 14—18 日，省九届人大常委会第六次会议在成都举行。省人大常委会主任谢世杰，副主任孟俊修、刘永顺分别主持 3 次全体会议。副主任牟绪珩、孙自强、刘子寿、李永寿、张宗源、卢铁城，秘书长杨启泉和委员 72 人出席会议。副省长张中伟、欧泽高、王恒丰，省高级人民法院院长敬瑞祥，省人民检察院检察长韩忠信，省人大各专门委员会组成人员，常委会办事机构、工作机构负责人，市（州）人大常委会和地区人大工作委员会负责人，以及省级有关部门负责人列席会议；省政协副主席郝振贤应邀列席会议。会议议程 22 项，主要议程是听取省政府关于省 1998 年财政预算变动及 1—11 月预算执行情况的报告、省政府关于全省贯彻实施《中华人民共和国老年人权益保障法》的情况汇报等。

七、省九届人大常委会第七次会议

1999 年 1 月 27—29 日，省九届人大常委会第七次会议在成都举行。省人大常委会主任谢世杰，副主任孟俊修分别主持 2 次全体会议。副主任牟绪珩、孙自强、刘子寿、李永寿、张宗源、刘永顺、张国辉、卢铁城，秘书长杨启泉和委员 72 人出席会议。副省长李达昌，省高级人民法院院长敬瑞祥，省人民检察院检察长韩忠信，省政府秘书长柳斌杰，省人大各专门委员会组成人员，常委会办事机构、工作机构负责人，市（州）人大常委会和地区人大工作委员会负责人，以及省级有关部门负责人列席会议。会议议程9项，主要议程是表决通过《四川省天然林保护条例》；通过关于批准《成都市邮政管理条例》的决定、关于批准《成都市社会急救医疗管理规定》的决定。

八、省九届人大常委会第八次会议

1999年4月1—3日，省九届人大常委会第八次会议在成都举行。省人大常委会主任谢世杰，副主任孟俊修分别主持两次全体会议。副主任牟绪珩、孙自强、刘子寿、李永寿、刘永顺、张国辉、钮小明、卢铁城，秘书长杨启泉和委员73人出席会议。副省长张中伟、徐世群，省高级人民法院院长敬瑞祥，省人民检察院副检察长刘作明，省人大各专门委员会组成人员，常委会办事机构、工作机构负责人，市（州）人大常委会和地区人大工作委员会负责人，以及省级有关部门负责人列席会议；省政协副主席郝振贤应邀列席会议。主要议程是听取省政府关于贯彻《中华人民共和国文物保护法》《四川省文物保护管理办法》情况的汇报等。在常委会会议上，常委会全体组成人员及列席人员学习了1999年3月15日第九届全国人民代表大会第二次会议通过的《中华人民共和国宪法修正案》。会议在表决有关议程后，听取宪法学教授杨泉明作的《宪法》知识讲座。

九、省九届人大常委会第九次会议

1999年5月28日至6月1日，省九届人大常委会第九次会议在成都举行。省人大常委会主任谢世杰，副主任钮小明、卢铁城分别主持4次全体会议。副主任孟俊修、牟绪珩、孙自强、刘子寿、李永寿、张宗源、刘永顺、张国辉，秘书长杨启泉和委员78人出席会议。副省长张中伟、欧泽高、邹广严、王金祥，省高级人民法院院长敬瑞祥，省人民检察院检察长韩忠信，省人大各专门委员会组成人员，常委会办事机构、工作机构负责人，市（州）人大常委会和地区人大工作委员会负责人，以及省级有关部门负责人列席会议；省政协副主席阿称应邀列席了会议。会议议程21项，主要议程是听取省政府关于省1998年财政预算执行和其他财政收支的审计工作报告、关于全省水利工作情况的汇报等。

十、省九届人大常委会第十次会议

1999年8月11—14日，省九届人大常委会第十次会议在成都举行。省人大常委会主任谢世杰主持两次全体会议。副主任孟俊修、牟绪珩、孙自强、刘子寿、李永寿、张宗源、刘永顺、张国辉、钮小明、卢铁城，秘书长杨启泉和委员79人出席会议。代省长张中伟，副省长徐世群，省高级人民法院副院长苏泽林，省人民检察院副检察长庞先玉，省人大各专门委员会组成人员，常委会办事机构、工作机构负责人，各市（州）人大常委会和地区人大工作委员会负责人，省级有关部门负责人列席会议；省政协副主席郝振贤应邀列席会议。会议议程21项，主要议程是听取省政府关于省1999年上半年国民经济和社会发展计划执行情况的报告、省政府关于贯彻执行《中华人民共和国道路交通管理条例》的情况汇报等。会议通过有关人事任免事项。

十一、省九届人大常委会第十一次会议

1999年10月9—14日，省九届人大常委会第十一次会议在成都举行。省人大常委会主任谢世杰、副主任孟俊修分别主持3次全体会议。副主任牟绪珩、孙自强、李永寿、张宗源、张国辉、钮小明、卢铁城，秘书长杨启泉和委员72人出席会议。副省长杨崇汇、欧泽高、王金祥，省高级人民

法院副院长苏泽林，省人民检察院副检察长李锋，省人大各专门委员会组成人员、常委会办事机构、工作机构负责人，各市（州）人大常委会和省人大常委会地区工委负责人，部分省人大代表以及省级有关部门的负责人列席会议。省政协副主席章玉钧应邀列席会议。会议议程 26 项，主要议程是听取省政府关于省工业生产情况的汇报、关于全省农民增收情况的汇报、关于《四川省旅游发展总体规划》的汇报等。会议通过关于绵阳、广元、遂宁、乐山、内江五市人民代表大会代表名额和新一届人大常委会组成人员名额及达州市通川区人民代表大会代表名额的决定。会议表决通过有关人事任免事项。

十二、省九届人大常委会第十二次会议

1999 年 12 月 6—10 日，省九届人大常委会第十二次会议在成都举行。省人大常委会主任谢世杰、副主任孙自强分别主持 3 次全体会议。副主任孟俊修、刘子寿、李永寿、张宗源、刘永顺、张国辉、钮小明、卢铁城，秘书长杨启泉和委员 73 人出席会议。代省长张中伟、副省长王金祥，省高级人民法院副院长苏泽林，省人民检察院检察长韩忠信，省人大各专门委员会组成人员和常委会办事工作机构负责人，各市（州）人大常委会和省人大常委会地区工作委员会负责人，部分省人大代表及省级有关部门负责人列席会议；省政协副主席郝振贤应邀列席会议。会议议程 31 项，主要议程是听取省政府关于省 1999 年财政预算变动及 1—10 月预算执行情况的报告、省人大常委会“三五”普法检查组关于全省“三五”普法检查情况的汇报等。会议补选四川省出席第九届全国人民代表大会代表，决定有关人事任免事项。会议期间举办法制讲座，西南财经大学法学系副教授高晋康就《中华人民共和国合同法》进行讲授。

十三、省九届人大常委会第十三次会议

1999 年 12 月 24 日，省九届人大常委会第十三次会议在成都举行。副主任孙自强、李永寿、张宗源、钮小明、卢铁城，秘书长杨启泉和委员 58 人出席会议。副省长邹广严，省高级人民法院副院长苏泽林，省人民检察院副检察长李锋，省人大各专门委员会组成人员和常委会办事工作机构负责人列席会议。会议议程 1 项，会议通过《关于推迟召开四川省第九届人民代表大会第三次会议的决定》。省人大常委会副主任孟俊修主持该次常委会的全体会议。孟俊修受主任会议委托，对推迟召开省第九届人民代表大会第三次会议的决定（草案）作了说明。

十四、九届人大常委会第十四次会议

2000 年 1 月 18—19 日，省九届人大常委会第十四次会议在成都举行。省人大常委会主任谢世杰主持两次全体会议。副主任孟俊修、牟绪珩、孙自强、刘子寿、李永寿、张宗源、刘永顺、张国辉、钮小明、卢铁城，秘书长杨启泉和委员 71 人出席会议。副省长李达昌、李进，省高级人民法院院长敬瑞祥，省人民检察院检察长韩忠信，省人大各专门委员会组成人员和常委会办事工作机构负责人列席会议。省政协副主席唐运张应邀列席会议。会议议程 8 项，主要议程是表决通过省九届人大常委会代表资格审查委员会关于选举和补选省九届人大代表的代表资格的审查报告等。牟绪珩向会议提交关于九届全国人大常委会第十三次会议情况的书面汇报。

十五、省九届人大常委会第十五次会议

2000年3月28—31日，省九届人大常委会第十五次会议在成都举行。省人大常委会主任谢世杰主持两次全体会议。副主任孟俊修、牟绪珩、孙自强、刘子寿、李永寿、张宗源、刘永顺、张国辉、钮小明、卢铁城，秘书长杨启泉和委员73人出席会议。省长张中伟，副省长王金祥、李进，省高级人民法院院长敬瑞祥，省人民检察院检察长韩忠信，省人大各专门委员会、常委会各办事工作机构负责人，各市（州）人大常委会和省人大常委会地区工委负责人及部分省人大代表列席会议。省政协副主席郝振贤应邀列席会议。会议议程9项，主要议程是听取张中伟作的关于《四川省人民政府机构改革方案》的说明、听取王金祥作的关于当前全省工业生产情况的汇报等。

十六、省九届人大常委会第十六次会议

2000年5月7—9日，省九届人大常委会第十六次会议在成都举行。省人大常委会主任谢世杰主持主3次全体会议。副主任孟俊修、牟绪珩、孙自强、刘子寿、李永寿、张宗源、刘永顺、张国辉、钮小明、卢铁城，秘书长杨启泉和委员81人出席会议。省长张中伟，副省长李达昌、王恒丰，省高级人民法院院长敬瑞祥，省人民检察院检察长韩忠信，省人大各专门委员会组成人员和常委会办事工作机构负责人，各市（州）人大常委会和省人大常委会地区工作委员会负责人，部分省人大代表及省级有关部门负责人列席会议。省政协副主席史志义应邀列席会议。会议议程9项，主要议程是听取副省长邹广严作的关于四川省环境保护“一控双达标”情况的汇报等。省政府组成部门已由原来的35个调减为26个，谢世杰向被任命的省政府组成人员颁发任命书并讲话。会议期间举办法制讲座，省社会科学院副院长、研究员周友苏作了题为《证券法与国有企业改革制度创新》的演讲。

十七、省九届人大常委会第十七次会议

2000年7月11—15日，省九届人大常委会第十七次会议在成都举行。省人大常委会主任谢世杰、副主任刘子寿分别主持3次全体会议。副主任孟俊修、牟绪珩、孙自强、李永寿、张宗源、刘永顺、张国辉、钮小明、卢铁城，秘书长杨启泉和委员76人出席会议。省长张中伟，副省长杨崇汇、邹广严、李进，省高级人民法院院长敬瑞祥，省人民检察院检察长韩忠信，省人大各专门委员会组成人员，省人大常委会各办事工作机构负责人，各市（州）人大常委会、地区人大工委负责人及部分省人大代表列席会议。省政协副主席郝振贤、唐运张应邀列席会议。会议议程19项，主要议程是听取省人大常委会执法检查组关于检查《中华人民共和国乡镇企业法》和《四川省〈中华人民共和国乡镇企业法〉实施办法》贯彻实施情况的报告等。会议期间举办法制讲座，省高级人民法院副院长邬红旗讲解有关行政法制建设问题。

十八、省九届人大常委会第十八次会议

2000年8月2日，省九届人大常委会第十八次会议在成都举行。省人大常委会主任谢世杰主持会议。副主任孟俊修、牟绪珩、孙自强、刘子寿、李永寿、张宗源、张国辉、卢铁城，秘书长杨启泉和委员69人出席会议。副省长李达昌，省高级人民法院副院长邬红旗，省人民检察院检察长韩忠信、副检察长苟兴和列席会议。会议议程2项，主要议程是听取并审议韩忠信作的《四川省人民检察院关于张育仁涉嫌受贿犯罪和被告刘中山涉嫌贪污、受贿犯罪的情况报告》，孟俊修作的《关于罢

免张育仁第九届全国人民代表大会代表职务的罢免案》的说明，卢铁城作的《省九届人大常委会代表资格审查委员会关于罢免刘中山省人大代表职务的报告》。会议表决通过主任会议提请的《关于罢免张育仁第九届全国人民代表的罢免案》，作出《关于罢免张育仁第九届全国人民代表大会代表职务的决议》，表决通过《省九届人大常委会代表资格审查委员会关于罢免刘中山省人大代表职务的报告》。

十九、省九届人大常委会第十九次会议

2000 年 9 月 12—15 日，省九届人大常委会第十九次会议在成都举行。省人大常委会主任谢世杰主持两次全体会议。副主任孟俊修、牟绪珩、孙自强、刘子寿、李永寿、张宗源、刘永顺、张国辉、钮小明、卢铁城，秘书长杨启泉和委员 75 人出席会议。副省长杨崇汇、李达昌，省高级人民法院院长敬瑞祥，省人民检察院检察长韩忠信，省人大各专门委员会组成人员和常委会办事工作机构负责人，各市（州）人大常委会和省人大常委会地区工作委员会负责人，部分省人大代表以及省级有关部门负责人列席会议。省政协副主席苟建丽应邀列席会议。会议议程 17 项，主要议程是听取省政府关于贯彻执行《中华人民共和国统计法》情况的汇报、关于全省农业产业结构调整情况的汇报等。会议期间举办法制讲座，省人大法制委员会法规处处长肖萍作了题为《人大监督权与监督工作探讨》的演讲。

二十、省九届人大常委会第二十次会议

2000 年 11 月 24—30 日，省九届人大常委会第二十次会议在成都举行。省人大常委会主任谢世杰、副主任李永寿分别主持 3 次全体会议。副主任孟俊修、牟绪珩、孙自强、刘子寿、张宗源、刘永顺、张国辉、卢铁城，秘书长杨启泉和委员 77 人出席会议。副省长杨崇汇、王恒丰，省高级人民法院院长敬瑞祥，省人民检察院检察长韩忠信，省人大各专门委员会组成人员，省人大常委会各办事工作机构负责人，各市（州）人大常委会、地区人大工委负责人，部分全国人大代表及省人大代表列席会议。省政协副主席郝振贤应邀列席会议。会议议程 33 项，主要议程是听取省政府关于贯彻《四川省计划生育条例》情况的汇报、省政府关于全省扶贫工作情况的报告、省政府关于执行《中华人民共和国城市规划法》情况的汇报等。

二十一、省九届人大常委会第二十一次会议

2001 年 1 月 11—12 日，省九届人大常委会第二十一次会议在成都举行。省人大常委会主任谢世杰主持两次全体会议。副主任孟俊修、牟绪珩、孙自强、刘子寿、李永寿、张宗源、刘永顺、张国辉、钮小明、卢铁城，秘书长杨启泉和委员 77 人出席会议。省长张中伟，副省长邹广严，省人民检察院检察长韩忠信，省高级人民法院副院长邬红旗，省人大各专门委员会组成人员和常委会办事工作机构负责人，各市（州）人大常委会负责人，部分全国人大代表、省人大代表及省级有关部门的负责人列席会议。省政协副主席郝振贤应邀列席会议。会议议程 9 项，主要议程是审议省国民经济和社会发展“十五”计划纲要（草案）。

二十二、省九届人大常委会第二十二次会议

2001 年 3 月 26—30 日，省九届人大常委会第二十二次会议在成都举行。省人大常委会主任谢世

杰主持两次全体会议。副主任黄寅逵、孟俊修、牟绪珩、徐世群、孙自强、刘子寿、张宗源、刘永顺、张国辉、卢铁城，秘书长杨启泉和委员 75 人出席会议。副省长陈文光、李进、马开明，省高级人民法院院长敬瑞祥，省人民检察院检察长韩忠信，省人大各专门委员会组成人员，省人大常委会各办事工作机构负责人，各市（州）人大常委会负责人，部分全国人大代表及省人民代表列席会议。省政协副主席刘绍先应邀列席会议。会议议程 29 项，主要议程是听取省政府关于全省退耕还林（草）试点工作情况及贯彻实施《中华人民共和国体育法》《四川省体育条例》情况的汇报等。会议期间举办法制讲座，西南民族学院法学院院长王允武教授作了题为《民族区域自治法的修改及其贯彻实施》的演讲。

二十三、省九届人大常委会第二十三次会议

2001 年 5 月 21—25 日，省九届人大常委会第二十三次会议在成都举行。省人大常委会主任谢世杰、副主任牟绪珩分别主持 3 次全体会议。副主任黄寅逵、徐世群、孙自强、刘子寿、张宗源、刘永顺、张国辉、钮小明、卢铁城，秘书长杨启泉和委员 75 人出席会议。省长张中伟，副省长李达昌、王恒丰，省人民检察院检察长韩忠信，省高级人民法院副院长苏泽林、陈智伦，省人大各专门委员会组成人员，省人大常委会各办事工作机构负责人，各市（州）人大常委会负责人，部分全国人大代表、省人大代表及省级有关部门负责人列席会议。省政协副主席郝振贤应邀列席会议。会议议程 25 项，主要议程是听取李达昌关于四川省实施西部大开发战略工作情况的汇报；听取省旅游局局长钟勉受省政府委托作的关于四川省发展旅游支柱产业情况的汇报等。

二十四、省九届人大常委会第二十四次会议

2001 年 7 月 16—21 日，省九届人大常委会第二十四次会议在成都举行。省人大常委会主任谢世杰、副主任徐世群分别主持 3 次全体会议。副主任黄寅逵、孟俊修、牟绪珩、孙自强、刘子寿、张宗源、刘永顺、张国辉、钮小明、卢铁城，秘书长杨启泉和委员 79 人出席会议。副省长陈文光、王金祥、柯尊平，省高级人民法院院长敬瑞祥、副院长邬红旗，省人民检察院检察长韩忠信、副检察长庞先玉，省人大各专门委员会组成人员，省人大常委会各办事工作机构负责人，各市（州）人大常委会负责人，部分全国人大代表及省人大代表列席会议。省政协副主席刘绍先应邀列席会议。会议议程 34 项，主要议程是听取省政府关于省 2001 年上半年国民经济和社会发展计划执行情况的报告、关于省 2000 年财政决算及 2001 年 1—6 月财政预算执行情况的报告等。会议通过有关人事任免事项。会议期间举办法制讲座，西南财经大学法学系教授高晋康讲授了世界贸易组织的《与贸易有关的知识产权协议》简介；“入世”对中国商标法的影响等若干问题。

二十五、省九届人大常委会第二十五次会议

2001 年 9 月 17—22 日，省九届人大常委会第二十五次会议在成都举行。省人大常委会主任谢世杰、副主任卢铁城分别主持 3 次全体会议。副主任黄寅逵、孟俊修、牟绪珩、徐世群、孙自强、张宗源、刘永顺、张国辉、钮小明，秘书长杨启泉和委员 79 人出席会议。副省长陈文光、李进、柯尊平，省高级人民法院院长敬瑞祥，省人民检察院检察长韩忠信、副检察长庞先玉，省人大各专门委员会组成人员和常委会各办事工作机构负责人，各市（州）人大常委会负责人，部分全国人大代表、

省人大代表，省级有关部门负责人列席会议。省政协副主席陈官权应邀列席会议。会议议程31项，主要议程是听取柯尊平作的关于全省乡镇企业工作情况的汇报和关于实施科教兴川战略工作情况的汇报等。

二十六、省九届人大常委会第二十六次会议

2001年11月20—23日，省九届人大常委会第二十六次会议在成都举行。省人大常委会主任谢世杰主持两次全体会议。副主任孟俊修、牟绪珩、徐世群、孙自强、张宗源、刘永顺、张国辉、钮小明，秘书长杨启泉和委员76人出席会议。副省长李达昌、柯尊平，省高级人民法院院长敬瑞祥，省人民检察院检察长韩忠信，省人大各专门委员会组成人员，省人大常委会各办事工作机构负责人，各市（州）人大常委会负责人，部分全国人大代表、省人大代表及省级有关部门负责人列席会议。省政协副主席苟建丽应邀列席会议。会议议程14项，主要议程是孙自强向会议提交关于九届全国人大常委会第二十四次会议的情况汇报（书面）。会议期间举办法制讲座，省知识产权局局长彭言智作了题为《WTO与知识产权的保护》的演讲。

二十七、省九届人大常委会第二十七次会议

2002年1月14—18日，省九届人大常委会第二十七次会议在成都举行。省人大常委会主任谢世杰、副主任黄寅逵分别主持3次全体会议。副主任孟俊修、牟绪珩、徐世群、孙自强、刘子寿、张宗源、刘永顺、张国辉、钮小明、卢铁城，秘书长杨启泉和委员79人出席会议。省长张中伟，副省长王恒丰，省高级人民法院院长敬瑞祥，省人民检察院检察长韩忠信，省人大各专门委员会组成人员，省人大常委会各办事工作机构负责人，各市（州）人大常委会负责人，部分全国人大代表、省人大代表及省级有关部门的负责人列席会议。省政协副主席阿称应邀列席会议。会议议程28项，主要议程是听取省审计厅副厅长黄锦生受省政府委托作的省政府关于2000年省级财政预算执行和其他财政收支审计处理结果的报告；省长助理王怀臣受省政府委托作的省政府关于省信息产业发展情况的汇报等。会议通过各项议程后，新任命的省政府副省长黄小祥、王怀臣在会上发言。会议期间举办法制讲座，黄寅逵作了关于WTO和中国加入WTO后所面临的机遇、挑战和对策的演讲。

二十八、省九届人大常委会第二十八次会议

2002年3月28—30日，省九届人大常委会第二十八次会议在成都举行。省人大常委会主任谢世杰主持两次全体会议。副主任黄寅逵、孟俊修、牟绪珩、徐世群、孙自强、刘子寿、张宗源、刘永顺、张国辉、钮小明、卢铁城，秘书长杨启泉和委员79人出席会议。副省长王怀臣，省高级人民法院院长敬瑞祥，省人民检察院副检察长李少平，省人大各专门委员会组成人员和常委会各办事工作机构负责人，各市（州）人大常委会负责人，部分全国人大代表、省人大代表以及省级有关部门的负责人列席会议。省政协副主席陈官权应邀列席会议。会议议程20项，主要议程是听取省政府关于全省农村经济工作情况的汇报。会议通过有关人事任免事项。

二十九、省九届人大常委会第二十九次会议

2002年5月28—30日，省九届人大常委会第二十九次会议在成都举行。省人大常委会主任谢世杰主持两次全体会议。副主任黄寅逵、席义方、孟俊修、牟绪珩、徐世群、孙自强、刘子寿、张宗

源、刘永顺、张国辉、钮小明、敬中春，秘书长杨启泉和委员76人出席会议。副省长蒋巨峰、邹广严，省高级人民法院院长敬瑞祥，省人民检察院检察长陈文清、副检察长苟兴和，省人大各专门委员会组成人员，省人大常委会各办事工作机构负责人，各市（州）人大常委会负责人，省政府及其有关厅、局负责人，部分全国人大代表及省人大代表列席会议。省政协副主席冯崇泰应邀列席会议。该次会议根据《四川省公民旁听省人民代表大会常务委员会会议规定》首次实行公民旁听。10名公民按照《四川省人大常委会办公厅关于公民旁听省人大常委会会议的公告》报名旁听该次会议。会议议程26项，主要议程是听取省政府关于未成年人保护工作情况、关于全省禁毒工作情况的汇报。会议期间举办法制讲座，全国人大常委会办公厅研究室原主任程湘清应邀作了题为《关于人大讨论、决定重大事项的几个问题》的演讲。

三十、省九届人大常委会第三十次会议

2002年7月16—20日，省九届人大常委会第三十次会议在成都举行。省人大常委会主任谢世杰、副主任席义方分别主持3次全体会议。副主任黄寅逵、孟俊修、牟绪珩、徐世群、刘子寿、张宗源、刘永顺、钮小明、敬中春，秘书长杨启泉和委员79人出席会议。副省长蒋巨峰、王恒丰、马开明，省高级人民法院院长敬瑞祥，省人民检察院检察长陈文清、副检察长苟兴和，省人大各专门委员会组成人员，省人大常委会各办事工作机构负责人，各市（州）人大常委会负责人，部分全国人大代表及省人大代表列席会议。省政协副主席唐运张应邀列席会议。会议议程25项，主要议程是听取省人大常委会执法检查组关于检查全省贯彻实施《中华人民共和国药品管理法》情况的报告、敬中春向会议提交关于九届全国人大常委会第二十八次会议的情况汇报（书面）。会议作出关于加强预防职务犯罪工作的决议等。

三十一、省九届人大常委会第三十一次会议

2002年9月23—26日，省九届人大常委会第三十一次会议在成都举行。省人大常委会主任谢世杰主持两次全体会议。副主任黄寅逵、席义方、孟俊修、牟绪珩、徐世群、孙自强、刘子寿、张宗源、刘永顺、张国辉、钮小明、敬中春，秘书长杨启泉和委员71人出席会议。副省长柯尊平、黄小祥，省高级人民法院院长敬瑞祥，省人民检察院检察长陈文清，省人大各专门委员会组成人员，省人大常委会各办事机构负责人，各市（州）人大常委会负责人，省政府及其有关厅、局负责人，部分全国人大代表及省人大代表列席会议。省政协副主席刘绍先应邀列席会议。10名公民旁听会议。会议议程21项，主要议程是听取省政府关于全省个体私营经济发展情况的汇报、关于全省建筑市场管理情况的汇报；听取省高级人民法院关于全省人民法院开展“严打”整治斗争工作情况的报告等。会议通过有关人事任免事项。

三十二、省九届人大常委会第三十二次会议

2002年11月27—30日，省九届人大常委会第三十二次会议在成都举行。省人大常委会主任谢世杰，副主任席义方、孟俊修、牟绪珩分别主持4次全体会议。副主任徐世群、孙自强、张宗源、刘永顺、张国辉、钮小明、敬中春，秘书长杨启泉和委员77人出席会议。副省长陈文光、邹广严、李进、王恒丰，省高级人民法院院长敬瑞祥、省人民检察院检察长陈文清、副检察长陈文华，省人

大各专门委员会组成人员，省人大常委会各办事机构负责人，各市（州）人大常委会负责人，省政府及其有关厅局负责人，部分全国人大代表及省人大代表列席会议。省政协副主席曾平江应邀列席会议。10名公民旁听会议。会议议程28项，主要议程是听取省人大常委会调研组关于四川省个体私营经济发展情况的调研报告；听取省政府关于省企业技术改造工作情况的汇报等。会议传达学习中国共产党第十六次全国代表大会精神。

三十三、省九届人大常委会第三十三次会议

2003年1月9—10日，省九届人大常委会第三十三次会议在成都举行。省人大常委会主任谢世杰主持两次全体会议。副主任黄寅逵、席义方、孟俊修、牟绪珩、徐世群、孙自强、刘子寿、张宗源、刘永顺、张国辉、钮小明、敬中春，秘书长杨启泉和委员78人出席会议。省长张中伟、副省长柯尊平，省人民检察院检察长陈文清，省高级人民法院副院长李少平，省人大各专门委员会组成人员，省人大常委会各办事工作机构负责人列席会议。会议议程10项，主要议程是表决通过《四川省第九届人民代表大会代表资格审查委员会关于四川省第十届人民代表大会代表资格的审查报告》《四川省第十届人民代表大会第一次会议议程（草案）》等。会议听取黄寅逵关于省十届人大一次会议筹备工作的报告。牟绪珩向会议提交关于九届全国人大常委会第三十一次会议情况的书面汇报。

第四节 四川省十届人大常委会会议

2003年1月至2008年1月，省十届人大常委会共举行32次会议，对事关四川省经济社会发展的重大问题作出决议、决定39个；审议通过地方性法规30件，修改法规56件，废止法规10件，立法解释1件；批准成都市制定、修改和废止法规39件；批准民族自治地方制定、修改和废止自治条例、单行条例21件；听取和审议专项工作报告92个，先后对12件法律法规的实施情况进行检查。配合全国人大常委会对安全生产法、劳动法、律师法等8件法律的执行情况进行执法检查。5年间，共处理来信73515件，接待来访74434人次，与市（州）人大常委会一起办理全国人大常委会交办的信访案件6829件。共办理议案116件，督办建议、批评和意见3075件。共任免和批准任免国家机关工作人员436人次。接待国外地方议会代表团来访90多批980余人次。

一、省十届人大常委会第一次会议

2003年1月21日，省十届人大常委会第一次会议在成都举行。会议由省人大常委会主任张学忠主持。副主任黄寅逵、席义方、牟绪珩、徐世群、刘子寿、张宗源、刘永顺、钮小明、马开明、敬中春、陶唏晦、陈德玉，秘书长杨启泉和委员78人出席会议。省高级人民法院院长李少平，省人民检察院检察长陈文清，省人大各专门委员会组成人员，省人大常委会各办事工作机构负责人列席会议。会议主要议程是审议省长张中伟提请任命省政府秘书长、省政府组成人员的议案。张中伟向会议作了关于提请任命李洪仁、翁蔚祥等职务的说明。会议经过认真审议，表决通过省政府秘书长、省政府组成人员的任命。

二、省十届人大常委会第二次会议

2003年3月26—27日，省十届人大常委会第二次会议在成都举行。省人大常委会主任张学忠、

副主任黄寅逵分别主持两次全体会议。副主任席义方、牟绪珩、徐世群、刘子寿、张宗源、刘永顺、钮小明、马开明、敬中春、陶晞晦、陈德玉，秘书长杨启泉和委员73人出席会议。副省长蒋巨峰、刘晓峰，省高级人民法院院长李少平，省人民检察院检察长陈文清，省人大常委会副秘书长，省人大各专门委员会组成人员及咨询委员，省人大常委会各办事工作机构负责人，各市（州）人大常委会负责人，部分全国人大代表及省人大代表列席会议。省政协副主席苟建丽应邀列席会议。10名公民旁听会议。会议议程11项。会议根据《中华人民共和国全国人民代表大会和地方各级人民代表大会选举法》的有关规定和成都市人口变动情况，决定成都市人民代表大会代表名额为650名；通过有关人事任免事项。会议各项议程结束后，举行颁发任命书大会。省人大常委会主任张学忠向省政府秘书长李洪仁等26名新一届政府组成人员一一颁发任命书并讲话。

三、省十届人大常委会第三次会议

2003年5月26—28日，省十届人大常委会第三次会议在成都举行。省人大常委会主任张学忠、副主任黄寅逵分别主持两次全体会议。副主任席义方、牟绪珩、徐世群、刘子寿、张宗源、刘永顺、钮小明、马开明、敬中春、陶晞晦、陈德玉，秘书长杨启泉和委员76人出席会议。副省长蒋巨峰、张作哈、刘晓峰，省高级人民法院院长李少平，省人民检察院检察长陈文清，省人大常委会副秘书长，省人大各专门委员会组成人员及咨询委员，省人大常委会各办事工作机构负责人，各市（州）人大常委会1名负责人，部分全国人大代表及省人大代表列席会议。省政协副主席李进应邀列席会议。会议议程13项，表决通过《四川省十届人大常务委员会代表资格审查委员会组成人员名单》；通过有关人事任免事项。会议期间举办法制讲座。四川大学华西医学院教授汪良吉主讲了《依法科学防治传染病》。

四、省十届人大常委会第四次会议

2003年7月22—24日，省十届人大常委会第四次会议在成都举行。省人大常委会副主任黄寅逵主持两次全体会议。副主任席义方、牟绪珩、徐世群、刘子寿、张宗源、刘永顺、钮小明、马开明、敬中春、陶晞晦、陈德玉，秘书长杨启泉和委员77人出席会议。副省长王怀臣、杨志文，省高级人民法院院长李小平，省人民检察院检察长陈文清，省人大各专门委员会组成人员及咨询委员，省人大常委会副秘书长，省人大常委会各办事工作机构负责人，各市（州）人大常委会负责人，部分全国人大代表及省人大代表列席会议。省政协副主席何志尧应邀列席会议。10名公民旁听会议。会议议程19项，会议表决通过省人民代表大会常务委员会关于进一步加强企业破产案件审理工作的决议、关于罢免鄢良钟第十届全国人民代表大会代表职务的决议、关于批准2002年省级财政决算的决议；表决通过省十届人大常务委员会代表资格审查委员会关于代表资格的审查报告；会议通过人事任免事项。

五、省十届人大常委会第五次会议

2003年9月23—25日，省十届人大常委会第五次会议在成都举行。省人大常委会副主任黄寅逵主持两次全体会议。副主任席义方、牟绪珩、刘子寿、张宗源、刘永顺、钮小明、马开明、敬中春、陶晞晦、陈德玉，秘书长杨启泉和委员64人出席会议。副省长陈文光、柯尊平，省高级人民法院副院长张建魁，省人民检察院副检察长陈文华，省人大各专门委员会组成人员及咨询委员，省人大常委会副秘书长，省人大常委会各办事工作机构负责人，各市（州）人大常委会负责人，部分全国人大代表及省人大代表列席会议。省政协副主席阿称应邀列席会议。10 名公民旁听会议。会议议程 13 项。会议通过省十届人大常务委员会关于接受蒋显伦辞去省第十届人大常委会委员职务的决定；会议通过人事任免事项。

六、省十届人大常委会第六次会议

2003 年 11 月 24—28 日，省十届人大常委会第六次会议在成都举行。省人大常委会主任张学忠、副主任黄寅逵分别主持 3 次全体会议。副主任席义方、牟绪珩、徐世群、张宗源、刘永顺、钮小明、马开明、敬中春、陶晞晦、陈德玉，秘书长杨启泉和委员 73 人出席会议。副省长柯尊平、黄小祥、张作哈，省高级人民法院院长李少平、副院长文敬，省人民检察院检察长陈文清、副检察长刘勤，省人大各专门委员会组成人员及咨询委员，省人大常委会副秘书长，省人大常委会各办事工作机构负责人，各市（州）人大常委会负责人，部分全国人大代表及省人大代表列席会议。省政协副主席李进应邀列席会议。10 名公民旁听会议。会议议程 30 项。会议表决通过省人民代表大会常务委员会关于召开省十届人大二次会议的决定；省人大民族宗教委员会、内司务司法委员会、财政经济委员会、教育科学文化卫生委员会、农业委员会、城乡建设环境资源保护委员会关于省十届人大一次会议主席团交付审议的代表提出的议案审议结果的报告；表决通过有关人事任免事项。

七、省十届人大常委会第七次会议

2004 年 2 月 8—9 日，省十届人大常委会第七次会议在成都举行。省人大常委会主任张学忠主持两次全体会议。副主任黄寅逵、席义方、牟绪珩、徐世群、刘子寿、张宗源、刘永顺、钮小明、马开明、敬中春、陶晞晦、陈德玉，秘书长杨启泉和委员 77 人出席会议。副省长蒋巨峰、柯尊平，省高级人民法院副院长文敬，省人民检察院检察长陈文清、副检察长刘勤，省人大各专门委员会组成人员及咨询委员，省人大常委会副秘书长，省人大常委会各办事工作机构负责人，各市（州）人大常委会负责人列席会议。会议议程 10 项。会议表决通过省十届人大常委会关于提请省十届人大二次会议审议省人大常委会工作报告的决定；通过省十届人大常委会代表资格审查委员会关于代表资格的审查报告；通过省十届人大二次会议主席团成员、秘书长名单（草案）及列席人员名单；通过省十届人大常委会关于遂宁市船山区、安居区人民代表大会代表总名额的决定；通过省十届人大二次会议议程（草案）。会议通过省十届人大常委会第七次会议补选四川省出席第十届全国人民代表大会选举办法，补选四川省出席第十届全国人民代表大会代表 1 名。会议通过有关人事任免事项。

八、省十届人大常委会第八次会议

2004 年 4 月 13—16 日，省十届人大常委会第八次会议在成都举行。省人大常委会副主任黄寅逵主持两次全体会议。副主任席义方、牟绪珩、徐世群、王荣轩、刘子寿、张宗源、刘永顺、钮小明、马开明、敬中春、陶晞晦、陈德玉，秘书长杨启泉和委员 76 人出席会议。副省长柯尊平、刘晓峰，省高级人民法院院长李少平，省人民检察院检察长陈文清，省人大各专门委员会组成人员及咨询委员，省人大常委会副秘书长，省人大常委会各办事工作机构负责人，各市（州）人大常委会负责人，

3名全国人大代表和6名省人大代表列席会议。省政协副主席陈次昌应邀列席会议。10名公民旁听全体会议。会议议程18项，会议表决通过关于接受谢商华辞去省十届人大内务司法委员会委员的决定；通过省人民代表大会常务委员会代表资格审查委员会关于代表资格的审查报告；通过有关人事任免事项。

九、省十届人大常委会第九次会议

2004年5月31日至6月3日，省十届人大常委会第九次会议在成都举行。省人大常委会副主任黄寅逵主持两次全体会议。副主任席义方、牟绪珩、徐世群、王荣轩、刘子寿、张宗源、刘永顺、钮小明、马开明、敬中春、陈德玉，秘书长杨启泉和委员73人出席会议。副省长蒋巨峰、刘晓峰，省高级人民法院院长李少平，省人民检察院检察长陈文清，省人大各专门委员会组成人员及咨询委员，省人大常委会副秘书长，省人大常委会各办事工作机构负责人，各市（州）人大常委会负责人，3名全国人大代表和6名省人大代表列席会议。省政协副主席何志尧应邀列席会议。10名公民旁听会议。会议议程16项，表决通过人事任免事项。

十、省十届人大常委会第十次会议

2004年7月27—30日，省十届人大常委会第十次会议在成都举行。省人大常委会主任张学忠、副主任黄寅逵分别主持两次全体会议。副主任席义方、牟绪珩、徐世群、王荣轩、刘子寿、张宗源、刘永顺、马开明、敬中春、陶晞晦、陈德玉，秘书长杨启泉和委员75人出席会议。副省长陈文光、张作哈，省高级人民法院院长李少平，省人民检察院检察长陈文清，省人大各专门委员会组成人员及咨询委员，省人大常委会副秘书长，省人大常委会各办事工作机构负责人，各市（州）人大常委会负责人，3名全国人大代表和6名省人大代表列席会议。省政协副主席李进应邀列席会议。10名公民旁听会议。会议议程15项，表决通过省十届人大常务委员会代表资格审查委员会关于补选省十届人大代表的代表资格的审查报告，关于批准2003年省级财政决算的决议及人事任免事项。

十一、省十届人大常委会第十一次会议

2004年9月21—24日，省十届人大常委会第十一次会议在成都举行。省人大常委会主任张学忠、副主任黄寅逵分别主持全体会议。副主任席义方、牟绪珩、徐世群、王荣轩、张宗源、刘永顺、钮小明、马开明、敬中春、陶晞晦，秘书长杨启泉和委员69人出席会议。副省长杨志文，省高级人民法院院长李少平，省人民检察院副检察长刘勤，省人大各专门委员会组成人员及咨询委员，省人大常委会副秘书长，省人大常委会各办事工作机构负责人，各市（州）人大常委会负责人，3名全国人大代表和6名省人大代表列席会议。10名公民旁听会议。会议议程21项。黄寅逵向会议传达中共十六届四中全会和首都各界纪念全国人民代表大会成立50周年、全国人大常委会关于社会主义民主法制建设座谈会精神，表决通过人事任免事项。

十二、省十届人大常委会第十二次会议

2004年11月25—30日，省十届人大常委会第十二次会议在成都举行。省人大常委会副主任黄寅逵主持3次全体会议。副主任席义方、牟绪珩、徐世群、王荣轩、刘子寿、张宗源、刘永顺、钮小明、马开明、敬中春、陶晞晦、陈德玉，秘书长杨启泉和委员75人出席会议。副省长陈文光、柯

尊平、张作哈，省高级人民法院院长李少平，省人民检察院副检察长夏黎阳，省人大各专门委员会组成人员及咨询委员，省人大常委会副秘书长，省人大常委会各办事工作机构负责人，各市（州）人大常委会负责人，3 名全国人大代表和 6 名省人大代表列席会议。省政协副主席何志尧应邀列席会议。10 名公民旁听会议。会议议程 38 项，表决通过关于召开省十届人大三次会议的决定，关于绵阳市、广元市、遂宁市、内江市、乐山市、达州市新一届市人大常委会组成人员名额的决定，关于达州市人民代表大会推迟换届时间的决定，省人大内务司法委员会、财政经济委员会、教育科学文化卫生委员会、农业委员会、城乡建设环境资源保护委员会、外事侨务委员会关于省十届人大二次会议主席团交付审议的代表提出的议案审议结果的报告及人事任免事项。会议期间举办法制讲座。中国政法大学宪政研究所所长蔡定剑就《几个法学理论问题》作了讲授。

十三、省十届人大常委会第十三次会议

2005 年 1 月 17—18 日，省十届人大常委会第十三次会议在成都举行。省人大常委会主任张学忠主持两次全体会议。副主任黄寅逵、席义方、牟绪珩、徐世群、王荣轩、刘子寿、张宗源、刘永顺、钮小明、马开明、敬中春、陶晞晦、陈德玉，秘书长杨启泉和委员 75 人出席会议。省长张中伟、副省长张作哈，省高级人民法院院长李少平，省人民检察院检察长陈文清，省人大各专门委员会组成人员及咨询委员，省人大常委会副秘书长，省人大常委会各办事工作机构负责人，各市（州）人大常委会负责人列席会议。省政协副主席孙同川应邀列席会议。会议议程 12 项。会议表决通过省人大常委会关于提请省十届人大三次会议听取和审查省人大常委会工作报告的决定；通过省十届人大常委会代表资格审查委员会关于补选省十届人大代表的代表资格的审查报告；通过省十届人大三次会议议程（草案）；通过省十届人大三次会议主席团和秘书长名单（草案）及列席人员名单；通过了省人大民族宗教委员会关于省十届人大二次会议主席团交付审议的代表提出的议案审议结果的报告及有关人事任免事项。会后举行法制讲座。

十四、省十届人大常委会第十四次会议

2005 年 4 月 4—6 日，省十届人大常委会第十四次会议在成都举行。副主任黄寅逵主持两次全体会议。副主任席义方、徐世群、王荣轩、刘子寿、张宗源、钮小明、马开明、敬中春、陈德玉，秘书长杨启泉和委员 72 人出席会议。副省长陈文光，省高级人民法院院长李少平，省人民检察院检察长陈文清、副检察长夏黎阳，省人大各专门委员会组成人员及咨询委员，省人大常委会副秘书长，省人大常委会各办事工作机构负责人，各市（州）人大常委会负责人，3 名全国人大代表和 6 名省人大代表列席会议。省政协副主席何志尧应邀列席会议。10 名公民旁听会议。会议议程 12 项，表决通过省人民代表大会常务委员会关于设立省人民代表大会常务委员会港澳台事务工作委员会的决定及人事任免事项。会后举办关于“食品卫生法和食品安全有关知识”的法制讲座。

十五、省十届人大常委会第十五次会议

2005 年 5 月 24—26 日，省十届人大常委会第十五次会议在成都举行。省人大常委会主任张学忠、副主任黄寅逵分别主持两次全体会议。副主任席义方、牟绪珩、徐世群、王荣轩、刘子寿、张宗源、刘永顺、钮小明、马开明、敬中春、陶晞晦、陈德玉，秘书长杨启泉和委员 75 人出席会议。

省长张中伟、副省长王怀臣，省高级人民法院院长李少平，副院长邓修明，省人民检察院检察长陈文清，省人大各专门委员会组成人员及咨询委员，省人大常委会副秘书长，省人大常委会各办事工作机构负责人，各市（州）人大常委会负责人，3 名全国人大代表和 6 名省人大代表列席会议。省政协副主席李进应邀列席会议。10 名公民旁听会议。会议议程 17 项，会议表决通过有关人事任免事项。会后举行关于“公务员法的几个主要问题”的法制讲座和旁听公民座谈会。

十六、省十届人大常委会第十六次会议

2005 年 7 月 25—29 日，省十届人大常委会第十六次会议在成都举行。省人大常委会主任张学忠、副主任黄寅逵分别主持 3 次全体会议，副主任席义方、牟绪珩、徐世群、王荣轩、张宗源、刘永顺、钮小明、马开明、敬中春、陶晞晦，秘书长杨启泉和委员 67 人出席会议。副省长黄小祥、王怀臣，省高级人民法院院长李少平，省人民检察院检察长陈文清、副检察长陈文华，省人大各专门委员会组成人员及咨询委员，省人大常委会副秘书长，省人大常委会各办事工作机构负责人，各市（州）人大常委会负责人，3 名全国人大代表和 9 名省人大代表列席会议。省政协副主席吴正德应邀列席会议。10 名公民旁听会议。会议期间举办法制讲座，审计署昆明特派办特派员王常松讲授审计法及审计工作中的有关问题。会议议程 23 项，会议表决通过关于县乡两级人民代表大会代表选举时间的决定、关于批准省 2004 年省级财政决算的决议；表决通过省十届人大常务委员会代表资格审查委员会关于补选省十届人大代表的代表资格的审查报告及人事任免事项。

十七、省十届人大常委会第十七次会议

2005 年 9 月 20—23 日，省十届人大常委会第十七次会议在成都举行。省人大常委会副主任黄寅逵主持两次全体会议。副主任席义方、牟绪珩、徐世群、王荣轩、刘子寿、张宗源、刘永顺、钮小明、马开明、敬中春、陶晞晦，秘书长杨启泉和委员 66 人出席会议。副省长王怀臣、杨志文，省高级人民法院副院长文敬，省人民检察院检察长陈文清，省人大各专门委员会组成人员及咨询委员，省人大常委会副秘书长，省人大常委会各办事工作机构负责人，各市（州）人大常委会负责人，3 名全国人大代表和 9 名省人大代表列席会议。省政协副主席陈官权应邀列席会议。10 名公民旁听会议。会议议程 18 项，会议表决通过关于接受罗强辞去省十届人大常务委员会委员职务的决定；通过省十届人大常务委员会代表资格审查委员会关于省十届人大代表的代表资格审查报告。会议对新制定的《四川省人民代表大会常务委员会关于规章及规范性文件备案审查的规定（草案）》《四川省气象灾害防御条例（草案）》的必要性和可行性进行表决，决定继续审议这两个法规草案。会议表决有关人事任免事项。会议结束后举办法制讲座。中国性病艾滋病防治协会会长、卫生部艾滋病专家委员会主任戴志澄应邀讲授了《中国艾滋病预防控制与法制建设》。

十八、省十届人大常委会第十八次会议

2005 年 11 月 21—25 日，省十届人大常委会第十八次会议在成都举行。省人大常委会主任张学忠、副主任黄寅逵分别主持 3 次全体会议。副主任席义方、牟绪珩、徐世群、王荣轩、刘子寿、张宗源、刘永顺、钮小明、敬中春、陶晞晦，秘书长杨启泉和委员 74 人出席会议。省长张中伟，副省长张作哈、刘晓峰，省高级人民法院副院长文敬，省人民检察院检察长陈文清、副检察长刘勤，省

人大各专门委员会成员及咨询委员，省人大常委会副秘书长，省人大常委会各办事工作机构负责人，各市（州）人大常委会负责人，3名全国人大代表和9名省人大代表列席会议。省政协副主席陈杰应邀列席会议。10名公民旁听会议。会议期间，举行关于“中华人民共和国道路交通安全法立法过程”的法制讲座和旁听公民座谈会。会议议程34项，会议表决通过关于召开省十届人大第四次会议的决定，关于巴中、雅安、眉山、资阳、凉山五市（州）新一届人民代表大会常务委员会组成人员名额的决定，关于巴中、雅安、眉山、资阳、凉山五市（州）人民代表大会推迟换届选举的决定，表决通过省人大法制委员会、内务司法委员会、财政经济委员会、教育科学文化卫生委员会、农业委员会关于省十届人大三次会议主席团交付审议的代表提出的议案审议结果的报告；表决通过省十届人大常务委员会代表资格审查委员会关于省十届人大代表的代表资格的审查报告，决定终止陈德玉、张大常、刘羽成、杨国友的代表资格。依照代表法和选举法的有关规定，陈德玉的代表资格终止，其省十届人大常务委员会副主任职务相应终止。会议对新制定的《四川省人民代表大会常务委员会讨论决定重大事项的规定（草案）》《四川省〈中华人民共和国文物保护法〉实施办法（草案）》的必要性和可行性进行表决，决定继续审议这两个法规草案。会议表决通过有关人事任免事项。

十九、省十届人大常委会第十九次会议

2006年1月11—12日，省十届人大常委会第十九次会议在成都举行。省人大常委会副主任黄寅逵主持两次全体会议。副主任席义方、牟绪珩、徐世群、王荣轩、刘子寿、张宗源、刘永顺、钮小明、马开明、敬中春、陶晞晦，秘书长杨启泉和委员77人出席会议。副省长蒋巨峰、黄小祥，省高级人民法院副院长文敬，省人民检察院检察长陈文清，省人大各专门委员会成员及咨询委员，省人大常委会副秘书长，省人大常委会各办事工作机构负责人，各市（州）人大常委会负责人列席会议。省政协副主席陈官权应邀列席会议。会议议程10项，会议表决通过省人大常委会关于提请省十届人大四次会议听取和审查省人大常委会工作报告的决定；通过省十届人大常委会代表资格审查委员会关于补选省十届人大代表资格的审查报告；通过省十届人大四次会议议程（草案）；通过省十届人大四次会议主席团和秘书长名单（草案）及列席人员名单。会议表决通过有关人事任免事项。

二十、省十届人大常委会第二十次会议

2006年3月28—31日，省十届人大常委会第二十次会议在成都举行。省人大常委会主任张学忠、副主任席义方分别主持两次全体会议。副主任王荣轩、陈文光、刘子寿、钮小明、马开明、敬中春、陶晞晦、李洪仁，秘书长杨启泉和委员75人出席会议。副省长柯尊平、王怀臣，省高级人民法院院长李少平，省人民检察院检察长陈文清、副检察长郭彦，省人大各专门委员会组成人员及咨询委员，省人大常委会副秘书长，省人大常委会各办事工作机构负责人，各市（州）人大常委会负责人，3名全国人大代表和9名省人大代表列席会议。省政协副主席李进应邀列席会议。8名公民旁听会议。会议议程17项。会议审议省政府关于提请审议《四川省劳动力市场管理条例（草案）》《四川省旅游条例（草案）》的议案，并对两个条例草案进行可行性表决，决定两个条例继续审议；会议表决通过关于调整和补充省十届人大常务委员会代表资格审查委员会组成人员的决定及有关人事任免事项。会议结束后举行“关于进一步健全社会主义市场经济法律制度建设问题”的法制讲座；

召开旁听公民座谈会。

二十一、省十届人大常委会第二十一次会议

2006年5月23—26日，省十届人大常委会第二十一次会议在成都举行。省人大常委会主任张学忠、副主任席义方分别主持两次全体会议。副主任王荣轩、陈文光、刘子寿、钮小明、马开明、敬中春、陶晞晦、李洪仁，秘书长杨启泉和委员70人出席会议。省长张中伟、副省长郭永祥，省高级人民法院副院长文敬，省人民检察院检察长陈文清，省人大各专门委员会组成人员及咨询委员，省人大常委会副秘书长，省人大常委会各办事工作机构负责人，各市（州）人大常委会负责人，3名全国人大代表和9名省人大代表列席会议。省政协副主席陈官权应邀列席会议。10名公民旁听会议。会议议程18项，会议表决通过省十届人大常务委员会代表资格审查委员会关于选举省十届人大代表的代表资格审查的报告及人事任免事项。会议结束后，举行题为“我国环保工作及其法律制度”的法制讲座；举行旁听公民座谈会。

二十二、省十届人大常委会第二十二次会议

2006年7月25—28日，省十届人大常务委员会第二十二次会议在成都举行。省人大常委会主任张学忠、副主任席义方分别主持两次全体会议。副主任王荣轩、陈文光、刘子寿、钮小明、马开明、敬中春、陶晞晦、李洪仁，秘书长杨启泉和委员77人出席会议。副省长蒋巨峰、黄小祥、刘晓峰，省高级人民法院院长李少平，省人民检察院检察长陈文清、副检察长夏黎阳，省人大各专门委员会组成人员及咨询委员，省人大常委会副秘书长，省人大常委会各办事工作机构负责人，各市（州）人大常委会负责人，3名全国人大代表和9名省人大代表列席会议。省政协副主席冯崇泰应邀列席会议。9名公民旁听会议。会议议程27项，会议表决通过省人民代表大会常务委员会关于自贡、攀枝花、泸州、德阳、阿坝5个市（州）人民代表大会换届选举时间的决定、关于自贡市等11个市（州）和181个县（市、区）新一届人民代表大会代表总名额的决定、关于自贡市等11个市（州）和181个县（市、区）新一届人民代表大会常务委员会组成人员名额的决定、关于批准省2005年财政决算的决议；表决通过省十届人大常务委员会代表资格审查委员会关于补选省十届人大代表的代表资格的审查报告、省人民代表大会常务委员会关于罢免黄学玖第十届全国人民代表大会代表职务的决议。会议审议省政府关于提请审议《四川省安全生产条例（草案）》的议案和省人大财政经济委员会关于提请审议《四川省石油天然气管道设施保护条例（草案）》的议案，并对这两个条例草案的必要性和可行性进行表决，决定将这两个条例草案列入常委会会议继续审议。会议表决通过人事任免事项。会议结束后，举行关于《中华人民共和国土地管理法》的法制讲座；召开旁听公民座谈会。

二十三、省十届人大常委会第二十三次会议

2006年9月25—28日，省十届人大常委会第二十三次会议在成都举行。省人大常委会副主任席义方主持两次全体会议。副主任王荣轩、陈文光、刘子寿、钮小明、敬中春、陶晞晦、李洪仁，秘书长杨启泉和委员71人出席会议。副省长杨志文、张作哈，省高级人民法院院长李少平，省人民检察院副检察长刘勤，省人大各专门委员会组成人员及省人大外侨委咨询委员，省人大常委会副秘书

长，省人大常委会各办事工作机构负责人，各市（州）人大常委会负责人，3 名全国人大代表和 9 名省人大代表列席会议。省政协副主席李进应邀列席会议。7 名公民旁听会议。会议议程 31 项，会议表决通过关于继续深入开展法制宣传教育的决议；表决通过省十届人大常务委员会代表资格审查委员会关于省十届人大代表的代表资格审查报告、省人民代表大会常务委员会关于接受陈文清辞去省人民检察院检察长职务的决定。会议表决通过人事任免事项。会后举行法制讲座，观看全国人大法律委员会主任委员杨景宇关于监督法的讲座录像；召开旁听公民座谈会。

二十四、省十届人大常委会第二十四次会议

2006 年 11 月 27—30 日，省十届人大常委会第二十四次会议在成都举行。省人大常委会主任张学忠、副主任席义方分别主持两次全体会议。副主任王荣轩、陈文光、刘子寿、钮小明、马开明、敬中春、陶晞晦、李洪仁，秘书长杨启泉和委员 78 人出席会议。副省长蒋巨峰、杨志文，省高级人民法院院长李少平，省人民检察院副检察长夏黎阳，省人大各专门委员会组成人员，省人大常委会副秘书长，省人大常委会各办事工作机构负责人，各市（州）人大常委会负责人，3 名全国人大代表和 9 名省人大代表列席会议。省政协副主席谢明道应邀参加第一次全体会议。8 名公民旁听会议。省人大常委会召开旁听公民座谈会。会议议程 28 项，会议表决通过省人民代表大会常务委员会关于召开省十届人大第五次会议的决定，省十届人大常务委员会代表资格审查委员会关于省十届人大个别代表的代表资格审查报告。会议审议省政府关于提请审议《四川省〈中华人民共和国防洪法〉实施办法（草案)》的议案，并对该议案的必要性和可行性进行表决，决定将该议案列入常委会会议继续审议。会议表决通过人事任免事项。会议结束后，省委分管纪检工作的副书记李崇禧向与会人员通报四川省党风廉政建设和反腐败工作情况。

二十五、省十届人大常委会第二十五次会议

2006 年 12 月 29 日，省十届人大常委会第二十五次会议在成都举行。省人大常委会主任张学忠主持两次全体会议。副主任席义方、王荣轩、刘子寿、钮小明、马开明、敬中春、陶晞晦、李洪仁，秘书长杨启泉和委员 76 人出席会议。副省长柯尊平，省高级人民法院院长李少平，省人民检察院代理检察长邓川，省人大各专门委员会组成人员，省人大常委会副秘书长，省人大常委会各办事工作机构负责人列席会议。省政协副主席李进应邀参加会议。会议议程 9 项，会议表决通过省人大法制委员会、内务司法委员会、财政经济委员会、教育科学文化卫生委员会、农业委员会、城乡建设环境资源保护委员会关于省十届人大四次会议主席团交付审议代表提出的议案审议结果的报告。会议表决通过省十届人大常务委员会代表资格审查委员会关于省十届人大个别代表的代表资格的审查报告，确认杜青林、胥健为省十届人大代表，并由省人大常委会予以公告；表决通过《四川省十届人大常务委员会第二十五次会议补选四川省出席第十届全国人民代表大会代表选举办法》。补选杜青林为省出席第十届全国人民代表大会代表，依照有关法律规定，报请全国人大常委会代表资格审查委员会审查确认后，由全国人大常委会予以公告。会议表决通过人事任免事项。

二十六、省十届人大常委会第二十六次会议

2007 年 1 月 22—23 日，省十届人大常委会第二十六次会议在成都举行。省人大常委会主任张学

忠、副主任席义方分别主持两次全体会议。副主任王荣轩、陈文光、刘子寿、钮小明、马开明、敬中春、陶晞晦、李洪仁，秘书长杨启泉和委员75人出席会议。副省长张作哈，省高级人民法院院长李少平、副院长文敬，省人民检察院代理检察长邓川，省人大各专门委员会组成人员，省人大常委会副秘书长，省人大常委会各办事工作机构负责人、各市（州）人大常委会负责人列席会议。省政协副主席李进应邀参加会议。会议议程9项，会议表决通过省人民代表大会常务委员会关于省十届人大第五次会议召开时间的决定、关于提请省十届人大第五次会议审查《四川省人民代表大会常务委员会工作报告》的决定；通过省十届人大第五次会议议程（草案）、省十届人大第五次会议主席团和秘书长名单（草案），决定省十届人大第五次会议列席人员；通过省十届人大常务委员会代表资格审查委员会关于省十届人大个别代表的代表资格的审查报告；通过省人民代表大会常务委员会关于接受张中伟辞去省政府省长职务的决定、关于接受杨志文辞去省政府副省长职务的决定。会议表决通过人事任免事项。

二十七、省十届人大常委会第二十七次会议

2007年3月27—29日，省十届人大常委会第二十七次会议在成都举行。省人大常委会副主任席义方主持两次全体会议。副主任韩忠信、王荣轩、陈文光、刘子寿、钮小明、陶晞晦、杨志文和委员72人出席会议。副省长张作哈、刘晓峰，省高级人民法院副院长文敬，省人民检察院检察长邓川，省人大各专门委员会组成人员，省人大常委会副秘书长，省人大常委会各办事工作机构负责人，各市（州）人大常委会负责人，3名全国人大代表和9名省人大代表列席会议，省政协副主席杨海清应邀参加会议。8名公民旁听会议。会议议程13项，会议审议省政府关于提请审议《四川省水上交通安全管理条例（草案）》《四川省〈中华人民共和国环境影响评价法〉实施办法（草案）》的议案，并对该条例（草案）、实施办法（草案）的必要性和可行性进行表决，决定将该条例（草案）、实施办法（草案）列入常委会会议继续审议。会议表决通过人事任免事项。

二十八、省十届人大常委会第二十八次会议

2007年5月29—31日，省十届人大常委会第二十八次会议在成都举行。省人大常委会主任杜青林、副主任席义方分别主持3次全体会议。副主任甘道明、韩忠信、王荣轩、陈文光、刘子寿、钮小明、马开明、陶晞晦、杨志文、李洪仁，秘书长杨启泉和委员81人出席会议。省长蒋巨峰、副省长郭永祥，省高级人民法院院长李少平，省人民检察院检察长邓川，省人大各专门委员会组成人员，省人大常委会副秘书长，省人大常委会各办事工作机构负责人，各市（州）人大常委会负责人，3名全国人大代表和9名省人大代表列席会议。省政协副主席陈次昌应邀列席会议。8名公民旁听会议。会议议程13项，会议初次审议《四川省全民健身条例（草案）》，并就其必要性和可行性进行表决，决定将该条例（草案）列入常委会会议继续审议。会议表决通过有关人事任免事项。

二十九、省十届人大常委会第二十九次会议

2007年7月24—27日，省十届人大常委会第二十九次会议在成都举行。省人大常委会主任杜青林、副主任席义方分别主持两次全体会议。副主任甘道明、韩忠信、王荣轩、陈文光、刘子寿、钮小明、陶晞晦、杨志文、李洪仁，秘书长杨启泉和委员78人出席会议。副省长魏宏、黄小祥，省高

级人民法院副院长文敬，省人民检察院副检察长刘勤，省人大各专门委员会组成人员，省人大常委会副秘书长，省人大常委会各办事工作机构负责人，各市（州）人大常委会负责人，3 名全国人大代表和 9 名省人大代表列席会议。省政协副主席晏永和应邀列席会议。8 名公民旁听会议。会议议程 19 项，会议表决通过关于省第十一届人民代表大会代表名额和选举问题的决定、关于批准 2006 年省级财政决算的决议、关于接受蒋先继辞去省十届人大常务委员会委员职务的决定；表决通过省十届人大常务委员会代表资格审查委员会关于终止陈家荣省十届人大代表的代表资格的审查报告。会议初次审议《四川省〈中华人民共和国农村土地承包法〉实施办法（草案）》《四川省内部审计条例（草案）》，并就其必要性和可行性进行表决，决定将两条例（草案）列入常委会会议继续审议。会议表决通过有关人事任免事项。会后举行关于循环经济立法的法制讲座。

三十、省十届人大常委会第三十次会议

2007 年 9 月 24—27 日，省十届人大常委会第三十次会议在成都举行。省人大常委会主任杜青林、副主任席义方分别主持两次全体会议。副主任甘道明、韩忠信、陈文光、刘子寿、钮小明、马开明、陶晞晦、李洪仁，秘书长杨启泉和委员 77 人出席会议。副省长魏宏、王宁，省高级人民法院院长李少平，省人民检察院检察长邓川、副检察长刘勤，省人大各专门委员会组成人员，省人大常委会副秘书长，省人大常委会各办事工作机构负责人，各市（州）人大常委会负责人，3 名全国人大代表和 9 名省人大代表列席会议。省政协副主席苟建丽应邀列席会议。8 名公民旁听会议。会议议程 17 项，会议表决通过省十届人大常务委员会关于修改《四川省人民代表大会常务委员会议事规则》的决定、关于成都、南充、广安、甘孜 4 个市（州）人民代表大会换届选举时间的决定，关于成都、南充、广安、甘孜 4 个市（州）新一届人民代表大会代表总名额及其常务委员会组成人员名额的决定；会议表决通过有关人事任免事项。会后举行题为《关于我省消费维权状况》的专题讲座。

三十一、省十届人大常委会第三十一次会议

2007 年 11 月 26—29 日，省十届人大常委会第三十一次会议在成都举行。省人大常委会副主任席义方主持两次全体会议。副主任甘道明、韩忠信、王荣轩、陈文光、刘子寿、钮小明、陶晞晦、杨志文、李洪仁，秘书长杨启泉和委员 78 人出席会议。副省长魏宏、张作哈，省高级人民法院副院长陈智伦、夏成福，省人民检察院副检察长刘勤、陈文华，省人大各专门委员会组成人员，省人大常委会副秘书长，省人大常委会各办事工作机构负责人，各市（州）人大常委会负责人，3 名全国人大代表和 9 名省人大代表列席会议。省政协副主席陈杰应邀列席会议。8 名公民旁听会议。会议议程 21 项，会议表决通过省人民代表大会常务委员会关于召开省第十一届人民代表大会第一次会议的决定；表决通过省人大法制委员会、内务司法委员会、财政经济委员会、教育科学文化卫生委员会、农业委员会、城乡建设环境资源保护委员会关于省十届人大五次会议主席团交付审议代表提出的议案审议结果的报告；表决通过省十届人大常务委员会代表资格审查委员会关于终止省十届人大个别代表的代表资格的报告。会议初次审议《四川省预防职务犯罪工作条例（草案）》《四川省民办教育促进条例（草案）》，并就其必要性和可行性进行表决，决定将两条例草案列入常委会会议继续审议。会议表决通过有关人事任免事项。会后举行学习中共十七大精神专题讲座。

三十二、省十届人大常委会第三十二次会议

2008年1月15—16日，省十届人大常委会第三十二次会议在成都举行。省人大常委会代理主任席义方主持两次全体会议。副主任甘道明、韩忠信、王荣轩、陈文光、刘子寿、钮小明、陶晞晦、杨志文、李洪仁，秘书长杨启泉和委员73人出席会议。副省长魏宏、刘晓峰，省高级人民法院副院长邓修明，省人民检察院检察长邓川、副检察长刘勤，省人大各专门委员会组成人员，省人大常委会副秘书长，省人大常委会各办事工作机构负责人列席会议。省政协副主席阿称应邀列席会议。会议议程16项，会议主要听取和审议省人大常委会副主任、省十一届人大一次会议筹备工作领导小组副组长甘道明关于省第十一届人民代表大会第一次会议筹备工作情况的报告。会议表决通过关于提请省第十一届人民代表大会第一次会议审查《四川省人民代表大会常务委员会工作报告》的决定；表决通过省第十一届人民代表大会第一次会议议程（草案）、省第十一届人民代表大会第一次会议主席团和秘书长名单（草案）、省第十一届人民代表大会第一次会议议案审查委员会名单（草案）、省第十一届人民代表大会第一次会议计划预算审查委员会名单（草案）、省第十一届人民代表大会第一次会议列席人员名单、省第十届人大常委会关于省第十一届人民代表大会专门委员会设置的建议（草案）、省第十届人大常委会代表资格审查委员会关于省第十一届人民代表大会代表资格的审查报告；表决通过省人民代表大会常务委员会关于接受杜青林辞去省第十届人民代表大会常务委员会主任职务的决定、关于推选席义方代理省第十届人民代表大会常务委员会主任职务的决定、关于接受李少平辞去省高级人民法院院长职务的决定、关于任命刘玉顺为省高级人民法院副院长、代理院长的决定。会议表决通过有关人事任免事项。

第三篇　职　权

人民代表大会的职权是人民代表大会的核心制度内容，人民代表大会的组织、制度和运转、程序都是为保证人民代表大会有效地行使职权。按照宪法和法律，把人民代表大会及其常务委员会的职权归纳为四大类：决定权、立法权、监督权、选举任免权。四川省七至十届人民代表大会及其常委会切实履行宪法和法律赋予的职权，在推进依法治省，保障四川改革开放和经济建设顺利进行等方面，发挥地方国家权力机关应有的作用。

第一章　行使决定权

1979年6月，五届全国人大二次会议通过关于修正《中华人民共和国宪法》若干规定的决议，增加县以上地方各级人民代表大会设立常务委员会的规定。新宪法赋予省、直辖市人民代表大会及其常委会在不与宪法、法律、行政法规相抵触的前提下可以制定地方性法规；决定本行政区域内各方面工作的重大事项；监督本级人民政府、人民法院和人民检察院的工作，撤销本级人民政府不适当的决议和命令，撤销下一级人民代表大会不适当的决议；依照法律规定的权限决定国家机关工作人员的任免（简称“四权”即：重大事项立法权、决定权、监督权、选举任免权）。

第一节　决定范围

行使决定权范围主要是：为保证宪法、法律、行政法规和上级人民代表大会及其常委会决议、决定的遵守和执行而作出的决定事项；批准省政府的工作报告、国民经济和社会发展计划、财政预决算；批准省法院、省检察院的工作报告；批准省政府提出的行政区内有重大影响的经济建设项目和重大措施；批准省政府提出的体制改革方案；批准对外开放的总体规划，决定对外开放中的重大问题；批准与外国相应行政区建立友好关系的协议；决定有关社会主义民主和法制建设的重大问题；决定为维护公民合法权益而采取的重要措施，对人民群众普遍关心的问题作出决定；决定本行政区域内民族工作中的重大问题；人民检察院检察长因不同意检察委员会多数委员的意见而报请人大常委会决定的重大问题；决定授予地方的荣誉称号；省政府、省法院、省检察院认为需要提请省人大或常委会讨论决定的其他重大事项；人大常委会职权范围内需要讨论、决定的其他事项。

第二节　历次人代会会议决定事项

一、四川省第七届人民代表大会会议决议

省七届人大一次会议　《关于政府工作报告的决议》　省七届人大一次会议，经过认真审议，批准省长蒋民宽作的《政府工作报告》。

《关于1988年四川省国民经济和社会发展计划的决议》　省七届人大一次会议，批准省政府提出的1988年国民经济和社会发展计划，批准副省长兼省计划经济委员会主任蒲海清作的《关于一九八八年四川省国民经济和社会发展计划（草案）的报告》。

《关于四川省1987年财政预算执行情况和1988年财政预算的决议》 省七届人大一次会议，经过审议，并根据预算委员会的审查报告，批准省政府提出的四川省1988年财政预算，批准省财政厅副厅长李达昌受省政府委托作的《关于四川省1987年财政预算执行情况和1988年财政预算草案的报告》。会议授权省七届人大常委会审查和批准四川省1987年财政决算。

《关于四川省第六届人民代表大会常务委员会工作报告的决议》 省七届人大一次会议批准省六届人大常委会主任何郝炬作的四川省第六届人民代表大会常务委员会工作报告。

《关于四川省高级人民法院工作报告的决议》 省七届人大一次会议，经过审议，批准省高级人民法院院长任凌云作的《四川省高级人民法院工作报告》。

《关于四川省人民检察院工作报告的决议》 省七届人大一次会议，经过审议，批准省人民检察院检察长高振中作的《四川省人民检察院工作报告》。

《关于四川省人民代表大会设立专门委员会的决定》 为适应四川省人民代表大会工作的需要，根据《中华人民共和国地方各级人民代表大会和地方各级人民政府组织法》的规定，省七届人大一次会议决定四川省人民代表大会设立民族委员会、政法委员会、财政经济委员会、教育科学文化卫生委员会、农业委员会。

省七届人大二次会议 《关于政府工作报告的决议》 省七届人大二次会议听取省长张皓若作的《政府工作报告》。经过认真审议认为，过去的一年，省人民政府组织全省各族人民，以经济建设为中心，坚持四项基本原则，坚持改革开放，为发展国民经济和各项社会事业，做了大量的工作，取得明显成绩，决定批准《政府工作报告》。

《关于1989年国民经济和社会发展计划的决议》 省七届人大二次会议经过认真审议，决定批准省政府提出的四川省1989年国民经济和社会发展计划，批准省计划经济委员会主任包叙定作的《关于四川省1988年国民经济和社会发展计划执行情况及1989年计划（草案）》的报告。

《关于四川省1988年财政预算执行情况和1989年财政预算的决议》 省七届人大二次会议经过审议，并根据省人大财经委员会的审查报告，决定批准省政府提出的四川省1989年财政预算，批准省财政厅厅长李达昌受省政府委托作的《关于四川省1988年财政预算执行情况和1989年财政预算草案的报告》。会议授权省七届人大常委会审查和批准四川省1988年财政决算。

《关于省人大常委会工作报告的决议》 省七届人大二次会议，批准省人大常委会副主任王敖作的省人大常委会工作报告。

《关于四川省高级人民法院工作报告的决议》 省七届人大二次会议听取省高级人民法院院长任凌云作的《四川省高级人民法院工作报告》，会议认为，一年来省高级人民法院依法履行职责，做了大量的工作，取得明显的成绩，决定批准《四川省高级人民法院工作报告》。

《关于四川省人民检察院工作报告的决议》 省七届人大二次会议听取省人民检察院检察长龚读纶作的《四川省人民检察院工作报告》，会议认为，一年来，省人民检察院依法履行职责，做了大量的工作，取得明显的成绩，决定批准《四川省人民检察院工作报告》。

省七届人大三次会议 《关于政府工作报告的决议》 省七届人大三次会议经过审议，决定批准省长张皓若作的《政府工作报告》。

《关于1990年四川省国民经济和社会发展计划的决议》 省七届人大三次会议，经过审议决定，批准省政府提出的一九九〇年国民经济和社会发展计划，批准省计划经济委员会主任包叙定受省政府委托作的《关于一九八九年国民经济和社会发展计划执行情况及一九九○年计划（草案）的报告》。

《关于四川省1989年财政预算执行情况和1990年财政预算的决议》　省七届人大三次会议经过审议，并根据省人大财经委员会的审查报告，决定批准省政府提出的四川省1990年财政预算，批准省财政厅厅长李达昌受省政府委托作的《关于四川省1989年财政预算执行情况和1990年财政预算草案的报告》。会议授权省七届人大常委会审查和批准四川省1989年财政决算。

《关于省人大常委会工作报告的决议》　省七届人大三次会议，经过审议，决定批准省人大常委会主任何郝炬作的《四川省人大常委会工作报告》。

《关于省高级人民法院工作报告的决议》　省七届人大三次会议，经过审议，决定批准省高级人民法院院长任凌云作的《四川省高级人民法院工作报告》。

《关于省人民检察院工作报告的决议》　省七届人大三次会议，经过审议，决定批准省人民检察院检察长龚读纶作的《四川省人民检察院工作报告》。

省七届人大四次会议　《关于政府工作报告的决议》　省七届人大四次会议认真审议省长张皓若代表省政府作的《政府工作报告》。一致认为，过去的一年，省政府认真组织全省各族人民贯彻中共中央关于进一步治理整顿和深化改革的决定，稳定政治、稳定经济、稳定社会，基本上实现省七届人大三次会议确定的目标和任务。《政府工作报告》肯定了成绩，分析了存在的问题和困难，提出1991年政府工作的方针、目标和任务，比较符合实际。会议决定批准该报告。

《关于1991年四川省国民经济和社会发展计划的决议》　省七届人大四次会议，经过审议，并根据财经委员会的审查报告，决定批准省政府提出的四川省1991年国民经济和社会发展计划，批准副省长兼省计划经济委员会主任马麟受省政府委托作的《关于1990年国民经济和社会发展计划执行情况及1991年计划（草案）报告》。

《关于四川省1990年财政预算执行情况和1991年财政预算的决议》　省七届人大四次会议，经过审议，并根据财经委员会的审查报告，决定批准省政府提出的四川省1991年财政预算，批准省财政厅厅长李达昌受省政府委托作的《关于四川省1990年财政预算执行情况和1991年财政预算（草案）的报告》，并授权省人大常委会审查批准四川省1990年财政决算。

《关于四川省人大常委会工作报告的决议》　省七届人大四次会议，经过审议，决定批准省人大常委会主任何郝炬代表省人大常委会作的《四川省人大常委会工作报告》。

《关于四川省高级人民法院工作报告的决议》　省七届人大四次会议，经过审议，决定批准省高级人民法院院长任凌云作的《四川省高级人民法院工作报告》。

《关于四川省人民检察院工作报告的决议》　省七届人大四次会议，经过审议，决定批准省人民检察院检察长龚读纶作的《四川省人民检察院工作报告》。

《关于设立四川省人民代表大会城乡建设环境保护委员会的决定》　为适应省人民代表大会工作的需要，根据《中华人民共和国地方各级人民代表大会和地方各级人民政府组织法》的规定，省七届人大四次会议决定，设立四川省人民代表大会城乡建设环境保护委员会。

省七届人大五次会议　《关于政府工作报告及四川省国民经济和社会发展十年规划和第八个五年计划纲要的决议》　省七届人大五次会议，审议省长张皓若作的《政府工作报告》，审查省政府提出的《四川省国民经济和社会发展十年规划和第八个五年计划纲要（草案）》。

《关于四川省1991年国民经济和社会发展计划执行情况与1992年国民经济和社会发展计划的决议》 省七届人大五次会议经过审议并根据财政经济委员会的审查报告，决定批准省政府提出的四川省1992年国民经济和社会发展计划，批准省计划经济委员会主任陈宽金受省政府委托作的《关于1991年国民经济和社会发展计划执行情况及1992年计划（草案）的报告》。

《关于四川省1991年财政预算执行情况和1992年财政预算的决议》 省七届人大五次会议经过审议，并根据财政经济委员会的审查报告，决定批准省政府提出的四川省1992年财政预算，批准省财政厅厅长李达昌受省政府委托作的《关于四川省1991年财政预算执行情况和1992年财政预算草案的报告》，并授权省人大常委会审查批准四川省1991年财政决算。

《关于四川省人大常委会工作报告的决议》 省七届人大五次会议经过审议，决定批准省人大常委会副主任王敖受常委会委托作的《四川省人大常委会工作报告》。

《关于四川省高级人民法院工作报告的决议》 省七届人大五次会议听取和审议省高级人民法院院长任凌云作的《四川省高级人民法院工作报告》。会议认为，一年来，省高级人民法院依法履行职责，做了大量工作。会议决定批准《四川省高级人民法院工作报告》。

《关于四川省人民检察院工作报告的决议》 省七届人大五次会议听取和审议省人民检察院检察长龚读纶作的《四川省人民检察院工作报告》。会议认为，一年来，省人民检察院紧紧围绕党的中心工作，依法履行职责，积极开展各项检察工作。会议决定批准《四川省人民检察院工作报告》。

二、四川省第八届人民代表大会会议决议

省八届人大一次会议 《关于政府工作报告的决议》 省八届人大一次会议认真听取和审查副省长肖秧代表省政府作的《政府工作报告》。一致认为，过去的5年，在中共中央、国务院和中共四川省委领导下，省人民政府动员和组织全省各族人民，坚持以经济建设为中心，坚持四项基本原则，坚持改革开放，加强社会主义物质文明和精神文明建设，全省国民经济和各项社会事业取得很大成绩，实现省七届人大历次会议确定的目标和任务。在邓小平视察南方重要谈话和中共十四大精神鼓舞下，全省社会主义现代化建设进入加快发展的新阶段，各方面工作出现前所未有的好势头。《政府工作报告》总结过去5年取得的成绩，分析存在的困难和问题，提出今后5年政府工作的基本任务和主要政策措施，比较符合实际。会议决定批准《政府工作报告》。

《关于四川省1992年国民经济和社会发展计划执行情况与1993年国民经济和社会发展计划的决议》 省八届人大一次会议经过审查并根据计划预算委员会的审查报告，决定批准省政府提出的四川省1993年国民经济和社会发展计划，批准省计划委员会主任陈宽金受省政府委托作的《关于1992年国民经济和社会发展计划执行情况及1993年计划草案的报告》。

《关于四川省1992年财政预算执行情况和1993年财政预算的决议》 省八届人大一次会议经过审查并根据计划预算委员会的审查报告，决定批准省政府提出的四川省1993年财政预算，批准省财政厅厅长李达昌受省政府委托作的《关于四川省1992年财政预算执行情况和1993年财政预算草案的报告》，并授权省人大常委会审查批准四川省1992年财政决算。

《关于四川省第七届人民代表大会常务委员会工作报告的决议》 省八届人大一次会议，经过审查，同意省七届人大常委会副主任宋大凡作的《四川省第七届人民代表大会常务委员会工作报告》。会议认为，省七届人大常委会坚持党的基本路线，认真履行宪法和法律赋予的职权，在加强社会主

义民主和法制建设，保障和促进经济建设、改革开放和各项事业的发展，维护政治和社会的稳定，以及加强人大常委会自身建设等方面，做了大量工作，较好地发挥地方国家权力机关的作用。

《关于四川省高级人民法院工作报告的决议》 省八届人大一次会议审查省高级人民法院院长任凌云作的《四川省高级人民法院工作报告》。会议认为，5年来全省各级法院坚持党的“一个中心，两个基本点”的基本路线，贯彻执行省人民代表大会各次会议的决议，认真履行审判职能，做了大量工作，各项审判工作取得显著成绩，为保障改革开放和经济建设的顺利进行发挥重要作用。会议决定批准《四川省高级人民法院工作报告》。

《关于四川省人民检察院工作报告的决议》 省八届人大一次会议审查省人民检察院检察长龚读纶作的《四川省人民检察院工作报告》。会议认为，5年来全省检察机关坚持党的“一个中心、两个基本点”的基本路线，贯彻执行省人民代表大会各次会议的决议，认真履行法律监督职能，做了大量工作，各项检察工作都取得显著成绩，为保障改革开放和经济建设的顺利进行发挥重要作用。会议决定批准《四川省人民检察院工作报告》。

省八届人大二次会议 *《关于政府工作报告的决议》* 省八届人大二次会议认真听取和审查省长肖秧代表省政府作的《政府工作报告》。一致认为，过去的一年，在中共十四大和十四届三中全会精神指引下，在中共中央、国务院和中共四川省委领导下，省人民政府认真贯彻执行省八届人大一次会议的决议，动员和组织全省各族人民，坚持党的基本路线，进一步解放思想，抓住机遇，加大改革开放力度，加快经济发展，加强社会主义精神文明建设，全省经济发展，政治稳定，民族团结，社会进步，基本实现省八届人大一次会议确定的目标和任务。《政府工作报告》实事求是地回顾过去一年的工作，分析存在的矛盾和问题，提出该年政府工作的指导思想、目标任务和主要措施。会议决定批准《政府工作报告》。

《关于四川省1993年国民经济和社会发展计划执行情况及1994年国民经济和社会发展计划的决议》 省八届人大二次会议经过审查，并根据财政经济委员会的审查报告，决定批准省政府提出的四川省1994年国民经济和社会发展计划，批准省计划委员会主任陈宽金受省政府委托作的《关于四川省1993年国民经济和社会发展计划执行情况及1994年国民经济和社会发展计划草案的报告》。

《关于四川省1993年财政预算执行情况和1994年财政预算初步安排的决议》 省八届人大二次会议经过审查，并根据财政经济委员会的审查报告，决定批准省财政厅厅长李达昌受省政府委托作的《关于四川省1993年财政预算执行情况和1994年财政预算初步安排的报告》，同意省政府提出的四川省1994年财政预算初步安排。会议授权省人大常委会审查批准四川省1993年财政决算和1994年财政预算。

《关于四川省人大常委会工作报告的决议》 省八届人大二次会议听取和审查省人大常委会主任杨析综作的《四川省人大常委会工作报告》。会议认为，省八届人大一次会议以后，省人大常委会为加强社会主义民主法制建设，保障和促进四川省经济发展与社会进步做了大量工作，取得明显成效。会议决定批准《四川省人大常委会工作报告》。

《关于四川省高级人民法院工作报告的决议》 省八届人大二次会议听取和审查省高级人民法院院长李玉龙作的《四川省高级人民法院工作报告》。会议认为，一年来全省各级法院坚持党的“一个中心，两个基本点”的基本路线，认真贯彻落实省八届人大一次会议精神，进一步强化审判职能，各项工作都有新的进展，为维护四川省的社会稳定，促进全省的改革开放和经济建设发挥重要作用。

会议决定批准《四川省高级人民法院工作报告》。

《关于四川省人民检察院工作报告的决议》 省八届人大二次会议听取和审查省人民检察院检察长龚读纶作的《四川省人民检察院工作报告》。会议认为，1993 年以来，全省各级检察院认真贯彻“严格执法，狠抓办案”的方针，强化各项法律监督职能，查办贪污贿赂大案要案、打击各种犯罪活动，成绩明显。特别是 1993 年 8 月以后，坚决贯彻中央提出的进一步抓紧抓好反腐败斗争的指示，采取有效措施，查办大案要案，对遏制腐败现象起到积极的作用。会议决定批准《四川省人民检察院工作报告》。

省八届人大三次会议 *《关于政府工作报告的决议》* 省八届人大三次会议听取和审查省长肖秧作的《政府工作报告》。会议认为，报告实事求是地总结了 1994 年的工作，肯定成绩，分析存在的矛盾和问题，提出 1995 年的工作任务，体现中央精神，符合四川实际，决定予以批准。

《关于四川省 1994 年国民经济和社会发展计划执行情况及 1995 年国民经济和社会发展计划的决议》 省八届人大三次会议听取和审查省计划委员会主任陈宽金受省政府委托作的《关于四川省 1994 年国民经济和社会发展计划执行情况及 1995 年国民经济和社会发展计划草案的报告》，并根据省人大财政经济委员会的审查报告，决定批准省政府提出的 1995 年国民经济和社会发展计划，批准《关于四川省 1994 年国民经济和社会发展计划执行情况及 1995 年国民经济和社会发展计划草案的报告》。

《关于四川省 1994 年财政预算执行情况和 1995 年财政预算的决议》 省八届人大三次会议听取和审查省财政厅厅长李达昌受省政府委托作的《关于四川省 1994 年财政预算执行情况和 1995 年财政预算草案的报告》，并根据省人大财政经济委员会的审查报告，同意《关于四川省 1994 年财政预算执行情况和 1995 财政预算草案的报告》，决定批准省政府提出的 1995 年省本级财政预算。

《关于四川省人民代表大会常务委员会工作报告的决议》 省八届人大三次会议听取和审查省人大常委会主任杨析综代表省人大常委会作的工作报告。会议认为，常委会在一年来的工作中，认真履行宪法和法律赋予的各项职权，为加强社会主义民主法制建设，促进全省的改革开放和经济发展，保持社会稳定，做了大量工作，取到新的进展。报告对 1994 年工作的总结符合实际，提出的新一年的主要工作任务切实可行。会议决定批准《四川省人大常委会工作报告》。

《关于四川省高级人民法院工作报告的决议》 省八届人大三次会议听取和审查省高级人民法院院长李玉龙作的《四川省高级人民法院工作报告》。会议认为，1994 年全省各级人民法院和成都铁路运输专门法院，认真贯彻落实省八届人大二次会议精神，充分发挥审判职能作用，各项工作都取得新的进展，为维护全省的社会稳定，促进全省的改革开放和经济建设发挥重要作用。会议决定批准《四川省高级人民法院工作报告》。

会议要求，全省各级法院在 1995 年工作中，要进一步贯彻中共十四大和十四届三中、四中全会精神，紧紧围绕全党和全国工作大局，全面加强审判工作，继续强化严打斗争，依法调节经济关系和其他社会关系，坚持严肃执法，狠抓队伍建设，不断提高司法水平，为全省的改革、发展、稳定提供更加有力的司法保障，作出新的贡献。

《关于四川省人民检察院工作报告的决议》 省八届人大三次会议听取和审查省人民检察院检察长龚读纶作的《四川省人民检察院工作报告》。会议认为，1994 年全省各级人民检察院坚持“严格执法，狠抓办案”的工作方针，集中力量查办贪污贿赂等经济犯罪大案要案，严厉打击严重刑事犯

罪活动，强化执法监督职能，加强检察队伍建设等工作都取得新的成绩，会议决定批准《四川省人民检察院工作报告》。

《关于设立四川省人民代表大会外事侨务委员会的决定》 省八届人大常委会第二次会议决定建立侨务外事工作委员会以后，还不能适应四川省民主法制建设和外事、侨务工作发展的需要。当时全省侨务工作对象的数量居全国第六位，为加强全省的外事侨务方面的法制建设和监督工作，进一步做好人大的外事侨务工作，省八届人大三次会议决定，设立四川省人民代表大会外事侨务委员会。主任委员：饶用虞（女），副主任委员：朱藻文、戴明君（女），委员（按姓氏笔画为序）：王润霖、陈忠慧、吴明瑛（女）、林添麟。

省八届人大四次会议 *《关于政府工作报告的决议》* 省八届人大四次会议认真审议省长肖秧作的《政府工作报告》。一致认为，“八五”期间，在中共中央、国务院和中共四川省委领导下，省人民政府动员、组织全省各族人民，结合四川实际，认真贯彻中央的方针政策，以经济建设为中心，坚持“发展才是硬道理”，正确处理改革、发展和稳定的关系，妥善解决经济、社会生活中出现的各种矛盾和问题，经过全省各族人民的努力奋斗，“八五”计划提出的主要任务都已超额完成。“八五”时期是中华人民共和国成立以后四川发展最好的时期。各项改革不断深化，对外开放日益扩大，经济实力逐步增强，人民生活不断改善，社会事业全面发展，开创四川现代化建设的新局面。

《关于四川省国民经济和社会发展“九五”计划和2010年远景目标纲要的决议》 省八届人大四次会议认真审议《四川省国民经济和社会发展“九五”计划和2010年远景目标纲要》（草案）。一致认为，《纲要》（草案）是四川省在建立社会主义市场经济体制的新形势下的第一个中长期计划，描绘了今后15年国民经济和社会发展的宏伟蓝图，指导思想明确，目标任务具体，符合四川省实际。会议决定批准《四川省国民经济和社会发展“九五”计划和2010年远景目标纲要》。

《关于四川省1995年国民经济和社会发展计划执行情况及1996年国民经济和社会发展计划的决议》 省八届人大四次会议经过审查并根据省人大财政经济委员会的审查报告，决定批准省政府提出的四川省1996年国民经济和社会发展计划，批准省计划委员会主任陈宽金受省政府委托作的《关于四川省1995年国民经济和社会发展计划执行情况及1996年国民经济和社会发展计划草案的报告》。

《关于四川省1995年财政预算执行情况和1996年财政预算的决议》 省八届人大四次会议经过审查并根据省人大财政经济委员会的审查报告，决定批准省财政厅厅长李达昌受省政府委托作的《关于四川省1995年财政预算执行情况和1996年财政预算草案的报告》，批准1995年省本级财政预算执行情况的报告和1996年省本级财政预算。

《关于四川省人大常委会工作报告的决议》 省八届人大四次会议听取和审议省人大常委会主任杨析综代表省人大常委会作的工作报告。会议认为，一年来常务委员会认真依法行使职权，立法、监督等各方面的工作都有新的进展。报告对过去一年工作的总结是实事求是的，提出的今年工作安排是切实可行的。会议决定批准《四川省人大常委会工作报告》。

《关于四川省高级人民法院工作报告的决议》 省八届人大四次会议听取和审议省高级人民法院院长李玉龙作的《四川省高级人民法院工作报告》。会议认为，一年来全省各级法院以邓小平建设有中国特色社会主义理论为指导，认真落实省八届人大三次会议精神，依法行使审判职能，审结大量刑事、民事、经济和行政案件，为维护全省的政治、社会稳定，保障改革开放和促进经济建设，发

挥重要作用。会议决定批准《四川省高级人民法院工作报告》。

《关于四川省人民检察院工作报告的决议》 省八届人大四次会议听取和审议省人民检察院检察长龚读纶作的《四川省人民检察院工作报告》。会议认为，1995 年全省各级人民检察院围绕全党全国工作大局，坚持“严格执法，狠抓办案”的工作方针，深入反腐败突出查办大案要案，依法从重从快打击严重刑事犯罪活动，开展执法监督，加强检察队伍建设等各项工作都取得明显成绩。会议决定批准《四川省人民检察院工作报告》。

省八届人大五次会议 *《关于政府工作报告的决议》* 省八届人大五次会议认真审议省长宋宝瑞作的《政府工作报告》，一致认为，1996 年，在中共中央、国务院和中共四川省委的领导下，省政府动员、组织全省各族人民，结合四川实际，认真贯彻落实中央的方针政策，团结奋斗，扎实工作，基本完成省八届人大四次会议确定的任务，实现“九五”计划开好局、起好步的目标。

会议认为，《政府工作报告》实事求是地总结了 1996 年取得的成绩，分析存在的困难和问题，阐述行政区划调整后的四川省情和发展战略，全面部署 1997 年的政府工作，符合中央精神和四川实际。会议决定批准《政府工作报告》。

《关于四川省 1996 年国民经济和社会发展计划执行情况及 1997 年国民经济和社会发展计划的决议》 省八届人大五次会议经过审查并根据省人大财政经济委员会的审查报告，决定批准省政府提出的四川省 1997 年国民经济和社会发展计划，批准副省长、省计划委员会主任王金祥作的《关于四川省 1996 年国民经济和社会发展计划执行情况及 1997 年计划草案的报告》。

《关于四川省 1996 年财政预算执行情况和 1997 年财政预算的决议》 省八届人大五次会议经过审查并根据省人大财政经济委员会的审查报告，同意省财政厅厅长黄工乐受省政府委托作的《关于四川省 1996 年财政预算执行情况和 1997 年财政预算草案的报告》，决定批准 1996 年省本级财政预算执行情况的报告和 1997 年省本级财政预算。

《关于四川省人大常委会工作报告的决议》 省八届人大五次会议听取和审议省人大常委会主任杨析综代表省人大常委会作的工作报告，决定批准该报告。

《关于四川省高级人民法院工作报告的决议》 省八届人大五次会议听取和审查省高级人民法院院长李玉龙作的《四川省高级人民法院工作报告》。会议认为，一年来全省各级法院在党的领导下，在各级人大及其常委会的监督下，较好地履行法律职责，各项工作都取得新的成绩。会议决定批准《四川省高级人民法院工作报告》。

《关于四川省人民检察院工作报告的决议》 省八届人大五次会议听取和审查省人民检察院检察长龚读纶作的《四川省人民检察院工作报告》。会议认为，1996 年，全省各级检察院在省委和最高人民检察院的领导下，在各级人大及其常委会的监督下，较好地发挥检察职能，各项工作都取得新的成绩。会议决定批准《四川省人民检察院工作报告》。

《关于依法治省的决议》 省八届人大五次会议听取省人大常委会副主任任凌云关于《四川省人民代表大会关于依法治省的决议（草案）》的说明，并对决议草案进行审议。会议通过《四川省人民代表大会关于依法治省的决议》。

三、四川省第九届人民代表大会会议决议

省九届人大一次会议 *《关于政府工作报告的决议》* 省九届人大一次会议认真审议省长宋宝

瑞代表省政府作的《政府工作报告》。一致认为，过去5年，在中共中央、国务院和中共四川省委的领导下，省政府动员和组织全省各族人民，高举邓小平理论伟大旗帜，深入贯彻中共十四大、十五大精神，坚持党的基本路线，正确处理改革、发展、稳定的关系，努力推进经济体制和经济增长方式的根本转变，不断加大改革开放力度，大力加强精神文明建设和民主法制建设，完成省八届人大确定的各项任务，整个国民经济呈现持续、快速、健康发展的势头。《政府工作报告》总结过去5年取得的成绩，分析存在的困难和问题，提出今后5年政府工作的奋斗目标和基本任务，符合四川省实际。会议决定批准《政府工作报告》。

《关于批准四川省1997年国民经济和社会发展计划执行情况及1998年计划的决议》　省九届人大一次会议经过审查并根据计划预算委员会的审查报告，同意省计划委员会主任陶晞晦受省政府委托作的《四川省1997年国民经济和社会发展计划执行情况及1998年计划草案的报告》，决定批准省政府提出的四川省1998年国民经济和社会发展计划。

《关于四川省1997年财政预算执行情况和1998年财政预算的决议》　省九届人大一次会议经过审查并根据计划预算委员会的审查报告，同意省财政厅厅长黄工乐受省政府委托作的《关于四川省1997年财政预算执行情况和1998年财政预算草案的报告》，决定批准1997年省本级财政预算执行情况的报告和1998年省本级财政预算。

《关于四川省高级人民法院工作报告的决议》　省九届人大一次会议听取和审议省高级人民法院院长李玉龙作的《四川省高级人民法院工作报告》。会议认为，五年来，全省法院充分运用审判职能，惩罚犯罪，大力调节经济、民事、行政和其他社会关系，为维护全省的社会稳定，保障改革开放，促进国民经济持续、快速、健康发展，发挥重要作用。会议决定批准《四川省高级人民法院工作报告》。

《关于四川省第八届人大常委会工作报告的决议》　省九届人大一次会议听取和审议省人大常委会主任杨析综代表省八届人大常委作的工作报告。会议认为，5年来，省八届人大常委会依法行使各项职权，做了大量工作，取得明显成效。会议决定批准该报告。

《关于四川省人民检察院工作报告的决议》　省九届人大一次会议听取和审议省人民检察院检察长龚读纶作的《四川省人民检察院工作报告》。会议认为，1993年省八届人大一次会议以后，全省检察机关认真履行法律监督职责，不断加强检察队伍建设，各项检察工作都取得新的成绩，为维护全省社会稳定，保障改革开放，促进经济发展，作出重要贡献。会议决定批准《四川省人民检察院工作报告》。

《关于省九届人大专门委员会设置的决定》　为了使省人大专门委员会的设置适应工作发展的需要，省九届人大一次会议决定，省九届人大设置8个专门委员会，分别为四川省人民代表大会法制委员会，四川省人民代表大会民族宗教委员会，四川省人民代表大会内务司法委员会，四川省人民代表大会财政经济委员会，四川省人民代表大会教育科学文化卫生委员会，四川省人民代表大会农业委员会，四川省人民代表大会城乡建设环境资源保护委员会，四川省人民代表大会外事侨务委员会。

省九届人大二次会议　《关于政府工作报告的决议》　省九届人大二次会议听取和审议省长宋宝瑞代表省政府作的《政府工作报告》。一致认为，1998年，在中共中央、国务院和中共四川省委的领导下，省政府动员和组织全省各族人民，高举邓小平理论伟大旗帜，深入贯彻中共十五大精神，正确处理改革、发展、稳定的关系，坚持以经济建设为中心，努力克服宏观经济环境变化、亚洲金融危机和严重自然灾害造成的困难，深化改革，扩大开放，强化基础，扩大内需，大力加强社会主义精神文明建设和民主法制建设，完成省九届人大一次会议确定的主目标和任务。《政府工作报告》提出的1999年政府工作的目标和任务，符合四川实际。会议决定批准《政府工作报告》。

《关于批准四川省1998年国民经济和社会发展计划执行情况及1999年计划的决议》 省九届人大二次会议听取省计划委员会主任陶晞晦受省政府委托作的《关于四川省1998年国民经济和社会发展计划执行情况及1999年计划草案的报告》，经过审查并根据省人大财政经济委员会的审查报告，会议认为，1998年省政府各级计划部门克服经济工作面临的各种困难，完成全省国民经济和社会发展的主要任务。会议同意该报告，决定批准省政府提出的四川省1999年国民经济和社会发展计划。

《关于四川省1998年财政预算执行情况和1999年财政预算的决议》 省九届人大二次会议听取省财政厅厅长周维莲受省政府委托作的《关于四川省1998年财政预算执行情况和1999年财政预算草案的报告》，经过审查并根据省人大财政经济委员会的审查报告，会议认为，1998年省政府及各级财政部门克服经济工作面临的各种困难，完成全省和省级财政预算任务。会议同意该报告，决定批准1998年省本级财政预算执行情况的报告和1999年省本级财政预算。

《关于四川省人大常委会工作报告的决议》 省九届人大二次会议听取和审议省人大常委会主任谢世杰代表省人大常委会作的工作报告。一致认为，1998年，省人大常委会认真行使宪法和法律赋予的各项职权，为推进四川省的民主法制建设，保障全省经济和社会事业的全面发展，做了大量的工作，取得明显成效。会议决定批准该报告。

《关于四川省高级人民法院工作报告的决议》 省九届人大二次会议听取和审议省高级人民法院院长敬瑞祥作的《四川省高级人民法院工作报告》。会议认为，1998年全省法院坚持党的领导，自觉接受人大及其常委会的监督，认真做好接受人大代表评议法院工作，深入开展队伍集中教育整顿，不断改进工作，提高队伍素质，充分运用审判职能，打击犯罪，调节经济、民事、行政和其他社会关系，为保障全省的改革开放，促进经济发展，维护社会稳定，做了大量工作，取得明显成效。会议决定批准《四川省高级人民法院工作报告》。

《关于四川省人民检察院工作报告的决议》 省九届人大二次会议听取和审议省人民检察院检察长韩忠信作的《四川省人民检察院工作报告》。会议认为，1998年省九届人大一次会议以后，全省检察机关坚持党的领导，自觉接受人大及其常委会的监督，深入开展集中教育整顿，紧紧围绕经济建设为中心，认真履行法律监督职能，为维护全省社会政治稳定，保障改革开放，促进经济发展，做了大量工作，取得明显成效。会议决定批准《四川省人民检察院工作报告》。

省九届人大三次会议 *《关于政府工作报告的决议》* 省九届人大三次会议听取和审议代省长张中伟代表省政府作的《政府工作报告》。一致认为，报告实事求是地总结了1999年政府工作，从四川实际出发，提出2000年政府工作的总体要求和主要任务。会议决定批准该报告。

《关于四川省1999年国民经济和社会发展计划执行情况及2000年计划的决议》 省九届人大三次会议经过审查并根据省人大财政经济委员会的审查报告，决定批准省计划委员会主任陶晞晦受省政府委托作的《关于四川省1999年国民经济和社会发展计划执行情况及2000年计划草案的报告》，批准省政府提出的四川省2000年国民经济和社会发展计划。

《关于四川省1999年财政预算执行情况和2000年财政预算的决议》 省九届人大三次会议经过

审查并根据省人大财政经济委员会的审查报告，同意省财政厅厅长周维莲受省政府委托作的《关于四川省1999年财政预算执行情况和2000年财政预算草案的报告》，决定批准1999年省本级财政预算执行情况的报告和2000年省本级财政预算。

《关于四川省人民代表大会常务委员会工作报告的决议》 省九届人大三次会议听取和审议省人大常委会主任谢世杰受省人大常委会委托作的工作报告。一致认为，1999年，省人大常委会坚持以邓小平理论和中共十五大精神为指导，认真履行宪法和法律赋予的职权，为加强社会主义民主法制建设，推进依法治省，保障全省经济和社会事业的全面发展，做了大量工作，取得明显成效。会议决定批准该报告。

《关于四川省人民检察院工作报告的决议》 省九届人大三次会议听取和审议省人民检察院检察长韩忠信作的《四川省人民检察院工作报告》。会议认为，1999年全省检察机关坚持党的领导、自觉接受人大及其常委会和人民代表的监督，紧紧围绕经济建设中心，服从服务于党和国家工作大局，以公正司法为目标，较好地履行法律监督职能，为四川的改革开放、经济发展和社会稳定作出积极贡献。会议决定批准《四川省人民检察院工作报告》。

《关于四川省高级人民法院工作报告的决议》 省九届人大三次会议听取和审议省高级人民法院院长敬瑞祥作的《四川省高级人民法院工作报告》。会议认为，1999年，全省法院坚持党的领导，自觉接受人大及其常委会的监督，充分发挥审判职能，为大局服务，以公正司法为目标，认真做好接受人大评议的整改，较好地履行法律赋予的职责，为维护全省社会稳定，促进改革开放和经济发展作出积极贡献。会议决定批准《四川省高级人民法院工作报告》。

关于省九届人大第三次会议《选举办法》的补充决定 2000年1月27日省九届人大三次会议通过：一、根据有关法律规定和1月25日全国人大常委会办公厅的通知，该次会议选举四川省出席第九届全国人民代表大会代表1名。二、全国人大代表候选人，根据中共四川省委推荐由大会主席团提名。三、选举采用候选人数与应选人数相等的办法和无记名投票方式进行。四、投票选举的其他事项按该次会议《选举办法》有关条款办理。五、该决定由全体会议通过。

省九届人大四次会议 《关于政府工作报告的决议》 省九届人大四次会议听取和审议省长张中伟代表省政府作的《政府工作报告》。会议认为，报告实事求是地总结了2000年政府工作，对“十五”计划纲要的制定作了简要说明，从四川实际出发，提出2001年政府工作的总体要求、主要任务和工作措施。会议决定批准该报告。

《关于四川省国民经济和社会发展第十个五年计划纲要的决议》 省九届人大四次会议审议《四川省国民经济和社会发展第十个五年计划纲要（草案）》。会议认为，《纲要（草案）》是四川省跨入新世纪，开始实施第三步战略部署和全面实施西部大开发战略的新形势下的第一个五年计划，是今后5年四川省国民经济和社会发展的宏伟蓝图和行动纲领，指导思想明确，目标任务具体，重点突出，体现全省各族人民加快发展的迫切要求和共同愿望。会议决定，批准《四川省国民经济和社会发展第十个五年计划纲要》。会议号召，全省各族人民在中共四川省委的领导下，团结一致，开拓进取，为圆满完成“十五”计划而努力奋斗。

《关于四川省2000年国民经济和社会发展计划执行情况及2001年计划的决议》 省九届人大四次会议经过审查并根据省人大财政经济委员会的审查报告，决定批准省发展计划委员会主任陶晞晦受省政府委托作的《关于四川省2000年国民经济和社会发展计划执行情况及2001年计划草案的报告》，批准省人民政府提出的四川省2001年国民经济和社会发展计划。

《关于四川省2000年财政预算执行情况和2001年财政预算的决议》 省九届人大四次会议经过审查并根据省人大财政经济委员会的审查报告，同意省财政厅厅长周维莲受省政府委托作的《关于四川省2000年财政预算执行情况和2001年财政预算草案的报告》，决定批准2000年省本级财政预算执行情况的报告和2001年省本级财政预算。

《关于四川省人民代表大会常务委员会工作报告的决议》 省九届人大四次会议听取并审议省人大常委会主任谢世杰代表省人大常委会作的工作报告。会议认为，2000年，省人大常委会高举邓小平理论伟大旗帜，按照“三个代表”重要思想的要求，在中共四川省委领导下，围绕经济建设中心，把握改革发展稳定大局，认真履行宪法和法律赋予的各项职权，大力推进全省社会主义民主法制建设和依法治省进程，各项工作都取得明显成效，在保障和促进全省经济发展和社会进步方面发挥积极作用。会议决定批准该报告。

《关于四川省高级人民法院工作报告的决议》 省九届人大四次会议听取和审议省高级人民法院院长敬瑞祥作的《四川省高级人民法院工作报告》。会议认为，2000年，全省审判机关以邓小平理论和“三个代表”重要思想为指导，认真贯彻中共十五届四中、五中全会精神，在中共四川省委和各级党委的领导下，自觉接受人大及其常委会的监督，充分发挥审判职能，服务全省工作大局，以公正司法为目标，狠抓办案质量和效率，较好地履行法律赋予的职责，各项工作都取得明显成效，为全省改革开放、经济发展、社会稳定和西部大开发战略的实施发挥积极作用。会议决定批准该报告。

《关于四川省人民检察院工作报告的决议》 省九届人大四次会议听取和审议省人民检察院检察长韩忠信作的《四川省人民检察院工作报告》。会议认为，2000年，全省检察机关坚持党的领导，自觉接受人大及其常委会的监督，以邓小平理论和“三个代表”的重要思想为指导，认真贯彻中共十五届四中、五中全会精神，按照中共四川省委和最高人民检察院的工作部署，全面履行检察职能，加强基层院建设和检察队伍建设，进一步推进检察改革，各项工作都取得明显成效，为全省的改革开放、经济发展、社会稳定和西部大开发战略的实施发挥积极作用。会议决定批准该报告。

《关于提请四川省九届人大四次会议审议〈四川省人民代表大会及其常务委员会立法程序规定（草案）〉的决定》 《四川省人民代表大会及其常务委员会立法程序规定（草案）》经省九届人大常委会第二十次和第二十一次会议审议修改，已基本成熟，现决定提请省第九届人大四次会议审议。

《关于接受李永寿辞职的决定》 省九届人大常委会二十一次会议决定：接受李永寿辞去省九届人大常委会副主任职务。

《关于接受徐世群、欧泽高辞职的决定》 省九届人大常委会二十一次会议决定：接受徐世群、欧泽高辞去四川省人民政府副省长职务。

《关于接受李永寿辞去省九届人大财政经济委员会主任委员职务的决定》 省九届人大四次会议决定：接受李永寿辞去省九届人大财政经济委员会主任委员职务。

省九届人大五次会议 《关于政府工作报告的决议》 省九届人大五次会议审议省长张中伟代表省政府作的《政府工作报告》。会议认为，报告对去年政府工作的回顾是实事求是的，提出2002年政府工作的任务和措施是积极、务实、可行的。会议决定批准这个报告。

《关于四川省2001年国民经济和社会发展计划执行情况及2002年计划的决议》 省九届人大五

次会议经过审查并根据省人大财政经济委员会的审查报告，决定批准省发展计划委员会主任陶晞晦受省政府委托作的《关于四川省2001年国民经济和社会发展计划执行情况及2002年计划草案的报告》，批准省政府提出的四川省2002年国民经济和社会发展计划。

《关于四川省2001年财政预算执行情况和2002年财政预算的决议》　省九届人大五次会议经过审查并根据省人大财政经济委员会的审查报告，同意省财政厅厅长周维莲受省政府委托作的《关于四川省2001年财政预算执行情况和2002年财政预算草案的报告》，决定批准2001年省本级财政预算执行情况的报告和2002年省本级财政预算。

《关于四川省人民代表大会常务委员会工作报告的决议》　省九届人大五次会议审议省人大常委会主任谢世杰代表省人大常委会作的工作报告。会议认为，省九届人大四次会议以后，省人大常委会围绕经济建设中心，认真履行宪法和法律赋予的职责，立法、监督等各方面的工作都取得新的进展，为促进全省经济发展、社会进步和政治稳定发挥重要作用。会议决定批准该报告。

《关于四川省高级人民法院工作报告的决议》　省九届人大五次会议审议省高级人民法院院长敬瑞祥作的《四川省高级人民法院工作报告》。会议认为，2001年，全省审判机关在中共四川省委和各级党委的领导下，自觉接受人大及其常委会的监督，充分发挥审判职能，服务全省工作大局，以"公正与效率"为主题，狠抓审判工作、法院改革和队伍建设，各项工作都取得明显成效，为全省改革开放、经济发展、社会稳定和西部大开发战略的实施作出积极贡献。会议决定批准该报告。

《关于四川省人民检察院工作报告的决议》　省九届人大五次会议审议省人民检察院检察长韩忠信关于《四川省人民检察院工作报告》。会议认为，2001年，全省检察机关在中共四川省委和各级党委领导下，按照中央、最高人民检察院、省委的总体部署和省九届人大四次会议精神，紧紧围绕"强化监督、公正执法"这一主题，抓严打带全局，抓改革促发展，抓整顿强素质，抓基层固基础，各项工作都取得了明显成效，为四川追赶型、跨越式发展作出积极贡献。会议决定批准该报告。

《关于设立四川省人民代表大会常务委员会预算工作委员会的决定》　省九届人大常委会第二十七次会议审议省人大常委会主任会议关于提请审议设立四川省人民代表大会常务委员会预算工作委员会的议案，决定：设立四川省人民代表大会常务委员会预算工作委员会。

《关于接受卢铁城辞职的决定》　根据中央规定，卢铁城已到担任省人大常委会副主任职务年龄界限，本人提出辞去省九届人大常委会副主任职务的请求，省九届人大常委会决定：接受卢铁城辞去省九届人大常委会副主任职务。

《关于接受韩忠信辞职的决定》　因工作调动，韩忠信提出辞去四川省人民检察院检察长职务的请求，省九届人大常委会决定：接受韩忠信辞去四川省人民检察院检察长职务。

四、四川省第十届人民代表大会会议决议

省十届人大一次会议　《关于政府工作报告的决议》　省十届人大一次会议审议省长张中伟代表省政府作的《政府工作报告》。会议认为，政府工作报告是一个求真务实、催人奋进的报告，对第九届人民政府工作的回顾实事求是，提出的今后五年的工作目标和思路积极可行，对今年工作的安排重点突出、措施具体。会议决定批准该报告。

《关于四川省2002年国民经济和社会发展计划执行情况及2003年计划的决议》　省十届人大一次会议经过审议并根据计划预算委员会的审查报告，决定批准省发展计划委员会主任陶晞晦受省人

民政府委托所作的《关于四川省2002年国民经济和社会发展计划执行情况及2003年计划草案的报告》，批准省人民政府提出的四川省2003年国民经济和社会发展计划。

《关于四川省2002年财政预算执行情况和2003年财政预算的决议》 省十届人大一次会议经过审查并根据计划预算委员会的审查报告，同意省财政厅厅长周维莲受省政府委托作的《关于四川省2002年财政预算执行情况和2003年财政预算草案的报告》，决定批准2002年省本级财政预算执行情况的报告和2003年省本级财政预算。

《关于四川省人民代表大会常务委员会工作报告的决议》 省十届人大一次会议审议省人大常委会主任谢世杰代表省九届人大常委会作的工作报告。会议认为，省九届人大一次会议以后，省人大常委会坚持以邓小平理论和“三个代表”重要思想为指导，切实履行宪法和法律赋予的职权，围绕中心，服务大局，求真务实，开拓进取，大力加强民主法制建设，积极推进依法治省，立法、监督等各方面的工作都取得新的进展，为保障和促进全省经济发展和社会全面进步作出重要的贡献，完成省九届人大赋予的历史重任。会议决定批准该报告。

《关于四川省高级人民法院工作报告的决议》 省十届人大一次会议审议省高级人民法院院长敬瑞祥作的《四川省高级人民法院工作报告》。会议认为，5年间，全省审判机关在中共四川省委和各级党委的领导下，自觉接受省人大和各级人大及其常委会的监督，以邓小平理论和“三个代表”重要思想为指导，服从服务于党和国家工作大局，围绕“公正与效率”主题，以审判工作为中心，以法院改革为动力，以队伍建设为保障，各项工作整体推进，取得明显成效，为维护全省社会稳定，推进依法治省，促进四川跨越式发展作出积极贡献。会议决定批准该报告。

《关于四川省人民检察院工作报告的决议》 省十届人大一次会议审议省人民检察院检察长陈文清作的《四川省人民检察院工作报告》。会议认为，5年间，全省检察机关在中共四川省委和最高人民检察院的领导下，自觉接受省人大和各级人大及其常委会的监督，以邓小平理论和“三个代表”重要思想为指导，紧紧围绕经济建设中心，服从服务于党和国家工作大局，依法全面履行检察职能，突出抓好“严打”整治斗争、查办和预防职务犯罪、诉讼法律监督三项重点工作，整体推进各项检察工作，取得明显成效，为维护全省社会稳定，推进依法治省，促进四川跨越式发展作出积极贡献。会议决定批准该报告。

《关于四川省第十届人民代表大会专门委员会设置的决定》 根据有关法律规定和实际工作需要，省十届人大一次会议决定，四川省第十届人民代表大会设置8个专门委员会，分别为：四川省人民代表大会法制委员会，四川省人民代表大会民族宗教委员会，四川省人民代表大会内务司法委员会，四川省人民代表大会财政经济委员会，四川省人民代表大会教育科学文化卫生委员会，四川省人民代表大会农业委员会，四川省人民代表大会城乡建设环境资源保护委员会，四川省人民代表大会外事侨务委员会。

省十届人大二次会议 *《关于政府工作报告的决议》* 省十届人大二次会议审议省长张中伟代表省政府作的《政府工作报告》。会议认为，该报告是一个求真务实的报告，对2003年政府工作的回顾实事求是，提出的2004年工作目标积极可行，措施明确具体，会议决定批准该报告。

《四川省2003年国民经济和社会发展计划执行情况及2004年计划的决议》 省十届人大二次会议经过审查并根据省人大财政经济委员会的审查报告，决定批准省发展和改革委员会主任翁蔚祥受省政府委托作的《关于四川省2003年国民经济和社会发展计划执行情况及2004年计划草案的报

告》，批准省政府提出的四川省2004年国民经济和社会发展计划。

《关于四川省2003年财政预算执行情况和2004年财政预算的决议》 省十届人大二次会议经过审查并根据省人大财政经济委员会的审查报告，同意省财政厅厅长王宁受省政府委托作的《关于四川省2003年财政预算执行情况和2004年财政预算草案的报告》，决定批准2003年省本级财政预算执行情况的报告和2004年省本级财政预算。

《关于四川省人民代表大会常务委员会工作报告的决议》 省十届人大二次会议审议省人大常委会主任张学忠代表省人大常委会作的工作报告。会议认为，一年来，省人大常委会在中共四川省委领导下，认真贯彻省十届人大一次会议决议，围绕中心，服务大局，恪尽职守，扎实工作，切实履行宪法和法律赋予的职责，大力推进民主法制建设，立法、监督等各项工作都取得新的进展，为保障和促进全省经济发展和社会全面进步作出积极贡献。会议同意报告对省人大常委会一年来工作的总结和对2004年工作的安排，决定批准该报告。

《关于四川省高级人民法院工作报告的决议》 省十届人大二次会议审议省高级人民法院院长李少平作的《四川省高级人民法院工作报告》。会议认为，2003年，省高级人民法院在中共四川省委的领导下，自觉接受省人大及其常委会的监督，紧紧围绕加快推进“三个转变”、实现四川发展新跨越这个工作大局，坚持抓审判、严管理、强队伍、促发展，认真履行宪法和法律赋予的审判职能，认真实践司法为民，依法严厉打击各种刑事犯罪，公正调节民事、行政和其他社会关系，妥善化解各类社会矛盾，维护公民、法人和其他组织的合法权益，为全省的改革开放、经济发展和社会稳定作出新的贡献。会议决定批准《四川省高级人民法院工作报告》。

《关于四川省人民检察院工作报告的决议》 省十届人大二次会议审议省人民检察院检察长陈文清作的《四川省人民检察院工作报告》。会议认为，2003年，省人民检察院在中共四川省委和最高人民检察院的领导下，自觉接受省人大及其常委会的监督，坚持服从服务于发展这个第一要务，坚持保障和促进“三个转变”，认真履行宪法和法律赋予的法律监督职能，严厉打击各类严重刑事犯罪和破坏社会主义市场经济秩序的犯罪，不断加大查办和预防职务犯罪工作力度，监督纠正诉讼违法，努力营造和谐稳定的社会环境、规范有序的市场环境、廉洁高效的政务环境、公平正义的司法环境，为实现四川发展新跨越作出新的贡献。会议决定批准《四川省人民检察院工作报告》。

省十届人大三次会议 《关于政府工作报告的决议》 省十届人大三次会议听取并审议省长张中伟代表省政府作的《政府工作报告》，会议决定批准该报告。

《关于四川省2004年国民经济和社会发展计划执行情况及2005年计划的决议》 省十届人大三次会议经过审查并根据省人大财政经济委员会的审查报告，决定批准省发展和改革委员会主任翁蔚祥受省政府委托提交的《关于四川省2004年国民经济和社会发展计划执行情况及2005年计划草案的报告》，批准省人民政府提出的四川省2005年国民经济和社会发展计划。

《关于四川省2004年财政预算执行情况和2005年财政预算的决议》 省十届人大三次会议经过审查并根据省人大财政经济委员会的审查报告，同意省财政厅厅长泽巴足受省人民政府委托提交的《关于四川省2004年财政预算执行情况和2005年财政预算草案的报告》，决定批准2004年省本级财政预算执行情况的报告和2005年省本级财政预算。

《关于四川省人民代表大会常务委员会工作报告的决议》 省十届人大三次会议听取和审议省人大常委会主任张学忠受省人大常委会委托作的《四川省人大常委会工作报告》，会议决定批准该报告。

《关于四川省高级人民法院工作报告的决议》 省十届人大三次会议听取和审议省高级人民法院院长李少平作的《四川省高级人民法院工作报告》，会议决定批准该报告。

《关于四川省人民检察院工作报告的决议》 省十届人大三次会议听取和审议省人民检察院检察长陈文清作的《四川省人民检察院工作报告》，会议决定批准该报告。

省十届人大四次会议 《关于政府工作报告的决议》 省十届人大四次会议听取和审议省长张中伟代表省政府作的《政府工作报告》，会议决定批准该报告。

关于《四川省国民经济和社会发展第十一个五年规划纲要》的决议 省十届人大四次会议审议《四川省国民经济和社会发展第十一个五年规划纲要（草案）》。会议认为，《纲要（草案）》以邓小平理论和“三个代表”重要思想为指导，用科学发展观统领经济和社会发展全局，紧紧围绕实现全面建设小康社会目标和构建和谐社会的要求，谋划布局今后5年全省经济社会发展的宏伟蓝图。《纲要（草案）》符合中共十六届五中全会、省委八届六次全会精神和四川实际，重点突出，目标任务明确具体，体现全省各族人民加快发展的迫切要求和共同愿望。会议决定，批准《四川省国民经济和社会发展第十一个五年规划纲要》。

《关于四川省2005年国民经济和社会发展计划执行情况及2006年计划的决议》 省十届人大四次会议经过审查并根据省人大财政经济委员会的审查报告，决定批准省发展和改革委员会主任翁蔚祥受省政府委托提交的《关于四川省2005年国民经济和社会发展计划执行情况及2006年计划草案的报告》，批准省政府提出的四川省2006年国民经济和社会发展计划。

《关于四川省2005年财政预算执行情况和2006年财政预算的决议》 省十届人大四次会议经过审查并根据省人大财政经济委员会的审查报告，同意省财政厅厅长泽巴足受省政府委托提交的《关于四川省2005年财政预算执行情况和2006年财政预算草案的报告》，决定批准2005年省本级财政预算执行情况的报告和2006年省本级财政预算。

《关于四川省人民代表大会常务委员会工作报告的决议》 省十届人大四次会议听取和审议省人大常委会主任张学忠代表省人大常委会作的《四川省人大常委会工作报告》，会议决定批准该报告。

《关于四川省高级人民法院工作报告的决议》 省十届人大四次会议听取和审议省高级人民法院院长李少平作的《四川省高级人民法院工作报告》，会议决定批准该报告。

《关于四川省人民检察院工作报告的决议》 省十届人大四次会议听取和审议省人民检察院检察长陈文清作的《四川省人民检察院工作报告》，会议决定批准该报告。

《关于接受省人大常务委员会部分副主任辞去职务的决定》 省十届人大四次会议决定，接受：黄寅逵、牟绪珩、徐世群、张宗源、刘永顺辞去省十届人民代表大会常务委员会副主任职务。

《关于接受省人大常务委员会部分委员和专门委员会成员辞去职务的决定》 省十届人大四次会议决定，接受兰树堂辞去省十届人民代表大会常务委员会委员职务；董任远辞去省十届人民代表大会常务委员会委员、省十届人大教育科学文化卫生委员会副主任委员职务。

《关于接受省人民政府副省长陈文光辞去职务的决定》 省十届人大四次会议决定，接受陈文光辞去四川省人民政府副省长职务。

省十届人大五次会议 《关于政府工作报告的决议》 省十届人大五次会议听取和审议代省长蒋巨峰代表省政府作的《政府工作报告》，会议决定批准该报告。

《关于四川省2006年国民经济和社会发展计划执行情况及2007年计划的决议》　省十届人大五次会议经过审查并根据省人大财政经济委员会的审查报告，决定批准省发展和改革委员会主任解洪受省政府委托提交的《关于四川省2006年国民经济和社会发展计划执行情况及2007年计划草案的报告》，批准省政府提出的四川省2007年国民经济和社会发展计划。

《关于四川省2006年财政预算执行情况和2007年财政预算的决议》　省十届人大五次会议经过审查并根据省人大财政经济委员会的审查报告，同意省财政厅厅长泽巴足受省政府委托提交的《关于四川省2006年财政预算执行情况和2007年财政预算草案的报告》，决定批准2006年省本级财政预算执行情况的报告和2007省本级财政预算。

《关于四川省人民代表大会常务委员会工作报告的决议》　省十届人大五次会议听取和审议省人大常委会主任张学忠代表省人大常委会作的《四川省人民代表大会常务委员会工作报告》，会议决定批准该报告。

《关于四川省高级人民法院工作报告的决议》　省十届人大五次会议听取和审议省高级人民法院院长李少平作的《四川省高级人民法院工作报告》，会议决定批准该报告。

《关于四川省人民检察院工作报告的决议》　省十届人大五次会议听取和审议省人民检察院代理检察长邓川作的《四川省人民检察院工作报告》，会议决定批准该报告。

《关于接受省人大常委会主任张学忠辞去职务的决定》　省十届人大五次会议决定，接受张学忠辞去四川省第十届人民代表大会常务委员会主任职务。

《关于接受省人大常委会副主任敬中春辞去职务的决定》　省十届人大五次会议决定，接受敬中春辞去四川省第十届人民代表大会常务委员会副主任职务。

第三节　四川省人大常委会会议决定事项（参见第二篇第五章）

第二章 行使立法权

第一节 立法概要

一、四川省七届人大常委会立法概要

省七届人大常委会共制定和修订地方性法规45件，批准民族自治地方的自治条例和单行条例20件，批准成都、重庆两市制定的地方性法规44件。1988年3月，省七届人大常委会第二次会议批准《阿坝藏族羌族自治州自治条例》；5月，省七届人大常委会五次会议批准《峨边彝族自治县自治条例》。1990年9月，省七届人大常委会第十八次会议批准《马边彝族自治县自治条例》。1992年3月，省七届人大常委会第二十八次会议批准《木里藏族自治县自治条例》。至此，3个民族自治州和峨边、马边、木里3个自治县都有了自己的自治条例。另外，成都、重庆两市报请批准的地方性法规日益增多，在省人大常委会立法活动中的比例也日益增大。据统计，七届人大常委会成都、重庆两市报请批准的地方性法规达44件，其中重庆报请批准的24件，成都报请批准的20件，涉及教育、卫生、环保、城市规划、城市房屋拆迁、外商投资等方面。省人大常委会常委会加强与两市的立法工作联系，坚持严肃立法的原则，并注意简化程序，及时批准两市制定的地方性法规（具体立法情况详见表3-1）。

二、四川省八届人大常委会立法概要

省八届人大常委会共制定和批准地方性法规190件，占1979年以后全省立法总数的56.88%。其中省人大常委会制定的地方性法规95件，批准成都、重庆（区划调整前）两市77件，批准民族自治地方制定的单行条例、补充或变通规定18件。法规内容涉及经济、政治、科技、教育、文化、卫生、体育、行政、民族、宗教、环保、防震减灾及人大自身建设等多方面（具体立法情况详见表3-2）。省八届人大常委会是中国改革开放进一步深入，全面建立社会主义市场经济体制的5年。省八届人大常委会在提升立法质量上进行一定的探索，呈现以下特点：

1. 以经济立法为重点

经济立法项目在5年立法规划中占59.4%，并在实施过程加大份量。5年间，省八届人大常委会出台个体工商户条例、农业承包合同管理条例、产品质量监督管理条例、私营企业条例、反不正当竞争条例、台湾同胞投资保护法实施办法、价格管理条例、建筑管理条例、开发区管理条例、鼓励外商投资条例、专利保护条例、都江堰水利工程管理条例、乡镇企业法实施办法、矿产资源管理

条例、会计管理条例、商品交易市场管理条例、旅游管理条例、测绘管理条例、进出口商品检验管理条例等经济类的法规共112件，占八届立法总数的58.95%。

省八届人大常委会还出台科学技术进步条例、义务教育条例、中医条例、城市市容和环境卫生管理条例、城市燃放烟花爆竹管理条例、公墓管理条例、归侨侨眷权益保护法实施办法、外商投资企业工会条例、工会法实施办法、惩治拐卖绑架妇女儿童违法犯罪的规定、禁毒条例、各级人大常委会评议工作条例等一批法规。

2. 完善和规范立法程序

1993年12月，制定了四川省人大常委会制定地方性法规程序的规定，这是省人大常委会总结过去执行3个有关地方立法程序法规实践经验的基础上制定的。该法规对立法议案的提出、法规草案的拟定和审议，对下级人大立法的批准程序，都作出规定，明确常委会审议法规的“两审制”。

3. 配合全国人大常委会立法调研

为配合全国人大常委会的立法调研工作，省八届人大常委会还对全国人大常委会发来征求意见的刑法、民族区域自治法、行政处罚法、科学技术成果推广法、农业法、公司法、破产法、乡镇企业法、水土保持法、大气污染防治法、职业教育法等法律草案和法律修订草案，均按要求广泛征求各方面的意见，并将意见及时整理上报全国人大常委会。

4. 注重突出地方特色

省人大常委会从四川省实际需要出发确定立法的重点，在坚持国家法制统一的前提下，注重立法的补充性、针对性、实用性，提倡“小而精”，针对要规范的事项，成熟几条制定几条。

5. 统筹协调全省立法工作

1993年召开的全省地方立法工作会议，研究以经济立法为重点、加快地方立法步伐等问题，形成关于进一步加强地方立法工作、提高地方性法规质量的意见，该意见经省委同意批转各地执行。

6. 适时清理过去颁布的法规

国家行政处罚法和新刑法出台后，省人大常委会及时修改、补充过去颁布的法规，使之与变化了的形势相适应，与国家法制相统一。

三、四川省九届人大常委会立法概要

省九届人大常委会共制定56件地方性法规，修改法规38件，废止法规15件；批准成都市制定的法规38件，批准民族自治地方制定的单行条例17件。其内容涉及经济、政治、科技、文化、卫生、民族、宗教、环境资源保护、涉侨及人大自身建设等各个方面，制定天然林保护条例、世界遗产保护条例、促进科技成果转化条例、预算外资金管理条例、司法鉴定管理条例、劳动和社会保障监察条例、地质环境管理条例、华侨投资权益保护条例、省人大及其常委会立法程序规定等一批新的法规。

省九届人大常委会还根据需要，对法规进行全面清理。常委会根据改革开放、建立和完善社会主义市场经济体制及中国加入世界贸易组织新形势的要求，对1980年以后颁布的196件地方性法规进行全面清理，修改完善土地管理法实施办法、计划生育条例、省人大常委会议事规则等38件法规，废止省邮电通信管理条例等15件法规。

省九届人大常委会为贯彻立法法，提高立法质量，于1998年、2002年两次召开立法工作会议，总结经验。2001 年 4 月，提请省九届人大四次会议审议通过省人大及其常委会立法程序规定，确定地方立法“三审制”。常委会坚持走群众路线，坚持召开立法座谈会、论证会或听证会，向社会公开征集立法选题，对关系广大群众直接利益的法规案，先在媒体上广泛征求公民意见，确保立法体现人民意志。

省九届人大常委会配合全国人大常委会进行立法调查，组织力量，深入各地，对全国人大常委会下发征求意见的立法法、农业法、合同法、村民委员会组织法、气象法、婚姻法修正案等法律草案专门进行调查，并及时上报各方面的意见（具体立法情况详见表 3 –3）。

四、四川省十届人大常委会立法概要

省十届人大常委会共审议通过地方性法规 30 件，修改法规 56 件，废止法规 10 件，立法解释 1 件；批准成都市制定、修改和废止法规 39 件；批准民族自治地方制定、修改和废止自治条例、单行条例 21 件。内容涉及经济、政治、文化、科技、教育、卫生、体育、人口、资源、环保、民族、宗教等方面（具体立法情况详见表 3 –4）。

1. 制定改革急需的法规

省十届人大常委会制定一批改革发展急需的地方性法规。为规范招标投标行为，确保工程质量，制定国家投资工程建设项目招标投标条例；为促进企业自主创新能力和产品市场竞争能力的提高，制定企业技术创新条例；为推动四川省中小企业特别是民营经济的进一步发展，制定中小企业促进法实施办法；为加强农村土地承包管理，保证土地流转依法进行，维护农民合法权益，制定农村土地承包法实施办法；为进一步规范市场管理，保护广大求职者和用人单位的合法权益，制定了劳动力市场管理条例；在社会事业立法方面，制定四川省旅游条例、文物保护法实施办法和阆中古城保护条例；此外，还制定环境影响评价法实施办法。

2. 民族自治地方立法

根据修改后的民族区域自治法，批准 3 个民族自治州、4 个民族自治县制定、修改的自治条例及 17 个有关资源开发、环境保护、社会事业、宗教事务等方面的单行条例。

3. 其他立法

通过制定村民委员会选举条例，进一步规范村民委员会选举，促进农村基层民主政治建设。与人民群众生产生活息息相关、涉及民生的安全生产条例、道路交通安全法实施办法、公共消防设施条例、气象灾害防御条例、水上交通安全管理条例和防洪法实施办法的制定，对更好地保障人民生命财产安全，促进经济社会发展和社会和谐稳定起到积极作用。全民健身条例的制定，将全民健身工作纳入法制化轨道，推动四川省全民健身活动的广泛开展。

4. 法规的修改废止

省人大常委会根据上位法和经济社会发展的要求，坚持立、改、废并重，对城市房屋拆迁管理条例、选举法实施细则等一些地方性法规进行修改。按照行政许可法的要求，对四川省现行地方性法规设定的行政许可事项进行全面清理，停止执行 52 个行政许可事项，并对有关法规进行修改。监督法颁布后，常委会及时对有关地方性法规和规范性文件进行全面梳理，对与监督法不一致的条例和有关规定予以废止和修订，以保证法制的统一。

此外，省十届人大常委会还协助全国人大常委会对物权法、监督法、劳动合同法等 38 件法律草案或修正案草案组织开展立法调研，并将有关意见及时整理上报。

第二节　制定的法规

1988—2008年，省人大常委会共制定地方法规346件，其中省七届人大常委会制定45件，省八届人大常委会制定95件，省九届人大常委会制定109件，省十届人大常委会制定97件。内容涉及经济、政治、文化、科技、教育、卫生、体育、人口、资源、环保、民族、宗教等方面。

四川省七届人大常委会制定的地方性法规一览表（45件）

表3－1

类别	法规名称	通过会议
政治法律类	《四川省人大常委会批准成都重庆两市地方性法规的办法》	第四次会议
	《四川省人民代表大会常务委员会人事任免办法》	第八次会议
	《四川省禁止赌博条例》	第十一次会议
	《四川省〈中华人民共和国集会游行示威法〉实施办法》	第十六次会议
	《四川省人民代表大会常务委员会关于民族自治地方自治法规报批程序的规定》	第十七次会议
	《四川省〈中华人民共和国村民委员会组织法〉（试行）实施办法》	第二十三次会议
	《四川省律师履行职务的若干规定》	第二十九次会议
	《四川省各级人民代表大会常务委员会监督条例》	第三十一次会议
	《四川省查禁卖淫嫖娼活动的规定》	第三十一次会议
财政经济类	《四川省工业产品质量监督管理条例》	第五次会议
	《四川省保护消费者合法权益条例》	第五次会议
	《四川省人大常委会关于加强财政预算决算审查工作的决定》	第五次会议
	《四川省长江水源涵养保护条例》	第六次会议
	《〈四川省土地管理实施办法〉修正案》	第十二次会议
	《四川省实施〈中华人民共和国渔业法〉办法》	第十二、第十三次会议
	《四川省〈中华人民共和国野生动物保护法〉实施办法》	第十三次会议
	《四川省工业企业劳动安全条例》	第十六次会议
	《四川省工业企业劳动卫生管理条例》	第十九次会议
	《四川省〈中华人民共和国草原法〉实施细则》	第十九次会议
	《四川省查处投机倒把条例》	第二十次会议

续表 3－1

类别	法规名称	通过会议
财政经济类	《四川省技术市场管理条例》	第二十二次会议
	《四川省成都平原耕地保护区耕地保护条例》	第二十三次会议
	《四川省〈城市规划法〉实施办法》	第二十三次会议
	《〈四川省农作物种子管理条例〉修正案》	第二十三次会议
	《四川省环境保护条例》	第二十四次会议
	《四川省农民负担管理条例》	第二十四次会议
	《四川省酒类管理条例》	第二十四次会议
	《四川省消防管理条例》	第二十五次会议
	《四川省预算外资金管理条例》	第二十六次会议
	《四川省〈中华人民共和国水法〉实施办法》	第二十八次会议
	《四川省城市园林绿化条例》	第三十次会议
	《四川省保护消费者合法权益条例修正案》	第三十一次会议
	《四川省鼓励外商投资条例》	第三十二次会议
教科文卫类	《四川省预防控制狂犬病条例》	第五次会议
	《四川省文化市场管理暂行条例》	第二十三次会议
	《四川省中等职业技术教育暂行条例》	第二十四次会议
	《四川省国防教育条例》	第三十次会议
保障公民权益类	《四川省老年人合法权益保护条例》	第八次会议
	《四川省未成年人保护条例》	第十八次会议
人大制度类	《四川省人民代表大会常务委员会议事规则》	第三次会议
	《四川省乡镇人民代表大会主席团工作条例》	第十三次会议
	《四川省县级人民代表大会常务委员会行使职权的规定》	第十三次会议
	《四川省人民代表大会常务委员会地区工作委员会工作条例》	第十八次会议
	《关于加强国民经济和社会发展计划审查监督的规定》	第二十六次会议
	《四川省地方各级人民代表大会代表选举实施细则修正案》	第三十一次会议

四川省八届人大常委会制定的地方性法规一览表（95 件）

表 3－2

类别	法规名称	通过会议
政治法律类	《四川省公证条例》	第十二次会议
	《四川省〈中华人民共和国居民委员会组织法〉实施办法》	第十二次会议
	《四川省收容遣送条例》	第十八次会议
	《四川省殡葬管理办法》	第二十三次会议
	《四川省社会法律咨询服务条例》	第二十三次会议
	《四川省人大常委会关于政府规章设定罚款限额的规定》	第二十三次会议
	《四川省〈中华人民共和国档案法〉实施办法》	第二十四次会议
	《四川省暂住人口治安管理条例》	第二十四次会议
	《四川省城市市容和环境卫生管理条例》	第二十八次会议
	《四川省公墓管理条例》	第二十九次会议
	《四川省城市燃放烟花爆竹管理条例》	第二十九次会议
	依照《中华人民共和国行政处罚法》对《四川省禁毒条例》等 25 件法律法规修改	第二十九、三十次会议
财政经济类	《四川省个体工商户条例》	第三次会议
	《四川省〈中华人民共和国归侨侨眷权益保护法〉实施办法》	第四次会议
	《四川省企业负担监督管理条例》	第六次会议
	《四川省〈中华人民共和国水土保持法〉实施办法》	第六次会议
	《四川省村镇规划建设管理条例》	第六次会议
	《四川省科技技术成果推广条例》	第八次会议
	四川省风景名胜区管理条例》	第九次会议
	《四川省公路路政管理条例》	第九次会议
	《四川省乡镇集体矿山企业和个体采矿管理条例》	第九次会议
	《四川省私营企业条例》	第十次会议
	《四川省农业承包合同管理条例》	第十次会议
	《四川省产品质量监督管理条例》	第十二次会议
	《四川省测绘管理条例》	第十二次会议
	《四川省实施〈中华人民共和国台湾同胞投资保护法〉办法》	第十四次会议
	《四川省长江防护林体系管理条例》	第十四次会议
	《四川省人民代表大会常务委员会关于严厉查处生产、销售假冒伪劣商品违法行为的决定》	第十四次会议
	《四川省土地管理实施办法修正案》	第十五次会议
	关于修改《四川省〈城市规划法〉实施办法》的决定	第十五次会议

续表 3－2

类别	法规名称	通过会议
财政经济类	《四川省农业机械管理条例》	第十六次会议
	《四川省社会治安综合治理条例》	第十七次会议
	《四川省反不正当竞争条例》	第十七次会议
	《四川省饮用水水源保护条例》	第十七次会议
	《关于修改〈四川省鼓励外商投资条例〉的决定》	第十七次会议
	《四川省基层法律服务条例》	第十八次会议
	《四川省蚕种管理条例》	第十八次会议
	《四川省统计管理条例》	第十八次会议
	《四川省价格管理条例》	第二十次会议
	《四川省职业介绍管理条例》	第二十次会议
	《四川省道路运输管理条例》	第二十次会议
	《四川省归侨侨眷企业事业权益保护条例》	第二十次会议
	《四川省水上交通事故处理条例》	第二十二次会议
	《四川省农村机电提灌管理条例》	第二十二次会议
	《四川省建筑管理条例》	第二十三次会议
	《四川省开发区管理条例》	第二十四次会议
	《四川省邮电通信管理条例》	第二十四次会议
	《四川省土地监察条例》	第二十四次会议
	《四川省农业技术推广法实施办法》	第二十四次会议
	《关于修改〈四川省鼓励外商投资条例〉的决定》	第二十四次会议
	《四川省公路养路费征收管理条例》	第二十五次会议
	《四川省农业机械安全监理和事故处理条例》	第二十六次会议
	《四川省都江堰水利工程管理条例》	第二十七次会议
	《四川省〈中华人民共和国乡镇企业法〉实施办法》	第二十八次会议
	《四川省植物检疫条例》	第二十八次会议
	《四川省标准化监督管理条例》	第二十九次会议
	《四川省计量监督管理条例》	第二十九次会议
	《四川省矿产资源管理条例》	第二十九次会议
	《四川省会计管理条例》	第二十九次会议
	《四川省商品交易市场管理条例》	第二十九次会议
	《四川省木材运输管理条例》	第二十九次会议

续表 3－2

类别	法规名称	通过会议
财政经济类	《四川省旅游管理条例》	第二十九次会议
	《四川省进出口商品检验管理条例》	第二十九次会议
	《四川省〈中华人民共和国矿山安全法〉实施办法》	第三十次会议
教科文卫类	《四川省预防控制狂犬病条例（修正案）》	第三次会议
	关于修改《四川省计划生育条例》的决定	第六次会议
	《四川省医疗机构管理条例》	第十二次会议
	《四川省实施〈教师法〉条例》	第十四次会议
	关于修改《四川省文化市场管理暂行条例》的决定	第十五次会议
	《四川省预防控制性病艾滋病条例》	第十六次会议
	《四川省义务教育条例》	第十七次会议
	《四川省〈中华人民共和国红十字会法〉实施办法》	第二十次会议
	《四川省防震减灾条例》	第二十一次会议
	《四川省〈母婴保健法〉实施办法》	第二十二次会议
	《四川省公民献血条例》	第二十三次会议
	《四川省中医条例》	第二十五次会议
	《四川省专利保护条例》	第二十七次会议
	《四川省体育条例》	第二十八次会议
	《四川省〈中华人民共和国食品卫生法〉实施办法》	第二十九次会议
	《四川省科学技术进步条例》	第三十次会议
保护公民合法权益类	《四川省惩治拐卖、绑架妇女、儿童违法犯罪的规定》	第二次会议
	《四川省禁毒条例》	第五次会议
	《四川省〈中华人民共和国妇女权益保障法〉实施办法》	第八次会议
	《四川省〈中华人民共和国残疾人保障法〉实施办法》	第九次会议
	《四川省外商投资企业工会条例》	第十五次会议
	《四川省〈工会法〉实施办法》	第十六次会议
	《四川省劳动安全条例》	第十七次会议
	《四川省〈野生动物保护法〉实施办法》修正案	第二十一次会议
	《四川省人民代表大会常务委员会制定地方性法规程序的规定》	第六次会议
	《四川省〈中华人民共和国全国人民代表大会和地方各级人民代表大会代表法〉实施办法》	第十三次会议

续表 3－2

类别	法规名称	通过会议
人大制度建设类	《四川省各级人大常委会加强对法律实施情况检查监督的规定》	第十四次会议
	《四川省〈选举法〉实施细则修正案》	第十五次会议
	《关于修改四川省人民代表大会常务委员会地区工作委员会工作条例的决定》	第十六次会议
	《四川省人大常委会关于修改四川省乡镇人大主席团工作条例的决定》	第十六次会议
	《四川省各级人民代表大会常务委员会评议工作条例》	第二十四次会议

四川省九届人大常委会制定的地方性法规一览表（109 件）

表 3－3

类别	法规名称	通过会议
	《四川省各级人民代表大会常务委员会司法案件监督条例》	第五次会议
	《四川省各级人大常委会司法案件法律监督书若干规定》	第九次会议
	《关于修改〈四川省人民代表大会常务委员会人事任免办法〉的决定》	第九次会议
	《四川省人民代表大会常务委员会关于政府规章备案审查的规定》	第二十二次会议
	关于废止《四川省人民代表大会常务委员会关于进一步实施〈中华人民共和国村民委员会组织法（试行）〉的决议》的决定	第二十二次会议
	《四川省〈中华人民共和国村民委员会组织法〉实施办法》	第二十四次会议
	《四川省人民代表大会关于常务委员会关于加强省级预算审查监督的决定》	第二十九次会议
财政经济类	关于修改《四川省价格管理条例》的决定	第二次会议
	《四川省水路交通管理条例》	第三次会议
	《四川省水利工程管理条例》	第四次会议
	《四川省易制毒化学品管理条例》	第五次会议
	《四川省民营科技企业条例》	第五次会议
	《四川省〈中华人民共和国防空法〉实施办法》	第五次会议
	《四川省燃气管理条例》	第五次会议
	《四川省盐业管理条例》	第六次会议
	《四川省天然林保护条例》	第七次会议
	《四川省预算外资金管理条例》	第九次会议
	《四川省〈中华人民共和国动物防疫法〉实施办法》	第九次会议
	《四川省地质环境管理条例》	第十次会议
	《四川省外商投资企业劳动管理条例》	第十次会议

续表 3－3

类别	法规名称	通过会议
财政经济类	《四川省科学技术普及条例》	第十次会议
	《四川省农药管理条例》	第十次会议
	《四川省消防条例》	第十一次会议
	《四川省涉案物品价格鉴定管理条例》	第十一次会议
	《四川省自然保护区管理条例》	第十一次会议
	《四川省外商投资财产鉴定条例》	第十一次会议
	《四川省〈中华人民共和国土地管理法〉实施办法（修正案）》	第十二次会议
	《四川省防震减灾条例（修正案）》	第十二次会议
	《四川省人民代表大会常务委员会关于严格执行〈公路法〉防止公路养护资金流失的决定》	第十二次会议
	《四川省集体合同条例》	第十六次会议
	《四川省保护和奖励见义勇为条例》	第十六次会议
	《四川省宗教事务管理条例》	第十六次会议
	《四川省财政收支审计监督条例》	第十七次会议
	《四川省城市房屋拆迁管理条例》	第十七次会议
	《四川省城市供水管理条例》	第十九次会议
	《四川省森林公园管理条例》	第二十次会议
	《四川省〈中华人民共和国节约能源法〉实施办法》	第二十次会议
	《四川省促进科技成果转化条例》	第二十二次会议
	关于废止《四川省人民代表大会常务委员会关于四川省可以延长刑事案件办案期限的交通十分不便的边远县的决定》的决定	第二十二次会议
	关于废止《四川省人民代表大会常务委员会关于坚决打击经济领域中严重犯罪活动的决议》的决定	第二十二次会议
	《四川省鼓励外商投资勘查开采矿产资源条例》	第二十三次会议
	关于修改《四川省文化市场管理条例》	
	关于废止《四川省经济合同管理条例》的决定	第二十三次会议
	关于废止《四川省成都平原耕地保护区耕地保护条例》的决定	第二十三次会议
	关于废止《四川省律师履行职务的若干规定》的决定	第二十三次会议
	关于废止《四川省人民代表大会常务委员会关于修改〈四川省律师履行职务的若干规定〉的决定》的决定	第二十三次会议
	《四川省失业保险条例》	第二十四次会议

续表 3－3

类别	法规名称	通过会议
财政经济类	《四川省建设工程勘察设计管理条例》	第二十四次会议
	关于修改《四川省劳动安全条例》的决定	第二十四次会议
	《四川省人大常委会关于加强经济工作监督的决定》	第二十四次会议
	《四川省法律援助条例》	第二十五次会议
	《四川省行政执法监督条例》	第二十五次会议
	《四川省民用机场净空及电磁环境保护条例》	第二十五次会议
	《四川省〈中华人民共和国气象法〉实施办法》	第二十五次会议
	《四川省农作物种子管理条例》	第二十五次会议
	关于修改《四川省群众义务消防条例》的决定	第二十五次会议
	关于修改《四川省〈中华人民共和国集会游行示威法〉实施办法》的决定	第二十五次会议
	关于修改《四川省专利保护条例》的决定	第二十五次会议
	关于废止《四川省邮电通信管理条例》的决定	第二十五次会议
	《四川省会计管理条例》	第二十六次会议
	《四川省烟草专卖管理条例》	第二十六次会议
	《四川省消毒管理条例》	第二十六次会议
	《四川省涉外建设项目国家安全事项管理条例》	第二十六次会议
	《四川省土地监察条例》	第二十六次会议
	关于修改《四川省实施〈中华人民共和国台湾同胞投资保护法〉办法》的决定	第二十六次会议
	《四川省劳动和社会保障监察条例》	第二十七次会议
	《关于废止〈四川省国防教育条例〉的决定》	第二十七次会议
	《四川省人才市场管理条例》	第二十七次会议
	《四川省世界遗产保护条例》	第二十七次会议
	《四川省〈中华人民共和国渔业法〉实施办法》	第二十八次会议
	关于修改《四川省绿化条例》的决定	第二十八次会议
	《四川省人民代表大会常务委员会关于废止〈四川省外商投资企业劳动管理条例〉的决定》	第二十九次会议
	《四川省人民代表大会常务委员会关于修改〈四川省消防条例〉的决定》	第二十九次会议
	关于修改《四川省〈中华人民共和国食品卫生法〉实施办法》的决定	第二十九次会议

续表3－3

类别	法规名称	通过会议
财政经济类	《四川省人民代表大会常务委员会关于修改〈四川省民营科技企业条例〉的决定》	第二十九次会议
	《四川省人民代表大会常务委员会关于修改〈四川省技术市场管理条例〉的决定》	第二十九次会议
	《四川省人民代表大会常务委员会关于修改〈四川省建筑管理条例〉的决定》	第二十九次会议
	《四川省司法鉴定管理条例》	第三十次会议
	《四川省著名商标认定和保护条例》	第三十次会议
	《四川省〈中华人民共和国大气污染防治法〉实施办法》	第三十次会议
	关于修改《四川省〈中华人民共和国档案法〉实施办法》的决定	第三十次会议
	关于修改《四川省企业负担监督管理条例》的决定	第三十次会议
	关于修改《四川省产品质量监督管理条例》的决定	第三十次会议
	关于修改《四川省〈中华人民共和国农业技术推广法〉实施办法》的决定	第三十次会议
	关于修改《四川省旅游管理条例》的决定	第三十次会议
	决定废止《四川省外商投资财产鉴定条例》	第三十次会议
	《四川省华侨捐赠条例》	第三十一次会议
	《四川省〈中华人民共和国工会法〉实施办法（修订案）》	第三十一次会议
	《四川省人民代表大会常务委员会关于修改〈四川省道路运输管理条例〉的决定》	第三十一次会议
	《四川省人民代表大会常务委员会关于废止〈四川省外商投资企业工会条例〉的决定》	第三十一次会议
	《四川省人民代表大会常务委员会关于进一步促进个体、私营经济发展的决定》	第三十二次会议
	关于修改《四川省统计管理条例》的决定	第三十二次会议
	关于废止《四川省农民负担管理条例》的决定	第三十二次会议
	关于废止《四川省农业承包合同管理条例》的决定	第三十二次会议
教科文卫类	关于修改《四川省公民献血条例》的决定	第四次会议
	《四川省社会力量办学条例》	第六次会议
	《四川省广播电视管理条例》	第十一次会议
	关于修改《四川省医疗机构管理条例》的决定	第二十二次会议
	关于修改《四川省中医条例》的决定	第二十二次会议
	关于修改《四川省预防控制性病艾滋病条例》的决定	第二十二次会议

续表 3-3

类别	法规名称	通过会议
教科文卫类	关于修改《四川省〈中华人民共和国母婴保健法〉实施办法》的决定	第二十二、二十八次会议
	《四川省人口与计划生育条例（修订案）》	第三十一次会议
保护公民合法权益类	关于修改《四川省〈中华人民共和国归侨侨眷权益保护法〉实施办法》的决定	第五次会议
	《四川省华侨投资权益保护条例》	第二十次会议
人大制度建设类	《四川省人民代表大会常务委员会组成人员守则》	第十九次会议
	关于修改《四川省人民代表大会常务委员会议事规则》的决定	第二十二次会议
	《四川省公民旁听省人民代表大会常务委员会会议规定》	第二十七次会议
	决定废止《四川省人民代表大会常务委员会地区工作委员会工作条例》	第三十次会议

四川省十届人大常委会制定的地方性法规一览表（97 件）

表 3-4

类别	法规名称	通过会议
政治法律类	关于废止《四川省收容遣送条例》的决定	第四次会议
	《四川省国家投资工程建设项目招标投标条例》	第五次会议
	《四川省村民委员会选举条例》	第六次会议
	《四川省公共消防设施条例》	第八次会议
	《关于加强全省检察机关人民监督员试点工作的决议》	第十次会议
	《四川省基层法律服务条例》	第十一次会议
	《四川省暂住人口治安管理条例》	第十一次会议
	《四川省社会法律咨询服务条例》的决定	第十一次会议
	《四川省群众义务消防条例》	第十一次会议
	《四川省消防条例》	第十一次会议
	《四川省殡葬管理条例》	第十一次会议
	《四川省人才市场管理条例》	第十一次会议
	关于修改《四川省社会治安综合治理条例》的决定	第二十一次会议
	《四川省旅游服务质量管理条例》	第二次会议
	关于修改《四川省旅游管理条例》的决定	第四次会议
	关于废止《四川省鼓励外商投资条例》的决定	第六次会议
	关于修改《四川省都江堰水利工程管理条例》的决定	第六次会议

续表3－4

类别	法规名称	通过会议
财政经济类	《四川省烟草专卖管理条例》	第十一次会议
	《四川省涉案物品价格鉴定管理条例》	第十一次会议
	《四川省酒类管理条例》	第十一次会议
	《四川省会计管理条例》	第十一次会议
	关于废止《四川省进出口商品检验管理条例》的决定	第十一次会议
	《四川省道路运输管理条例》	第十一次会议
	《四川省计量监督管理条例》	第十一次会议
	《四川省农业机械管理条例》	第十一次会议
	《四川省城市园林绿化条例》	第十一次会议
	《四川省村镇规划建设管理条例》	第十一次会议
	《四川省环境保护条例》	第十一次会议
	《四川省测绘管理条例》	第十一次会议
	《四川省〈中华人民共和国农业技术推广法〉实施办法》	第十一次会议
	《四川省农业机械安全监理和事故处理条例》	第十一次会议
	《四川省〈中华人民共和国渔业法〉实施办法》	第十一次会议
	《四川省〈中华人民共和国野生动物保护法〉实施办法》	第十一次会议
	《四川省长江水源涵养保护条例》	第十一次会议
	《四川省燃气管理条例》	第十一次会议
	《关于修改〈四川省城市供水管理条例〉的决定》	第十一次会议
	关于修改《四川省公路路政管理条例》的决定	第十二次会议
	《四川省城市供水管理条例》的决定	第十二次会议
	《四川省〈中华人民共和国水法〉实施办法》	第十四次会议
	《四川省〈中华人民共和国中小企业促进法〉实施办法》	第十四次会议
	关于修改《四川省农药管理条例》的决定	第十五次会议
	关于修改《四川省〈中华人民共和国人民防空法〉实施办法》的决定	第十六次会议
	《四川省〈中华人民共和国草原法〉实施办法》	第十七次会议
	《四川省测绘管理条例》	第十七次会议
	《四川省〈中华人民共和国道路交通安全法〉实施办法》	第十八次会议
	《四川省标准化监督管理条例》	第十八次会议

续表 3－4

类别	法规名称	通过会议
财政经济类	《四川省城市房屋拆迁管理条例》	第十八次会议
	《四川省气象灾害防御条例》	第二十次会议
	《四川省道路运输管理条例》	第二十一次会议
	《四川省劳动力市场管理条例》	第二十二次会议
	《四川省旅游条例》	第二十三次会议
	关于修改《四川省农作物种子管理条例》的决定	第二十三次会议
	《四川省安全生产条例》	第二十四次会议
	关于《四川省〈中华人民共和国土地管理法〉实施办法》第八条第一项的解释	第二十四次会议
	《四川省〈中华人民共和国防洪法〉实施办法》	第二十八次会议
	《四川省消费者权益保护条例（修订案）》	第二十九次会议
	《四川省〈中华人民共和国环境影响评价法〉实施办法》	第三十次会议
	《四川省水上交通安全管理条例》	第三十次会议
	《四川省〈中华人民共和国农村土地承包法〉实施办法》	第三十一次会议
	《四川省内部审计条例》	第三十一次会议
教育科学文化卫生类	《四川省专业技术人员继续教育条例》	第二次会议
	《四川省地方志工作条例》	第四次会议
	关于废止《四川省工业企业劳动卫生管理条例》的决定	第八次会议
	关于修改《四川省体育条例》的决定	第九次会议
	《四川省阆中古城保护条例》	第十次会议
	关于批准《凉山彝族自治州泸沽湖风景名胜区保护条例》的决定	第十次会议
	《四川省消毒管理条例》	第十一次会议
	《四川省中医条例》	第十一次会议
	《四川省〈中华人民共和国食品卫生法〉实施办法》	第十一次会议
	《四川省科学技术进步条例》	第十一次会议
	《四川省文化市场管理条例》	第十一次会议
	《四川省城市市容和环境卫生管理条例》	第十一次会议
	《四川省城市房屋拆迁管理条例》	第十一次会议
	《四川省人口与计划生育条例》	第十一次会议
	《四川省广播电视管理条例》	第十一次会议

续表 3－4

类别	法规名称	通过会议
教育科学文化卫生类	《四川省企业技术创新条例》	第十二次会议
	《四川省技术市场条例》	第十四次会议
	关于修改《四川省实施〈中华人民共和国教师法〉条例》的决定	第十五次会议
	关于废止《四川省预防控制性病艾滋病条例》的决定	第二十次会议
	《四川省〈中华人民共和国文物保护法〉实施办法》	第二十一次会议
	《四川省〈中华人民共和国档案法〉实施办法》	第二十四次会议
	关于修改《四川省宗教事务管理条例》的决定	第二十四次会议
	《四川省全民健身条例》	第二十九次会议
保护公民合法权益类	《四川省劳动安全条例》	第十一次会议
	四川省《中华人民共和国归侨侨眷权益保护法》实施办法	第十八次会议
	《四川省〈中华人民共和国妇女权益保障法〉实施办法（修订）》	第三十次会议
人大制度建设类	《四川省人民代表大会常务委员会关于提高地方立法质量有关事项的决定》	第九次会议
	《四川省人民代表大会常务委员会关于停止执行四川省地方性法规中部分行政许可事项的决定》	第十次会议
	关于修改《四川省人民代表大会常务委员会组成人员守则》的决定	第十一次会议
	关于修改《四川省〈中华人民共和国全国人民代表大会和地方各级人民代表大会选举法〉实施细则》的决定	第十八次会议
	《四川省人民代表大会常务委员会讨论决定重大事项的规定》	第二十一次会议
	《四川省人民代表大会常务委员会关于规章及规范性文件备案审查的规定》	第二十一次会议
	关于废止《四川省各级人民代表大会常务委员会司法案件监督条例》的决定	第二十四次会议
	关于废止《四川省各级人民代表大会常务委员会司法案件法律监督书若干规定》的决定	第二十四次会议
	关于废止《四川省各级人民代表大会常务委员会评议工作条例》的决定	第二十七次会议
	关于废止《四川省各级人民代表大会常务委员会监督条例》的决定	第二十八次会议
	关于修改《四川省人民代表大会常务委员会关于规章及规范性文件备案审查的规定》的决定	第二十九次会议

第三节　批准制定地方性法规

1988—2008 年，省人大常委会共批准制定地方法规 274 件，其中省七届人大常委会批准制定 64 件。省八届人大常委会批准制定 95 件，省九届人大常委会批准制定 55 件，省十届人大常委会批准制定 60 件。包括批准成都、重庆两市制定的地方性法规和批准民族自治地方制定的自治条例和单行条例。

四川省七届人大常委会批准制定地方性法规一览表（64件）

表3－5

类别	法规名称	批准时间
民族自治地方	《阿坝藏族羌族自治州自治条例》	第二次会议
	《阿坝藏族羌族自治州施行〈中华人民共和国婚姻法〉的补充规定》	第五次会议
	《峨边彝族自治县自治条例》	第五次会议
	《阿坝藏族羌族自治州施行〈四川省义务教育实施条例〉的补充规定》	第六次会议
	《阿坝藏族羌族自治州计划生育办法》	第九次会议
	《甘孜藏族自治州计划生育办法》	第九次会议
	《凉山彝族自治州计划生育办法》	第九次会议
	《峨边彝族自治县施行〈四川省计划生育条例〉的补充规定》	第九次会议
	《阿坝藏族羌族自治州施行〈中华人民共和国继承法〉的变通规定》	第十一次会议
	《峨边彝族自治县施行〈中华人民共和国婚姻法〉的补充规定》	第十一次会议
	《凉山彝族自治州义务教育实施办法》	第十六次会议
	《马边彝族自治县自治条例》	第十八次会议
	《阿坝藏族羌族自治州施行〈四川省土地管理实施办法〉的变通规定》	第二十次会议
	《甘孜藏族自治州施行〈四川省土地管理实施办法〉的变通规定》	第二十三次会议
	《甘孜藏族自治州施行〈四川省义务教育实施条例〉的变通规定》	第二十三次会议
	《峨边彝族自治县施行〈中华人民共和国继承法〉的补充规定》	第二十三次会议
	《峨边彝族自治县施行〈四川省土地管理实施办法〉的补充规定》	第二十六次会议
	《木里藏族自治县自治条例》	第二十八次会议
	《凉山彝族自治州彝族语言文字工作条例》	第三十一次会议
	《马边彝族自治县施行〈中华人民共和国婚姻法〉的补充规定》	第三十一次会议
成渝两市	《重庆市技术市场管理暂行规定》	第二次会议
	《成都市保护老年人合法权益的暂行规定》	第二次会议
	《成都市保障适龄儿童、少年接受义务教育权利的规定》	第四次会议
	《重庆市实施〈中华人民共和国渔业法〉的办法》	第六次会议
	《成都市城市建设规划管理条例》	第六次会议
	《重庆市预决算审批监督暂行条例》	第七次会议
	《成都市人民代表大会常务委员会监督市中级人民法院、市人民检察院实施法律的暂行规定》	第八次会议
	《重庆市关于游行、示威的暂行规定》	第八次会议

续表 3－5

类别	法规名称	批准时间
成渝两市	《重庆市城市规划管理条例》	第九次会议
	《重庆市林地保护管理办法》	第九次会议
	《成都市环境噪声（震动）管理条例》	第十一次会议
	《重庆市文化市场管理暂行条例》	第十二次会议
	《成都市〈中华人民共和国渔业法〉实施办法》	第十三次会议
	《成都市市容及环境卫生管理条例》	第十三次会议
	《重庆市实施〈中华人民共和国集会游行示威法〉办法》	第十六次会议
	《重庆市城市园林绿化条例》	第十六会议
	《成都市未成年人保护暂行规定》	第十七次会议
	《重庆市人民代表大会常务委员会监督工作条例》	第十七次会议
	《〈重庆市城市规划管理条例〉修正案》	第十七次会议
	《重庆市林业行政管理处罚条例》	第十七次会议
	《成都市实施〈中华人民共和国集会游行示威法〉办法》	第十八次会议
	《重庆市环境保护条例》	第十八次会议
	《〈成都市城市规划管理条例〉修正案》	第十九次会议
	《〈成都市环境噪声（震动）管理条例〉修正案》	第十九次会议
	《重庆市保护妇女儿童合法权益条例》	第十九次会议
	《重庆市保护消费者合法权益条例》	第十九次会议
	《重庆市实施全民义务植树条例》	第十九次会议
	《重庆市职工教育条例》	第二十次会议
	《重庆市实施〈四川省计划生育条例〉的办法》	第二十三次会议
	《重庆市农村合作经济组织承包合同条例》	第二十四次会议
	《重庆市罚款和没收财物管理条例》	第二十四次会议
	《成都市城市园林绿化条例》	第二十五次会议
	《成都市城市房屋拆迁管理条例（修正案）》	第二十五次会议
	《成都市暂住人口管理办法》	第二十六次会议
	《成都市蔬菜基地管理条例》	第二十八次会议
	《成都市饮用水水源保护条例》	第二十八次会议
	《重庆市蔬菜基地管理条例》	第二十八次会议

续表 3－5

类别	法规名称	批准时间
成渝两市	《重庆市鼓励外商投资办法》	第二十八次会议
	《成都市水资源管理条例》	第二十九次会议
	《成都市鼓励外商投资条例》	第三十一次会议
	《重庆市社会治安综合治理条例》	第三十一次会议
	《重庆市城市房屋拆迁管理条例》	第三十一次会议
	《成都市市容和环境卫生管理条例（修正案）》	第三十二次会议
	《成都市罚没财物和追回赃款赃物管理条例》	第三十二次会议

四川省八届人大常委会批准制定地方性法规一览表（95 件）

表 3－6

类别	法规名称	批准时间
民族自治地方	《凉山彝族自治州矿产资源管理条例》	第五次会议
	《马边彝族自治县施行〈四川省计划生育条例〉的补充规定》	第五次会议
	《凉山彝族自治州施行〈四川省土地管理实施办法〉的变通规定》	第六次会议
	《峨边彝族自治县义务教育实施办法》	第六次会议
	甘孜藏族自治州实施《四川省〈中华人民共和国草原法〉实施细则》的补充规定	第九次会议
	阿坝藏族羌族自治州施行《四川省〈中华人民共和国草原法〉实施细则》的补充规定	第十次会议
	《马边彝族自治县彝族语言文字工作条例》	第十二次会议
	《峨边彝族自治县彝族语言文字条例》	第十五次会议
	《马边彝族自治县施行〈继承法〉的补充规定》	第十五次会议
	《凉山彝族自治州东西河飞机播种林区保护管理条例》	第十六次会议
	《凉山彝族自治州家畜家禽卫生防疫条例》	第十六次会议
	《阿坝藏羌族自治州野生中药材菌类植物资源保护管理条例》	第十七次会议
	《阿坝藏族羌自治州计划生育办法（修正案）》	第十七次会议
	《甘孜藏族自治州矿产资源管理条例》	第十七次会议
	马边彝族自治县施行《四川省〈土地管理法〉实施办法》的变通规定	第二十一次会议
	《阿坝藏族羌族自治州邮电通信设备保护条例》	第二十二次会议
	《阿坝藏族羌族自治州施行〈四川省土地管理实施办法〉的变通规定》修正案	第二十五次会议
	《凉山彝族自治州邛海保护条例》	第二十七次会议

续表 3－6

类别	法规名称	批准时间
成渝（区划调前）两市	《成都市保护消费者权益条例》	第二次会议
	《成都市文物保护管理条例》	第二次会议
	《成都市市政工程设施管理条例》	第二次会议
	《重庆市水利工程管理条例》	第二次会议
	《重庆市实施〈中华人民共和国未成年人保护法〉办法》	第二次会议
	《成都市〈中华人民共和国河道管理条例〉实施办法》	第三次会议
	《成都市技术市场管理条例》	第四次会议
	《重庆市外商投资企业工会条例》	第四次会议
	《成都市禁止燃放烟花爆竹的规定》	第五次会议
	《重庆经济技术开发区管理条例》	第六次会议
	《重庆市制定地方性法规条例》	第六次会议
	《重庆市经纪人条例》	第八次会议
	《重庆市基本农田保护条例》	第八次会议
	《重庆市统计管理条例》	第八次会议
	《重庆市社会法律咨询服务管理条例》	第九次会议
	《成都市外商投资企业工会条例》	第九次会议
	《重庆市水资源管理条例》	第九次会议
	《成都市林业行政处罚条例》	第十次会议
	《成都市人民代表大会常务委员会制定地方性法规程序规定》	第十次会议
	《重庆市禁止燃放烟花爆竹条例》	第十次会议
	《重庆市发展个体私营经济条例》	第十一次会议
	《重庆市农民负担管理规定》	第十一次会议
	《成都市农业技术推广条例》	第十一次会议
	《重庆市人民代表大会议事规则》	第十一次会议
	《重庆市义务教育实施条例》	第十二次会议
	《重庆市市政工程设施管理条例》	第十二次会议
	《成都市社会力量办学管理条例》	第十三次会议
	《重庆市乡镇企业股份合作制条例》	第十三次会议
	《成都市产品质量监督条例》	第十四次会议
	《成都市国家气象台站探测环境保护办法》	第十四次会议
	《重庆市人民代表大会常务委员会人事任免条例》	第十四次会议

续表 3－6

类别	法规名称	批准时间
成渝（区划调前）两市	《重庆市水上交通管理条例》	第十四次会议
	《重庆市科技投入条例》	第十四次会议
	《成都市反不正当竞争条例》	第十五次会议
	《成都市公民义务献血条例》	第十五次会议
	《重庆市天燃气管理条例》	第十五次会议
	《重庆市鼓励外商投资条例》	第十五次会议
	《重庆市禁止燃放烟花爆竹条例（修正案）》	第十五次会议
	《成都市矿产资源管理条例》	第十六次会议
	《成都市科学技术进步条例》	第十七次会议
	《重庆市公民义务献血条例》	第十七次会议
	《成都市保护消费者权益条例（修正案）》	第十七次会议
	《成都市市政工程设施管理条例（修正案）》	第十七次会议
	《成都市市容和环境卫生管理条例（修正案）》	第十七次会议
	《重庆市城市园林绿化条例（修正案）》	第十七次会议
	《成都市人民代表大会常务委员会监督条例》	第十八次会议
	《成都市宗教活动场所管理办法》	第十八次会议
	《重庆市宗教事务管理条例》	第十八次会议
	《重庆市人大常委会对市司法机关案件监督条例》	第十八次会议
	《重庆市邮政通信管理条例》	第十八次会议
	《重庆市商品交易市场管理条例》	第十八次会议
	《重庆市农业投资条例》	第十八次会议
	《成都市外商投资企业劳动管理条例》	第二十次会议
	《成都市征兵工作规定》	第二十次会议
	《重庆市保护妇女儿童合法权益条例》	第二十次会议
	《重庆市户外广告管理条例》	第二十次会议
	《重庆市国有企业法定代表人离任审计条例》	第二十次会议
	《重庆市旅游管理条例》	第二十次会议
	《重庆市人才市场管理条例》	第二十一次会议
	《重庆市高等级公路管线工程建设管理条例》	第二十一次会议
	《成都市外来人口治安管理办法》	第二十二次会议
	《成都市反价格欺诈和牟取暴利条例》	第二十二次会议

续表 3－6

类别	法规名称	批准时间
成渝（区划调前）两市	《重庆市商业网点建设管理条例》	第二十二次会议
	《成都市公共场所禁止吸烟规定》	第二十三次会议
	《成都市爱国卫生管理条例》	第二十三次会议
	《成都市公共场所治安管理条例》	第二十四次会议
	《成都市计量管理监督条例》	第二十四次会议
	《成都市燃气管理条例》	第二十五次会议
	《成都市人民代表大会常务委员会人事任免条例》	第二十六次会议
	《成都市国有企业法定代表人离任审计条例》	第二十七次会议
	《成都市体育经营活动管理条例》	第二十七次会议
	《成都市摩托车管理办法》	第二十八次会议
	《成都市流动人口计划生育管理的规定》	第二十八次会议
	《成都市农业灌排设施保护条例》	第二十八次会议
	《成都市城市园林绿化条例（修正案）》	第二十八次会议
	《成都市外来务工劳动者管理条例》	第二十九次会议
	《成都市建筑施工现场监督管理规定》	第二十九次会议

四川省九届人大常委会批准制定地方性法规一览表（55件）

表 3－7

类别	法规名称	批准时间
民族自治地方	《甘孜藏族自治州藏族语言文字使用条例》	第二次会议
	《阿坝藏族羌族自治州实施〈四川省义务教育条例〉的补充规定》	第二次会议
	关于批准《木里藏族自治县矿产资源管理条例》的决定	第五次会议
	关于批准《阿坝藏族羌族自治州矿产资源管理条例》的决定	第五次会议
	关于批准《马边彝族自治县矿产资源管理条例》的决定	第五次会议
	关于批准《甘孜藏族自治州人大常委会关于修改〈甘孜藏族自治州计划生育办法〉的决定》的决定	第九次会议
	关于批准《峨边彝族自治县矿产资源管理条例》的决定	第九次会议
	关于批准《甘孜藏族自治州人民代表大会关于修改〈甘孜藏族自治州矿产资源管理条例〉的决定》的决定	第九次会议
	《凉山彝族自治州渔业管理条例》	第十次会议
	关于批准《凉山彝族自治州大桥水库工程管理条例》的决定	第十六次会议
	关于批准《凉山彝族自治州人民代表大会关于修改〈凉山彝族自治州矿产资源管理条例〉的决定》的决定	第十七次会议

续表 3－7

类别	法规名称	批准时间
民族自治地方	关于批准《峨边彝族自治县水资源管理条例》的决定	第十七次会议
	关于批准《凉山彝族自治州施行〈四川省禁毒条例〉补充规定》的决定	第二十三次会议
	关于批准甘孜藏族自治州人大常委会关于修改甘孜藏族自治州实施《四川省〈中华人民共和国草原法〉实施细则》的补充规定的决定	第二十五次会议
	关于批准《木里藏族自治县实施（四川省〈中华人民共和国草原法〉实施细则）的补充规定》的决定	第二十六次会议
	关于批准《马边彝族自治县实施〈四川省义务教育条例〉的补充规定》	第二十九次会议
	关于批准《峨边彝族自治县黑竹沟风景区保护条例》的决定	第三十二次会议
成都市	《成都市客运出租汽车管理条例》	第二次会议
	《成都市人民代表大会常务委员会关于修改〈成都市罚没财物和追回赃款赃物管理条例〉的决定》	第二次会议
	关于批准《成都市非机动车管理条例》的决定	第三次会议
	关于批准《成都市人才市场管理条例》的决定	第四次会议
	关于批准《成都市城市建筑垃圾管理规定》的决定	第四次会议
	关于批准《成都市人民代表大会常务委员会关于修改〈成都市城市房屋拆迁管理条例〉的决定》	第四次会议
	关于批准《成都市农作物种子管理规定》的决定	第四次会议
	关于批准《成都市邮政管理条例》的决定	第七次会议
	关于批准《成都市社会急救医疗管理规定》的决定	第七次会议
	关于批准《成都市人民代表大会常务委员会关于修改〈成都市文物保护管理条例〉的决定》的决定	第八次会议
	关于批准《成都市古树名木保护管理条例》的决定	第九次会议
	关于批准《成都市公路两侧路政管理规定》的决定	第十一次会议
	关于批准《成都市〈中华人民共和国献血法〉实施办法》的决定	第十一次会议
	《成都市流动人口计划生育管理规定（修正案）》	第十二次会议
	《成都市旅游管理条例》	第十二次会议
	关于批准《成都市城市房屋装修结构安全管理规定》的决定	第十五次会议
	关于批准《成都市著名商标认定和保护规定》的决定	第十七次会议
	关于批准《成都市消防条例》的决定	第二十次会议
	关于批准《成都市性病艾滋病防治管理条例》的决定	第二十次会议
	关于批准《成都市城市供水管理条例》的决定	第二十次会议
	关于批准《成都市人民代表大会及其常委会制定地方性法规程序规定》的决定	第二十二次会议
	关于批准《成都市人民代表大会常务委员会关于修改〈成都市矿产资源管理条例〉的决定》的决定	第二十二次会议

表 3－7

类别	法规名称	批准时间
成都市	关于批准《成都市个体工商户和私营企业权益保护条例》的决定	第二十二次会议
	关于批准《成都市人民代表大会常务委员会关于废止〈成都市保护老年人合法权益的暂行规定〉的决定》的决定	第二十二次会议
	关于批准《成都市人民代表大会常务委员会关于废止〈成都市未成年人保护暂行规定〉的决定》的决定	第二十二次会议
	关于批准《成都市人民代表大会常务委员会关于废止〈成都市国家气象台站探测环境保护办法〉的决定》的决定	第二十二次会议
	关于批准《成都市林业行政管理条例》的决定	第二十五次会议
	关于批准《成都市人民代表大会常务委员会关于修改〈成都市产品质量监督条例〉的决定》的决定	第二十六次会议
	关于批准《成都市股份合作制企业条例》的决定	第二十六次会议
	《关于批准〈成都市行政执法责任制条例〉的决定》	第二十七次会议
	关于批准《成都市地名管理规定》的决定	第二十八次会议
	关于批准《成都市人民代表大会常务委员会关于修改〈成都市客运出租汽车管理条例〉的决定》的决定	第二十八次会议
	关于批准《成都市人民代表大会常务委员会关于修改〈成都市城市建筑垃圾管理规定〉的决定》的决定	第二十八次会议
	关于批准《成都市人民代表大会常务委员会关于废止〈成都市鼓励外商投资条例〉的决定》	第二十九次会议
	关于批准《成都市人民代表大会常务委员会关于修改〈成都市农作物种子管理规定〉的决定》的决定	第三十一次会议
	关于批准《成都市人民代表大会常务委员会关于废止〈成都市外商投资企业工会条例〉的决定》的决定	第三十一次会议
	关于批准《成都市城市公共汽车客运管理条例》的决定	第三十二次会议
	关于批准成都市人民代表大会常务委员会关于修改《成都市〈中华人民共和国渔业法〉实施办法》的决定	第三十二次会议

四川省十届人大常委会批准制定地方性法规一览表（60 件）

表 3－8

类别	法规（条例）名称	批准时间
民族自治地方	木里藏族自治县实施《四川省〈中华人民共和国野生动物保护法〉实施办法》的补充规定	第二次会议
	凉山彝族自治州实施《四川省〈中华人民共和国动物防疫法〉实施办法》的补充规定	第三次会议
	《凉山彝族自治州实施〈四川省人口与计划生育条例〉的补充规定》	第三次会议
	关于批准《马边彝族自治县人民代表大会关于修改〈马边彝族自治县自治条例〉的决定》的决定	第五次会议

续表 3－8

类别	法规（条例）名称	批准时间
民族自治地方	关于批准《峨边彝族自治县人民代表大会关于修改〈峨边彝族自治县自治条例〉的决定》的决定	第六次会议
	关于批准《阿坝藏族羌族自治州人民代表大会关于废止〈阿坝藏族羌族自治州邮电通讯设施保护条例〉的决定》的决定	第八次会议
	关于批准《阿坝藏族羌族自治州实施〈四川省人口与计划生育条例〉的变通规定》的决定	第九次会议
	关于批准《甘孜藏族自治州实施〈四川省人口与计划生育条例〉的变通规定》的决定	第九次会议
	关于批准《马边彝族自治县实施〈四川省人口与计划生育条例〉的变通规定》的决定	第九次会议
	关于批准《峨边彝族自治县实施〈四川省人口与计划生育条例〉的变通规定》的决定	第九次会议
	关于批准《凉山彝族自治州人民代表大会关于修改〈凉山彝族自治州矿产资源管理条例〉的决定》的决定	第十五次会议
	关于批准《凉山彝族自治州人民代表大会关于修改〈凉山彝族自治州渔业管理条例〉的决定》的决定	第十五次会议
	关于批准《马边彝族自治县水资源管理条例》的决定	第十五次会议
	关于批准《甘孜藏族自治州人民代表大会关于修改〈甘孜藏族自治州自治条例〉的决定》的决定	第二十次会议
	关于批准《木里藏族自治县自治条例（修订）》的决定	第二十一次会议
	关于批准《阿坝藏族羌族自治州自治条例（修订）》的决定	第二十二次会议
	关于批准《北川羌族自治县自治条例》的决定	第二十二次会议
	关于批准《阿坝藏族羌族自治州水资源管理条例》的决定	第二十七次会议
	关于批准《凉山彝族自治州自治条例（修订）》的决定	第二十八次会议
	关于批准《阿坝藏族羌族自治州实施〈四川省世界遗产保护条例〉的条例》的决定	第二十九次会议
成都市	《成都市城市社区建设管理规定》	第二次会议
	关于批准《成都市人民代表大会常务委员会关于修改〈成都市建筑施工现场监督管理规定〉的决定》的决定	第八次会议
	关于批准《成都市人民代表大会常务委员会关于废止〈成都市社会力量办学管理条例〉的决定》的决定	第九次会议
	关于批准《成都市清真食品管理规定》的决定	第十二次会议
	关于批准《成都市志愿服务条例》的决定	第十四次会议
	关于批准《成都市人民代表大会常务委员会关于废止〈成都市外商投资企业劳动管理条例〉的决定》的决定	第十七次会议
	关于批准《成都市人民代表大会常务委员会关于废止〈成都市保障适龄儿童、少年接受义务教育权利的规定〉的决定》的决定	第十七次会议

续表 3－8

类别	法规（条例）名称	批准时间
成都市	关于批准《成都市人民代表大会常务委员会关于废止〈成都市外来务工劳动者管理条例〉的决定》的决定	第十八次会议
	关于批准《成都市城市户外广告和招牌设置管理条例》的决定	第二十次会议
	关于批准《成都市人民代表大会常务委员会关于废止〈成都市农业技术推广条例〉的决定》的决定	第二十一次会议
	关于批准《成都市人民代表大会常务委员会关于废止〈成都市蔬菜基地管理条例〉的决定》的决定	第二十一次会议
	关于批准《成都市公园条例》的决定	第二十一次会议
	关于批准《成都市人民代表大会常务委员会关于废止〈成都市技术市场管理条例〉的决定》的决定	第二十二次会议
	关于批准《成都市人民代表大会常务委员会关于废止〈成都市性病艾滋病防治管理条例〉的决定》的决定	第二十二次会议
	关于批准《成都市宗教活动场所管理规定（修订案）》的决定	第二十三次会议
	关于批准《成都市食用农产品质量安全条例》的决定	第二十三次会议
	关于批准《成都市〈中华人民共和国河道管理条例〉实施办法（修订案）》的决定	第二十三次会议
	关于批准《成都市人民代表大会常务委员会关于修改〈成都市燃气管理条例〉的决定》的决定	第二十三次会议
	关于批准《成都市人民代表大会常务委员会关于修改〈成都市消防条例〉的决定》的决定	第二十三次会议
	关于批准《成都市人民代表大会常务委员会关于修改〈成都市邮政管理条例〉的决定》的决定	第二十三次会议
	关于批准《成都市人民代表大会常务委员会关于修改〈成都市计量管理监督条例〉的决定》的决定	第二十三次会议
	关于批准《成都市人民代表大会常务委员会关于修改〈成都市科学技术进步条例〉的决定》的决定	第二十三次会议
	关于批准成都市人民代表大会常务委员会关于修改《成都市〈中华人民共和国渔业法〉实施办法》的决定	第二十三次会议
	关于批准《成都市人民代表大会常务委员会关于修改〈成都市城市公共汽车客运管理条例〉的决定》的决定	第二十三次会议
	关于批准《成都市人民代表大会常务委员会关于修改〈成都市矿产资源管理条例〉的决定》的决定	第二十三次会议
	关于批准《成都市人民代表大会常务委员会关于修改〈成都市城市供水管理条例〉的决定》的决定	第二十三次会议
	关于批准《成都市暂住人口治案管理规定（修订案）》	第二十四次会议
	《成都市非机动车管理规定（修订案）》	第二十四次会议
	《成都市摩托车管理规定（修订案）》	第二十四次会议

续表 3－8

类别	法规（条例）名称	批准时间
成都市	《成都市公共场所治安管理规定（修订案）》	第二十四次会议
	《成都市文物保护管理条例（修订案）》	第二十四次会议
	《成都市烟草专卖管理条例》	第二十四次会议
	《成都市专利保护和促进条例》	第二十四次会议
	关于批准《成都市体育条例》的决定	第二十四次会议
	关于批准《成都市人民代表大会常务委员会任免国家机关工作人员条例》的决定	第二十七次会议
	关于批准《成都市未成年人安全保护条例》的决定	第三十次会议
	关于批准《成都市物业管理条例》的决定	第三十次会议
	关于批准《成都市人民代表大会常务委员会关于废止〈成都市人民代表大会常务委员会监督条例〉的决定》的决定	第三十次会议
	关于批准《成都市人民代表大会常务委员会关于修改〈成都市城市户外广告和招牌设置管理条例〉》的决定	第三十二次会议

第三章　行使监督权

第一节　监督范围

人代会上行使监督权，主要是听取、审议和表决通过6个报告（四川省人民政府工作报告，当年省国民经济和社会发展计划执行情况及来年计划草案的报告，当年省财政预算执行情况和来年财政预算草案的报告，省人大常委会工作报告，省高级人民法院工作报告，省人民检察院工作报告），内容详见第二篇。

四川省人大常委会的经常性监督工作，主要是工作监督和法律监督。工作监督主要包括：（一）每年有计划地安排听取和审议“一府两院”专项工作报告的监督；（二）听取和审议计划、预算执行、审计情况的工作报告；（三）组织执法检查，对法律法规实施情况的监督，执法检查的对象是法律法规实施机关；（四）对“一府两院”的工作评议、代表视察、专题调研等其他监督方式。法律监督，指对省政府和市（州）人大及常委会发布的规范性文件是否符合宪法和法律规定所进行的备案、审查和撤销。规范性文件包括：四川省人民政府、较大市人民政府发布的规章；地方市（州）人民代表大会及常务委员会作出的决议、决定；省人民政府发布的具有普遍约束力的决定、命令、规定、办法等。四川省人大常委会的经常性监督工作，还包括受理人民群众的申诉、控告、检举案件，询问和质询，特定问题调查，罢免、撤职等。

第二节　监督纪要

一、四川省七届人大常委会监督工作纪要

法律监督　省七届人大常委会加强法律监督，把执法检查工作摆到与立法工作同等重要的位置，每年都有计划、有重点地在全省范围内组织检查2—3个法律、法规的实施情况。常委会围绕经济建设这个中心，对法律、法规实施情况的检查，把促进经济建设和改革开放，为经济建设提供一个稳定的社会环境，作为重要内容，对有些重要的、执行中问题比较多的法律，反复进行检查。通过这些检查，推动法律、法规的实施，纠正一些违法行为，督促查办一些重大违法犯罪案件。

1988年，省七届人大常委会把检查《四川省计划生育条例》和《四川省土地管理实施办法》一年来的贯彻执行情况，作为一项重要工作来抓。常委会作出关于进一步贯彻实施计划生育条例和依

法强化土地管理的决议。1989 年，省七届人大常委会在全省范围内组织对《中华人民共和国全民所有制工业企业法》《中华人民共和国村民委员会组织法（试行）》《中华人民共和国民族区域自治法》实施情况进行检查，取得较好效果。在听取《中华人民共和国村民委员会组织法（试行）》检查汇报后，常委会作出进一步实施村民委员会组织法的决议。

1990 年，省七届人大常委会对森林法、省绿化暂行条例、省长江水源涵养保护条例实施情况进行检查。针对检查中发现的问题，委员们提出要进一步加强林业法规的宣传教育，抓紧法规的配套完善，依法治林，科技兴林，促进森林资源的保护和林业发展，加强长江水源的涵养保护。1991 年，省七届人大常委会组织了对水法、会计法、省工业产品质量监督条例、省保护消费者合法权益条例、土地管理法、义务教育法和省计划生育条例实施情况的检查，并有重点地对专利法、技术合同法、环境保护法、食品卫生法、传染病防治法的实施情况进行检查。常委会 3 个水法检查组到水旱灾害频繁的川东地区进行重点检查，研究实施水法中存在的问题，为制定四川省水法实施办法作准备，同时了解当地农田水利基本建设情况和水毁工程恢复情况，对解决川东地区缺水问题提出意见。1992 年，省七届人大常委会在全省范围内组织对《中华人民共和国全民所有制工业企业法》和《四川省农民负担管理条例》实施情况的检查。

工作监督 省七届人大常委会共举行会议 33 次，听取和审议省人民政府和省高级人民法院、省人民检察院的工作报会、情况汇报 113 次，讨论决定各方面工作的重大事项，作出相应的决议、决定 35 个，其内容涉及政治、经济、教育、科技、文化、卫生、城乡建设、环境保护及控制人口、廉政建设等各个方面。常委会对“一府两院”工作进行监督，围绕经济建设这个中心，把促进经济建设和改革开放，为经济建设提供一个稳定的社会环境，作为重要内容。

1988 年，省七届人大常委会听取省长张皓若关于四川省治理整顿的情况汇报。常委会认为，中央指出的经济过热、需求过旺、总需求超过总供给、流通秩序混乱、通货膨胀、物价上涨幅度过大等问题在四川省也是很突出的。同意省政府根据国务院加强宏观调控的一系列规定和措施，作出的具体规定和具体措施。常委会通过关于贯彻落实治理经济环境、整顿经济秩序、全面深化改革方针的决定。1989 年，听取省政府关于四川省制止政治动乱的情况汇报。委员们坚决拥护中共十三届四中全会作的各项决定，拥护全国人大常委会的决议，通过《关于学习贯彻中共十三届四中全会精神把制止动乱的斗争进行到底的决议》。1990 年，常委会听取省人民检察院关于开展反贪污贿赂斗争情况的汇报。委员们肯定检察机关在反贪污贿赂斗争中取得的成绩，同时也指出，从斗争的现状来看，任务还相当艰巨，检察机关必须继续努力，特别要狠抓重大经济案件的查处，把反贪污贿赂斗争引向深入。常委会对清理整顿公司工作一直很关注，1990 年 8 月，再一次听取和审议关于清理整顿公司的工作汇报，对省政府所作的工作给予积极的评价，同时提出，清理整顿公司必须善始善终搞彻底，尤其要抓紧大案要案的查处，并将结果公之于众。1991 年，常委会听取省政府关于“进一步推动我省工业企业科技进步”贯彻情况的汇报。常委会认为，依靠科技进步仍是全省工业企业的薄弱环节，一定要树立科技是第一生产力的观念，振兴四川经济必须在依靠科技进步上有大的突破，要充分利用四川省的各种技术优势，加快科技成果向现实生产力的转化，使全省工业企业的科学技术水平能有一个较大的提高。1992 年，常委会在听取省政府关于综合治理沱江污染议案办理情况的汇报后，通过关于综合治理沱江污染的决议，要求各级政府充分认识沱江污染的严重性，提高对治理污染重要性和紧迫性的认识，建立沱江污染防治委员会，制定综合治理规划，认真落实防治措施，增加防治投入，切实治理现有污染，严格控制新污染源的产生。

省七届人大常委会对如何加强对国民经济和社会发展计划的审查和监督工作，进行认真的研究和探索，反复听取有关部门和各地人大常委会的意见。1988 年，常委会加强和改进对财政预决算的监督，结合近年来的工作实践和四川省的实际情况，在广泛征求意见的基础上，审议通过《关于加强财政预算决算审查工作的决定》。1991 年，制定关于加强国民经济和社会发展计划审查监督的规定。常委会在听取财政预算执行情况的报告时指出，四川省的财政困难是经济运行中各种矛盾的综合反映，这种困难如果长期得不到解决，将会对国民经济的发展造成严重障碍。解决财政困难，从根本上说是要深化改革、发展经济，提高企业经济效益，特别是要搞好国营大中型企业，增强它们的活力，同时必须坚决贯彻艰苦奋斗、勤俭建国的方针，坚持开展增产节约、增收节支活动，严格财经纪律，狠煞铺张浪费歪风。财政部门要积极促产增收，注意培养财源，努力组织收入，严格控制支出，努力保证财政收支的平衡，同时加强对预算外资金的管理和监督。常委会会同省政府组织对会计法实施情况的检查，有关地区和部门对检查中发现的问题采取措施，推动会计法的贯彻落实。为管好用好数量日益增大的预算外资金，使资金的使用有效地促进生产建设的发展，防止和克服资金使用中的弊端，常委会制定预算外资金管理条例。1992 年，常委会在审议省政府关于财政经济方面的工作汇报时，充分肯定四川省经济建设和改革开放取得的重大成就，认为上年四川省经济发展和改革开放的步伐明显加快，工农业生产和总的经济形势很好，随着中共十四大精神的全面贯彻落实，四川经济过几年上一个新台阶的前景良好。同时，重视和解决在加速经济发展和改革开放过程中出现的一些问题，注意保护、引导和更好地发挥广大群众的积极性，在经济工作中，注意提高质量、优化结构、增进效益，使全省国民经济既快又好地向前发展。农业是国民经济的基础，四川是农业大省，在任何情况下，决不能动摇农业的基础地位，决不能放松农业生产和农村工作。要坚持贯彻中共十三届八中全会关于进一步加强农业和农村工作的决定，深化农村改革，当前尤其要注意搞活农产品流通，发展农村市场，大力发展乡镇企业，发展高产、优质、高效农业，切实保护农民利益，增加农民收入，调动农民生产积极性。土地资源一定要依法保护和合理开发，坚决制止乱占滥用耕地的行为。矿产资源的开发利用一定要依法进行、依法管理，制止各种乱采滥挖、破坏矿产资源的行为。在加快经济建设的同时，必须坚持计划生育基本国策，严格控制人口增长，实现既定的人口控制目标。

信访工作 认真做好人民群众的来信来访工作，是人大常委会联系群众的重要渠道。同时，常委会通过受理人民群众来信来访，加强对有关国家机关的监督。省七届人大常委会注意加强这方面的工作，使它逐步制度化，不断提高办事效率和质量。对涉及刑事和民事裁决的申诉案件，督促司法机关对其中确与事实有出入、适用法律和量刑不当的部分案件，按法定程序作了纠正或改判，维护公民的合法权益和法律的尊严。仅 1990 年，就收到和接待人民群众来信来访 1.3 万余件（次），其中多数是对司法机关和行政机关的判决、裁定、行政处罚不服的申诉。对这些申诉，一般按照“分级负责、归口办理”的原则转各地和各部门负责处理。对其中重要的申诉案件，则由常委会工作机构立案处理，分别情况，有的交有关单位限期办结，报告结果；有的直接组织调查，督促有关单位办理；必要时，调阅案卷，听取汇报，研究处理办法，责成有关单位办理。全年处理一些疑难案件，督促纠正一些错案和审理不当案件，注意做好安民息诉工作和为群众排忧解难，对维护公民合法权益，维护社会治安起到积极的作用。

四川省七届人大常委会会议监督工作 省七届人大常委会第二次会议听取省政府外事办公室主任徐世群作的“认真贯彻独立自主的和平外交政策积极为我省经济建设服务”的汇报。

省七届人大常委会第三次会议听取省财政厅厅长李达昌作的关于四川省1987年财政决算和1988年财政预算调整及1—4月执行情况的报告；省对外经济贸易厅副厅长叶荣述作的关于四川省对外经济贸易工作情况的汇报；省建设委员会副主任甘宇平作的关于四川省住房制度改革意见的汇报；省卫生厅厅长殷大奎作的关于四川省实施食品卫生法和防治传染病情况的汇报。

省七届人大常委会第四次会议听取副省长马麟关于1988年上半年工交生产完成情况和下半年工作安排的汇报，关于四川省能源生产、建设的情况汇报，省劳动人事厅副厅长刘继邦关于两个劳动安全法规执行情况和今后修改意见的汇报，省司法厅副厅长杨立中关于四川省劳改工作情况及发展中存在的问题的汇报，副省长谢世杰关于四川省扶贫工作情况的汇报。

省七届人大常委会第五次会议听取省人大常委会副主任邓自力关于常委会成员视察《四川省计划生育条例》《四川省土地管理实施办法》实施情况的报告；省计划生育委员会主任钟戡关于贯彻实施《四川省计划生育条例》的情况汇报；省国土局局长焦成斌关于贯彻执行四川省土地管理实施办法的情况汇报；省公安厅副厅长胡志华关于四川省当前社会治安形势和实施治安管理处罚条例的情况汇报；副省长刘昌杰关于当前农业生产情况的汇报。

省七届人大常委会第六次会议听取省长张皓若作的治理经济环境，整顿经济秩序，全面深化改革的汇报；省财政厅厅长李达昌关于四川省1988年1—10月财政预算调整及执行情况的报告；副省长韩邦彦关于对四川省经济管理干部学院等4所学院进行调整、整顿的情况汇报；省教育委员会副主任任贵禄关于四川省贯彻实施《中华人民共和国义务教育法》的情况汇报；副省长蒲海清关于1988年四川省两起特大沉船事故情况及加强四川省安全生产工作采取的措施的汇报；省高级人民法院副院长魏彬作的全省法院贯彻实施民法通则情况的报告；省政府副秘书长杨启泉关于省七届人大一次会议代表建议、批评和意见的处理情况的汇报；省人大常委会办公厅提交关于省七届人大一次会议44件代表建议、批评和意见的办理情况的书面汇报；省人大财政经济委员会关于检查川东地区环境保护法规执行情况的书面报告。

省七届人大常委会第七次会议听取副省长马麟作的关于压缩固定资产投资规模和执行55号议案——清理楼堂馆所的情况汇报。

省七届人大常委会第八次会议听取省财政厅厅长李达昌作的关于四川省开展1988年税收、财务大检查的情况汇报；省物价局局长经荣生作的关于1988年物价大检查情况汇报；省科委主任张廷翰作的关于全省农村科技工作情况的汇报；还听取农村科技工作的情况汇报。

省七届人大常委会第九次会议听取省财政厅厅长李达昌关于四川省1988年财政决算和1989年1—3月预算执行情况的报告，省监察厅厅长程英男关于坚持以廉政为重点全面开展监察工作的情况汇报，省人民检察院副检察长刘仲林关于四川省检察机关打击严重经济犯罪工作情况的报告，副省长金洪生关于四川省开展全民国防教育的情况汇报，副省长蒲海清关于清理在建项目压缩投资规模和办理156号议案的情况汇报、关于办理55号议案和清查楼堂馆所的情况汇报。

省七届人大常委会第十次会议省公安厅厅长巫学德关于四川省制止政治风波、平息打、砸、抢、烧事件的情况汇报，会议听取省监察厅副厅长曾宪章关于查处德阳汽车违控案的情况汇报，省计划经济委员会主任包叙定关于四川省1989年上半年工农业生产情况和1989年下半年工作安排的汇报。

省七届人大常委会第十一次会议听取和审议副省长韩邦彦关于全省整顿清理书报刊及音像市场情况的汇报，省人大常委会副主任宋大凡关于检查《中华人民共和国全民所有制工业企业法》实施情况的报告，省体委副主任陈保明关于当前四川省体育工作情况和意见的汇报。

省七届人大常委会第十二次会议听取和审议省人大常委会副主任刘元瑄关于检查《中华人民共和国村民委员会组织法（试行）》实施情况的报告，省财政厅厅长李达昌关于1989年1—9月财政预算调整及执行情况的报告，省人民检察院检察长龚读纶关于贯彻两院《通告》开展反贪污、贿赂斗争情况的报告，省高级人民法院副院长敬瑞祥关于全省法院贯彻执行“两高”《通告》情况的报告，副省长谢世杰关于继续查清德阳汽车案情况的汇报，省教育委员会主任卢铁城关于四川省贯彻执行《中华人民共和国义务教育法》和《四川省义务教育实施条例》情况的汇报、省公安厅副厅长胡志华关于四川省消防工作情况的汇报，省政府副秘书长杨启泉关于省七届人大二次会议代表建议批评和意见处理情况的汇报，省人大常委会办公厅关于省七届人大二次会议94件代表建议批评和意见办理情况的汇报（书面）。

省七届人大常委会第十三次会议听取省政府秘书长刘志鹏关于全省清理整顿公司工作汇报，省审计局局长吉福仓关于审计检查四川省粮食企业财务收支的情况汇报，副省长韩邦彦关于1989年四川省科技兴农工作的情况汇报，省统计局局长兰瑞华关于检查统计法规实施情况的汇报（书面）。

省七届人大常委会第十四次会议听取和审议省人民检察院检察长龚读纶关于郑六一经济案件办理情况的汇报。

省七届人大常委会第十六次会议听取和审议副省长韩邦彦关于依靠科技进步提高工业技术水平和经营管理水平情况的汇报，省地矿局局长刘少峰关于全省贯彻执行《中华人民共和国矿产资源法》情况的汇报，省政府副秘书长雷喻义关于行政执法情况的汇报。

省七届人大常委会第十七次会议听取副省长蒲海清关于当前工业生产情况的汇报，省财政厅厅长李达昌关于1989年财政决算和1990年1—5月预算执行情况的报告，省公安厅厅长巫学德关于四川省扫除“六害”基本情况及今后工作意见的汇报，省卫生厅厅长殷大奎关于贯彻实施《中华人民共和国传染病防治法》的情况汇报。

省七届人大常委会第十八次会议听取和审议副省长谢世杰关于当前农业生产情况的汇报，副省长金洪生关于清理整顿公司工作的汇报，副省长罗通达关于贯彻实施民族区域自治法情况的汇报，省审计局局长吉福仓关于粮食财务审计检查情况的汇报，省建设委员会副主任兼省环保局局长潘大健关于检查环境保护法执行情况的汇报，省高级人民法院副院长魏彬关于行政诉讼法实施准备情况的汇报，省人民检察院检察长龚读纶关于打击贪污、贿赂经济犯罪活动情况的汇报。

省七届人大常委会第十九次会议听取省财政厅副厅长黄工乐关于四川省1990年1—9月财政预算调整和执行情况的报告、省计划经济委员会主任包叙定关于四川省第七个五年计划及1990年计划执行情况的汇报、省民政厅副厅长邹淑英关于四川省贯彻执行《中华人民共和国婚姻法》的情况汇报、省人大常委会副主任白尚武关于检查四川省司法部门执法情况的报告、省人大常委会副主任邓自力关于视察森林法、绿化暂行条例、长江水源涵养保护条例实施情况的报告、省政府副秘书长杨启泉关于省七届人大三次会议代表建议、批评和意见的处理情况汇报；省人大常委会办公厅提交关于省七届人大三次会议代表建议、批评和意见的处理情况的书面报告。

省七届人大常委会第二十次会议听取和审议省建设委员会副主任杨启后关于四川省1990年重点

建设工作情况汇报，省物价局局长经荣生关于全省开展清理乱收费、乱摊派、乱罚款的情况汇报，省教育委员会主任卢铁城关于全省中小学德育工作情况的汇报。

省七届人大常委会第二十二次会议听取副省长蒲海清关于四川省开展质量品种效益年活动安排情况的汇报。

省七届人大常委会第二十三次会议审议省人民检察院《关于设置四川省珙县芙蓉地区人民检察院的报告》，听取省财政厅厅长李达昌《关于四川省1990年财政决算和1991年1—4月财政预算执行情况的报告》、副省长罗通达《关于加强社会治安综合治理工作的汇报》、省司法厅厅长郑文举《关于全省“一五”普法情况和“二五”普法安排的汇报》、省人民检察院副检察长赵希尧《关于侦办郑六一贪污案的工作报告》、省高级人民法院副院长刘家琛《关于郑六一贪污案审理情况的报告》。

省七届人大常委会第二十四次会议审议《四川省人民代表大会常务委员会审查国民经济和社会发展计划的规定（草案）》、上半年国民经济计划执行情况、法纪检察控告申诉检察工作情况、清理整顿社会团体工作情况、《中华人民共和国会计法》实施情况、《中华人民共和国环境保护法》实施情况、《中华人民共和国食品卫生法》和《中华人民共和国传染病防治法》实施情况。

省七届人大常委会第二十五次会议听取和审议省建设委员会主任甘宇平关于四川省1991年重点建设执行情况汇报、省卫生厅厅长殷大奎关于四川省农村卫生工作情况汇报、省监察厅厅长程英男关于全面开展行政监察工作，促进四川省政治稳定和经济发展的汇报、省高级人民法院副院长魏彬关于四川省人民法庭工作和建设情况的汇报、省人大常委会副主任宋大凡关于检查《四川省工业产品质量监督条例》和《四川省保护消费者合法权益条例》实施情况的报告。

省七届人大常委会第二十六次会议听取和审议副省长韩邦彦关于四川省贯彻执行《中华人民共和国义务教育法》和《四川省义务教育实施条例》的情况汇报、省科委主任袁景葵关于四川省“科技兴工”工作情况及“八五”初步安排意见的汇报、省农牧厅厅长张中伟关于全省农业生产和农田水利基本建设情况汇报、省人大常委会副主任邓自力关于视察川东地区水法实施情况的报告、省人大常委会副主任白尚武关于视察四川省贯彻实施全国人大常委会、省人大常委会《关于加强社会治安综合治理的决定》的情况汇报，省政府副秘书长杨启泉关于省七届人大四次会议代表建议、批评和意见的办理情况汇报。会议审议副省长韩邦彦提交的关于省七届人大四次会议第108号、113号议案的办理情况的书面汇报、省人大常委会办公厅提交的关于省七届人大四次会议86件代表建议、批评和意见办理情况的书面汇报。

省七届人大常委会第二十七次会议听取副省长刘昌杰关于贯彻实施《四川省计划生育条例》的情况汇报、省计划经济委员会主任陈宽金关于《四川省国民经济和社会发展十年规划和“八五”计划纲要（草案）》的说明。

省七届人大常委会第二十八次会议听取和审议省广播电视厅厅长卢子贵关于全省广播电视工作情况的汇报，省高级人民法院副院长魏彬关于贯彻实施《中华人民共和国行政诉讼法》的情况报告。

省七届人大常委会第二十九次会议听取和审议副省长韩邦彦关于依靠科技进步振兴四川经济的情况汇报，副省长马麟关于综合治理沱江污染议案办理情况的汇报，省财政厅厅长李达昌关于四川省1991年财政决算和预算外资金决算的报告，省人民检察院副检察长赵希尧关于反贪污贿赂斗争情况的汇报，省乡镇企业管理局局长黄永光关于乡镇企业发展情况的汇报，省政府税收财务物价大检查领导小组办公室提交的关于四川省1991年度税收、财务、物价大检查工作情况的汇报，省人大教科文卫委员会提交的关于检查《中华人民共和国文物保护法》和《四川省文物保护管理办法》实施情况的汇报以及关于检查科技兴农、兴工决议和科技兴川决定实施情况的汇报，省人大城乡建设环境保护委员会提交的关于检查沱江流域环境保护执法情况的汇报。

省七届人大常委会第三十次会议听取和审议省计划委员会主任陈宽金关于四川省 1992 年上半年国民经济计划执行情况的汇报，省经贸委主任张应文关于四川省对外经济贸易工作情况的汇报，省旅游局局长何一心关于四川省旅游工作情况的汇报，省人大教科文卫委员会提交的关于全国人大义务教育法检查组在川检查的情况报告（书面）。

省七届人大常委会第三十一次会议听取和审议副省长蒲海清关于四川省贯彻实施企业法情况的汇报，副省长马麟关于《四川省农民负担管理条例》实施情况的汇报，省民委主任孙自强关于民族地区经济发展情况的汇报。会议审议省人大农业委员会提交的关于《四川省农民负担管理条例》执法检查情况的汇报，省人大科教文卫委员会提交的关于《中华人民共和国著作权法》贯彻实施情况的汇报。

省七届人大常委会第三十二次会议听取和审议副省长罗通达关于全省农业生产情况的汇报，省公安厅厅长巫学德关于禁毒工作的情况汇报，省长助理邹广严关于贯彻实施《中华人民共和国矿产资源法》情况的汇报，省计生委主任钟戡关于《四川省计划生育条例》贯彻实施情况的汇报，省财政厅厅长李达昌关于四川省 1992 年 1—10 月财政收支预算调整及执行情况的汇报，省政府秘书长沈国俊关于清理整顿四川省食品工业开发总公司议案办理情况的补充汇报，省文化厅厅长周正举关于加强农村文化工作议案办理情况的汇报。会议审议省人大教科文卫委员会提交的关于《四川省中等职业技术教育暂行条例》实施情况检查的汇报（书面），省人大农业委员会提交的关于省七届人大五次会议主席团交付的第 36 号、第 115 号代表议案审议结果的报告（书面），省政府副秘书长杨启泉提交的关于省七届人大五次会议及 5 年来代表建议、批评和意见的处理情况的汇报（书面），省人大常委会办公厅提交的关于省七届人大五次会议代表建议、批评和意见的办理情况的汇报（书面）。

二、四川省八届人大常委会监督工作纪要

法律监督 省八届人大常委会把对法律法规实施情况的检查监督放在与立法同等重要的位置，每年都检查 1—2 个法律法规的执行情况，每次重点解决 1—2 个实际问题，先后对《四川省农民负担管理条例》《中华人民共和国全民所有制工业企业法》和《全民所有制工业企业转换经营机制条例》《中华人民共和国反不正当竞争法》《中华人民共和国义务教育法》及其实施条例、《中华人民共和国教师法》《中华人民共和国妇女权益保障法》《中华人民共和国农业法》《中华人民共和国科学技术进步法》《中华人民共和国环境保护法》《四川省文化市场管理条例》等 10 多个法律法规的执行情况进行检查。各专门委员会也在部分地区组织对《中华人民共和国民族区域自治法》《中华人民共和国土地管理法》《中华人民共和国科学技术进步法》《中华人民共和国城市规划法》《中华人民共和国台湾同胞投资保护法》《四川省计划生育条例》等法律法规执行情况的检查。常委会配合全国人大常委会对四川省贯彻执行《中华人民共和国农业法》《中华人民共和国文物保护法》《中华人民共和国教育法》《中华人民共和国残疾人保障法》《中华人民共和国归侨侨眷权益保护法》等法律和执行全国人大常委会关于深入开展法制宣传教育、禁毒等决定的情况进行检查。在检查中，常委会和专门委员会注意将执法检查与法制宣传、普法教育结合起来，既宣传法律法规，又促进法律法

规的贯彻执行。

常委会在执法检查中，坚持程序与实施并重，通过检查，务求执法环境得到改善，执法状况有所改观。对执法检查方式，也进行积极的探索。1996 年，常委会在检查沱江流域、金沙江流域、三峡库区和川南酸雨区执行环境保护法情况时，就引入有关量化指标，用各种检测数据来说明问题，比较客观地反映当地的执法状况。并督促当地政府和有关部门坚决执行国务院的有关决定，关闭一批污染严重且治理无望的企业，使几个地方的局部水环境和大气质量都有所改善。1997 年检查省文化市场管理条例执行情况时，为了解四川省文化市场的真实情况，常委会在检查中除听取汇报、抽样调查、召开座谈会、个别走访外，派出人员到成都、南充、广元等地进行暗访调查。

1995 年，省八届人大常委会专门制定各级人大常委会加强对法律实施情况检查监督的规定，明确执法检查的主体、对象、范围及组织实施等问题，为执法检查工作的开展提供比较明确的可以操作的法制规范。

工作监督　省八届人大常委会听取“一府两院”的工作报告和情况汇报 105 次，作出有关决议、决定 13 个，并坚持会后向报告单位发送常委会的书面审议意见，督促其改进工作。

常委会把督促政府加强和改善对经济运行的宏观调控作为工作监督的重点，每年一、三季度对财政预、决算及其执行情况、国民经济和社会发展计划执行情况进行审查。先后听取和审议有关农业生产、深化企业改革、建立现代企业制度、重点建设、环境保护、土地管理、开发区建设、股份制试点、个体和私营经济发展、乡镇企业、外贸、外事、口岸、交通、科技和教育改革等情况汇报。对委员们在审议中提出的重要意见和建议，常委会都以书面形式交政府有关部门，要求认真对待和办理。对事关全局的重要问题，常委会还要作出有关的决议、决定。5 年间，常委会先后就土地资源和土地资产的管理、加强环境保护和消防工作等作出决议、决定。

常委会非常重视监督“一府两院”的执法情况。5 年间，听取省政府关于行政执法、反腐倡廉和贯彻实施民族区域自治法、科技进步法、环境保护法、水土保持法、行政处罚法等法律、法规情况的汇报；听取省高级人民法院关于经济审判、行政审判、执行工作等情况的汇报，并作出关于加强人民法院执行工作的决定；听取省人民检察院关于执行民事诉讼法和行政诉讼法、开展民事行政检察工作、查办贪污贿赂经济犯罪大要案件情况等汇报。各专门委员会也多次听取省政府有关部门和“两院”的工作情况汇报。

信访工作　省八届人大常委会共收到人民群众来信 7 万多件，接待群众来访 1.28 万人次。通过办理信访，督促有关部门和地方解决一些人民群众急需解决的问题，纠正一些错案，对社会稳定起到积极的作用。

代表评议工作　省八届人大一次会议后，代表评议工作在全省普遍推开，评议对象由初期的基层“七所八站”，发展到市、县的行政、司法机关。在认真总结基层评议工作经验的基础上，省人大常委会从 1995 年起，开展对省级有关部门工作的评议，3 年中先后评议省工商局、省公安厅和省检察院的工作。为增进评议的效果，1996 年对公安机关的评议和 1997 年对检察机关的评议都采取上下联动的方式，省和市（地、州）、县人大分别负责组织对同级公安、检察机关的评议，最后由省人大常委会召开省上的评议会议，代表向被评议者面对面地提出评议意见。会后，常委会督促被评议的省级机关搞好整改，并通过市（地、州）、县人大督促各地整改。

四川省八届人大常委会会议监督工作　省八届人大常委会第二次会议听取和审议副省长张中伟

关于全省农业生产的情况汇报，副省长徐世群关于《四川省文化市场管理暂行条例》贯彻情况的汇报。会议还审议省人大教科文卫委员会提交的关于实施《四川省文化市场管理暂行条例》情况的调查报告。

省八届人大常委会第三次会议听取和审议副省长马麟关于打击生产、经销假冒伪劣商品的情况汇报。省人大常委会副主任孟俊修关于四川省换届选举工作的总结报告，省工商局局长吴名智关于个体和私营经济发展情况的汇报，省政府副秘书长雷喻义关于行政执法情况的汇报，省教育委员会主任王可植关于贯彻实施《中华人民共和国义务教育法》的情况汇报。会议还审议省人大教科文卫委员会提交的关于贯彻实施《中华人民共和国义务教育法》情况的调查报告（书面）。

省八届人大常委会第四次会议听取和审议省计划委员会副主任刘伯华关于四川省上半年国民经济计划执行情况的汇报，副省长张中伟关于《四川省农民负担管理条例》实施情况的汇报，省经贸委主任张应文关于对外贸易和招商引资情况的汇报，副省长徐世群关于社会治安综合治理情况的汇报。会议还审议省人大、省政府执法检查组提交的关于梁平、眉山等 13 个县农民负担执法检查报告。

省八届人大常委会第五次会议听取和审议省财政厅厅长李达昌关于四川省 1993 年 1—9 月财政收支预算调整和执行情况的报告，省体改委主任张育仁关于四川省股份制试点工作情况的汇报，省建设委员会副主任杨启后关于四川省 1993 年重点建设工作的情况汇报，省国土局局长傅应铨关于贯彻执行《四川省土地管理实施办法》的情况汇报，省宗教局局长郭桂求关于四川省宗教工作的情况汇报，省高级人民法院副院长邬红旗关于经济审判工作的报告，副省长马麟关于贯彻《中华人民共和国全民所有制工业企业法》和《中华人民共和国全民所有制工业企业转换经营机制条例》情况的汇报，省计生委主任谢明道关于贯彻实施《四川省计划生育条例》的情况汇报。会议还审议省人大、省政府联合调查组提交的关于检查四川省企业法和转机条例贯彻实施情况的书面汇报、省人大教科文卫委员会关于检查绵阳、泸州等 6 个市（地）贯彻《四川省计划生育条例》的情况汇报。

省八届人大常委会第六次会议听取和审议省外办主任李长春关于外事工作情况的汇报，省乡镇企业局局长黄永光关于全省乡镇企业工作情况的汇报，省计划委员会副主任刘伯华关于四川省开发区情况的汇报，省人民检察院检察长龚读纶关于在反腐败斗争中查处经济犯罪大案要案的情况汇报，省政府副秘书长雷喻义关于省八届人大一次会议代表建议、批评和意见的办理情况的汇报。会议还听取和审议省人大政法委副主任委员孙致孚关于继续审议“要求依法查处重庆国际渝丰公司董事长兼总经理魏文烈违法犯罪案”一案办理进展情况的报告，审议省人大常委会办公厅提交的关于省八届人大一次会议代表建议、批评和意见的办理情况的汇报（书面）。

省八届人大常委会第八次会议听取和审议省司法厅副厅长李新民关于四川省“二五”普法工作的情况汇报，省经委主任佘国华关于企业扭亏增盈工作情况的汇报，副省长李蒙关于四川省实施初级卫生保健工作的情况汇报。

省八届人大常委会第九次会议听取和审议省物价局局长胡安荣关于当前四川省的物价形势和物价工作的汇报，省监察厅厅长何晓清关于 1993 年以后全省开展反腐败斗争加强廉政建设的基本情况汇报，副省长李蒙关于科技工作的情况汇报，副省长张中伟关于全省农业生产情况的汇报，省人大财经委副主任委员经荣生关于省八届人大二次会议主席团交付财经委员会审议的 3 个议案办理结果的报告。

省八届人大常委会第十次会议听取和审议省财政厅厅长李达昌关于四川省1993年财政决算和1994年财政预算报告，省计划委员会主任陈宽金关于四川省1994年上半年国民经济和社会发展计划执行情况的报告，省政府副秘书长、省绿化委员会副主任刘忠彬关于开展全民义务植树运动的情况汇报。

省八届人大常委会第十一次会议听取和审议省侨办主任王宋达关于四川省侨务工作的汇报，副省长欧泽高关于贯彻实施《中华人民共和国民族区域自治法》的情况汇报，省长助理李进关于四川省贯彻实施《中华人民共和国义务教育法》《中华人民共和国教师法》和《四川省义务教育实施条例》的情况汇报，省三峡工程移民办公室主任焦成斌关于三峡工程四川库区移民工作情况汇报，省人民检察院副检察长苟兴和关于全省检察机关坚持严格执法加强执法监督工作的情况汇报，省人大常委会副主任、代表资格审查委员会主任委员孙自强关于选举和补选省八届人大代表的代表资格审查报告。

省八届人大常委会第十二次会议听取和审议省财政厅副厅长黄工乐关于四川省1994年1—10月财政预算执行情况的报告，省工商局局长吴名智关于四川省贯彻实施《中华人民共和国反不正当竞争法》的情况汇报，省国税局副局长杨德俊关于四川省税制改革情况的汇报，省计生委主任谢明道关于贯彻实施《四川省计划生育条例》情况的汇报，省政府副秘书长雷喻义关于"除六害"法律法规实施情况汇报，省高级人民法院副院长敬瑞祥关于审理经济犯罪案件的情况报告、省政府副秘书长张宗源关于省八届人大二次会议代表建议、批评和意见办理情况的汇报，省人大政法委副主任委员巫学德关于检查除"六害"法律法规执法情况的汇报，省人大常委会办公厅、省人大《中华人民共和国反不正当竞争法》检查组向会议分别提交关于省八届人大二次会议69件代表建议、批评和意见办理情况的书面汇报，关于检查《中华人民共和国反不正当竞争法》执行情况的书面报告。

省八届人大常委会第十四次会议听取和审议副省长徐世群关于全省文化市场管理工作情况的汇报，省政府副秘书长雷喻义关于贯彻《中华人民共和国妇女权益保障法》的情况汇报。会议审议省人大常委会妇女法执法检查组关于检查贯彻实施《中华人民共和国妇女权益保障法》及四川省《实施办法》执法情况的书面汇报。

省八届人大常委会第十五次会议听取和审议省政府关于实施"全民健身计划"的情况汇报，省政府关于贯彻《监狱法》的情况汇报，省政府关于农村社会治安综合治理的情况汇报。省人大政法委员会、城建环保委员会分别向会议提交关于贯彻实施《中华人民共和国工会法》情况的检查报告、关于川北环保执法检查情况的汇报、关于检查《中华人民共和国城市规划法》及《四川省村镇规划建设管理条例》实施情况的汇报。

省八届人大常委会第十六次会议听取并审议省政府9个工作汇报，即关于四川省1995年1—7月国民经济和社会发展计划执行情况的汇报、关于检查《中华人民共和国兵役法》及《中华人民共和国军事设施保护法》的情况汇报、关于1995年物价情况的汇报、关于贯彻实施《中华人民共和国义务教育法》及《中华人民共和国教育法》的情况汇报、关于贯彻实施《四川省国防教育条例》的情况汇报、关于广播电视工作的情况汇报、关于全省畜牧业生产情况的汇报、关于四川省环境保护工作的情况汇报、关于四川省建筑业发展情况的汇报。

省八届人大常委会第十七次会议听取并审议省政府关于全省农业生产情况的汇报、关于"二五"普法工作情况的汇报、关于禁毒工作情况的汇报、关于四川省深化企业改革建立现代企业制度试点情况的汇报、关于贯彻实施科技进步法及有关法规情况的汇报、关于全省对台经济工作情况的汇报，省人民检察院关于反贪污贿赂工作及查处经济犯罪大案要案情况的汇报；听取并审议省人大常委会副主任孙自强关于开展农业法执法检查的情况汇报。

省八届人大常委会第十八次会议听取和审议省高级人民法院关于全省行政审判工作情况的汇报，关于检查沱江流域部分地区贯彻执行环保法和省人大常委会“关于综合治理沱江污染的决议”的情况汇报；听取并审议通过省人大民族宗教、政法、财经、教科文卫、农业、外事侨务6个专门委员会关于省八届人大三次会议主席团交付审议的代表提出的议案审议结果的报告。会议还听取和审议省人大常委会办公厅关于省八届人大三次会议代表提出的批评、建议和意见办理情况的汇报。省政府关于省八届人大三次会议代表提出的批评、建议和意见办理情况的汇报。

省八届人大常委会第二十次会议听取并审议省政府关于贯彻实施《中华人民共和国文物保护法》的情况汇报、关于全省消防工作情况的汇报；听取并审议省人民检察院关于开展民事、行政检察工作情况的汇报。

省八届人大常委会第二十一次会议听取并审议省政府关于“三五”普法规划的报告，省政府关于1995年财政决算和1996年1—5月财政预算执行情况的报告，省政府关于1995年财政预算执行和其他财政收支的审计工作报告，省政府关于贯彻实施《中华人民共和国科学技术进步法》的情况报告，省高级人民法院关于全省法院执行工作的情况汇报。省人大教科文卫委员会、城建环保委员会、财经委员会、选任联工作室和省工商局分别向会议提交关于检查《中华人民共和国科学技术进步法》实施情况的报告，关于检查成都市实施《中华人民共和国城市规划法》的情况汇报，关于组织代表评议省工商局工作的总结报告，关于乡镇人大换届选举工作的情况汇报，关于评议整改工作的情况汇报。

省八届人大常委会第二十二次会议听取并审议省政府关于1996年上半年国民经济和社会发展计划执行情况的报告，省政府关于交通工作的情况汇报，省政府关于1994年度全省教育经费审计检查情况的汇报，省高级人民法院关于全国法院审判方式改革工作会议和“严打”斗争有关情况的汇报；省人大常委会副主任刘子寿向会议提交关于八届全国人大常委会第二十次会议的情况汇报、省人大城建环保委员会向会议提交关于检查《四川省测绘管理条例》的情况汇报。

省八届人大常委会第二十三次会议听取并审议省政府关于全省农业生产情况的汇报、省政府关于四川省口岸工作的情况汇报，省政府关于四川省贯彻实施《中华人民共和国城市规划法》的情况汇报，关于开展《中华人民共和国环境保护法》执法检查的情况汇报，关于《中华人民共和国安全法》执行情况的汇报。省人大常委会副主任李永寿向会议提交关于八届全国人大常委会第二十一次会议的情况汇报。

省八届人大常委会第二十四次会议听取省政府关于四川省1996年1—11月财政预算执行情况及预算调整的报告，听取并审议省政府关于执行《中华人民共和国村民委员会组织法（试行）》《四川省村委会组织法（试行）实施办法》情况汇报、省政府关于贯彻实施《四川省计划生育条例》的情况汇报、省政府关于贯彻水土保持法律法规有关情况的汇报；听取并审议省人大常委会副主任任凌云关于评议全省公安机关工作的情况汇报。

省八届人大常委会第二十五次会议听取和审议省政府副秘书长蒋明政关于省八届人大四次会议代表建议、批评和意见办理情况的汇报。

省八届人大常委会第二十六次会议听取省人大常委会副主任罗通达作的省八届人大常委会代表资格审查委员会关于丁芸仪等省八届人大代表的代表资格自行终止的情况报告，省人大常委会副主任兼秘书长孟俊修关于省八届人大五次会议筹备工作情况的汇报，副省长徐世群关于教育改革和发展情况的汇报。

省八届人大常委会第二十七次会议听取省政府关于《四川省国民经济跨世纪发展战略》的说明；听取并审议关于1996年四川省省级财政预算执行情况和其他财政收支的审计工作报告、关于四川省1996年财政决算及1997年1—5月财政预算执行情况的报告，省公安厅关于接受人大代表评议工作情况的汇报。

省八届人大常委会第二十八次会议听取和审议关于四川省1997年上半年国民经济和社会发展计划执行情况的报告，关于全省乡镇企业发展情况的汇报，关于全省外事工作的情况汇报。

省八届人大常委会第二十九次会议听取并审议省政府关于行政处罚法贯彻执行情况的汇报，关于四川省1997年1—9月财政预算执行情况及预算变更情况的报告，关于检查《四川省文化市场管理条例》贯彻实施情况的汇报，关于全省农业生产情况的汇报，省人民检察院关于查办贪污、贿赂大要案件情况的汇报，省公安厅关于消防法执行情况的汇报，省高级人民法院关于错案责任追究制及执法检查情况的汇报。

省八届人大常委会第三十次会议听取和审议省政府办公厅关于省八届人大五次会议代表提出的建议、批评和意见办理情况的汇报，省政府关于开展“三五”普法工作情况的汇报，省高级人民法院关于审判方式改革的情况汇报；听取关于省九届人大一次会议筹备工作情况的汇报；审议关于省九届人大专门委员会设置的议案；省人大政法、财经、教科文卫、农业、城建环保委员会向会议提交关于评议检察院工作情况、检查《四川省计划生育条例》贯彻实施情况、1997年度环保执法检查情况、《四川省农业技术推广法实施办法》执法检查情况、检查《中华人民共和国残疾人保障法》《四川省〈中华人民共和国残疾人保障法〉实施办法》贯彻实施情况、检查《中华人民共和国国防法》贯彻实施情况、1996年四川省省级财政预算执行情况及其他财政收支审计查出问题整改落实情况的书面报告。

三、四川省九届人大常委会监督工作纪要

法律监督 省九届人大常委会在全省范围内对环境保护法、乡镇企业法、草原法、药品管理法、天然林保护条例、农民负担管理条例6个法律法规的实施情况，“三五”普法规划落实情况开展执法检查，并对民族地区义务教育执法情况进行专项检查。针对检查中发现的重大问题，及时向省政府提出建议，督促改进，促进法律法规的施行。2000年，常委会对全省施行乡镇企业法的情况进行检查，针对一些地方存在的贯彻实施乡镇企业法不力、优惠政策落实较差、经营者法制观念不强等问题，对省政府提出加强和改进乡镇企业工作的要求，推动各地进一步实施乡镇企业法，加强企业管理、技术改造和产品销售，使乡镇企业的发展出现好的转机。2001年，常委会对草原法的实施情况进行重点检查。针对检查中发现的草原退化、沙化、鼠虫害严重、生态不断恶化等问题，及时要求省政府提高认识，建立执法机构，增加资金投入，以科技进步促进牧区经济和生态环境协调发展，促进省政府加大草原法执法力度，积极采取措施，加强草原建设。2002年，常委会对药品管理法执法情况进行检查。从检查情况看，各地人大、政府在贯彻实施药品管理法、加强药品质量监督管理、整顿和规范药品市场秩序、促进医药产业发展、确保人民群众用药安全方面做了大量工作，取得初

步成效。但也发现药品法律宣传不够普及、药品市场秩序不规范、药品监督管理乏力等问题。常委会听取执法检查组的报告，要求政府加强领导，落实措施，抓紧解决存在的问题，让群众吃上“放心药”，并责成有关专委会跟踪监督。省政府及有关部门积极采取措施，加大药品管理法实施力度，强化药品管理工作，并于2003年6月前向常委会专门汇报整改落实情况。省人大各专门委员会每年都重点检查1—2件法律法规的执行情况，还协助全国人大对农业法等法律进行执法检查，有力促进法律法规的贯彻实施。

工作监督 省九届人大常委会针对人民群众关心的“热点”和“一府两院”在依法行政、公正司法、反腐倡廉等方面的问题，认真听取并审议“一府两院”的工作报告和情况汇报。5年间，共听取和审议“一府两院”关于计划、财政、对外开放、实施西部大开发战略、农业和农村工作、工业生产、重点项目建设等方面的工作报告和情况汇报117件次，并坚持常委会议审议后向“一府两院”及政府有关部门发送书面审议意见的制度，督促“一府两院”及有关部门改进工作。1998年，常委会先后听取省政府关于企业职工社会保险和实施再就业工程工作情况的专题汇报，加强对全省下岗职工生活保障和再就业工作的监督，对推进全省国企改革和社会“热点”“难点”问题的解决，维护社会稳定，起到积极的作用。常委会高度重视群众反映强烈的会东铅锌矿严重污染问题，从1999年起，常委会领导先后5次到矿区，了解和检查治污情况，多次召开协调会议，督促省政府及有关部门和凉山州研究落实治污措施。至2002年末，会东铅锌矿“治污、治乱、治穷”的各项措施已逐步落实，永久性尾矿库工程即将完成，历时40年未解决的老大难问题得到较好解决。1999年和2000年，常委会组织部分常委会组成人员对攀西、川南地区的部分重点建设项目进展情况及工程质量进行视察，听取省计委和项目所在地市（州）政府关于重点建设项目的建设情况汇报，要求省政府和市（州）政府加强工程建设和管理，工程建设必须坚持百年大计、质量第一的原则，确保一批符合国家产业政策、符合可持续发展战略、具有长远经济增长潜力的重点项目按时按质顺利建成。2001年，常委会听取公安队伍建设、检察机关开展刑罚执行监督工作、省法院改革工作情况的汇报，充分肯定司法机关在加强队伍建设、保障改革开放和经济发展、维护社会政治稳定、反腐倡廉等方面所作出的努力，同时也提出加强和改进的建议和要求，推进司法队伍建设和工作的开展，为维护社会稳定起到促进作用。

信访工作 九届人大常委会共处理人民群众来信70712件，接待来访群众28134人次。对群众反映强烈的问题，抓紧研究，依法办理，督促有关地区和部门认真解决，处理一些难点问题，纠正一些错案冤案，维护社会稳定。

代表评议工作 省九届人大常委会认真组织代表和常委会组成人员对“一府两院”进行工作评议，对政府组成人员进行述职评议。1998年，常委会组织50余名省人大代表对省高级人民法院的工作进行评议，并指导全省各级人大开展对法院的评议监督工作。1999年，对法院整改工作进行跟踪监督。为促进司法队伍建设，常委会首次对全省法院系统评选出的4名优秀法官授予“四川省优秀法官”称号，督促法院对1名贪赃枉法的法官依法惩处，在社会上引起强烈反响。通过真评实议，跟踪监督，对法院工作的全面改进和干警队伍的建设起到推动作用。为促进省政府的勤政、廉洁、务实、高效建设，常委会于2000年10月首次开展对省政府组成人员的述职评议工作，对省科技厅主要负责人进行述职评议。2001年8—10月，常委会在调研的基础上，对省发展计划委员会、省经济贸易委员会、省民族事务委员会、省国家安全厅、省司法厅、省国土资源厅、省建设厅、省农业厅、省水利厅、省文化厅10个省政府组成部门的主要负责人进行述职评议。评议中坚持依法办事、实事求是的原则，既充分肯定成绩，又中肯指出问题，帮助分析原因，提出改进建议。通过评议，达到强化监督、帮助同志、激励斗志、推进工作的目的。

个案监督 1998年，省九届人大常委会制定司法案件监督条例。2000年，对射洪县葛××、杨×、张××强奸案，安岳县城市信用社诉成都市南方物业公司、成都市金宇集团公司借款担保纠纷案，乐山市曾××受贿案3个群众反映强烈、社会影响较大的案件进行监督。2002年，常委会对群众反映强烈的遂宁市万通燃气公司刘×挪用公款案，成都中院判决、裁定并执行案外人赖××房产案，四川蜀源公司与锦江房屋拆迁公司拆迁代理纠纷案，黄××与泸州市龙马潭区物资供应公司、重庆金属材料公司永川分公司返还欠款纠纷久拖不决案，攀枝花西区机焦厂与四川九泰公司联营纠纷案5件重点个案进行监督。通过深入调查，全面分析，集体评议，依法重据，提出监督意见。省高级人民法院对常委会实施监督的个案非常重视，加强领导，落实责任，认真办理。2002年12月，常委会召开监督司法案件会议，4个案件已得到妥善处理，1个案件还在继续办理中。通过个案监督，促进司法机关公正司法，有错必纠，违法必究，维护法律尊严。

省九届人大常委会会议监督工作 省九届人大常委会第二次会议听取并审议省政府关于贯彻执行禁毒决定的情况汇报、关于四川省1997年财政决算及1998年1—4月财政预算执行情况的报告、关于1997年四川省省级财政预算执行情况和其他财政收支的审计工作报告、关于四川省实施再就业工程工作情况的汇报、关于四川省贯彻实施《中华人民共和国义务教育法》《四川省义务教育条例》的情况汇报；省人大教科文卫委员会、农业委员会分别向会议提交关于检查《中华人民共和国专利法》《四川省专利保护条例》实施情况、检查《四川省农业技术推广法实施办法》执行情况的书面报告。

省九届人大常委会第四次会议听取并审议省人大常委会执法检查组关于《四川省农民负担管理条例》执法检查情况的汇报，省政府关于民族工作情况的汇报，省政府关于贯彻执行《中华人民共和国保守国家秘密法》的情况汇报（书面），省政府关于四川省1998年上半年国民经济和社会发展计划执行情况的报告，省政府关于《四川天然林资源保护工程实施方案》的汇报，省检察院关于全省检察机关开展刑事执法监督工作的情况汇报，省人大常委会民族地区扶贫工作视察组关于四川省民族地区扶贫工作的视察报告（书面），省人大教科文卫委员会关于检查《中华人民共和国母婴保健法》《四川省〈中华人民共和国母婴保健法〉实施办法》贯彻执行情况的汇报（书面），省人大教科文卫委员会关于检查《四川省中医条例》贯彻实施情况的汇报（书面），省人大城乡建设环境资源保护委员会关于《四川省城市园林绿化条例》执法检查情况的汇报（书面）、省人大城乡建设环境资源保护委员会关于环境保护执法检查情况的汇报（书面）。省人大常委会副主任刘永顺向会议提交关于九届全国人大常委会第三次会议情况的书面汇报。

省九届人大常委会第五次会议听取并审议省高级人民法院关于《中华人民共和国刑法》《中华人民共和国刑事诉讼法》贯彻执行情况的汇报、省政府关于四川省基础设施建设情况的汇报，省政府关于四川省对外开放情况的汇报，省政府关于贯彻落实省八届人大常委会检查《四川省文化市场管理条例》实施情况意见的汇报，省政府关于全省农业生产情况的汇报，省政府关于岷江流域水质污染及防治情况的汇报，省政府关于侨务工作情况的汇报，省政府关于《中华人民共和国律师法》贯彻执行情况的汇报（书面），省人大内务司法委员会关于《中华人民共和国监狱法》执法检查情况的汇报（书面），省人大农业委员会关于检查农业机械化法规执行情况的汇报（书面），省人大外事侨务委员会关于检查《中华人民共和国进出口商品检验法》及《四川省进出口商品检验管理条例》贯彻执行情况的汇报（书面）。

省九届人大常委会第六次会议听取省政府关于四川省1998年财政预算变动及1—11月预算执行情况的报告，省政府关于全省贯彻实施《中华人民共和国老年人权益保障法》的情况汇报，省政府办公厅关于省九届人大一次会议代表建议、批评和意见处理情况的汇报，省人大常委会办公厅关于省九届人大一次会议代表建议、批评和意见处理情况的汇报（书面），省人大教科文卫委员会向会议提交关于检查《中华人民共和国体育法》《四川省体育条例》《四川省计划生育条例》贯彻实施情况的书面汇报；省人大常委会副主任张宗源向会议提交关于九届全国人大常委会第五次会议情况的书面汇报。

省九届人大常委会第八次会议听取省政府关于贯彻《中华人民共和国文物保护法》《四川省文物保护管理办法》情况的汇报和关于人事任免事项的说明；听取省人民检察院关于贯彻执行《中华人民共和国检察官法》情况的汇报。会议还听取省人大常委会副主任钮小明关于九届全国人大常委会第七次会议的情况汇报（书面），省人大内务司法委员会关于检查《中华人民共和国保守国家秘密法》贯彻执行情况的汇报（书面），省人大常委会视察组关于视察攀西地区重点建设情况的报告（书面）。

省九届人大常委会第九次会议听取省政府关于四川省1998年财政预算执行和其他财政收支的审计工作报告、关于全省水利工作情况的汇报；听取省人大内务司法委员会组织人大代表评议全省法院工作的总结报告；听取省高级人民法院关于评议整改情况的汇报；听取省人大城乡建设环境资源保护委员会关于视察会东铅锌矿治污情况的汇报（书面）。

省九届人大常委会第十次会议听取省政府关于四川省1999年上半年国民经济和社会发展计划执行情况的报告，省政府关于贯彻执行《中华人民共和国道路交通管理条例》的情况汇报，省政府关于全省社会治安情况的汇报（书面），省人大内务司法委员会关于检查《中华人民共和国妇女权益保障法》及《四川省〈中华人民共和国妇女权益保障法〉实施办法》贯彻执行情况的汇报（书面）。

省九届人大常委会第十一次会议听取省政府关于四川省工业生产情况的汇报、关于全省农民增收情况的汇报、关于《四川省旅游发展总体规划》的汇报、关于贯彻实施《中华人民共和国科学技术进步法》《四川省科学技术进步条例》情况的汇报、关于会东铅锌矿治污情况的汇报、关于台湾事务工作的情况汇报；听取省人民检察院关于查办职务犯罪案件的情况汇报，省国家安全厅关于贯彻执行《中华人民共和国国家安全法》的情况汇报，省监察厅关于贯彻执行《中华人民共和国行政监察法》的情况汇报（书面），省人大内务司法委员会关于检查《中华人民共和国村民委员会组织法》贯彻执行情况的汇报（书面），省人大内务司法委员会关于检查《中华人民共和国档案法》和《四川省〈中华人民共和国档案法〉实施办法》贯彻执行情况的汇报（书面），省人大常委会天然林执法检查组关于检查《四川省天然林保护条例》实施情况的汇报，省人大农业委员会关于检查《中华人民共和国土地管理法》实施情况的汇报（书面），省人大城乡建设环境资源保护委员会关于检查《四川省旅游管理条例》实施情况的汇报（书面），省人大外事侨务委员会关于《中华人民共和国台湾同胞投资保护法》和《四川省实施〈中华人民共和国台湾同胞投资保护法〉办法》实施情况的报告（书面）。

省九届人大常委会第十二次会议听取省人大常委会办公厅关于省九届人大二次会议代表建议、批评和意见处理情况的汇报（书面），省政府办公厅关于省九届人大二次会议代表建议、批评和意见办理情况的报告，省政府关于四川省1999年财政预算变动及1—10月预算执行情况的报告，省政府关于1998年省级财政收支审计有关问题处理情况的报告；会议还听取省人大常委会“三五”普法检查组关于全省“三五”普法检查情况的汇报，省人大财经委员会关于检查《中华人民共和国审计法》《中华人民共和国统计法》贯彻执行情况的报告（书面）、省人大教科文卫委员会关于检查《中华人民共和国义务教育法》《四川省义务教育条例》贯彻实施情况的报告（书面）、关于检查《四川省计划生育条例》实施情况的报告（书面），省人大农业委员会关于全省开展农民负担跟踪监督检查的报告（书面），省人大城乡建设环境资源保护委员会关于1999年度环保执法检查情况的汇报（书面）。

省九届人大常委会第十五次会议听取省长张中伟作的关于《四川省人民政府机构改革方案》的说明，听取副省长王金祥作的关于当前全省工业生产情况的汇报。

省九届人大常委会第十七次会议通过关于批准1999年省级财政决算的决议、关于加强全省人民法院执行工作的决议。会议听取省人大常委会执法检查组关于检查《中华人民共和国乡镇企业法》和《四川省〈中华人民共和国乡镇企业法〉实施办法》贯彻实施情况的报告、关于环境保护执法检查情况的报告；听取省政府关于四川省2000年上半年国民经济和社会发展计划执行情况的报告、关于1999年省级财政预算执行情况和其他财政收支的审计工作报告、关于四川省1999年财政决算及2000年1—6月财政预算执行情况的报告、关于贯彻实施《中华人民共和国食品卫生法》和《四川省〈中华人民共和国食品卫生法〉实施办法》的情况汇报、关于防止家庭暴力工作的情况汇报；听取省高级人民法院关于执行工作情况的报告。省人大民族宗教委员会、教科文卫委员会向会议提交关于检查甘孜州、阿坝州、凉山州贯彻实施义务教育法律、法规情况的书面报告；省人大内务司法委员会向会议提交关于检查《中华人民共和国残疾人保障法》及《四川省〈中华人民共和国残疾人保障法〉实施办法》贯彻执行情况的书面报告；省人大教科文卫委员会向会议提交关于实施《中华人民共和国食品卫生法》和《四川省〈中华人民共和国食品卫生法〉实施办法》情况的书面调研汇报。

省九届人大常委会第十九次会议听取省政府关于贯彻执行《中华人民共和国统计法》情况的汇报、关于全省农业产业结构调整情况的汇报；听取省人民检察院关于推进检察改革的情况报告；听取省人大教科文卫委员会关于检查《四川省民营科技企业条例》贯彻实施情况的报告（书面），省人大外事侨务委员会关于检查《中华人民共和国台湾同胞投资保护法》实施情况的报告（书面）。

省九届人大常委会第二十次会议听取省人大常委会办公厅关于省九届人大三次会议代表建议、批评和意见处理情况的汇报（书面），省政府办公厅关于省九届人大三次会议代表建议、批评和意见办理情况的报告，省政府关于贯彻《四川省计划生育条例》情况的汇报，省人大教科文卫委员会关于检查《四川省计划生育条例》贯彻执行情况的报告（书面），省政府关于全省扶贫工作情况的报告，省政府关于执行《中华人民共和国城市规划法》情况的汇报，省人大财经委员会关于视察四川省重点建设项目情况的汇报（书面），省人大财经委员会关于检查《中华人民共和国税收征收管理法》贯彻执行情况的报告（书面），省人大农业委员会关于检查动物防疫法律法规贯彻实施情况的报告（书面），省人大农业委员会关于检查公路建设贯彻实施水土保持法律法规情况的报告（书面），省人大城乡建设环境资源保护委员会关于对部分市、地检查《中华人民共和国城市规划法》贯彻执行情况的汇报（书面）。

省九届人大常委会第二十二次会议听取省政府关于全省退耕还林（草）试点工作情况及贯彻实施《中华人民共和国体育法》《四川省体育条例》情况的汇报；审议省人大常委会检查组关于检查四川省退耕还林还草试点工作情况的书面报告，省人大教科文卫委员会关于贯彻执行《中华人民共和国体育法》《四川省体育条例》情况的书面调查报告，省人大内务司法委员会关于检查《中华人民共和国兵役法》贯彻执行情况的书面报告，省人大内务司法委员会关于检查《四川省消防条例》贯彻执行情况的书面报告，省人大教科文卫委员会关于检查《中华人民共和国教师法》《四川省实施〈中华人民共和国教师法〉条例》贯彻执行情况的书面报告。

省九届人大常委会第二十三次会议听取副省长李达昌关于四川省实施西部大开发战略工作情况的汇报；听取省旅游局局长钟勉受省政府委托作的关于四川省发展旅游支柱产业情况的汇报；听取省人民检察院检察长韩忠信关于全省检察机关开展刑罚执行监督工作情况的汇报。会议还听取省人大教科文卫委员会关于检查《四川省医疗机构管理条例》贯彻执行情况的报告（书面），省人大农业委员会关于《四川省都江堰水利工程管理条例》执法检查情况的报告（书面），省人大城乡建设环境资源保护委员会关于嘉陵江流域污染防治及生态环境保护情况的调查汇报（书面），省人大财政经济委员会关于2001年一季度全省经济形势的报告（书面）。

省九届人大常委会第二十四次会议听取省政府关于四川省2001年上半年国民经济和社会发展计划执行情况的报告、关于四川省2000年财政决算及2001年1—6月财政预算执行情况的报告、关于四川省2000年省级财政预算执行和其他财政收支的审计报告、关于全省“三五”普法情况和“四五”普法规划的汇报、关于近年来全省公安队伍建设工作主要情况的汇报、关于贯彻实施《草原法》情况的汇报；省人大常委会执法检查组关于《草原法》执法检查的情况报告。在该次常委会会议上，省政府办公厅向会议提交关于省人大常委会2000年对省政府有关工作汇报的审议意见的办理情况的书面报告；省高级人民法院提交关于贯彻省人大常委会《关于加强人民法院执行工作的决议》情况的书面报告；省人民检察院提交关于2000年省人大常委会转请研究办理的《关于推进检察改革的情况报告》审议意见办理情况的书面报告。省人大内务司法委员会、财经委员会分别向会议提交关于检查《中华人民共和国未成年人保护法》《中华人民共和国预防未成年人犯罪法》《中华人民共和国烟草专卖法》贯彻执行情况和关于视察四川省重点建设项目情况的书面报告。省人大民族宗教委员会提交关于检查《四川省宗教事务管理条例》贯彻执行情况的书面报告。省人大常委会副主任黄寅逵向会议提交关于九届全国人大常委会第二十二次会议情况的书面汇报。

省九届人大常委会第二十五次会议听取副省长柯尊平作的关于全省乡镇企业工作情况的汇报和关于实施科教兴川战略工作情况的汇报。省人大内务司法委员会、农业委员会、教育科学文化卫生委员会、城乡建设环境资源委员会向会议分别提交关于检查《四川省殡葬管理条例》《四川省公墓管理条例》《四川省农药管理条例》《四川省广播电视条例》《中华人民共和国矿产资源法》贯彻执行情况的书面报告。省人大常委会副主任徐世群向会议提交九届全国人大常委会第二十三次会议情况的书面报告。

省九届人大常委会第二十七次会议听取省审计厅副厅长黄锦生受省政府委托作的省政府关于2000年省级财政预算执行和其他财政收支审计处理结果的报告；省长助理王怀臣受省政府委托作的

省政府关于四川省信息产业发展情况的汇报；省政府秘书长、办公厅主任李洪仁受省政府委托作的关于省九届人大四次会议代表建议、批评和意见办理情况的汇报。会议还听取省高级人民法院院长敬瑞祥作的关于全省人民法院改革工作情况的报告。省人大常委会办公厅、省人大法制委员会、省人大教育科学文化卫生委员会、省人大城乡建设环境资源保护委员会、省人大外事侨务委员会分别向会议提交关于省九届人大四次会议代表建议、批评和意见处理情况的书面汇报，关于检查《中华人民共和国行政处罚法》贯彻执行情况的书面报告，关于检查《四川省计划生育条例》贯彻执行情况的书面报告，关于检查《四川省自然保护区管理条例》贯彻执行情况的书面报告，关于检查《四川省归侨侨眷企业事业权益保护条例》贯彻执行情况的书面报告。

省九届人大常委会第二十八次会议听取省政府关于全省农村经济工作情况的汇报；省政府办公厅提交关于省九届人大常委会 2001 年对省政府有关工作汇报的审议意见的办理情况的报告（书面）；省人民检察院提交关于《四川省九届人大常委会〈关于全省检察机关开展刑罚执行监督工作的情况汇报〉的审议意见》贯彻落实情况的报告（书面）。会议还听取省人大常委会副主任孟俊修受主任会议委托作的关于省九届人大五次会议筹备工作的报告。

省九届人大常委会第三十次会议听取省人大常委会执法检查组关于检查全省贯彻实施《中华人民共和国药品管理法》情况的报告；听取省政府关于四川省 2002 年上半年国民经济和社会发展计划执行情况的报告、关于 2001 年财政决算及 2002 年 1—6 月预算执行情况的报告、关于四川省 2001 年省级财政预算执行情况和其他财政收支的审计工作报告、关于贯彻实施《中华人民共和国著作权法》的情况汇报、关于四川省外事工作情况的汇报；听取省人民检察院关于全省检察机关开展预防职务犯罪工作情况的报告。省人大财政经济委员会、省人大常委会人事代表工作委员会分别向会议提交关于检查《中华人民共和国公路法》贯彻实施情况的报告（书面）、关于四川省乡级人大换届选举工作情况的报告（书面）。省人大常委会副主任敬中春向会议提交关于九届全国人大常委会第二十八次会议的情况汇报（书面）。

省九届人大常委会第三十一次会议听取省政府关于全省个体私营经济发展情况的汇报、关于全省建筑市场管理情况的汇报；听取省高级人民法院关于全省人民法院开展“严打”整治斗争工作情况的报告。省人大有关专门委员会向会议提交关于检查《中华人民共和国水污染防治法》《四川省宗教事务管理条例》《中华人民共和国气象法》和《四川省〈中华人民共和国气象法〉实施办法》《四川省民用机场净空及电磁环境保护条例》贯彻实施情况的书面报告。省人大常委会副主任张国辉向会议提交关于第九届全国人大常委会第二十九次会议情况的书面汇报。

省九届人大常委会第三十二次会议审议省人大民族宗教委员会、内务司法委员会、财政经济委员会、教育科学文化卫生委员会、农业委员会、城乡建设环境资源保护委员会关于省九届人大五次会议主席团交付审议的代表提出的议案审议结果的报告。会议听取省人大常委会调研组关于四川省个体私营经济发展情况的调研报告；听取省政府关于四川省企业技术改造工作情况的汇报、关于四川省 2002 年财政预算变动及 1—10 月预算执行情况的报告、关于 2001 年省级财政预算执行和其他财政收支审计处理结果的报告、关于贯彻《关于综合治理沱江污染的决议》《关于综合治理岷江流域水质污染的决议》情况的汇报；听取省政府办公厅关于省九届人大五次会议代表建议、批评和意见办理情况的汇报。省人大常委会办公厅、省人大法制委员会、省人大内务司法委员会分别向会议提交关于省九届人大五次会议代表建议、批评和意见处理情况的书面汇报，关于检查《四川省行政执法监督条例》贯彻实施情况的书面报告，关于检查《中华人民共和国档案法》贯彻实施情况的书面报告。省人大常委会副主任孟俊修向会议提交关于九届全国人大常委会第三十次会议情况的书面汇报。

四、四川省十届人大常委会监督工作纪要

法律监督 省十届人大常委会先后对12件法律法规的实施情况进行检查。配合全国人大常委会对安全生产法、劳动法、律师法等8件法律的执行情况进行执法检查。

2006年，省人大常委会制定规章及规范性文件备案审查的规定，2007年又根据监督法的规定进行修改。省政府和成都市向省人大常委会备案的规章103件。2007年，市（州）人大常委会根据监督法规定报送备案的规范性文件63件。

工作监督 省十届人大常委会听取和审议“一府两院”专项工作报告92个，并坚持向“一府两院”发送审议意见书，督促其改进工作。

常委会自2003年首次要求省政府向人代会报送部门预算后，不断推动省政府细化报送省人代会审查的预算草案内容。到2007年，向人代会送审的省级部门预算由最初的4个增至87个。对预算执行情况和审计查出问题的整改情况实行跟踪监督。2006年、2007年，省政府分别将与群众利益密切相关的农村沼气、扶贫、农业综合开发和土地治理、对种粮农民粮食直补等方面73.45亿元专项资金安排情况向社会公布。

信访工作 省十届人大常委会建立信访信息综合分析通报制度和常委会主任会议成员接待上访人员制度。2005年，常委会专题听取和审议信访工作和重大信访案件办理情况的报告。5年间，共处理来信73515件，接待来访74434人次，与市州人大常委会一起办理全国人大常委会交办的信访案件6829件。

监督工作新特点 省十届人大常委会不断改进监督方式，探索改进对财政预算的监督，要求省政府细化报送省人代会审查的预算草案内容，逐步扩大送审部门。努力探索司法监督新形式。2005年，省十届人大常委会与成都市人大常委会共同组织人大代表开展视察法院庭审的试点工作，各市（州）人大常委会随后也陆续开展。常委会还不断提高监督工作的透明度。从2004年开始，常委会听取和审议审计工作报告及审计查出问题处理结果的报告，都在省内主要媒体公布。常委会有选择地组织对一些群众关心的重要问题审议情况进行专题报道，公开审议情况。监督法颁布实施后，常委会组织开展监督法实施办法的立法调研，省人大常委会办公厅及时制定省人大常委会机关贯彻实施监督法若干意见。

此外，常委会充分发挥专门委员会在监督工作中的作用。常委会开展执法检查、审议专项工作报告，省人大有关专门委员会都提前介入；事后按照常委会审议意见，跟踪检查，督促有关部门认真整改。各专委会还结合各自职责，开展一些执法调研。

四川省十届人大常委会会议监督工作 省十届人大常委会第三次会议听取和审议省政府关于全省防治非典型肺炎工作情况的汇报、关于政务服务中心工作情况的汇报；听取省高级人民法院关于审理破产案件的情况报告。省人大内司委、财经委分别向会议提交关于视察律师、公证工作情况的书面报告和关于检查《四川省劳动和社会保障监察条例》贯彻实施情况的书面报告。

省十届人大常委会第四次会议听取和审议省政府关于四川省2003年1—6月国民经济和社会发展计划执行情况的报告、关于四川省2004年财政决算的报告、关于2002年省级财政预算执行和其他财政收支的审议工作报告；听取省人大财政经济委员会关于四川省2002年财政决算的审查报告；听

取省人民检察院关于全省检察机关查处渎职侵权犯罪案件情况的报告。省人大人事代表工作委员会、省人大农业委员会、省人大内务司法委员会分别向会议提交关于全省县级人大换届选举工作的情况报告（书面），关于检查《中华人民共和国野生动物保护法》贯彻实施情况的报告（书面），关于视察民事行政检察工作和民事行政抗诉案件审理工作情况的报告（书面）。

省十届人大常委会第五次会议听取和审议省人大常委会执法检查组关于检查《中华人民共和国传染病防治法》实施情况的报告；听取省政府关于全省公安队伍集中教育整顿工作主要情况的报告、关于统筹城乡经济社会发展情况的报告；听取省人大城乡建设环境资源保护委员会关于开展《中华人民共和国水污染防治法》执法检查情况的报告。省政府、省人大城乡建设环境资源保护委员会分别向会议提交关于落实省九届人大常委会《中华人民共和国药品管理法》执法检查意见整改情况的书面报告、关于《中华人民共和国环境噪声污染防治法》执法检查情况的书面报告。

省十届人大常委会第六次会议听取和审议省政府关于省十届人大一次会议代表建议、批评和意见办理情况的报告，关于规范教育收费情况的报告，关于四川省 2003 年财政预算变动及 1—10 月预算执行情况的报告，关于 2002 年省级财政预算执行和其他财政收支审计处理结果的报告，关于四川省经营城市暨加快城镇化进程情况的报告，关于贯彻实施《四川省人口与计划生育条例》情况的报告；审议省人大常委会办公厅关于省十届人大一次会议代表建议、批评和意见处理情况的报告（书面）。省人大内司委、农委、外侨委分别向会议提交关于检查《中华人民共和国工会法》《四川省司法鉴定管理条例》《中华人民共和国动物防疫法》《中华人民共和国归侨侨眷权益保护法》贯彻实施情况的书面报告。

省十届人大常委会第八会议听取省政府关于促进科技进步工作情况的报告、关于“三州”通县油路建设实施情况的报告、关于沱江特大污染事故情况的报告。

省十届人大常委会第九会议听取省政府关于贯彻实施《中华人民共和国行政许可法》准备情况的报告、关于沱江污染事故情况的再次报告、关于四川省就业和再就业工作情况的报告、关于解决政府拖欠工程款和农民工工资问题情况的报告、关于《中华人民共和国文物保护法》贯彻实施情况的报告。

省十届人大常委会第十次会议听取和审议省政府关于四川省 2004 年 1—6 月国民经济和社会发展计划执行情况的报告、关于四川省 2003 年财政决算的报告、关于 2003 年省级财政预算执行和其他财政收支的审计工作报告；听取和审议省人大财政经济委员会关于四川省 2003 年财政决算的审查报告，省高级人民法院关于全省法院立案信访工作情况的报告，省人民检察院关于全省检察机关人民监督员试点工作情况的报告。省人大内务司法委员会提交关于检查《四川省法律援助条例》贯彻实施情况的书面报告。

省十届人大常委会第十一次会议听取和审议省人大常委会执法检查组关于检查《中华人民共和国水污染防治法》实施情况的报告，省政府关于建立新型农村合作医疗制度试点工作情况的报告，省人民检察院关于全省检察机关查办贪污贿赂职务犯罪工作情况的报告。省人大农业委员会向会议提交关于检查《中华人民共和国种子法》《四川省农作物种子管理条例》实施情况的书面报告；省人大城乡建设环境资源保护委员会向会议提交关于检查《四川省旅游管理条例》《四川省旅游服务质量管理条例》实施情况的书面报告；省人大外事侨务委员会向会议提交关于检查《中华人民共和国台湾同胞投资保护法》实施情况的书面报告；省十届人大常委会主任会议向会议提交关于许可对省第十届人大代表弓继权实行拘留逮捕的书面报告。

省十届人大常委会第十二次会议听取和审议省政府办公厅关于省十届人大二次会议代表建议、批评和意见办理情况的报告，审议省人大常委会办公厅关于省十届人大二次会议代表建议、批评和意见处理情况的报告（书面）；听取和审议省政府关于四川省2004年财政预算变动及1—10月预算执行情况的报告、关于四川省2003年省级财政预算执行和其他财政收支审计处理结果的报告、关于四川省促进农民增收和提高粮食综合生产能力情况的报告、关于四川省对台工作情况的报告。会议还听取审议省人大常委会执法检查组关于检查《中华人民共和国农村土地承包法》贯彻实施情况的报告，省人大内务司法委员会关于检查《中华人民共和国未成年人保护法》《中华人民共和国预防未成年人犯罪法》和《四川省未成年人保护条例》贯彻实施情况的报告。向会议提交书面报告的有：省高级人民法院、省人民检察院关于学习贯彻实施《中华人民共和国宪法》情况的报告，省人大内务司法委员会关于视察全省监狱监所工作的情况报告，省人大财政经济委员会关于检查《中华人民共和国产品质量法》及《四川省产品质量监督管理条例》贯彻实施情况的报告，省人大教科文卫委员会关于检查《中华人民共和国食品卫生法》贯彻实施情况的报告；省人大常委会人事代表工作委员会关于检查省政府4名组成人员述职评议整改工作情况的报告，省人大常委会评议工作小组关于检查省民政厅厅长姜保山、省劳动和社会保障厅厅长泽巴足、省林业厅厅长杨冬生和省建设厅厅长杨洪波述职评议整改工作情况的报告。

省十届人大常委会第十三次会议听取和审议省人大常委会副主任黄寅逵受主任会议委托作的关于省十届人大三次会议筹备工作情况的报告。省人大法制委员会提交关于检查《四川省各级人大常委会监督条例》实施情况的书面报告，省人大财政经济委员会提交关于检查《中华人民共和国统计法》实施情况的书面报告，省十届人大常委会主任会议提交关于许可对省十届人大代表李达昌涉嫌滥用职权犯罪采取强制措施的报告。

省十届人大常委会第十四次会议听取和审议省人大常委会信访办公室关于信访情况和重大信访案件的工作汇报。

省十届人大常委会第十五次会议听取和审议省政府关于促进人才资源向人才资本转变工作情况的报告。省政府办公厅提交关于省十届人大常委会2004年对省政府有关工作报告的审议意见的办理情况的书面报告。省人大内务司法委员会提交关于检查《中华人民共和国保守国家秘密法》贯彻实施情况的书面报告，省人大农业委员会提交关于检查《中华人民共和国渔业法》《四川省〈中华人民共和国渔业法〉实施办法》贯彻实施情况的书面报告，省人大常委会主任会议提交关于对省十届人大代表杨国友、韩宗山采取强制措施的书面报告。

省十届人大常委会第十六次会议听取和审议省政府关于全省公安机关贯彻执行刑法、刑事诉讼法工作情况的报告，关于宗教工作情况的报告，关于四川省中长期科技发展规划制定工作情况的报告，关于四川省第十届人民代表大会第三次会议代表建议、批评和意见办理情况的报告，关于四川省2005年1—6月国民经济和社会发展计划执行情况的报告，关于四川省2004年财政决算的报告，关于2004年省级预算执行和其他财政收支的审计工作报告；听取和审议省人大常委会执法检查组关于检查《四川省人民代表大会常务委员会关于进一步开展法制宣传教育的决议》贯彻实施情况的报告，关于检查《中华人民共和国食品卫生法》贯彻实施情况暨食品安全工作情况的报告，关于检查《中华人民共和国水污染防治法》贯彻实施情况的报告，关于检查《中华人民共和国律师法》贯彻实施情况的报告（书面），关于检查《中华人民共和国安全生产法》和《中华人民共和国矿山安全法》贯彻实施情况的报告（书面）；听取和审议省人大财政经济委员会关于四川省 2004 年财政决算的审查报告。省人大常委会主任会议提交关于许可对省十届人大代表李祖伦、邓龙琪、张大常采取刑事拘留强制措施的书面报告。

省十届人大常委会第十七次会议听取和审议省政府关于四川省对外经济贸易情况的报告、关于全省市场化配置矿产资源工作情况的报告；听取和审议省高级人民法院关于全省法院开展执行工作情况的报告、省人民检察院关于开展司法监督情况的报告。省人大外事侨务委员会提交关于检查《四川省民用机场净空及电磁环境保护条例》贯彻实施情况的书面报告，省人大常委会主任会议提交关于许可对省十届人大代表刘羽成实行逮捕的书面报告。

省十届人大常委会第十八次会议审议省政府关于《四川省国民经济和社会发展第十一个五年规划纲要（草案）编制情况的报告》，听取和审议关于四川省 2005 年财政预算变动及 1—10 月预算执行情况的报告、关于 2004 年省级预算执行和其他财政收支审计处理结果的报告、关于贯彻实施《中华人民共和国行政许可法》情况的报告、关于全省水污染防治工作情况的报告；听取和审议省人大常委会主任会议关于组织人大代表视察法院庭审工作（试点）的情况报告。省人大常委会主任会议提交关于终止审议《四川省预防控制性病艾滋病条例修正案（草案）》的书面报告，省人大常委会办公厅提交省十届人大三次会议代表建议、批评和意见处理情况的书面报告，省人大财经委员会提交关于检查《四川省国家投资工程建设项目招标投标条例》实施情况的书面报告，省人大教科文卫委员会提交关于检查《中华人民共和国人口与计划生育法》实施情况的书面报告。

省十届人大常委会第十九次会议听取和审议省人大常委会副主任黄寅逵受主任会议委托作的关于省十届人大四次会议筹备工作情况的报告。会议审议四川省国民经济和社会发展第十一个五年规划纲要（草案），听取省发改委主任翁蔚祥对该规划纲要所作的说明。省十届人大常委会主任会议提交关于许可对省十届人大代表郭建川采取刑事拘留的书面报告。

省十届人大常委会第二十次会议听取和审议省政府关于四川省国有资产监督管理工作情况的报告、关于全省人口与计划生育工作情况的报告。省人大常委会主任会议提交关于许可对省十届人大代表陈家荣采取刑事拘留强制措施的书面报告。

省十届人大常委会第二十一次会议听取和审议省政府关于动物防疫和畜产品安全工作情况的报告、关于全省旅游工作情况的报告。省人大常委会主任会议提交关于许可对省十届人大代表吴洪川采取逮捕措施的书面报告；省人大常委会执法检查组提交关于受全国人大常委会委托检查《中华人民共和国归侨侨眷权益保护法》贯彻实施情况的书面报告。

省十届人大常委会第二十二次会议听取和审议省政府关于四川省 2006 年 1—6 月国民经济和社会发展计划执行情况的报告、关于四川省 2005 年财政决算的报告、关于四川省 2005 年度省级预算执行和其他财政收支的审计工作报告、关于《四川生态省建设规划纲要》编制工作情况的报告、关于四川省 2006 年 1—6 月国民经济和社会发展计划执行情况的报告、关于贯彻落实民族区域自治法情况的报告。省人大常委会副主任李洪仁向会议提交了关于第十届全国人大常委会第二十二次会议情况的书面汇报；省人大常委会执法检查组提交关于检查《中华人民共和国水污染防治法》贯彻实施情况的报告。会议还向常委会组成人员印发省人大农业委员会关于检查农业机械法律法规贯彻实施情况的书面报告，省政府办公厅关于进一步加强律师出庭工作的情况报告、省高级人民法院关于进一步加强法院庭审工作的情况报告，省人民检察院关于进一步加强公诉人出庭工作的情况报告。

省十届人大常委会第二十三次会议听取和审议省人大常委会执法检查组关于检查《中华人民共和国行政许可法》《中华人民共和国土地管理法》实施情况的报告；听取和审议省政府关于“四五”普法工作基本情况和“五五”普法工作主要安排的报告，省高级人民法院关于进一步加强全省人民法院民事调解工作的情况报告。省人大常委会主任会议提交关于终止审议《四川省信访条例（草案）》的书面报告；省人大内务司法委员会提交关于检查《全国人大常委会关于完善人民陪审员制度的决定》贯彻实施情况的书面报告。

省十届人大常委会第二十四次会议听取和审议省政府关于四川省2006年财政预算变动及1—10月预算执行情况的报告、关于2005年省级预算执行和其他财政收支审计处理结果的报告、关于推进义务教育协调发展情况的报告、关于推进新型农村合作医疗试点暨相关的农村卫生体制改革情况的报告。会议还向常委会组成人员印发省人大常委会主任会议关于终止审议《四川省血吸虫病防治条例（草案）》的书面报告，省政府办公厅关于省十届人大四次会议代表建议、批评和意见办理情况的书面报告，省人大常委会办公厅关于省十届人大四次会议代表建议、批评和意见处理情况的书面报告，省人大内务司法委员会关于视察监狱工作情况的书面报告，省人大财经委员会关于检查《中华人民共和国节约能源法》《四川省〈中华人民共和国节约能源法〉实施办法》实施情况的书面报告，省人大外事侨务委员会关于检查《中华人民共和国外国人入境出境管理法》《中华人民共和国公民出境入境管理法》实施情况的书面报告。

省十届人大常委会第二十七次会议听取和审议省政府关于贯彻执行《中华人民共和国红十字会法》情况的报告、关于大中型水利水电工程移民工作情况的报告；听取和审议省人民检察院关于查办破坏社会主义市场经济秩序职务犯罪情况的报告。省人大常委会主任会议提交了关于许可对省十届人大代表李培学采取强制措施的书面报告。

省十届人大常委会第二十八次会议听取和审议省人大常委会执法检查组关于检查《中华人民共和国节约能源法》《四川省〈中华人民共和国节约能源法〉实施办法》实施情况的报告；听取和审议省政府关于食品安全卫生工作情况的报告、关于社会主义新农村建设情况的报告。

省十届人大常委会第二十九次会议听取和审议省人大常委会执法检查组关于检查《中华人民共和国水污染防治法》实施情况的报告；听取和审议省人民政府关于四川省2007年1—6月国民经济和社会发展计划执行情况的报告、关于四川省2006年财政决算的报告、关于2006年省级预算执行和其他财政收支的审计工作报告；听取和审议省人大财经委员会关于四川省2006年财政决算的审查报告。

省十届人大常委会第三十次会议听取和审议省政府关于四川省节能减排工作情况的汇报、关于四川省贯彻国家房地产市场调控政策情况的报告；听取和审议省高级人民法院关于健全和完善法院内部监督制约机制情况的报告。省人大农业委员会向会议提交关于《中华人民共和国土地管理法》跟踪执法检查情况的书面报告。

省十届人大常委会第三十一次会议听取和审议四川省2007年财政预算变动及1—10月预算执行情况的报告、四川省2006年省级预算执行和其他财政收支审计处理结果的报告、四川省外事工作情况的报告。省人大常委会办公厅提交省十届人大五次会议代表建议、批评和意见处理情况的书面报告，省政府办公厅提交省十届人大五次会议代表建议、批评和意见办理情况的书面报告。

第四章 行使选举任免权

第一节 选举工作

一、省七届人大选举

指导县乡人大换届选举和主持本级人大换届选举 1989年9月，省选举工作会议后开展县乡换届选举，到1990年2月20日完成县、乡两级代表的选举。在1990年4月上旬前，先后召开新的一届县、乡两级人民代表大会第一次会议，选举产生县、乡两级领导班子。

由选民直接选举县、乡两级人民代表大会代表，是人民当家作主，行使管理国家事务的民主权利的具体体现。此次选举全省共登记选民73181735人，参加选举的选民共70268821人，参选率为96.02%，直投率一般占90%左右。各地出现一批高龄老人拄着拐杖、儿孙搀扶参加投票选举的动人场面，踊现出一些珍惜民主权利的典型事例。

此次选举，全省215个县（市、区）共选出人民代表42726名，其中：工人、农民17163名，占40.17%；知识分子6223名，占14.56%；干部16996名，占39.78%；军人（包括武警）292名，占1%；妇女8706名，占20.38%。全省7772个乡、890个镇共选出乡、镇人民代表大会代表322403名，其中：工人、农民249762名，占77.47%；知识分子10869名，占3.37%；干部55641名，占17.26%；妇女57616名，占17.87%。新选出的县、乡两级人民代表大会代表的组成情况，体现以工人阶级为领导、以工农联盟为基础的人民民主专政的国家政权性质，基本体现共产党领导的多党合作制的政治格局。

县、乡两级人大代表选出后，按照地方组织法的有关规定，通过新的一届县、乡两级人民代表大会的召开，把那些德才兼备，政治上与中共中央保持一致，作风上廉洁奉公，与群众保持密切联系，政绩突出的人，选进两级领导班子。各地依法选举产生的县级人大常委会组成人员共3672名（妇女640名，占17.43%），其中：主任、副主任999名，委员2673名，其年龄在36—55岁的占72.09%，大专以上文化程度的占30.15%；选出的县级人民政府的领导人员共1289名（妇女105名，占8.15%），其中：正职215名、副职1074名，县级人民法院院长214名（妇女6名，占2.8%），人民检察院检察长212名（妇女6名，占2.83%），这些成员中，年龄在36—55岁的占87.99%，大专以上文化程度的占65%；选出乡、镇人大主席团常务主席共8473名（妇女175名，占2.07%），其中：设专职常务主席的2302名，占27.17%，兼职的6171名，占72.83%；正、副乡、镇长24381名（妇女1287名，占5.28%），年龄在35岁以下的占48.49%，中专、中学文化程度的占82.67%。较好地完成县、乡两级政权领导班子的正常交替，形成梯形结构。

省和市（州）人大常委会指导县、乡两级人民代表大会换届选举是法律赋予的重要职责。人大常委会依法加强对选举工作的指导。为履行这一职责，省人大常委会总结前三次县、乡直接选举的经验，决定由人大常委会加强对选举工作的指导，在省人大常委会下设选举工作办公室，承办具体工作。

在县、乡两级换届选举工作全面开展前，省人大常委会主任会议多次举行会议。对县、乡换届选举面临的新形势，换届选举的指导思想，宣传教育工作，减少代表名额，县、乡两级领导班子的建设，选举经费等有关问题进行讨论，并组织人员进行调查研究，制定出周密的选举方案。1989年7月16日，省七届人大常委会在省人大常委会第十次会议上通过《关于县、乡两级人民代表大会选举时间的决定》。9月下旬，召开全省选举工作会议，作出具体部署。

各市（地、州）在调查研究的基础上，积极落实省选举工作会议精神，对本行政区域的换届选举作出具体安排，在选举工作指导上，有的是由人大常委会主持，有的成立选举委员会，有的成立领导小组。县级人大常委会全力以赴，一些地方的领导蹲点调查，分别采用试点和先走一步的办法，取得经验，指导面上工作。

选举工作开展后，省和市（州）、县人大常委会、地区人大联络委员会和选举机构的领导，经常到基层调查研究，针对选举工作各个阶段提出的问题，采取召开工作会、电话会、片会、发传真电报等多种形式，加强对选举工作的具体指导。

省人大常委会部分组成人员先后分别到一些地区会同当地人民代表，对县、乡两级换届选举工作进行视察。省人大常委会及时听取副主任王敖《关于我省县、乡两级人民代表大会换届选举工作进展情况的汇报》，对做好换届选举工作提出指导性意见。省选举工作办公室先后派出19个工作组到全省20个市（地、州）的64个县（市、区）及部分乡、镇了解情况，和当地人员共同研究解决选举中出现的问题，对一些带共同性的问题及时印发刊物、发出电传，作出答复或提醒注意，促使整个选举工作有条不紊地进行。

主持省本级人大换届及届中补选工作 *省七届人大一次会议选举工作* 1988年1月27日和31日，会议选举出何郝炬等78人为省八届人大常委会组成人员。1月31日，会议选举出张皓若为省政府省长，谢世杰、罗通达、马麟、韩邦彦、刘昌杰、金洪生6人为省政府副省长；选举出任凌云为省高级人民法院院长；选举并报全国人大常委会批准，龚读纶担任省人民检察院检察长；选举出省七届人大各专门委员会组成人员。会议选举出203人为第八届全国人民代表大会的代表。

省七届人大二次会议选举工作 1989年1月28日，会议补选刘元瑄、饶用虞为省七届人大常务委员会副主任，何卿桂为省七届人大常务委员会委员。

二、省八届人大选举

指导县乡人大换届选举 1992年8月下旬至1993年1月15日前，全省换届选举出五级人大代表和四级领导班子。各地结合换届工作选举产生基层人民陪审员和村（居）民委员会组成人员。

该次换届选举工作，全省219个县（市、区）共选出县级人大代表45586名，比七届的42726名增加6.69%；全省6134个乡镇共选出乡镇人大代表282387名，比七届的322403名减少12.4%；任期届满的重庆、自贡、攀枝花、泸州、德阳市和阿坝州，以及新近地改市的万县市，间接选出市、州人大代表2817名（未含成都）；全省共选出各级人大代表331978名。全省219个县（市、区）共选出人大常委会组成人员3829人，其中主任218名、副主任830名、委员2781名，组成人员中专职占73.46%；选出县级人民政府领导人员1393名，其中正职219名、副职1174名；选出县级人民法院院长、人民检察院检察长各219名。全省6134个乡、镇共选出人大主席团常务主席6027名，选出乡（镇）、人民政府乡（镇）长6096名、副乡（镇）长14135名。

该次换届选举，具有以下特点：一是广大选民认真履行民主权利，参选热情高。全省选举期间，18周岁以上人口总数为79185530人，共登记选民78771823人，参选率为95.90%，直投率一般在70%以上。二是选出的五级人大代表总体结构基本合理，素质普遍提高。表现在：增加生产第一线的工人、农民代表，党内外代表结构基本合理，妇女代表比例较上届普遍提高（省代表为19.5%，比上届多2%；县级为21.51%、乡级为19.11%，分别提高1.13%和1.24%）；少数民族代表较七届有所增加。在年龄结构上，中青年代表数量增大，平均年龄比七届明显降低；文化素质普遍提高；科技界和懂经济及有专业知识方面的代表有所增加；连任代表一般保持30%左右。三是选出的地方各级人大常委会组成人员和政府领导人员整体结构明显改善。平均年龄有所降低，文化素质有所提高，增加一定数量的高级科技人员和经济管理人才，民主党派和无党派人士以及妇女、少数民族都有一定比例，整体结构更趋于合理。

该次换届选举工作存在一些值得研究、改进和亟待解决的问题。主要有：一是一些地方的乡、镇人大代表名额减少过多，给代表名额的分配和选举工作增加一定的难度，又给闭会期间的代表活动带来困难。二是有些地方的代表结构不尽合理。突出表现在妇女代表比例偏低，干部代表和党员代表比例偏高。据全省174个县（市、区）的统计，代表中的妇女比例低于22%的有87个县（市、区），占县级人大的50%，其中10%以下的就有12个县，最低的仅达4.1%；党员比例超过65%的有135个县（市、区），最高的达到87.5%。三是有的地方代表候选人确定较晚，调整干部到位迟，给人事安排带来一定的困难。全省应选的县、乡两级领导班子中，未选足的县级人大常委会主任1名、副主任10名、委员18名；县级政府副职未选足的25名，尚缺乡（镇）人大主席团常务主席107名，乡（镇长）48名，副乡（镇）长276名。四是有的村由于行政区划调整工作做得不够细，有的是历史遗留的区划问题长期未得到妥善解决，影响选民参选积极性，造成个别村（牧场）连续3届都没有进行选举的情况。

凉山彝族自治州第六届人民代表大会于1996年上半年任期届满，代表名额为430名。1995年10月19日省八届人大常委会第十七次会议，根据选举法第九条和《四川省〈选举法〉实施细则》第十二条的规定，经省八届人大常委会第十七次会议决定：凉山彝族自治州人民代表大会代表总名额为410名。

根据选举法第九条和《四川省〈选举法〉实施细则》第十二条关于“聚居的少数民族多或者人口居住分散的县、自治县、乡、民族乡，经省人民代表大会常务委员会决定，代表名额可以另加百分之五”的规定，经省八届人大常委会第十七次会议审议，决定下列乡、民族乡可以在代表总名额中另加百分之五（具体名单详见表3－9）。

四川省八届人大代表名额可以另加百分之五的乡（民族乡）一览表

表3－9

所属县（市、区）	乡、民族乡
荣　县	墨林乡、东兴乡、同兴乡、雷音乡、金花乡
叙永县	黄坭乡、观兴乡、龙凤乡、水潦乡、震东乡、麻城乡、高峰乡、枧槽乡、石坝乡、合乐乡、营山乡、兴隆乡
屏山县	屏边民族乡、清平民族乡
茂　县	石鼓乡、光明乡、富顺乡
小金县	日隆乡、达维乡、日尔乡、结斯乡、沃日乡、老营乡、崇德乡、美沃乡、新格乡、新桥乡、沙龙乡、宅垄乡、两河乡、抚边乡、木坡乡、八角乡、双柏乡、汗牛乡、窝底乡
壤塘县	岗木达乡、上杜柯乡、吾依乡、宗科乡、蒲西乡、南木达乡、嘎多乡、中壤塘乡
西昌市	西郊乡、高枧乡、小庙乡、四合乡、月华乡、兴胜乡、琅环乡、民胜乡、西乡乡、樟木箐乡、响水乡、开元乡、大兴乡、海南乡、大箐乡、经久乡、西溪乡、黄水乡、洛古坡乡、羊角坝乡、中坝乡、阿七乡、荞地乡、裕隆乡、磨盘乡、巴汝乡、银厂乡、白马乡、马鞍山乡
木里县	俄亚乡、屋脚乡、项脚乡、白碉乡、固增乡
盐源县	大坡乡
德昌县	麻栗乡、阿月乡、王所乡、六所乡、巴洞乡、宽裕乡、茨达乡、小高乡、锦川乡、老碾乡、大湾乡、马安乡、铁炉乡、前山乡、大山乡、大陆乡、热河乡、银鹿乡、金沙乡
会理县	横山乡、仓田乡
宁南县	景星乡、俱乐乡、新村乡、幸福乡、海子乡、六铁乡、新建乡、稻谷乡、新华乡、石梨乡、松林乡、杉树乡、梁子乡、大同乡、西瑶乡、红星乡、骑骡沟乡、倮格乡、跑马乡
昭觉县	城北乡、谷曲乡、达洛乡、龙恩乡、美甘乡、树坪乡、竹核乡、阿并洛古乡、庆恒乡、拉一木乡、特布洛乡、格乌乡、补约乡、色底乡、四开乡、柳且乡、地莫乡、大坝乡、库木乡、博洛乡、解放乡、尼地乡、洒拉地坡乡、三岗乡、普诗乡、碗厂乡、马增依乌乡、三岔河乡、扩且乡、久铁洛古乡、齿可波西乡、石油乡、且莫乡、支尔莫乡、日哈乡、哈甘乡、龙沟乡、甘多尔古乡、比尔乡、则普乡、金曲乡、波洛乡、宜莫地乡、永乐乡、央摩租乡、库依乡
冕宁县	森荣乡、哈哈乡、惠安乡、宏模乡、后山乡、先锋乡、河里乡、铁厂乡、泽远乡、宁源乡、曹古乡、彝海乡、拖乌乡、里庄乡、联合乡、腊窝乡、麦地沟乡、和爱乡、窝堡乡
美姑县	觉洛乡、巴古乡、农作乡、合姑洛乡、并叶特西乡、牛牛坝乡、佐戈依达乡、候古莫乡、竹库乡、典补乡、尔合乡、哈洛乡、候播乃拖乡、彩红乡、苏洛乡、九口乡、依洛拉达乡、洛俄依甘乡、拉木阿觉乡、洛莫依达乡、子威乡、柳洪乡、瓦古乡、尔其乡、乐约乡、峨曲古乡、龙门乡、拖木乡、炳途乡、尼哈乡、俄果觉乡、洒库乡、瓦西乡、龙窝乡、树窝乡
雷波县	南田乡、箐口乡、永盛乡、渡口乡、回龙乡、黄琅乡、马湖乡、中田乡、谷米乡、元宝山乡
越西县	河东乡、西山乡、大花乡、南箐乡、马拖乡、新乡乡、板桥乡、瓦岩乡、白果乡、梅花乡、保安乡、尔觉乡、四甘普乡、铁西乡、拉普乡、贡莫乡、拉白乡、乐青地乡、德吉乡、依洛地坝乡、尔赛乡、竹阿觉乡、古二乡、保石乡、书古乡、五里箐乡、瓦普莫乡、申果乡、瓦里觉乡、申普乡、拉吉乡

续表 3－9

所属县（市、区）	乡、民族乡
金阳县	芦稿乡、木府乡、则祖乡、基觉乡、小银杉乡、洛觉乡、向岭乡、谷德乡、高峰乡、老寨子乡、德溪乡、南瓦乡、依莫合乡、土沟乡、丙底乡、依达乡、桃坪乡、热水河乡、马依足乡、尔觉西乡、热柯觉乡、甲依乡、对坪乡、春江乡、红联乡、青松乡、放马坪乡、梗堡乡、山江乡、派来乡
普格县	永安乡、文坪乡、黎安乡、向阳乡、花山乡、东山乡、大坪乡、辉隆乡、洛乌沟乡、雨水乡、甘天地乡、洛乌乡、孟甘乡、特兹乡、吉乐乡、特口乡、耶底乡、夹铁乡、瓦洛乡、哈力洛乡、菜子乡、祝联乡、采乃乡、月吾乡、德育乡、特补乡、五道青乡、特尔沟乡、大槽乡、马洪乡、洛甘乡、红莫依达乡
北川县	小坝乡、片口乡、开坪乡、坝底乡、白什乡、青片乡、禹里乡、漩坪乡、白坭乡、陈家坝乡、都贯乡
攀枝花市仁和区	平地彝族乡、大龙潭彝族乡、鱼塘乡彝族乡、啊喇彝族乡、福田彝族乡
米易县	普威彝族乡、麻陇彝族乡、云峰彝族乡、联合彝族乡、团结彝族乡、胜利彝族乡、黄龙彝族乡、方田乡、得石乡、南坝乡
盐边县	温泉彝族乡、岩口彝族乡、洼洛彝族乡、和爱彝族乡
汉源县	片马彝族乡、永利彝族乡、顺河彝族乡、坭美彝族乡
青川县	蒿溪回族乡、大院回族乡

1995 年 11 月，经国务院批准，撤销涪陵地区、涪陵市，设立地级涪陵市及新设涪陵市枳城区和李渡区；内江市市中区、东兴区调整变动行政区划。省八届人大常委会第十八会议决定：同意设立涪陵市选举委员会，刘庆渝任主任，敖仁良、姚建全、宋子碧任副主任，龙正学、石有斐、纪仁华、宋令理、杨宗恒、肖志春、张维新、罗永光、周浩义、周泽民、柳恩梅、徐志红、曾绪宜任委员。选举委员会下设办公室，负责办理选举工作的具体事务。选举委员会的职责是：主持涪陵市第一届人民代表大会代表的选举；筹备涪陵市第一届人民代表大会第一次会议；主持涪陵市第一届人民代表大会第一次会议的预备会议；指导涪陵市枳城区和李渡区第一届人民代表大会代表的选举。

根据《中华人民共和国全国人民代表大会和地方各级人民代表大会选举法》第九条、第十一条和《中华人民共和国地方各级人民代表大会和地方各级人民政府组织法》第四十一条的规定，省八届人大常委会第十八次会议决定：

1. 涪陵市人民代表大会代表总名额为 388 名；涪陵市枳城区人民代表大会代表总名额为 232 名；涪陵市李渡区人民代表大会代表总名额为 220 名。

2. 内江市市中区人民代表大会代表总名额为 224 名；内江市东兴区人民代表大会代表总名额为 282 名。

3. 涪陵市第一届人民代表大会常务委员会组成人员的名额为 35 人。涪陵市枳城区第一届人民代表大会常务委员会组成人员的名额为 23 人；涪陵市李渡区第一届人民代表大会常务委员会组成人员的名额为 19 人。

4. 凉山彝族自治州第七届人民代表大会常务委员会组成人员的名额为 31 人。

根据选举法第九条、第十条和地方组织法第四十一条的规定，省八届人大常委会第二十次会议决定：

1. 泸州市龙马潭区人民代表大会代表名额为 180 名；

2．泸州市龙马潭区第一届人民代表大会常务委员会组成人员名额为23人。

1996年8月，撤销德阳市市中区，设立旌阳区和罗江县；10月，经国务院批准，撤销宜宾地区，设立地级宜宾市。

为保证依法选举宜宾市的人民代表大会代表，顺利召开第一届人民代表大会第一次会议，省八届人大常委会第二十四次会议决定：

1．同意设立宜宾市选举委员会，由孙文启任主任，向大铅、徐国华、杨天发、魏阿庆任副主任，李世庄、李俊、李友君、刘礼华、罗仲华、张新樵、曾远志、王生虎、郑全苏、彭焕新、张勇、葛燎原任委员。选举委员会下设办公室，负责办理选举工作的具体事务。

2．选举委员会的职责是：主持宜宾市第一届人民代表大会代表的选举；筹备宜宾市第一届人民代表大会第一次会议；主持宜宾市第一届人民代表大会第一次会议的预备会议。

省八届人大常委会第二十四次会议决定：

1．宜宾市人民代表大会代表总名额为435名；宜宾市第一届人民代表大会常务委员会组成人员名额为35名；

2．德阳市旌阳区人民代表大会代表总名额为234名，旌阳区第一届人民代表大会常务委员会组成人员名额为17名；

3．德阳市罗江县人民代表大会代表总名额为168名，罗江县第一届人民代表大会常务委员会组成人员名额为15名。

1997年10月，遂宁市蓬溪县的行政区划经国务院同意调整为蓬溪县和大英县，行政区划发生较大变化。根据《中华人民共和国全国人民代表大会和地方各级人民代表大会选举法》《中华人民共和国地方各级人民代表大会和地方各级人民政府组织法》的规定，省八届人大常委会第三十次会议确定：

1．蓬溪县人民代表大会代表名额为271人，其常委会组成人员名额为23人；

2．大英县人民代表大会代表名额为222人，其常委会组成人员名额为21人。

主持省本级人大换届及届中补选工作　*省八届人大一次会议选举工作*　1993年2月9日，省八届人大常委会选举出杨析综等78人为省八届人大常委会组成人员；选举肖秧为省政府省长，蒲海清、马麟、刁金祥、徐世群、张中伟、李蒙、欧泽高（藏族）、甘宇平8人为省政府副省长；选举李玉龙为省高级人民法院院长，选举并报全国人大常委会批准龚读纶担任省人民检察院检察长。2月11日，选举出省第八届人民代表大会各专门委员会组成人员。

会议选举出四川省出席第十届全国人民代表大会代表205人（名单见附录一）。

省八届人大三次会议选举工作　1995年2月19日，省八届人大第三次会议选举省八届人大常委会副主任2名。大会选举出刘子寿、李永寿为省八届人大常委会副主任。

省八届人大四次会议选举工作　由于省人大常委会和省政府的部分组成人员已到任职年龄，需要进行人事上的增补和调整。1996年2月5日，省八届人大四次会议第三次大会决定，接受肖秧辞去省政府省长职务，马麟、刁金祥辞去省政府副省长职务，接受省八届人大常委会2名常委会副主任，13名委员辞去职务。

1996年2月9日，省八届人大四次会议第四次大会接受王叔云辞去省八届人大农业委员会主任委员职务。补选省八届人大常委会副主任1名、委员10名。

副主任：牟绪珩（土家族）

委 员：（按姓氏笔画为序）

王为德 王源峰 刘少峰 刘安钧 刘伯华

刘崇理 安学发（彝族） 李植松 张世银 陈历伟

会议补选省政府省长 1 名、副省长 2 名。

省 长：宋宝瑞

副省长：（按姓氏笔画为序）

李达昌 邹广严

省九届人大代表换届选举工作 1997 年 8 月 12—19 日，省八届人大常委会第二十八次会议在成都举行。会议决定在 1997 年 12 月 15 日以前选出省九届人民代表大会代表。1997 年下半年起，常委会开始着手省级和县级人大的换届选举工作。在主持省级人大换届选举的同时，常委会对县级人大换届选举给予必要的指导。全省 15 个市（州）和地区所辖 30 个县（市）及驻川部队，共 46 个选举单位于 12 月 15 日前选出省九届人大代表 885 名。同时，县级人大代表 3.85 万名也于 1998 年 1 月 16 日前全部选出。

三、省九届人大选举

指导县乡人大换届选举 5 年间，省、市（州）、县（市、区）先后进行换届选举，乡级人大进行两次换届选举。常委会对换届选举适时作出换届选举决定，先后召开换届选举工作会议 4 次，举办换届选举工作人员培训班 3 期，帮助和指导下级人大的换届选举工作，及时纠正选举中不符合法律规定的做法，保证换届选举工作的顺利进行。各级当选代表和领导班子成员的文化程度有所提高，年龄有所降低，结构更趋合理。

主持本级人大换届选举 全省县（市、区）人民代表大会于 1998 年 3 月底前先后任期届满。1997 年 10 月至 1998 年 3 月底，全省进行县级人大换届选举，选举全省县级人大代表和县级国家机关领导班子。该次换届选举是在两法修改后第一次单独进行的县级人大直接选举，也是 20 世纪最后一次县级人大换届选举。

据统计，全省共登记选民 59161683 人，参加投票的选民有 56269778 人，参选率达 95.11%；全省应选县级人大代表 38002 名，实际选出 37788 名。

在该届县级人大代表中，中共党员 26847 名，占总数的 71.05%；非中共党员 10941 名，占总数的 28.95%；妇女代表 8318 名，占总数的 22.01%；少数民族代表 5341 名，占总数的 14.13%。年龄结构为：35 周岁以下 8979 人，占总数的 23.76%；36 周岁到 55 周岁的 26826 人，占总数的 71%；56 周岁以上 1983 人，占总数 4.24%。知识结构为：大专以上文化程度占 31.79%；中专及初中文化程度的占 59.41%；小学以下文化程度的占 8.8%。该届代表与八届代表相比，文化程度有所提高，具有大专以上文化的代表比例提高 10.23%，年龄结构有较大改善，35 岁以下的代表比例提高 5.8%，具有专业知识的代表有所增加。

在该次换届选举中，选举产生县级人大常委会主任 180 名、副主任 738 名、委员 2376 名，其中中共党员 2589 名，占 78.60%，非中共党员 705 名，占 21.40%，妇女 627 名，占 19.03%。选举产生县级人民政府县（市、区）长 180 名、副县（市、区）长 987 名，其中中共党员 1027 名，占

88%，非中共党员140名，占12%，妇女105名，占9%。选举产生县（市、区）人民法院院长179名，县（市、区）人民检察院检察长179名。

全省乡级人民代表大会代表选举　根据宪法和地方组织法的规定，四川省乡级人民代表大会代表在1999年3月底前进行换届选举。全省县（市、区）人民代表大会于2003年3月底前进行换届选举。成都、自贡、攀枝花、泸州、德阳、阿坝6个市（州）的人民代表大会也在2003年换届。

全省地改市的第一届人民代表大会代表选举　1998年7月，经国务院批准，撤销广安地区，设立地级广安市；1999年6月，撤销达川地区，设立地级达州市。两市依法选举市人大代表，并于1998年、1999年分别召开市第一届人民代表大会。

经国务院批准，2000年撤销巴中地区、雅安地区、眉山地区、资阳地区，设立地级巴中市、雅安市、眉山市、资阳市。9月15日，省九届人大常委会第十九次会议，依法确定巴中市、雅安市、眉山市、资阳市人民代表大会代表名额和第一届人大常委会组成人员名额。四市依法选举市人大代表，并分别召开市第一届人民代表大会。

补选四川省出席九届全国人民代表大会代表　四川省出席第九届全国人民代表大会名额为151名，九届全国人大一次会议以后共出缺2名（省财政厅原厅长黄工乐，于1998年6月12日辞去代表职务；内江市政协原副主席、市交通局副局长陈可为，于1998年7月16日因车祸去世），应予补选。考虑到内江市行政区划调整后，新建的资阳地区全国人大代表名额偏少的具体情况，经研究，决定将缺额的1名代表名额调剂给资阳地区。1998年12月18日，省九届人大常委会第六次会议补选周维莲、陈光志为四川省出席九届全国人民代表大会代表。

1999年8月，代表白尚武因病去世，代表出缺1名，应予补选。1999年12月8日，省九届人大常委会第十二次会议通过补选办法。补选杨崇汇为四川省出席第九届全国人民代表大会代表。

2000年8月2日，四川省体改委原主任张××涉嫌受贿犯罪，省九届人大常委会第十八次会议决定罢免张××第九届全国人民代表大会代表职务。据有关法律规定和2000年1月25日全国人大常委会办公厅的通知，四川省第九届人民代表大会第三次会议选举四川省出席第九届全国人民代表大会代表1名。

主持本级人大换届及届中补选工作　省九届人大一次会议选举工作　1998年1月19日，省九届人大一次会议选举谢世杰任省人大常委会主任，选出孟俊修、牟绪珩等10名副主任，选出秘书长和69名委员。

大会选举出宋宝瑞等新一届省人民政府组成人员。

省　长：宋宝瑞

副省长：张中伟　徐世群　欧泽高（藏族）　邹广严　李达昌
敬正书　王金祥　李　进（女）　王恒丰

同时，会议选出敬瑞祥为省高级人民法院院长，韩忠信为省人民检察院检察长。

省九届人大三次会议选举工作　2000年1月27日，省九届人大三次会议补选张中伟为省政府省长。1999年5月，宋宝瑞调国家体改办工作，省政府省长职务由张中伟代理。1999年6月1日，省九届人大常委会第九次会议接受宋宝瑞辞去省政府省长职务。

2000年1月27日，会议选举汪兴高、黄永光、黄惟泽、廖杰4名省人大常委会委员。此次会议还依法选举省委书记周永康为九届全国人民代表大会代表。

省九届人大四次会议选举工作 2001年1月，省九届人大常委会第二十一次会议决定，接受李永寿辞去省九届人大常委会副主任职务，接受徐世群、欧泽高辞去省政府副省长职务。九届人大四次会议接受李永寿辞去省九届人大财政经济委员会主任委员职务，决定黄寅逵为省九届人大财政经济委员会主任委员。

该次会议依法选举黄寅逵和徐世群为省人大常委会副主任，选举马开明和柯尊平为省政府副省长。

省九届人大五次会议选举工作 省九届人大四次会议后，省人大常委会委员周新远因病去世，省人大常委会副主任卢铁城因到任职年限，辞去省人大常委会副主任职务。省委副书记、副省长杨崇汇调云南省后，省政府缺分管常务工作的副省长。中央决定交流省人民检察院检察长韩忠信后，省人民检察院检察长出缺。2002年4月8日，该次会议依法选举席义方、敬中春为省人大常委会副主任，蒋巨峰为省政府副省长，陈文清为省人民检察院检察长。

四、省十届人大选举

指导市（州）、县、乡人大换届选举 根据宪法和地方组织法的规定，绵阳、广元、遂宁、内江、乐山、达州6个市的人民代表大会于2005年换届。6个市的市人大常委会组成人员名额应重新确定。四川省市（州）人大常委会组成人员名额在法律规定的19—41人的范围内，按该市（州）总人口数划分为四种情况，分别确定其常委会组成人员名额。即人口在400万人以上的市，新一届人大常委会组成人员名额为41名；人口在300万—400万人的市（州），新一届人大常委会组成人员名额为39名；人口在200万—300万人的市（州），新一届人大常委会组成人员名额为37名；人口在200万人以下的市（州），新一届人大常委会组成人员名额为35名。省人大常委会就陆续换届的市（州）新一届人大常委会组成人员名额有了一个统一确定标准。这样划分既符合常委会组成人员名额“按人口多少确定”的法律规定，也符合四川省的实际情况，使各市（州）人大常委会组成人员名额都有不同程度的增加，有利于人大常委会组成人员结构的优化和更有效地行使职权。同时也注意到各市（州）人大常委会组成人员名额与其代表名额相协调。

省十届人大常委会第十二次会议决定，2005年换届的绵阳市、广元市、遂宁市、内江市、乐山市、达州市新一届市人大常委会组成人员名额：绵阳市41名，广元市39名，遂宁市39名，内江市41名，乐山市39名，达州市41名。会议鉴于2004年达州市遭受百年不遇的特大洪灾，决定达州市人民代表大会推迟到2005年3月换届。由于向家坝电站重大工程建设等原因造成屏山县人口较大变动，会议依法重新确定屏山县人民代表大会代表可另加5%（名额为9名），总名额为187名。

2006年，四川省181个县级人大除遂宁市船山区和安居区（系2004年4月由该市市中区划出）外，其余179个县（市、区）人大应在2008年3月底前进行换届选举；乡级人大除近年由于撤乡建镇的乡镇外，绝大多数应在2007年3月底前进行换届选举。依照宪法和地方组织法关于地方各级人民代表大会每届任期5年的规定，根据十届全国人大常委会第十二次会议《关于县乡两级人民代表大会代表选举时间的决定》和《中共四川省委关于适当调整市（州）、县（市、区）及乡镇党代会召开时间的通知》关于“县（市、区）党代会召开时间原则上安排在2006年四季度进行”“乡镇党代会召开时间原则上安排在2006年三季度进行”的部署，省十届人大常委会第十六次会议决定，四川省县、乡两级人民代表大会代表换届选举在2006年7月1日至2007年3月31日期间按照县、乡两级同步的原则进行。

四川省巴中、雅安、眉山、资阳市人民代表大会于2005年12月任期届满，凉山州人民代表大会于2006年2月任期届满，应进行换届选举。省十届人大常委会第十八次会议决定，巴中市、雅安市、眉山市、资阳市、凉山州新一届人民代表大会常务委员会组成人员名额：巴中市37名，雅安市35名，眉山市39名，资阳市41名，凉山州41名。同时，根据《中华人民共和国地方各级人民代表大会和地方各级人民政府组织法》第六条关于"地方各级人民代表大会每届任期五年"的规定和全国人大常委会法制工作委员会2005年6月24日《关于设区的市人大换届选举时间问题的意见》，以及中共四川省委《关于适当调整市（州）、县（市、区）及乡镇党代会召开时间的通知》精神，会议决定：巴中市、雅安市、眉山市、资阳市人民代表大会换届选举推迟到2007年1月底前进行，凉山州人民代表大会换届选举推迟到2007年2月底前进行。自贡、攀枝花市人民代表大会应于2008年3月进行换届选举，泸州、德阳市人民代表大会应于2008年2月进行换届选举，阿坝州人民代表大会应于2007年12月进行换届选举。根据全国人大常委会法制工作委员会《关于设区的市人大换届选举时间问题的意见》，"省级人大常委会可以根据实际情况，对市州人民代表大会换届选举时间作出适当调整，提前或延后的时间以不超过一年为宜"。省十届人大常委会第二十二次会议决定：自贡、攀枝花、泸州、德阳、阿坝5个市（州）人民代表大会换届选举提前到2007年1—3月期间进行。

全省181县（市、区）人民代表大会应在2007年3月底前进行换届选举。自贡、攀枝花、泸州、德阳、宜宾、巴中、雅安、眉山、资阳、阿坝、凉山11个市（州）的人民代表大会应在2007年3月底前进行换届选举。按照地方组织法第四十一条的规定，省人大常委会应对在2007年3月底前换届的自贡、攀枝花、泸州、德阳、宜宾、阿坝6个市（州）和181个县（市、区）新一届人大常委会组成人员名额进行重新确定（巴中、雅安、眉山、资阳、凉山5个市州新一届人大常委会组成人员名额经2005年11月25日省十届人大常委会第十八次会议确定）。2006年7月28日，省十届人大常务委员会第二十二次会议决定在2007年3月底前换届的自贡、攀枝花、泸州、德阳、宜宾、巴中、雅安、眉山、资阳、阿坝、凉山11个市（州）和181个县（市、区）除自贡市所辖6县（区）外，新一届人民代表大会的代表总名额不再变动。行政区划调整后的自贡市所辖6县（区）新一届人民代表大会的代表总名额应重新确定。具体如下：

1. 6个市（州）新一届人民代表大会常务委员会组成人员名额：自贡市39名，攀枝花市35名，泸州市41名，德阳市39名，宜宾市41名，阿坝州35名。

2. 181个县（市、区）新一届人民代表大会常务委员会组成人员（详见表3－10）。

四川省十届人大181个县（市、区）新一届人民代表大会常务委员会组成人员一览表

表3－10

市（州）	县（市、区）	人数（人）	县（市、区）	人数（人）
成都市19个县（市、区）	锦江区	25	武侯区	27
	青羊区	27	成华区	23
	金牛区	27	龙泉驿区	23

续表 3-10

市（州）	县（市、区）	人数（人）	县（市、区）	人数（人）
成都市 19 个县（市、区）	青白江区	27	金堂县	27
	新都区	27	双流县	27
	温江区	21	郫县	23
	都江堰市	23	大邑县	19
	彭州市	23	浦江县	17
	崇州市	21	新津县	19
	邛崃市	27		
自贡市 6 个县（区）	自流井区	27	沿滩区	21
	贡井区	27	荣县	27
	大安区	25	富顺县	35
攀枝花市 5 个县（区）	东区	19	米易县	17
	西区	19	盐边县	19
	仁和区	19		
泸州市 7 个县（区）	江阳区	27	叙永县	27
	纳溪区	27	古蔺县	27
	龙马潭区	25	泸县	35
	合江县	27		
德阳市 6 个县（市、区）	旌阳区	25	绵竹市	23
	广汉市	27	中江县	31
	什邡市	23	罗江县	19
绵阳市 9 个县（市、区）	涪城区	25	平武县	23
	游仙区	21	北川县	21
	江油市	27	三台县	33
	梓潼县	25	盐亭县	21
	安县	19		
广元市 7 个县（区）	市中区	23	旺苍县	23
	元坝区	19	青川县	19
	朝天区	19	苍溪县	27
	剑阁县	27		

续表 3－10

市（州）	县（市、区）	人数（人）	县（市、区）	人数（人）
遂宁市 5 个县（区）	船山区	27	射洪县	29
	安居区	27	大英县	27
	蓬溪县	27		
内江市 5 个县（区）	市中区	27	威远县	27
	东兴区	27	隆昌县	27
	资中县	35		
乐山市 11 个县（市、区）	市中区	23	夹江县	21
	五通桥区	21	井研县	21
	沙湾区	21	沐川县	21
	金口河区	15	峨边县	21
	峨眉山市	23	马边县	21
	犍为县	23		
南充市 9 个县（市、区）	顺庆区	27	西充县	25
	高坪区	27	营山县	27
	嘉陵区	25	仪陇县	35
	阆中市	27	蓬安县	27
	南部县	35		
宜宾市 10 个县（区）	翠屏区	27	高县	23
	宜宾县	29	筠连县	19
	南溪县	19	珙县	17
	江安县	21	兴文县	21
	长宁县	21	屏山县	19
广安市 5 个县（市、区）	广安区	35	武胜县	25
	华蓥市	19	邻水县	25
	岳池县	35		
达州市 7 个县（市、区）	通川区	23	开江县	25
	万源市	25	大竹县	29
	达县	29	渠县	35
	宣汉县	35		
巴中市 4 个县（区）	巴州区	35	通江县	27
	平昌县	29	南江县	25

续表 3-10

市（州）	县（市、区）	人数（人）	县（市、区）	人数（人）
雅安市 8 个县（区）	雨城区	19	天全县	19
	名山县	17	芦山县	15
	荥经县	15	汉源县	21
	石棉县	15	宝兴县	15
眉山市 6 个县（区）	东坡区	21	洪雅县	21
	仁寿县	35	丹棱县	19
	彭山县	21	青神县	19
资阳市 4 个县（市、区）	雁江区	29	安岳县	35
	简阳市	35	乐至县	27
阿坝州（13 个县）	汶川县	21	黑水县	19
	理县	17	马尔康县	21
	茂县	21	壤塘县	17
	松潘县	19	阿坝县	19
	九寨沟县	21	若尔盖县	19
	金川县	19	红原县	17
	小金县	19		
甘孜州（18 个县）	康定县	17	石渠县	21
	泸定县	21	色达县	17
	丹巴县	19	理塘县	17
	九龙县	17	巴塘县	19
	雅江县	15	乡城县	15
	炉霍县	17	稻城县	15
	新龙县	17	得荣县	17
	道孚县	17	德格县	17
	甘孜县	17	白玉县	17
凉山州 17 个县（市）	西昌市	27	金阳县	21
	木里县	23	冕宁县	25
	盐源县	25	越西县	25
	德昌县	23	甘洛县	23
	会理县	25	美姑县	23

续表 3－10

市（州）	县（市、区）	人数（人）	县（市、区）	人数（人）
凉山州 17 个县（市）	会东县	25	雷波县	23
	宁南县	23	喜德县	21
	普格县	21	昭觉县	23
	布拖县	23		

2006 年 7 月至 2007 年 3 月，全省县乡两级人大同步进行换届选举。该次县乡两级人大换届选举是乡级人大每届任期由 3 年改为 5 年后，县、乡两级人大第一次同步进行的换届选举。全省 181 个县（市、区）和 4336 个乡镇（不含 2005 年换届的 70 个乡镇）依法选举产生本级新一届人民代表大会并由其选举产生新一届人民政府。县级人大还选举产生本级人大常委会组成人员和审判、检察机关的领导人员。

四川省第十届人民代表大会到 2008 年 1 月任期届满。2007 年 7 月 27 日，省十届人大常务委员会第二十九次会议通过关于省十一届人大代表名额和选举问题的决定：四川省第十一届人民代表大会代表名额，依照 2007 年 6 月 18 日全国人大常委会办公厅《关于新一届省、自治区、直辖市人民代表大会代表名额的通知》，四川省第十一届人民代表大会代表名额为 894 名，与四川省第十届人民代表大会代表名额相同。鉴于四川省自十届人大一次会议以后，各市（州）均无行政区划变动或者由于重大工程建设等原因造成人口数量的较大变化，各市（州）和驻川部队应选四川省第十一届人民代表大会代表的名额与第十届相同；为保证各方面代表人士都有适当的代表名额，在四川省第十一届人民代表大会代表总名额中，应有一定数量的省直机关和单位的代表名额由省人民代表大会常务委员会分配给有关市（州）进行选举；四川省第十一届人民代表大会代表中，少数民族代表名额应占代表总名额的 8% 左右；妇女代表的比例不低于 25%；来自一线的工人、农民代表人数应高于九届，在农民工比较集中的地方应有农民工代表；四川省第十一届人民代表大会代表，应于 2007 年 12 月 20 日以前选出。

成都市人民代表大会应于 2008 年 8 月进行换届选举，南充市、广安市、甘孜州人民代表大会应于 2009 年 3 月进行换届选举。为有利于与市（州）党代会召开时间逐步衔接，根据《中华人民共和国宪法》《中华人民共和国地方各级人民代表大会和地方各级人民政府组织法》的有关规定和全国人大常委会法制工作委员会《关于设区的市人大换届选举时间问题的意见》，省十届人大常委会第三十次会议决定：成都市、南充市、广安市、甘孜州人民代表大会换届选举提前到 2008 年一季度进行。四市（州）新一届人民代表大会代表总名额与本届代表总名额相同，具体如下：成都市 51 名，南充市 41 名，广安市 41 名，甘孜州 35 名。

主持省本届人大换届及届中补选工作 省十届人大一次会议选举工作 2003 年 1 月 18 日，省十届人大一次会议选举出张学忠等 82 人为省十届人大常委会组成人员；选举张中伟为省政府省长，蒋巨峰、陈文光、柯尊平、黄小祥、王怀臣、杨志文、张作哈（彝族）、刘晓峰 8 人为省政府副省长；选举李少平为省高级人民法院院长，选举并报全国人大常委会批准陈文清担任省人民检察院检察长。选举出省十届人大各专门委员会组成人员。

省十届人大二次会议选举工作 2004 年 2 月 17 日，省十届人大二次会议补选王荣轩为省十届人大常委会副主任，选出朱俊伟、李隆春、骆玉祥 3 人为省十届人大常委会委员。

省十届人大四次会议选举工作　2006 年 1 月 17 日，省十届人大四次会议决定，接受陈文光辞去省政府副省长职务，接受黄寅逵、牟绪珩、徐世群、张宗源、刘永顺等省人大常务委员会副主任辞去职务。

接受兰树堂辞去省十届人大常委会委员职务；董任远辞去省十届人大常委会委员、省十届人大教育科学文化卫生委员会副主任委员职务。

2006 年 1 月 20 日，省十届人大四次会议选举陈文光、李洪仁为省人大常务委员会副主任。选举王体乾、李高伟、张仲炎、姜保山、黄忠鑫、蒋先继为省人大常委会委员。选举郭永祥为省政府副省长。

省十届人大五次会议选举工作　2007 年 1 月 31 日，省十届人大五次会议选举杜青林为省十届人大常委会主任。甘道明、韩忠信、杨志文为省十届人大常委会副主任。补选颜家瑾、颜继禄为省十届人大常委会委员。选举蒋巨峰为省政府省长。

第二节　任免工作

四川省人大常委会依照宪法和法律的规定，对本级行政机关的组成人员，审判、检察机关的组成人员，省人大常委会办事机构的负责人，地区联络处负责人行使任免权。根据地方组织法第三十九条第九项的规定，人民代表大会闭会期间，常委会可以决定一、二名副省长的任命。在省长、法院院长、检察长因故不能担任职务时，从本级政府、法院、检察院副职领导人员中决定代理人选（决定代理检察长，须报上级检察院和全国人大常委会备案）。

一、四川省七届人大常委会任免事项

省七届人大常委会共任免国家机关工作人员 1359 人次。

省七届人大常委会第一次会议　1988 年 2 月 4 日，省七届人大常委会第一次会议决定任命康智盛为省人大常委会南充地区联络处主任。免去陈孝材的省人大常委会副秘书长职务；郭宪书的省人大常委会南充地区联络处主任职务。

任命刘志鹏为省政府秘书长；包叙定为省计划经济委员会主任；钟戡为省计划生育委员会主任；徐世群为省政府外事办公室主任；张仲仁为省档案局局长；杜恒产为省建设委员会主任；金春祥为省国防科学技术工业办公室主任；兰瑞华为省统计局局长；经荣生为省物价局局长；李煌为省物资局局长；王心让为省冶金工业厅厅长；申富安为省电子工业厅厅长；郭洪喜为省交通厅厅长；刘资甫为省化学工业厅厅长；徐荣凯为省轻工业厅厅长；费德政为省纺织工业厅厅长；续俊海为省水利电力厅厅长；顾宏民为省粮食局局长；蒋恒为省商业厅厅长；吉福仓为省审计局局长；焦成斌为省国土局局长；郭炎为省体育运动委员会主任；郑体仁为省广播电视厅厅长；单基夫为省新闻出版局局长；殷大奎为省卫生厅厅长。

任命刁润生为涪陵地区中级人民法院院长；屠元焕为达县地区中级人民法院院长；敬瑞祥为南充地区中级人民法院院长；冯自清为宜宾地区中级人民法院院长；解峰为雅安地区中级人民法院院长；张成太为万县地区中级人民法院院长；姜凤桃等为法院组成人员；吕希新为省人民检察院涪陵

分院检察长；聂代康为省人民检察院万县分院检察长；吕玺为省人民检察院南充分院检察长；王存文为省人民检察院达县分院检察长；谭洪信为省人民检察院雅安分院检察长；李健群为省人民检察院宜宾分院检察长。

省七届人大常委会第二次会议 1988年3月16日，省七届人大常委会第二次会议决定任命卢铁城为省教育委员会主任；巫学德为省公安厅厅长；郑文举为省司法厅厅长；孙自强为省民族事务委员会主任；程英男为省监察厅厅长；沈国俊为省劳动人事厅厅长；付道政为省林业厅厅长；张廷翰为省科学技术委员会主任；李达昌为省财政厅厅长；李玉龙等7人为检察院组成人员，唐扬壁等3人为法院组成人员。

免去杨学平的省高级人民法院告诉申请审判庭副庭长职务。

批准任命李光明为阿坝藏族羌族自治州人民检察院检察长。

省七届人大常委会第三次会议 1988年5月28日，省七届人大常委会第三次会议决定任命张训恒为四川省人民代表大会常务委员会宜宾地区联络处主任。免去王健民的省人大常委会宜宾地区联络处主任职务。

任命张中伟为省农牧厅厅长；徐克明等为法院组成人员；江莲英为省人民检察院南充分院检察员。免去黄幼川等7人的法院组成人员职务。

批准任命邬红旗为攀枝花市人民检察院检察长。批准王华生辞去重庆市人民检察院检察长职务。

七届人大常委会第四次会议 1988年8月7日，省七届人大常委会第四次会议根据省政府省长张皓若的提请，决定任命蒲海清为省政府副省长。

任命戴明君为省人大常委会副秘书长，薛世华为省人大民族委员会副主任委员，戴大奎为省人大政法委员会委员，苏廷章为省人大常委会办公厅副主任。免去孙致孚的省人大常委会副秘书长职务，袁一飞的省人大常委会副秘书长职务，孟昭祯的省人大常委会副秘书长职务，匡政桁的省人大常委会副秘书长职务。

任命张荣先为省民政厅厅长，陈大光为黔江地区中级人民法院院长，欧晓东等19人为法院组成人员，路银更为重庆铁路运输检察院检察长、检察委员会委员；章建宝为昆明铁路运输检察院检察长、检察委员会委员，张庆葛为贵阳铁路运输检察院检察长、检察委员会委员，孙永宽为成都铁路运输检察院检察长、检察委员会委员，张成才为开远铁路运输检察院检察长、检察委员会委员，黄志勇等135人为检察院组成人员。

免去陈大光等9人的法院、检察院组成人员职务。

批准任命蒋先齐为重庆市人民检察院检察长；董超名为自贡市人民检察院检察长；吕朝金为德阳市人民检察院检察长；吴少甫为泸州市人民检察院检察长。

省七届人大常委会第五次会议 1988年9月26日，省七届人大常委会第五次会议决定任命李定所等35人为法院、检察院的组成人员。免去黄毅等7人的法院、检察院组成人员职务。

批准免去罗天灿的四川省彭水县人民检察院检察长职务。

省七届人大常委会第六次会议 1988年12月7日，省七届人大常委会第六次会议决定任命孙致孚为省人大常委会法制工作室主任；练俊才为省人大常委会法制工作室副主任；袁一飞为省人大常委会研究室主任；姜成玉为省人大常委会涪陵地区联络委员会主任；赵德兴、陈光明、曾凡伟为省人大常委会涪陵地区联络委员会副主任；任娅岚、汪林祥为省人大常委会涪陵地区联络委员会委员。

任命张应文为省对外经济贸易委员会主任；李长春为省人民政府外事办公室主任；高善更为省人民检察院成都铁路运输检察分院代理检察长；唐毅等 19 人为法院、检察院的组成人员。

免去徐世群的省人民政府外事办公室主任职务；周彦烺的省人民检察院成都铁路运输分院检察长职务。

免去王维元等检察院的组成人员职务。

批准任命屈玉琨为成都市人民检察院检察长。

批准免去刘永和的四川省名山县人民检察院检察长职务。

省七届人大常委会第八次会议 1989 年 3 月 10 日，省七届人大常委会第八次会议决定任命王泽民为省人大政法委员会委员；肖菊人、隋德美为省人大教科文卫委员会委员；张训恒为省人大常委会宜宾地区联络委员会主任；郭瑛、周光前为省人大常委会宜宾地区联络委员会副主任；陈续堂、郑光明、牟德荣、黄泰富、吴碧君为省人大常委会宜宾地区联络委员会委员。

任命唐文祥等 23 人为法院、检察院的组成人员。

免去彭正等 3 人法院、检察院的组成人员职务。

批准免去蒋定才四川省丰都县人民检察院检察长职务。

省七届人大常委会第九次会议 1989 年 5 月 8 日，省七届人大常委会第九次会议决定任命杨国攀为省人大常委会雅安地区联络委员会主任；郭琳、山映闾为省人大常委会雅安地区联络委员会副主任；熊全义、李鸿厚、阎文、杨博厚为省人大常委会雅安地区联络委员会委员；王汉亭为省人大常委会万县地区联络委员会主任；徐观蓉、邓仁智、王一为省人大常委会万县地区联络委员会副主任；刘培生、吴正林为省人大常委会万县地区联络委员会委员。

任命郭仲池等为法院、检察院的组成人员。免去漆明德等 21 人法院、检察院的组成人员职务。

批准任命李兴洪为四川省名山县人民检察院检察长。

批准免去马岳松的四川省蓬安县人民检察院检察长职务。

省七届人大常委会第十次会议 1989 年 7 月 16 日，省七届人大常委会第十次会议决定任命沈国俊为省劳动厅厅长；欧晓东为四川省南充地区中级人民法院代理院长；敬瑞祥等为法院、检察院的组成人员。免去费德政的省纺织工业厅厅长职务；敬瑞祥的四川省南充地区中级人民法院院长职务；赵以砥等 22 人法院、检察院组成人员职务。

批准任命胡天宇为四川省甘孜藏族自治州人民检察院检察长。

省七届人大常委会第十一次会议 1989 年 9 月 20 日，省七届人大常委会第十一次会议决定任命候开林为省人大常委会达县地区联络委员会主任；赵宗发、杨如兰为省人大常委会达县地区联络委员会副主任；张继、刘辛、彭宗勇为省人大常委会达县地区联络委员会委员；冯希尧为省人大常委会南充地区联络委员会主任；康智盛、文明富、魏荐鹗为省人大常委会南充地区联络委员会副主任；孙永清、杜河清、青水秀、胡伯琴、袁天锡为省人大常委会南充地区联络委员会委员。

任命杜世弘为省纺织工业厅厅长；周正举为省文化厅厅长；陈忠良为省工商行政管理局局长；龚初宏等为法院、检察院的组成人员。

免去熊道谐等 6 人法院、检察院组成人员的职务。

批准任命李敦华为四川省彭水县人民检察院检察长。

省七届人大常委会第十二次会议 1989 年 11 月 15 日，省七届人大常委会第十二次会议决定任命胡裕隆等26人为法院、检察院的组成人员。

免去谭宇三等12人法院、检察院组成人员的职务。

省七届人大常委会第十三次会议 1990年1月16日，省七届人大常委会第十三次会议决定任命卢子贵为省广播电视厅厅长；黄良学等7人为法院、检察院的组成人员。免去郑体仁的省广播电视厅厅长职务；邹才福等4人法院、检察院组成人员的职务。

省七届人大常委会第十六次会议 1990年4月28日，省七届人大常委会第十六次会议决定任命张皓若为省经济体制改革委员会主任；甘宇平为省建设委员会主任；杨世泉为省商业厅厅长；庞先玉、李锋为省人民检察院副检察长、检察委员会委员；刘运根为四川省人民检察院贵阳铁路运输检察院检察长、检察委员会委员；高善更为四川省人民检察院成都铁路运输分院检察长；耀振华等为法院、检察院的组成人员。

决定免去杜恒产的省建设委员会主任职务；蒋恒的省商业厅厅长职务；张成才的四川省人民检察院开远铁路运输检察院检察长、检察委员会委员职务；杨明芝等16人的法院、检察院组成人员职务。

批准任命黄景国为南充市人民检察院检察长；李万莲为遂宁市人民检察院检察长；高全义为雅安市人民检察院检察长；高仕俊为峨眉市人民检察院检察长；张正杨为江油市人民检察院检察长；何锡智为都江堰市人民检察院检察长；唐建民为广汉市人民检察院检察长；陈世忠为巫溪县人民检察院检察长；秦安至为忠县人民检察院检察长；易继宣为巫山县人民检察院检察长；吴先诗为梁平县人民检察院检察长；林际胜为南充县人民检察院检察长；杨子富为西充县人民检察院检察长；王益龄为南部县人民检察院检察长；赵文训为阆中县人民检察院检察长；曹学群为蓬安县人民检察院检察长；李如春为营山县人民检察院检察长；伍怀才为仪陇县人民检察院检察长；陈邦友为武胜县人民检察院检察长；蒋世民为岳池县人民检察院检察长；王崇太为广安县人民检察院检察长；康泽元为华蓥市人民检察院检察长；陈文涛为黔江土家族苗族自治县人民检察院检察长；成云富为石棉县人民检察院检察长；李兴洪为名山县人民检察院检察长；张德生为芦山县人民检察院检察长；戴学法为汉源县人民检察院检察长；赵为民为天全县人民检察院检察长；舒乾祥为宝兴县人民检察院检察长；吴月平为荥经县人民检察院检察长；刘代述为云阳县人民检察院检察长；徐刚斌为万县人民检察院检察长；王能为城口县人民检察院检察长。

省七届人大常委会第十七次会议 1990年6月27日，省七届人大常委会第十七次会议决定任命王泽民为省人大政法委员会副主任委员；杨义渊、张杰为省人大常委会宜宾地区联络委员会委员；吕希新、胡乐年、吴名远为省人大常委会涪陵地区联络委员会委员；朱广礼、付振芳、吴光中、谭邦吉为省人大常委会万县地区联络委员会委员；李文学、秦秉华为省人大常委会雅安地区联络委员会委员。

免去汪林祥的省人大常委会涪陵地区联络委员会委员职务。

任命张中瀛为省人事厅厅长；董任远为省国防科学技术工业办公室主任；宋云明等18人为法院、检察院的组成人员。

免去金春祥的省国防科学技术工业办公室主任职务；王泉林等5人法院、检察院组成人员的职务。

批准任命李发金为达县市人民检察院检察长；林蜀鲁为涪陵市人民检察院检察长；张玉德为广

元市人民检察院检察长；杜万成为绵阳市人民检察院检察长；陈家齐为宜宾市人民检察院检察长；沈远富为万县市人民检察院检察长；何宗志为内江市人民检察院检察长；牟刚俊为乐山市人民检察院检察长；黄多文为达县人民检察院检察长；张尚友为通江县人民检察院检察长；王道先为南江县人民检察院检察长；王延武为巴中县人民检察院检察长；唐文明为平昌县人民检察院检察长；陈万祥为大竹县人民检察院检察长；张治安为渠县人民检察院检察长；林和安为邻水县人民检察院检察长；李仲永为宣汉县人民检察院检察长；邓崇彬为开江县人民检察院检察长；刘启安为万源县人民检察院检察长；张德阶为达县地区白沙工农区人民检察院检察长；陈永富为酉阳土家族苗族自治县人民检察院检察长；黄永生为秀山土家族苗族自治县人民检察院检察长；江北超为石柱土家族自治县人民检察院检察长；李敦华为彭水土家族自治县人民检察院检察长；冉孟辉为武隆县人民检察院检察长；程在国为南川县人民检察院检察长；牟兴春为丰都县人民检察院检察长；刘立志为垫江县人民检察院检察长；张玉甫为宜宾县人民检察院检察长；吴自成为长宁县人民检察院检察长；范开荣为兴文县人民检察院检察长；张荣耀为高县人民检察院检察长；戴世万为珙县人民检察院检察长；周志坚为筠连县人民检察院检察长；刘宏铨为南溪县人民检察院检察长；宁致祥为江安县人民检察院检察长；唐国和为屏山县人民检察院检察长；王祖福为奉节县人民检察院检察长。

省七届人大常委会第十八次会议 1990年9月5日，省七届人大常委会第十八次会议决定任命乔梓荣为省人大财政经济委员会副主任委员。

任命向天凡等12人为法院、检察院的组成人员。

免去刘庆怀的省人民检察院南充分院副检察长、检察委员会委员。

七届人大常委会第十九次会议 1990年11月7日，省七届人大常委会第十九次会议决定任命王以恂为省人大常委会南充地区工作委员会副主任；谢志远、张启文为省人大常委会南充地区工作委员会委员；赵熔、杨祚德为省人大常委会达县地区工作委员会委员。

任命李煌为省物资厅厅长；庄道学为省人民检察院涪陵分院检察长；贺鼎富等为法院、检察院的组成人员。

免去吕希新的省人民检察院涪陵分院检察长职务；唐贵仕等11人法院、检察院组成人员的职务。

批准任命魏贻兴为开县人民检察院检察长。

省七届人大常委会第二十次会议 1990年12月29日，省七届人大常委会第二十次会议决定任命陈历伟为省人大常委会办公厅副主任；史敏为省人大常委会法制工作室副主任；向玉明为省人大常委会研究室副主任；王应为省人大常委会选举任免联络工作室副主任；孟俊修为省人大常委会达县地区工作委员会主任；李长柱为省人大常委会达县地区工作委员会副主任。

免去候开林的省人大常委会达县地区工作委员会主任职务。

任命马麟为省计划经济委员会主任。

决定胡汉中为四川省涪陵地区中级人民法院代理院长。

任命耀振华等32人为法院、检察院的组成人员。

免去包叙定的省计划经济委员会主任职务；刁润生的四川省涪陵地区中级人民法院院长职务；袁仲文等10人法院、检察院组成人员的职务。

省七届人大常委会第二十二次会议 1991年3月15日，省七届人大常委会第二十二次会议决定免去黎汉超的省人大财政经济委员会委员职务。

任命刘光炳为省经济体制改革委员会主任；张建魁等26人为法院、检察院的组成人员。

免去张皓若的省经济体制改革委员会主任职务；张廷翰的省科学技术委员会主任职务；单基夫的省新闻出版局局长职务；蒲先藻等10人法院、检察院组成人员的职务。

省七届人大常委会第二十三次会议 1991年5月28日，省七届人大常委会第二十三次会议决定任命张先禄为省人大财政经济委员会委员；徐书林为省人大农业委员会委员；朱文典、高福晖为省人大城乡建设环境保护委员会委员；李德渊为省人大常委会宜宾地区工作委员会副主任；王明孝为省人大常委会达县地区工作委员会副主任；郑德成为省人大常委会雅安地区工作委员会副主任；宋炳业、刘志忠为省人大常委会雅安地区工作委员会委员；陈庆禄、王正坤为省人大常委会涪陵地区工作委员会委员；左文斯为省人大常委会南充地区工作委员会委员。

任命陈宽金为省计划经济委员会主任；胡汉中为四川省涪陵地区中级人民法院院长；贺鼎富为四川省黔江地区中级人民法院院长。

免去马麟的省计划经济委员会主任职务，陈大光的四川省黔江地区中级人民法院院长职务，李玉龙的省人民检察院副检察长、检察委员会委员职务。

省七届人大常委会第二十四次会议 1991年7月29日，省七届人大常委会第二十四次会议决定任命孟端正等为法院、检察院的组成人员。

免去史国文的昆明铁路运输检察院检察长、检察委员会委员职务，孙公宏等14人法院、检察院组成人员的职务。

批准任命敬五堂为四川省凉山彝族自治州人民检察院检察长。

省七届人大常委会第二十五次会议 1991年9月28日，省七届人大常委会第二十五次会议决定免去姜成玉的省人大常委会涪陵地区工作委员会主任职务。

任命袁景葵为省科学技术委员会主任，陈焕仁为省新闻出版局局长，欧晓东为四川省南充地区中级人民法院院长，王用钜等31人为法院、检察院的组成人员。

免去王余桓等14人法院、检察院组成人员的职务。

省七届人大常委会第二十六次会议 1991年11月27日，省七届人大常委会第二十六次会议决定任命袁天锡为省人大常委会南充地区工作委员会副主任；廖先志为省人大常委会万县地区工作委员会委员；廖杰文为省人大常委会达县地区工作委员会委员。

免去苏廷章的省人大常委会办公厅副主任职务；康智盛的省人大常委会南充地区工作委员会副主任职务。

任命敬正书为省水利电力厅厅长；姜仁初为省轻工业厅厅长；胡安荣为省物价局局长；魏浩为四川省雅安地区中级人民法院院长；董世祥为四川省人民检察院万县分院检察长；戴世万为四川省珙县芙蓉地区人民检察院检察长；杨成德等21人为法院、检察院的组成人员。

免去续俊海的省水利电力厅厅长职务；徐荣凯的省轻工业厅厅长职务；经荣生的省物价局局长职务；解峰的四川省雅安地区中级人民法院院长职务；聂代康的四川省人民检察院万县分院检察长职务；张凯勤等5人的法院、检察院组成人员职务。

批准王祖福辞去奉节人民检察院检察长职务；戴世万辞去珙县人民检察院检察长职务。

省七届人大常委会第二十八次会议 1992年3月13日，省七届人大常委会第二十八次会议决定任命练俊才为省人大常委会副秘书长；袁祥生为省人大常委会办公厅副主任；彭长卿为省人大常委会研究室副主任；唐国尧为省人大常委会南充地区工作委员会委员；熊道明为省人大常委会万县地区工作委员会委员。

任命刁金祥为省政府副省长；曾宪章为省司法厅厅长；罗自省为省人民检察院南充分院检察长；袁世海等24人为法院、检察院的组成人员。

免去郑文举的省司法厅厅长职务；吕玺的省人民检察院南充分院检察长；刘汉民等13人法院、检察院组成人员的职务。

省七届人大常委会第二十九次会议 1992年5月27日，省七届人大常委会第二十九次会议决定任命傅应铨为省国土局局长；邬红旗为省高级人民法院副院长、审判委员会委员；刘仁利任泸州市人民检察院检察长；何建军任珙县人民检察院检察长；杨前和任奉节县人民检察院检察长；王晓滨等7人为法院、检察院的组成人员。

免去焦成斌的省国土局局长职务；刘家琛的省高级人民法院副院长、审判委员会委员职务；秦明远等7人法院、检察院组成人员的职务。

批准吴少甫辞去泸州市人民检察院检察长职务；邬红旗辞去攀枝花市人民检察院检察长职务；刘仁利任泸州市人民检察院检察长；何建军任珙县人民检察院检察长；杨前和任奉节县人民检察院检察长。

省七届人大常委会第三十次会议 1992年7月22日，省七届人大常委会第三十次会议决定任命王正林为省人大常委会万县地区工作委员会副主任；王子焕为省人大常委会达县地区工作委员会委员；李技良、张友森为省人大常委会涪陵地区工作委员会委员。

任命李伯勇为省政府副省长；沈国俊为省政府秘书长；刘继邦为省劳动厅厅长；张育仁为省经济体制改革委员会主任；丹陵为省建设委员会主任；宋令友等34人为法院、检察院的组成人员。

免去谢世杰的省政府副省长职务；沈国俊的省劳动厅厅长职务；刘光炳的省经济体制改革委员会主任职务；甘宇平的省建设委员会主任职务；魏彬的省高级人民法院副院长、审判委员会委员职务；郭立民等8人法院、检察院组成人员的职务。

省七届人大常委会第三十一次会议 1992年9月26日，省七届人大常委会第三十一次会议决定任命王毓强为省人大常委会办公厅副主任；夏宗明为省人大常委会达县地区工作委员会主任；孙文启为省人大常委会宜宾地区工作委员会主任；袁承禧为省人大常委会宜宾地区工作委员会副主任；宋令理为省人大常委会涪陵地区工作委员会副主任；叶杰邦、李晏清为省人大常委会宜宾地区工作委员会委员。

免去孟俊修的省人大常委会达县地区工作委员会主任职务；张训恒的省人大常委会宜宾地区工作委员会主任职务；郑光明的省人大常委会宜宾地区工作委员会委员职务。

任命邓光德为四川省人民检察院达县分院检察长；张德生为四川省芦山苗溪地区人民检察院检察长；王用钷等45人为法院、检察院的组成人员。

免去王存文的四川省人民检察院达县分院检察长职务；蒲先藻等法院、检察院组成人员的职务。

批准胡天宇辞去甘孜藏族自治州人民检察院检察长职务；张德生辞去芦山县人民检察院检察长职务。

省七届人大常委会第三十二次会议 1992年11月27日、12月1日，省七届人大常委会第三十二次会议决定任命田兴泉、刘光全为省人大常委会黔江地区工作委员会副主任；高贵传、张荣途、石登山、杨万和、汪砚英、许力心为省人大常委会黔江地区工作委员会委员；青永秀、左文斯为省人大常委会南充地区工作委员会副主任；胡志胜、徐荣廷为省人大常委会南充地区工作委员会委员；刘昌喜为省人大常委会达县地区工作委员会委员。

免去文明富、魏荐鹗的省人大常委会南充地区工作委员会副主任职务；青永秀、左文斯的省人大常委会南充地区工作委员会委员职务。

任命肖秧为省政府副省长；谭洪信为省人民检察院副检察长、检察委员会委员；刘占起为省人民检察院雅安分院检察长；丁义明为四川省宜宾地区中级人民法院院长；胡永志等43人为法院、检察院的组成人员。

免去谭洪信的四川省人民检察院雅安分院检察长职务；冯自清的四川省宜宾地区中级人民法院院长职务；陈世洪等13人法院、检察院组成人员的职务。

批准吕朝金辞去德阳市人民检察院检察长职务。

1992年11月28日，省七届人大常委会第三十二次会议决定接受张皓若辞去四川省省长职务的请求。

二、四川省八届人大常委会任免事项

省八届人大常委会共任免国家机关工作人员1508人，其中任命1174人、免职334人。

省八届人大常委会第一次会议 1993年2月13日，省八届人大常委会第一次会议，根据省政府省长肖秧的提名，决定任命：沈国俊为省政府秘书长；李长春为省人民政府外事办公室主任；张育仁为省经济体制改革委员会主任；陈宽金为省计划委员会主任；袁景葵为省科学技术委员会主任；刘丹陵为省建设委员会主任；张中瀛为省人事厅厅长；刘继邦为省劳动厅厅长；李达昌为省财政厅厅长；牛平为省公安厅厅长；曾宪章为省司法厅厅长；李祎辉为省民族事务委员会主任；李洪仁为省民政厅厅长；何晓清为省监察厅厅长；胡安荣为省物价局局长；吴名智为省工商行政管理局局长；傅应铨为省国土局局长；夏代川为省统计局局长；张世银为省机械工业厅厅长；王心让为省冶金工业厅厅长；蒋臣琦为省电子工业厅厅长；刘资甫为省化学工业厅厅长；姜仁初为省轻工业厅厅长；杜世弘为省纺织工业厅厅长；刘中山为省交通厅厅长；董任远为省国防科学技术工业办公室主任；杨世泉为省商业厅厅长；董朝永为省粮食局局长；张应文为省对外经济贸易委员会主任；尹湘砾为省物资厅厅长；文正经为省农牧厅厅长；王福兴为省林业厅厅长；敬正书为省水利电力厅厅长；杨启泉为省文化厅厅长；陈焕仁为省新闻出版局局长；王可植为省教育委员会主任；谢明道为省计划生育委员会主任；郭炎为省体育运动委员会主任；李之侠为省广播电视厅厅长。

省八届人大常委会第二次会议 1993年4月18日，省八届人大常委会第二次会议决定任命赵宗发为省人大常委会达县地区工作委员会主任；樊荣华、黄德明为省人大常委会南充地区工作委员会委员。免去夏宗明的省人大常委会达县地区工作委员会主任职务；赵宗发的省人大常委会达县地区工作委员会副主任职务。胡伯琴、张启文的省人大常委会南充地区工作委员会委员职务。

任命丁义明等6人为宜宾等地区中级人民法院院长；胡文彬等4人为四川省人民检察院成都铁路运输等分院检察长，以及蒲宁等33人为法院、检察院的组成人员。免去胡廷中等21人法院、检察院组成人员的职务。

批准任命张炳林等 55 人为德阳等市（州）、县人民检察院检察长。

省八届人大常委会第三次会议 1993 年 6 月 21 日，省八届人大常委会第三次会议决定任命敖仁良为省人大常委会涪陵地区工作委员会主任；王正坤、江林翔为省人大常委会涪陵地区工作委员会副主任；张世俊、黄元泽为省人大常委会宜宾地区工作委员会委员。

免去赵德兴、陈光明的省人大常委会涪陵地区工作委员会副主任职务；王正坤的省人大常委会涪陵地区工作委员会委员职务；陈续堂、牟德荣、张杰的省人大常委会宜宾地区工作委员会委员职务。

任命卓凯星为省卫生厅厅长；任命骆德富为四川省人民检察院宜宾分院检察长，陈泽亮等 17 人为法院、检察院的组成人员。免去敬瑞秉等 12 名法院、检察院组成人员的职务。

批准任命秦信联等 6 人为重庆等市（州）、县人民检察院检察长。

省八届人大常委会第四次会议 1993 年 8 月 21 日，省八届人大常委会第四次会议决定任命李健群为省人大常委会宜宾地区工作委员会副主任；免去郭瑛、周光前的省人大常委会宜宾地区工作委员会副主任职务；吕希新、胡乐年的省人大常委会涪陵地区工作委员会委员职务。

任命甘道明为省审计局局长；吴性儒为省档案局局长；苟兴和为省人民检察院副检察长；曹世维为省高级人民法院副院长、审判委员会委员；蒋定才等 10 人为法院、检察院的组成人员。

免去赵希尧的省人民检察院副检察长、检察委员会委员职务；王用鉅等 11 人法院、检察院的组成人员的职务。

省八届人大常委会第五次会议 1993 年 10 月 28 日，省八届人大常委会第五次会议决定任命：宋文泳为省人大教育科学文化卫生委员会委员；黄惟泽为省人大常委会选举任免联络工作室副主任；左文斯为省人大常委会广安地区工作委员会主任；邓永富为省人大常委会广安地区工作委员会副主任；王家理、郭信顺、谢素芳、张运达、欧达三为省人大常委会广安地区工作委员会委员；韩忠信为省人大常委会巴中地区工作委员会主任；王思进为省人大常委会巴中地区工作委员会副主任；王显顺、朱承方为省人大常委会巴中地区工作委员会委员；赵宗发为省人大常委会达川地区工作委员会主任；杨如兰、王明孝、孙均发、屠元焕为省人大常委会达川地区工作委员会副主任；彭宗勇、王子焕、刘昌喜、唐国玺为省人大常委会达川地区工作委员会委员；郑洪江、徐丕俊为省人大常委会宜宾地区工作委员会委员；陈钦德、陈守刚为省人大常委会雅安地区工作委员会委员。

免去叶杰邦的省人大常委会宜宾地区工作委员会委员职务；秦秉华的省人大常委会雅安地区工作委员会委员职务；

任命张建魁为省高级人民法院副院长；游宗模等 4 人为达川等地区法院院长、代理院长或检察院分院检察长；何光烈等 67 人为法院、检察院的组成人员。

免去张建魁等 15 人法院、检察院组成人员的职务。

撤销王贵云的省人民检察院检察员职务。

省八届人大常委会第六次会议 1993 年 12 月 15 日，省八届人大常委会第六次会议决定任命何光烈等 4 人为巴中等地区法院院长、检察院分院检察长；罗应权等 84 人为法院、检察院的组成人员。免去蔡成钧等 6 人法院、检察院组成人员的职务。

批准任命赵惠明等 2 人为成都等市人民检察院检察长。

省八届人大常委会第七次会议 1994 年 1 月 15 日，省八届人大常委会第七次会议决定任命纪仁华、王仕光、周德刚为省人大常委会涪陵地区工作委员会委员。

免去孙致孚的省人大常委会法制工作室主任职务；袁一飞的省人大常委会研究室主任职务；戴明君的省人大常委会副秘书长职务；陈庆禄、张友森的省人大常委会涪陵地区工作委员会委员职务；李晏清的省人大常委会宜宾地区工作委员会委员职务。

任命陈保明为省体育运动委员会主任；免去郭炎的省体育运动委员会主任职务。

省八届人大常委会第八次会议 1994 年 4 月 2 日，省八届人大常委会第八次会议决定任命屈永正为省八届人大城乡建设环境保护委员会副主任委员；蒋长安为省八届人大城乡建设环境保护委员会委员；练俊才为省人大常委会法制工作室主任；王应为省人大常委会选举任免联络工作室主任；刑泸生为省人大常委会副秘书长；向大铅为省人大常委会宜宾地区工作委员会副主任。

免去练俊才的省人大常委会副秘书长职务。

任命毛兴无等 65 人为法院、检察院分院的组成人员。

免去刘资甫的省化学工业厅厅长职务；周家明等 7 人法院、检察院组成人员的职务。

批准任命刘启安为万源市人民检察院检察长。批准林蜀鲁辞去涪陵市人民检察院检察长职务。

省八届人大常委会第九次会议 1994 年 5 月 28 日，省八届人大常委会九次会议决定任命张志祥为省人大常委会黔江地区工作委员会委员；免去王显顺的省人大常委会巴中地区工作委员会委员职务。

任命陈世洪等 22 人为法院、检察院的组成人员。

免去王余桓等 5 人法院、检察院组成人员的职务。

批准任命钟勇为涪陵市人民检察院检察长。

省八届人大常委会第十次会议 1994 年 7 月 26 日，省八届人大常委会第十次会议决定任命赵应量、何世仁、杨绍乐、彭明全、周克荣为省人大常委会达川地区工作委员会委员；侯盛荣为省人大常委会涪陵地区工作委员会委员。

免去李技良的省人大常委会涪陵地区工作委员会委员职务；王子焕的省人大常委会达川地区工作委员会委员职务。

任命谭天林等 51 人为法院、检察院的组成人员。

免去何祥富等 10 人法院、检察院组成人员的职务。

批准任命祃红火为甘孜藏族自治州人民检察院检察长。批准免去舒乾祥的宝兴县人民检察院检察长职务。

省八届人大常委会第十一次会议

1994 年 9 月 26 日，省八届人大常委会第十一次会议决定任命田景瑶、高贵传为省人大常委会黔江地区工作委员会副主任；杨友培为省人大常委会雅安地区工作委员会副主任；罗贤富、罗兴和、陈光贵为省人大常委会雅安地区工作委员会委员；孙世超、李昌林为省人大常委会涪陵地区工作委员会委员。

免去熊全义、李鸿厚、阎文、杨博厚、李文学、刘志忠的省人大常委会雅安地区工作委员会委员职务。

任命甘宇平为省政府秘书长；杨学平等 18 人为法院、检察院的组成人员。

免去沈国俊的省政府秘书长职务；贺顺合等 3 人法院、检察院组成人员的职务。

省八届人大常委会第十二次会议 1994 年 12 月 3 日，省八届人大常委会第十二次会议决定任命罗崇杰、罗奇龄为省人大常委会广安地区工作委员会委员；免去谢素芳的省人大常委会广安地区工作委员会委员职务。

任命杨秀明为省国家安全厅厅长；赵彦博为省化学工业厅厅长；王恒丰为省人民检察院副检察长、检察委员会委员职务；李昌荣等 27 人为法院、检察院的组成人员。

免去王晓滨等 10 人法院、检察院组成人员的职务。

省八届人大常委会第十四次会议 1995 年 4 月 26 日，省八届人大常委会第十四次会议决定任命陆德祥为省人大常委会广安地区工作委员会副主任；何茂兴为省人大常委会巴中地区工作委员会副主任；谢登明、常永连为省人大常委会宜宾地区工作委员会委员；陈宗福为川省人大常委会雅安地区工作委员会委员；

免去曾凡伟、王正坤的省人大常委会涪陵地区工作委员会副主任职务；刘昌喜的省人大常委会达川地区工作委员会委员职务；张世俊、杨义渊、黄泰富的省人大常委会宜宾地区工作委员会委员职务；

任命武家荣为省人民检察院广安分院检察长；冷启明等 67 人为法院、检察院的组成人员。免去唐文祥等 16 人法院、检察院组成人员的职务。

批准任命王汉东为遂宁市人民检察院检察长；黄开华为宝兴县人民检察院检察长。

省八届人大常委会第十五次会议 1995 年 6 月 20 日，省八届人大常委会第十五次会议决定任命蒲巨川为省人大常委会宜宾地区工作委员会委员；任命吕卓为省公安厅厅长；马凤台为四川省人民检察院成都铁路运输分院检察长；杨建生等 78 人为法院、检察院的组成人员。

免去牛平的省公安厅厅长职务，胡文彬的四川省人民检察院成都铁路运输分院检察长职务；苟忠芳等 10 人法院、检察院组成人员的职务。

批准任命罗枝元等 5 人为内江等市、县人民检察院检察长。批准陈万祥辞去四川省大竹县人民检察院检察长职务。

省八届人大常委会第十六次会议 1995 年 8 月 17 日，省八届人大常委会第十六次会议决定免去唐国玺的省人大常委会达川地区工作委员会委员职务；任命蒋先继为省劳动厅厅长；苏建成等 2 人为法院、检察院的组成人员。

免去刘继邦的省劳动厅厅长职务；王祥等 2 人法院、检察院组成人员的职务。

省八届人大常委会第十七次会议 1995 年 10 月 19 日，省八届人大常委会第十七次会议决定任命熊长富为省人大常委会达川地区工作委员会主任；邓仕才为省人大常委会达川地区工作委员会副主任；石有斐、纪仁华为省人大常委会涪陵地区工作委员会副主任；周德钦为省人大常委会雅安地区工作委员会副主任；陈世儒为省人大常委会宜宾地区工作委员会副主任；李世庄为省人大常委会宜宾地区工作委员会秘书长；姜以金为省人大常委会宜宾地区工作委员会委员；免去赵宗发的省人大常委会达川地区工作委员会主任职务；王明孝的省人大常委会达川地区工作委员会副主任职务；黄元泽、郑洪江、徐丕俊的省人大常委会宜宾地区工作委员会委员职务。

任命郭烈琦等 8 人为法院、检察院的组成人员。免去甘新民等 4 人法院、检察院组成人员的职务。

撤销蒲宁的雅安地区中级人民法院经济审判庭庭长、审判委员会委员、审判员职务。

省八届人大常委会第十八次会议 1995年12月20日，省八届人大常委会第十八次会议决定任命朱洪明为省民族事务委员会主任；免去李祎辉的省民族事务委员会主任职务。

任命李少平为省高级人民法院副院长；何贻福等36人为法院、检察院组成人员。

免去李少平等11人法院、检察院组成人员的职务。

批准赵华等3人辞去兴文等县人民检察院检察长职务。

省八届人大常委会第十九次会议 1996年1月28日，省八届人大常委会第十九次会议决定任命张平珍、释大恩、穆仁懋为省人大民族宗教委员会委员。

任命甘道明为省审计厅厅长。免去甘道明的省审计局局长职务。

省八届人大常委会第二十次会议 1996年4月16日，省八届人大常委会第二十次会议决定任命罗通达为省人大常委会代表资格审查委员会主任委员；刘伯华为省人大常委会副秘书长、办公厅主任；王应为省人大常委会副秘书长；严铁桥为省人大常委会选举任免联络工作室副主任；杨水源为省人大常委会雅安地区工作委员会主任；袁太政为省人大常委会巴中地区工作委员会秘书长；赵其伟为省人大常委会巴中地区工作委员会委员；杨钟英、裴逸如、张学奎、李书明、高际泰为省人大常委会宜宾地区工作委员会委员。

免去孙自强的省人大常委会代表资格审查委员会主任委员职务；杨国攀的省人大常委会雅安地区工作委员会主任职务；欧达三的省人大常委会广安地区工作委员会委员职务。

任命张宗源为省政府秘书长；王金祥为省计划委员会主任；佘国华为省经济贸易委员会主任；黄工乐为省财政厅厅长；李成云为省机械工业厅厅长；张彦英为省地质矿产厅厅长；文正经为省农业厅厅长；赵岷为省贸易厅厅长；张应文为省对外贸易经济合作委员会主任。王康兴等47人为法院、检察院的组成人员。

免去甘宇平的省政府秘书长职务；陈宽金的省计划委员会主任职务；李达昌的省财政厅厅长职务；张世银的省机械工业厅厅长职务；程国藩的雅安地区中级人民法院副院长职务；王晓滨等13人法院、检察院组成人员的职务。

批准任命蒋定才为涪陵市人民检察院检察长；侯兴周为凉山州人民检察院检察长。

省八届人大常委会第二十一次会议 1996年6月18日，省八届人大常委会第二十一次会议决定任命练俊才为省人大常委会法制工作委员会主任；黄惟泽为省人大常委会人事代表工作委员会主任；彭长卿为省人大常委会研究室主任；张渝田为省人大常委会办公厅副主任；严铁桥为省人大常委会人事代表工作委员会副主任；杨世举为省人大常委会广安地区工作委员会委员；杨秀全为省人大常委会巴中地区工作委员会委员。

免去陈历伟的省人大常委会办公厅副主任职务；郭琳的省人大常委会雅安地区工作委员会副主任职务；李德渊的省人大常委会宜宾地区工作委员会副主任职务。

任命姜保山为省民政厅厅长；王邦清等26人为法院、检察院的组成人员职务。

免去蒲海清的省政府副省长职务；李洪仁的省民政厅厅长职务；刘忠等9人法院、检察院组成人员的职务。

批准任命罗义华等3人为南江县等人民检察院检察长。

省八届人大常委会第二十二次会议 1996年8月19日，省八届人大常委会第二十二次会议决定任命罗彤、蒋远猷、朱明亮、林家湘为省八届人大外事侨务委员会委员；彭宗勇为省人大常委会达川地区工作委员会秘书长。

任命敖贵如等30人为法院、检察院的组成人员。

免去彭宗勇的省人大常委会达川地区工作委员会委员职务；邓金荣等8人法院、检察院组成人员的职务。

省八届人大常委会第二十三次会议 1996年10月14日，省八届人大常委会第二十三次会议决定任命王全海为省人大常委会广安地区工作委员会秘书长；方继凡为省人大常委会广安地区工作委员会委员；杨光裕、殷河清、费清泉为省人大常委会雅安地区工作委员会委员。

免去陈守刚、罗兴和的省人大常委会雅安地区工作委员会委员职务。

任命敬正书为省政府副省长；陈德静为省水利电力厅厅长；陈家铨为省电子工业厅厅长；曹正其为省林业厅厅长；滕明祥等11人为法院、检察院的组成人员。

免去敬正书的省水利电力厅厅长职务；蒋臣琦的省电子工业厅厅长职务；王福兴的省林业厅厅长职务；罗应权等7人法院、检察院组成人员的职务。

省八届人大常委会第二十四次会议 1996年12月24日，省八届人大常委会第二十四次会议决定任命王家理为省人大常委会广安地区工作委员会副主任；张启前为省人大常委会达川地区工作委员会副主任；宋仕珍、郭孝友为省人大常委会巴中地区工作委员会副主任。

免去屠元焕的省人大常委会达川地区工作委员会副主任职务；王家理的省人大常委会广安地区工作委员会委员职务。

任命李勇迅等25人为法院、检察院的组成人员。

免去甘宇平的省政府副省长职务；曹仕贵等7人法院、检察院组成人员的职务。

省八届人大常委会第二十五次会议 1997年2月21日，省八届人大常委会第二十五次会议决定任命王金祥为省政府副省长。

省八届人大常委会第二十六次会议 1997年6月12—16日，省八届人大常委会第二十六次会议决定任命刘江成、周维新为省人大常委会雅安地区工作委员会副主任。

免去山映陆的省人大常委会雅安地区工作委员会副主任职务。

任命谢胜山等16人为法院、检察院的组成人员；

免去黄源清等2人法院、检察院组成人员的职务；批准任命骆德富等3人为宜宾市等地人民检察院检察长；批准杜万成等3人辞去绵阳市等人民检察院检察长职务。

省八届人大常委会第二十七次会议 1997年6月16日，省八届人大常委会第二十七次会议决定免去韩忠信的省人大常委会巴中地区工作委员会主任职务。

任命陶晞晦为省计划委员会主任；王绍康为省经济体制改革委员会主任；李昌荣等43人为法院、检察院的组成人员。

免去李蒙的省政府副省长职务；王金祥的省计划委员会主任职务；张育仁的省经济体制改革委员会主任职务；钟尔璞等15人法院、检察院组成人员的职务。

批准任命莫亚林为四川省绵阳市人民检察院检察长。

省八届人大常委会第二十八次会议 1997年8月19日，省八届人大常委会第二十八次会议决定任命唐益财为省人大常委会广安地区工作委员会主任；李开明为省人大常委会巴中地区工作委员会主任；李忠国为省人大常委会眉山地区工作委员会主任；王宗会、王尚先、陈和久、吴宗银为省人大常委会眉山地区工作委员会副主任；王澄林为省人大常委会眉山地区工作委员会秘书长；秦文兆、刘进明、卢兴仁为省人大常委会眉山地区工作委员会委员；

免去左文斯的省人大常委会广安地区工作委员会主任职务；杨世举的省人大常委会广安地区工作委员会委员职务。

任命文敬为省高级人民法院副院长、审判委员会委员；王勇等 2 人为眉山地区中级人民法院院长；王新棱为省人民检察院眉山分院检察长、检察委员会委员；张燕斌等 31 人为法院、检察院的组成人员。

决定滕明祥为广安地区中级人民法院代理院长。

免去文敬的广安地区中级人民法院院长职务；曹世维等 17 人法院、检察院组成人员的职务。

撤销陈寿明的温江县人民检察院检察长、检察委员会委员职务。

省八届人大常委会第二十九次会议 1997 年 10 月 17 日，省八届人大常委会第二十九次会议决定任命陈克福为省人大常委会办公厅副主任；谢昆为省人大常委会研究室副主任；向光恒为省人大常委会达川地区工作委员会委员。

免去向玉明的省人大常委会研究室副主任职务。

任命韩忠信为省人民检察院副检察长、检察委员会委员；张凉雄等 31 人为法院、检察院的组成人员。

免去宋致德、黄忠祥的省人民检察院检察员职务。

省八届人大常委会第三十次会议 1997 年 12 月 27 日，省八届人大常委会第三十次会议决定任命苟海清等 14 人为法院、检察院的组成人员；免去郑有质等 11 人法院、检察院组成人员的职务。

批准任命杨德寿为阿坝州人民检察院检察长。

批准撤销陈旭的自贡市中级人民法院院长职务。

批准胡高元辞去丹棱县人民检察院检察长职务。

三、四川省九届人大常委会任免事项

省九届人大常委会选举和任免国家机关工作人员 1076 人次，保证地方国家机关的正常运行。为增强国家机关工作人员的公仆意识和法制意识，1998 年，省人大常委会对新任命的 35 名政府组成人员首次组织颁发任命书仪式；2000 年，在省政府机构改革中，及时任命 26 名省政府组成人员，并向被任命人员颁发任命书。

省九届人大常委会第一次会议 1998 年 1 月 22 日，省九届人大常委会第一次会议决定任命杨启泉为省人大常委会办公厅主任；赵正源、张丽华、杨善均为省人大常委会办公厅副主任；袁祥生为省人大常委会研究室副主任。

免去刘伯华的省人大常委会副秘书长、办公厅主任职务；王应的省人大常委会副秘书长职务；袁祥生、王毓强的省人大常委会办公厅副主任职务。

任命柳斌杰为省政府秘书长；陶晞晦为省计划委员会主任；佘国华为省经济贸易委员会主任；王绍康为省经济体制改革委员会主任；王可植为省教育委员会主任；杨国安为省科学技术委员会主任；朱洪明为省民族事务委员会主任；吕卓为省公安厅厅长；陈文清为省国家安全厅厅长；吴才荣为省监察厅厅长；姜保山为省民政厅厅长；曾宪章为省司法厅厅长；黄工乐为省财政厅厅长；蒋先

继为省人事厅厅长；泽巴足为省劳动厅厅长；刘丹陵为省建设委员会主任；李成云为省机械工业厅厅长；王心让为省冶金工业厅厅长；黄红为省电子工业厅厅长；赵彦博为省化学工业厅厅长；张彦英为省地质矿产厅厅长；刘中山为省交通厅厅长；文正经为省农业厅厅长；曹正其为省林业厅厅长；陈德静为省水利电力厅厅长；赵岷为省贸易厅厅长；张应文为省对外贸易经济合作委员会主任；张仲炎为省文化厅厅长；李之侠为省广播电视厅厅长；卓凯星为省卫生厅厅长；谢明道为省计划生育委员会主任；陈保明为省体育运动委员会主任；李长春为省政府外事办公室主任；董任远为省国防科学工业办公室主任。

批准谭新民辞去巴中市人民检察院检察长职务等。

省九届人大常委会第二次会议 1998 年 4 月 6 日，省九届人大常委会第二次会议决定任命宋国光为省人大常委会办公厅副主任。

根据省政府省长宋宝瑞的提名，决定任命唐宁为省审计厅厅长。

根据省人大常委会主任会议的提名，决定任命魏浩为雅安地区中级人民法院院长；何光烈为巴中地区中级人民法院院长；王勇为眉山地区中级人民法院院长；腾明祥为广安地区中级人民法院代理院长。

决定任命刘占起为省人民检察院雅安分院检察长；向守万为省人民检察院巴中分院检察长；武家荣为省人民检察院广安分院检察长；邓光德为省人民检察院达川分院检察长；王新棱为省人民检察院眉山分院检察长；马凤台为四川省人民检察院成都铁路运输分院检察长。

任命李昌荣等 8 人为法院的组成人员；任命丘伟等 25 人为检察院的组成人员。

根据省高级人民法院院长敬瑞祥的提名，免去顾平为等 5 人达川地区中级人民法院组成人员的职务；根据省人民检察院检察长韩忠信的提名，免去谭洪信等 3 人省人民检察院组成人员的职务。

免去谭洪信省人民检察院副检察长、检察委员会委员职务。

批准任命唐安明为泸州市人民检察院检察长；刘先茂为德阳市人民检察院检察长；谢正华等 21 人为彭山县等地的人民检察院检察长。

省九届人大常委会第三次会议 1998 年 6 月 12 日，省九届人大常委会第三次会议决定任命袁福有为省九届人大外事侨务委员会副主任委员；罗开忠为省人大常委会资阳地区工作委员会主任；柯长吉、田炜、罗骀先为省人大常委会资阳地区工作委员会副主任；李安卫为省人大常委会资阳地区工作委员会秘书长；王登高、向时良、周文瑞、胡秀华、郭廷俊、唐明扬、黄定高、熊大礼、魏德元为省人大常委会资阳地区工作委员会委员。

根据省人大常委会主任会议的提名，免去练俊才的省人大常委会法制工作委员会主任职务；黄惟泽的省人大常委会人事代表工作委员会主任职务；彭长卿的省人大常委会研究室主任职务；杨友培的省人大常委会雅安地区工作委员会副主任职务；赵应量、何世仁、彭明全的省人大常委会达川地区工作委员会委员职务；张运达的省人大常委会广安地区工作委员会委员职务。

任命刘作明为省人民检察院副检察长等；任命陆广平为省人民检察院资阳分院检察长；任命国建为自贡市人民检察院检察长；杨通成为攀枝花市人民检察院检察长；明亮为广安县人民检察院检察长；姚余云为岳池县人民检察院检察长；万兴建为邻水县人民检察院检察长；戴鸣川为华蓥市人民检察院检察长；谭斌为武胜县人民检察院检察长；林伯高为平昌县人民检察院检察长；苟中岳为巴中市人民检察院检察长；熊军为通江县人民检察院检察长；罗义发为南江县人民检察院检察长。

任命杨通成等15人为检察院的组成人员。李昌荣为资阳地区中级人民法院院长；游宗模为达川地区中级人民法院院长。任命苏泽林等24人为法院组成人员。

根据省长宋宝瑞的提名，决定免去黄工乐的省财政厅厅长职务。根据省高级人民法院院长敬瑞祥的提名，免去李昌荣等6人法院职务。

根据省人民检察院检察长韩忠信的提名，免去彭德光等11人检察院组成人员的职务。

省九届人大常委会第四次会议 1998年8月30日，省九届人大常委会第四次会议根据省人大常委会主任会议的提名，任命宋建新、程啸经、郭裔安为省人大常委会眉山地区工作委员会委员。

免去邢泸生的省人大常委会副秘书长职务；杨绍乐的省人大常委会达川地区工作委员会委员职务。

根据省长宋宝瑞的提名，任命周维莲为省财政厅厅长。

免去王心让的省冶金工业厅厅长职务。

根据省人民检察院检察长韩忠信的提名，任命吕明为西昌铁路运输检察院检察长等。

批准任命赵惠民为成都市人民检察院检察长。

省九届人大常委会第六次会议 1998年12月18日，省九届人大常委会第六次会议根据省人大常委会主任会议的提名，任命耿全礼为省九届人大内务司法委员会副主任委员；杨文为省人大常委会办公厅副主任；邱传杰、肖荣齐为省人大常委会人事代表工作委员会副主任；李尚志为省人大常委会研究室副主任。

省九届人大常委会第八次会议 1999年4月3日，省九届人大常委会第八次会议根据省人大常委会主任会议的提名，任命汪兴高为省九届人大教育科学文化卫生委员会副主任委员；黄永光为省九届人大农业委员会副主任委员。

免去陈宗福、罗贤富、陈光贵的省人大常委会雅安地区工作委员会委员职务。

根据省政府省长宋宝瑞的提名，任命吴宝文为省广播电视厅厅长。

免去李之侠的省广播电视厅厅长职务。

根据省人民检察院检察长韩忠信的提名，批准任命武家荣为广安市人民检察院检察长；梁仕培为南充市人民检察院检察长；祃红火为甘孜藏族自治州人民检察院检察长。

省九届人大常委会第九次会议 1999年6月1日，省九届人大常委会第九次会议根据省人大常委会主任会议的提名，决定张中伟为省政府代理省长。

任命彭天锡、陈宗岐、王道先为省人大常委会巴中地区工作委员会委员。

省九届人大常委会第十次会议 1999年8月14日，省九届人大常委会第十次会议根据省人大常委会主任会议的提名，任命陶开祥、李体清、肖其森、廖源泉、戴良富、吴建林为省人大常委会雅安地区工作委员会委员。

免去陈钦德、费清泉、殷河清的省人大常委会雅安地区工作委员会委员职务。

根据省政府代理省长张中伟的提名，任命杨崇汇为省政府副省长。

免去张彦英的省地质矿产厅厅长职务。

根据省人民检察院检察长韩忠信的提名，批准王龙彪辞去资阳市人民检察院检察长职务。

省九届人大常委会第十二次会议 1999年12月10日，省九届人大常务委员会第十二次会议根据省人大常委会主任会议的提名，任命李代友为省人大常委会副秘书长。

免去杨启泉的省人大常委会办公厅主任职务；周德钦的省人大常委会雅安地区工作委员会副主任职务。

根据省政府代理省长张中伟的提名，任命李洪仁为省政府秘书长。

免去柳斌杰的省政府秘书长职务。

省九届人大常委会第十四次会议 2000年1月19日，省九届人大常委会第十四次会议根据人民检察院检察长韩忠信的提名，任命罗枝元为省人民检察院资阳分院检察长。陈世忠为达州市人民检察院检察长。

免去邓光德的省人民检察院达川分院检察长职务；陆广平的省人民检察院资阳分院检察长职务；陈世忠的省人民检察院达川分院副检察长职务。

批准罗枝元辞去内江市人民检察院检察长职务。

省九届人大常委会第十五次会议 2000年3月31日，省九届人大常委会第十五次会议根据省人大常委会主任会议的提名，任命余天佑为省九届人大民族宗教委员会副主任委员；林先泽为省九届人大内务司法委员会副主任委员；廖杰为省九届人大财政经济委员会副主任委员；唐伦为省九届人大城乡建设环境资源保护委员会副主任委员；刘同心为省九届人大外事侨务委员会副主任委员。

免去敬正书的省政府副省长职务；张应文的省对外贸易经济合作委员会主任职务。

根据省人民检察院检察长韩忠信的提名，任命李泰泉为广元市人民检察院检察长；贾宪生为遂宁市人民检察院检察长；王善强为内江市人民检察院检察长；陆广平为乐山市人民检察院检察长；王晋康为雅安市人民检察院检察长；雷福玺为汉源县人民检察院检察长；陈德中为天全县人民检察院检察长；刘得红为名山县人民检察院检察长；蒋洪林为宝兴县人民检察院检察长；沈小洪为石棉县人民检察院检察长；李永成为芦山县人民检察院检察长。

批准钟世森辞去雅安市人民检察院检察长职务；黄开华的宝兴县人民检察院检察长职务；王晋康的汉源县人民检察院检察长职务；雷福玺的石棉县人民检察院检察长职务；陈德中的芦山县人民检察院检察长职务；刘得红的天全县人民检察院检察长职务；蒋洪林的名山县人民检察院检察长职务。

省九届人大常委会第十六次会议 2000年5月7日，省九届人大常委会第十六次会议根据省人大常委会主任会议的提名，任命吴才荣为省九届人大内务司法委员会副主任委员；董任远为省九届人大教育科学文化卫生委员会副主任委员；陈德静为省九届人大农业委员会副主任委员；刘丹陵为省九届人大城乡建设环境资源保护委员会副主任委员；李长春为省九届人大外事侨务委员会副主任委员。

根据中共中央、国务院批准的《四川省人民政府机构改革方案》，四川省人民政府机构改革后，省政府组成部门由原来的35个精简为26个。

根据省政府省长张中伟的提名，决定任命李洪仁为省政府秘书长；陶晞晦为省发展计划委员会主任；杨志文为省经济贸易委员会主任；杨泉明为省教育厅厅长；杨国安为省科学技术厅厅长；袁本朴为省民族事务委员会主任；吕卓为省公安厅厅长；陈文清为省国家安全厅厅长；向阳为省监察厅厅长；姜保山为省民政厅厅长；曾宪章为省司法厅厅长；周维莲为省财政厅厅长；蒋先继为省人事厅厅长；泽巴足为省劳动和社会保障厅厅长；傅应铨为省国土资源厅厅长；唐宁为省建设厅厅长；翁蔚祥为省交通厅厅长；孙康敏为省信息产业厅厅长；孙砚芳为省水利厅厅长；文正经为省农业厅厅长；曹正其为省林业厅厅长；刘运生为省对外贸易经济合作厅厅长；张仲炎为省文化厅厅长；卓凯星为省卫生厅厅长；谢明道为省计划生育委员会主任；李高伟为省审计厅厅长。

省政府机构改革后，机构不再保留、更名、列入省政府直属机构序列及机构保留人员调整的原政府组成部门的厅长（主任）职务相应免去。

决定免去佘国华的省经济贸易委员会主任职务；朱洪明的省民族事务委员会主任职务；吴才荣的省监察厅厅长职务；刘中山的省交通厅厅长职务；唐宁的省审计厅厅长职务。

根据省人民检察院检察长韩忠信的提名，批准任命莫亚林为绵阳市人民检察院检察长；王清才为阿坝藏族羌族自治州人民检察院检察长；梁木生为资阳市人民检察院检察长。

批准辞去杨德寿的阿坝藏族羌族自治州人民检察院检察长职务。

省九届人大常委会第二十次会议 2000 年 11 月 30 日，省九届人大常委会第二十次会议根据省人大常委会主任会议的提名，任命陈开华为省人大常委会法制工作委员会主任；赵肖东、陈双全为省九届人大法制委员会委员、省人大常委会法制工作委员会副主任。

免去赵肖东的省九届人大内务司法委员会委员职务；陈双全的省九届人大农业委员会委员职务。

根据省高级人民法院院长敬瑞祥的提名，任命陈智伦为省高级人民法院副院长、审判委员会委员。

根据省人民检察院检察长韩忠信的提名，免去李少平的省高级人民法院副院长、审判委员会委员、审判员职务；免去刘作明的省人民检察院副检察长、检察委员会委员、检察员职务；张秀杰的贵阳铁路运输检察院检察长职务。

批准刘先茂辞去德阳市人民检察院检察长职务。

任命李少平为省人民检察院副检察长、检察委员会委员；刘振生为贵阳铁路运输检察院检察长；高淑清为贵阳铁路运输检察院副检察长、检察委员会委员。

省九届人大常委会第二十一次会议 2001 年 1 月 12 日，省九届人大常委会第二十一次会议根据省人大常委会主任会议的提名，免去陈克福的省人大常委会办公厅副主任职务。

任命陈文光为省政府副省长。

根据省人民检察院检察长韩忠信的提名，批准任命向守万为巴中市人民检察院检察长；刘占起为雅安市人民检察院检察长；王新棱为眉山市人民检察院检察长；罗枝元为资阳市人民检察院检察长。

省九届人大常委会第二十二次会议 2001 年 3 月 30 日，省九届人大常委会第二十二次会议根据省人大常委会主任会议提名，任命徐宗钰为省九届人大教育科学文化卫生委员会副主任委员；严铁桥为省人大常委会人事代表工作委员会主任；袁祥生为省人大常委会研究室主任。

根据省人民检察院检察长韩忠信的提名，批准任命邓显祥为凉山彝族自治州人民检察院检察长；沈华伦为德阳市人民检察院检察长。

省九届人大常委会第二十五次会议 2001 年 9 月 22 日，省九届人大常委会第二十五次会议根据省政府省长张中伟的提名，免去杨崇汇、王金祥的省政府副省长职务；孙康敏的省信息产业厅厅长职务。

根据省高级人民法院院长敬瑞祥的提名，免去苏泽林的省高级人民法院副院长、审判委员会委员职务。

省九届人大常委会第二十七次会议 2002 年 1 月 18 日，省九届人大常务委员会第二十七次会议根据省人大常委会主任会议的提名，任命周登全为省九届人大农业委员会副主任委员。

任命黄小祥、王怀臣为省政府副省长。

根据省高级人民法院院长敬瑞祥的提名，任命邓修明为省高级人民法院副院长、审判委员会委员；孙青山为四川省人民检察院成都铁路运输分院检察长；夏黎阳为省人民检察院副检察长；郭彦、陈文华为省人民检察院副检察长、检察委员会委员。

根据省人民检察院检察长韩忠信的提名免去马凤台的四川省人民检察院成都铁路运输分院检察长、检察委员会委员职务；庞先玉的省人民检察院副检察长、检察委员会委员职务；李锋的省人民检察院副检察长职务。

省九届人大常委会第二十八次会议 2002 年 3 月 30 日，省九届人大常委会第二十八次会议根据省人大常委会主任会议的提名，任命李代友为省人大常委会办公厅主任；詹君美为省人大常委会预算工作委员会主任；张渝田、宋国文为省人大常委会副秘书长；胥纯为省人大常委会预算工作委员会副主任；王杨为省人大常委会信访办公室主任。

根据省政府省长张中伟的提名，免去张渝田、宋国文、赵正源、杨善的省人大常委会办公厅副主任职务；免去文正经的省农业厅厅长职务。

任命李伟为省信息产业厅厅长；于伟为省农业厅厅长。

省九届人大常委会第二十九次会议 2002 年 5 月 30 日，省九届人大常委会第二十九次会议根据省政府省长张中伟的提名，任命孙继昌为省国家安全厅厅长。

免去陈文清的省国家安全厅厅长职务。

根据省人民检察院检察长陈文清的提名，批准任命郭烈琦为宜宾市人民检察院检察长。

省九届人大常委会第三十二次会议 2002 年 11 月 30 日，省九届人大常委会第三十二次会议根据省人大常委会主任会议提名，免去严铁桥的省人大常委会人事代表工作委员会主任职务。

根据省高级人民法院院长敬瑞祥的提名，免去邬红旗的省高级人民法院副院长、审判委员会委员职务。

任命李少平、夏成福、刘达贵为省高级人民法院副院长、审判委员会委员。

根据省人民检察院检察长陈文清的提名，免去李少平省人民检察院副检察长、检察委员会委员职务。

四、四川省十届人大常委会任免事项

省十届人大常委会共任免国家机关工作人员 436 人次。

省十届人大常委会第一次会议 2003 年 1 月 21 日，省十届人大常委会第一次会议根据省政府省长张中伟的提名，决定任命：

李洪仁为省政府秘书长；翁蔚祥为省发展计划委员会主任；陈光志为省经济贸易委员会主任；杨泉明为省教育厅厅长；杨国安为省科学技术厅厅长；袁本朴为省民族事务委员会主任；吕卓为省公安厅厅长；孙继昌为省国家安全厅厅长；刘佑林为省监察厅厅长；姜保山为省民政厅厅长；方光兴为省司法厅厅长；王宁为省财政厅厅长；蒋先继为省人事厅厅长；泽巴足为省劳动和社会保障厅厅长；高烽为省国土资源厅厅长；吴果行为省交通厅厅长；李伟为省信息产业厅厅长；孙砚方为省

水利厅厅长；于伟为省农业厅厅长；张仲炎为省文化厅厅长；谢明道为省卫生厅厅长；李高伟为省审计厅厅长。

省十届人大常委会第二次会议 2003年3月27日，省十届人大常委会第二次会议根据省人大常委会主任会议的提名，决定免去李代友的省人大常委会办公厅主任职务；张丽华、杨文的省人大常委会办公厅副主任职务。任命张丽华、杨文为省人大常委会副秘书长。

根据省政府省长张中伟的提名，决定任命敬全林为省民族事务委员会主任；杨洪波为省建设厅厅长；滕彩元为省农业厅厅长；杨冬生为省林业厅厅长；谢开华为省对外贸易经济合作厅厅长；王在银为省计划生育委员会主任。免去袁本朴的省民族事务委员会主任职务；于伟的省农业厅厅长职务。

根据省高级民法院院长李少平的提名，任命熊选国为省高级人民法院副院长、审判委员委员；栾黎等7人为省高级人民法院的组成人员。免去崔均等2人省高级人民法院组成人员的职务。

根据省人民检察院检察长陈文清的提名，决定任命孙青山为四川省人民检察院成都铁路运输分院检察长。任命刘刚为成都铁路运输检察院检察长；吕明为西昌铁路运输检察院检察长；刘振生为贵阳铁路运输检察院检察长；汪世忠为重庆铁路运输检察院检察长；以及李星航等4人为成都、重庆铁路运输检察院组成人员的职务。

批准任命国建为自贡市人民检察院检察长；沈华伦为德阳市人民检察院检察长；钟长鸣为泸州市人民检察院检察长；牛培刚为阿坝藏族羌族自治州人民检察院检察长。

省十届人大常委会第三次会议 2003年5月28日，省十届人大常委会第三次会议根据省长张中伟的提名，决定免去蒋先继的省人事厅厅长职务。决定任命黄泽云为省人事厅厅长。

根据省高级人民法院院长李少平的提名，免去曾寿金、樊向东省高级人民法院组成人员的职务。

根据省人民检察院检察长陈文清的提名，免去苟兴和的省人民检察院副检察长、检察委员会委员、检察员职务；李锋等2人省人民检察院组成人员的职务。

批准莫亚林辞去绵阳市人民检察院检察长职务。

批准任命孙玉英为绵阳市人民检察院检察长；朱晚林为攀枝花市人民检察院检察长。

省十届人大常委会第四次会议 2003年7月24日，省十届人大常委会第四次会议根据省人大常委会主任会议的提名，免去陈开华的省人大常委会法制工作委员会主任职务；袁祥生的省人大常委会研究室主任职务。

根据省高级人民法院院长李少平的提名，免去张庆星等2人省高级人民法院组成人员的职务。

省十届人大常委会第五次会议 2003年9月25日，省十届人大常委会第五次会议根据省高级人民法院院长李少平的提名，任命祝昌焱等2人为省高级人民法院组成人员。

根据省人民检察院检察长陈文清的提名，免去刘红立的省人民检察院检察员职务。

批准武家荣辞去广安市人民检察院检察长职务。

任命刘建军为重庆铁路运输检察院副检察长。

批准任命李建为成都市人民检察院检察长；刘红立为广安市人民检察院检察长。

省十届人大常委会第六次会议 2003年11月28日，省十届人大常委会第六次会议根据省人大常委会主任会议的提名，免去张渝田、宋国文的省人大常委会副秘书长职务；詹君美的省人大常委会预算工作委员会主任职务。

任命任登菊为省十届人大城乡建设环境资源保护委员会副主任委员；张渝田为省人大常委会法制工作委员会主任；宋国文为省人大常委会人事代表工作委员会主任；傅应铨为省人大常委会预算工作委员会主任；谢昆为省人大常委会研究室主任。

根据省人民检察院检察长陈文清的提名，任命武家荣、孔凡示2人为省人民检察院组成人员。

省十届人大常委会第七次会议 2004年2月9日，省十届人大常委会第七次会议根据省政府省长张中伟得提名，决定免去翁蔚祥的省发展计划委员会主任职务；陈光志的省经济贸易会主任职务；谢开华的省对外贸易经济合作厅厅长职务；王在银的省计划生育委员会主任职务。

决定任命翁蔚祥为省发展和改革委员会主任；彭渝为省经济委员会主任；谢开华为省商务厅厅长；王在银为省人口和计划生育委员会主任。

根据省高级人民法院院长李少平的提名，免去张建魁的省高级人民法院副院长、审判委员会委员、审判员职务；李昌荣的省高级人民法院审判委员会委员、审判员职务。

根据省人民检查院检察长陈文清的提名，免去李书明等6人四川省人民检察院成都铁路运输分院、西昌铁路运输检察院组成人员的职务；任命刘刚等4人为四川省人民检察院成都铁路运输分院、贵阳铁路运输检察院组成人员。

省十届人大常委会第八次会议 2004年4月16日，省十届人大常委会第八次会议根据省人大常委会主任会议提名，免去张丽华的省人大常委会副秘书长职务；李尚志的省人大常委会研究室副主任职务；王杨的省人大常委会信访办公室主任职务。

任命李尚志、陶生元、王杨为省人大常委会副秘书长；崔建华为省人大常委会研究室副主任；王建为省人大常委会信访办公室主任。

根据省高级人民法院院长李少平的提名，免去周新元等6人省高级人民法院组成人员的职务。

根据省人民检察院检察长陈文清的提名，免去周力的省人民检察院检察委员会委员、检察员职务。

批准向守万辞去巴中市人民检察院检察长职务。

批准任命周力为南充市人民检察院检察长；刘红立为广安市人民检察院检察长；支卫平为巴中市人民检察院检察长。

省十届人大常委会第九次会议 2004年6月3日，省十届人大常委会第九次会议根据省高级人民法院院长李少平的提名，免去付永善、张肖娅的省高级人民法院审判员职务。

根据省人民检察院检察长陈文清的提名，免去姜华等6人的四川省人民检察院、四川省人民检察院成都铁路运输分院、贵阳铁路运输检察院、重庆铁路运输检察院、西昌铁路运输检察院组成人员的职务；任命李振川等11人为四川省人民检察院成都铁路运输分院、贵阳铁路运输检察院、重庆铁路运输检察院组成人员。

批准任命郑继承为甘孜藏族自治州人民检察院检察长。

省十届人大常委会第十次会议 2004年7月30日，省十届人大常委会第十次会议根据省人大常委会主任会议的提名，免去赵肖东、陈双全的省人大常委会法制工作委员会副主任职务；任命陈双全为省十届人大法制委员会副主任委员；骆玉祥、李清禾为省十届人大民族宗教委员会副主任委员；赵肖东为省十届人大内务司法委员会副主任委员；李隆春为省十届人大农业委员会副主任委员；彭晓琳为省十届人大法制委员会委员；崔太平为省十届人大内务司法委员会委员；柯尊洪为省十届人大财政经济委员会委员。

根据省高级人民法院院长李少平的提名，免去王启庭等4人省高级人民法院组成人员的职务；任命鄢智敏等6人为省高级人民法院组成人员。

省十届人大常委会第十一次会议 2004年9月24日，省十届人大常委会第十一次会议根据省高级人民法院院长李少平的提名，免去熊选国的省高级人民法院副院长、审判委员会委员职务；李勇迅等3人省高级人民法院组成人员的职务；任命吕瑶等2人省高级人民法院组成人员的职务。

根据省人民检察院检察长陈文清的提名，免去刘仲林的省人民检察院检察员职务；潘树林的西昌铁路运输检察院检察委员会委员职务。任命唐立、唐军为西昌铁路运输检察院检察委员会委员。

省十届人大常委会第十二次会议 2004年11月30日，省十届人大常委会第十二次会议根据省高级人民法院院长李少平的提名，免去冷启明等5人省高级人民法院组成人员的职务；任命尹红兵等11人为省高级人民法院组成人员。

省十届人大常委会第十三次会议 2005年1月18日，省十届人大常委会第十三次会议根据省人大常委会主任会议的提名，任命姜保山为省十届人大农业委员会副主任委员。

根据省政府省长张中伟的提名，决定免去杨泉明的省教育厅厅长职务；姜保山的省民政厅厅长职务；王宁的省财政厅厅长职务；泽巴足的省劳动和社会保障厅厅长职务；高烽的省国土资源厅厅长职务。

决定任命涂文涛为省教育厅厅长；黄明全为省民政厅厅长；泽巴足为省财政厅厅长；张成明为省劳动和社会保障厅厅长；宋光齐为省国土资源厅厅长。

根据省人民检察院检察长陈文清的提名，批准陈世中辞去达州市人民检察院检察长职务。

省十届人大常委会第十四次会议 2005年4月6日，省十届人大常委会第十四次会议根据省人大常委会主任会议的提名，任命肖萍、张力为省人大常委会法制工作委员会副主任；钟剑麟为省人大常委会研究室副主任。

根据省政府省长张中伟的提名，决定免去吕卓的省公安厅厅长职务；决定任命曾省权为省公安厅厅长。

根据省高级人民法院院长李少平的提名，免去祝昌焱等4人省高级人民法院组成人员的职务；任命羊斌等12人为省高级人民法院组成人员。

根据省人民检察院检察长陈文清的提名，免去骆俊超等2人的省人民检察院检察员职务；黄大喜的四川省人民检察院成都铁路运输分院检察委员会委员职务；任命王善强等6人为四川省人民检察院、西昌铁路运输检察院、成都铁路运输检察院组成人员；批准刘占起辞去雅安市人民检察院检察长职务。

批准任命陈世中为内江市人民检察院检察长；陆广平为乐山市人民检察院检察长；杨辉为达州市人民检察院检察长；张燕飞为雅安市人民检察院检察长。

省十届人大常委会第十五次会议 2005年5月26日，省十届人大常委会第十五次会议根据省人民检察院检察长陈文清的提名，免去李书民等2人省人民检察院成都铁路运输分院组成人员的职务；任命王善强等6人为省人民检察院组成人员。

批准任命贾宪生为遂宁市人民检察院检察长；许鹤岷为广元市人民检察院检察长。

省十届人大常委会第十六次会议 2005年7月29日，省十届人大常委会第十六次会议根据省人大常委会主任会议的提名，任命罗松柏为省人大常委会港澳台事务工作委员会主任；郭晓黎、彭言智、袁祥生为省人大常委会港澳台事务工作委员会副主任。

根据省高级人民法院院长李少平的提名，免去王用才等2人省高级人民法院组成人员的职务；任命周建平为省高级人民法院副院长、审判委员会委员；王用才为省高级人民法院立案庭副庭长。撤销吴文学的省高级人民法院审判员职务。

根据省人民检察院检察长陈文清的提名，免去李玉成等3人省人民检察院、成都铁路运输检察院组成人员的职务；任命任永芳等6人为省人民检察院、成都铁路运输检察院、贵阳铁路运输检察院组成人员。

省十届人大常委会第十七次会议 2005年9月23日，省十届人大常委会第十七次会议根据省人大常委会主任会议的提名，任命张仲炎为省十届人大教育科学文化卫生委员会副主任委员。

根据省政府省长张中伟提名，决定免去孙砚方的省水利厅厅长职务；张仲炎的省文化厅厅长职务；决定任命彭述明为省水利厅厅长。

根据省高级人民法院院长李少平的提名，任命向杜梅为省高级人民法院立案庭副庭长。

根据省人民检察院检察长陈文清的提名，批准任命孙玉英为绵阳市人民检察院检察长。

省十届人大常委会第十八次会议 2005年11月25日，省十届人大常委会第十八次会议根据省高级人民法院院长李少平的提名，任命张宏为省高级人民法院审判员。

省十届人大常委会第十九次会议 2006年1月12日，省十届人大常委会第十九次会议根据省政府省长张中伟的提名，决定免去李洪仁的省政府秘书长职务；李高伟的省审计厅厅长职务。

决定任命王东洲为省政府秘书长；郑晓幸为省文化厅厅长；黄锦生为省审计厅厅长。

根据省高级人民法院院长李少平的提名，批准撤销阮世能的宜宾市中级人民法院院长职务。

根据省人民检察院检察长陈文清的提名，免去白南明等5人省人民检察院、四川省人民检察院成都铁路运输分院、成都铁路运输检察院组成人员的职务；任命李黎等3人为省人民检察院、重庆铁路运输检察院、西昌铁路运输检察院组成人员。

省十届人大常委会第二十次会议 2006年3月31日，省十届人大常委会第二十次会议根据省人大常委会主任会议的提名，免去邱传杰、肖荣齐的省人大常委会人事代表工作委员会副主任职务。任命李高伟为省十届人大财政经济委员会副主任委员；黄忠鑫为省十届人大农业委员会副主任委员。

根据省政府省长张中伟的提名，决定免去杨国安的省科学技术厅厅长职务；方光兴的省司法厅厅长职务。决定任命唐坚为省科学技术厅厅长；刘道平为省司法厅厅长。

根据省高级人民法院院长李少平的提名，免去吴星远等3人省高级人民法院组成人员的职务；任命张宏等4人为省高级人民法院组成人员。

根据省人民检察院检察长陈文清的提名，免去鲁作长的省人民检察院检察员职务。

省十届人大常委会第二十一次会议 2006年5月26日，省十届人大常委会第二十一次会议根据省人民检察院检察长陈文清的提名，免去刘茂松等7人四川省人民检察院成都铁路运输分院、重庆铁路运输检察院、成都铁路运输检察院组成人员的职务；免去吕明的西昌铁路运输检察院检察长、检察委员会委员、检察员职务；汪世忠的重庆铁路运输检察院检察长职务；刘振生的贵阳铁路运输检察院检察长职务；决定任命刘刚为四川省人民检察院成都铁路运输分院检察长；任命袁征为四川省人民检察院成都铁路运输分院副检察长、检察委员会委员、检察员；李玉林为重庆铁路运输检察院检察长、检察委员会委员、检察员；顾斌为西昌铁路运输检察院检察长、检察委员会委员、检察员；陈坚为贵阳铁路运输检察院检察长、检察委员会委员、检察员。

省十届人大常委会第二十二次会议 2006年7月28日，省十届人大常委会第二十二次会议根据省人大常委会主任会议的提名，任命杜江为省十届人大教育科学文化卫生委员会副主任委员。免去李尚志的省人大常委会副秘书长职务。任命李清禾为省人大常委会副秘书长；弓继柏、吕华为省人大常委会人事代表工作委员会副主任。

根据省政府省长张中伟的提名，决定免去翁蔚祥的省发展和改革委员会主任职务；杨冬生的省林业厅厅长职务；谢明道的省卫生厅厅长职务。

决定任命解洪为省发展和改革委员会主任；沈骥为省卫生厅厅长。

根据省高级人民法院院长李少平的提名，免去张兴全等5人省高级人民法院组成人员的职务；任命张兴全等5人为省高级人民法院组成人员。

根据省人民检察院检察长陈文清的提名，免去李振川等3人四川省人民检察院成都铁路运输分院、西昌铁路运输检察院组成人员的职务；任命吕明等4人为四川省人民检察院成都铁路运输分院、成都铁路运输检察院、重庆铁路运输检察院组成人员。

省十届人大常委会第二十三次会议 2006年9月28日，省十届人大常委会第二十三次会议根据省人民检察院检察长陈文清的提名，免去李元精等4人省人民检察院组成人员的职务；任命沈涧等3人为省人民检察院组成人员。

省十届人大常委会第二十四次会议 2006年11月30日，省十届人大常委会第二十四次会议根据省人大常委会主任会议的提名，任命颜继禄为省十届人大民族宗教委员会副主任委员。

决定任命邓川为省人民检察院副检察长。

决定邓川为省人民检察院代理检察长。

根据省政府省长张中伟的提名，决定任命任永昌为省林业厅厅长。

根据省高级人民法院院长李少平的提名，免去杨永华的省高级人民法院刑事审判第二庭副庭长、审判员职务。

省十届人大常委会第二十五次会议 2006年12月29日，省十届人大常委会第二十五次会议根据省政府省长张中伟的提名，决定任命黄彦蓉为省政府副省长。

根据省人民检察院代理检察长邓川的提名，批准邓显祥辞去凉山彝族自治州人民检察院检察长职务。

省十届人大常委会第二十六次会议 2007年1月23日，省十届人大常委会第二十六次会议根据省政府省长张中伟的提名，决定蒋巨峰为省政府代理省长。

根据省人大常委会主任会议提名，决定撤销陈世中的内江市人民检察院检察长职务。

根据省高级人民法院院长李少平的提名，免去宋子俊等2人省高级人民法院组成人员的职务。

省十届人大常委会第二十八次会议 2007年5月31日，省十届人大常委会第二十八次会议根据省人大常委会主任会议的提名，免去李代友的省人大常委会副秘书长职务；张渝田的省人大常委会法制工作委员会主任职务。任命李代友为省十届人大财政经济委员会副主任委员；张渝田为省人大常委会副秘书长、办公厅主任。

根据省政府省长蒋巨峰的提名，决定免去柯尊平、王怀臣的省政府副省长职务；泽巴足的省财政厅厅长职务；黄锦生的省审计厅厅长职务。

决定任命魏宏、王宁为省政府副省长；黄锦生为省财政厅厅长；崔志伟为省政府外事办公室主任。

根据省高级人民法院院长李少平的提名，免去成小平的省高级人民法院审判员职务。任命马益迅等6人为省高级人民法院组成人员。

省十届人大常委会第二十九次会议 2007年7月27日，省十届人大常委会第二十九次会议根据省人大常委会主任会议的提名，任命颜家瑾为省十届人大内务司法委员会副主任委员。

根据省政府省长蒋巨峰的提名，决定免去刘佑林的省监察厅厅长职务；刘道平的省司法厅厅长职务。决定任命徐波为省监察厅厅长；刘作明为省司法厅厅长；高仁全为省审计厅厅长。

根据省人民检察院检察长邓川的提名，免去余昌玲等4人省人民检察院、西昌铁路运输检察院、重庆铁路运输检察院组成人员的职务；任命侯卫平等11人为省人民检察院、四川省人民检察院成都铁路运输分院、成都铁路运输检察院、西昌铁路运输检察院、贵阳铁路运输检察院组成人员。

省十届人大常委会第三十次会议 2007年9月27日，省十届人大常委会第三十次会议根据省高级人民法院院长李少平的提名，免去高科的省高级人民法院审判员职务。

根据省人民检察院检察长邓川的提名，免去熊焱的省人民检察院检察员职务；任命刘萍为省人民检察院成都铁路运输分院副检察长、检察委员会委员。

省十届人大常委会第三十一次会议 2007年11月29日，省十届人大常委会第三十一次会议根据省人大常委会主任会议的提名，决定任命傅应铨为省十届人大财政经济委员会代理主任委员。

根据省人民检察院检察长邓川的提名，免去李定元等4人省人民检察院、贵阳铁路运输检察院组成人员的职务；任命柏延林等3人为省人民检察院、重庆铁路运输检察院、西昌铁路运输检察院组成人员。

省十届人大常委会第三十二次会议 2008年1月16日，省十届人大常委会第三十二次会议根据省高级人民法院院长李少平的提名，免去王世樑等2人省高级人民法院组成人员的职务；任命王世樑等2人为省高级人民法院组成人员。

2008年1月30日，省十一届人大常务委员会第一次会议根据省人大常委会主任会议的提名，任命赵肖东为省人大常委会法制工作委员会副主任。根据省政府省长蒋巨峰的提名，决定任命于伟为省政府秘书长；刘捷为省发展和改革委员会主任；焦伟侠为省经济委员会主任；涂文涛为省教育厅厅长；唐坚为省科学技术厅厅长；敬全林为省民族事务委员会主任；曾省权为省公安厅厅长；孙继昌为省国家安全厅厅长；徐波为省监察厅厅长；黄明全为省民政厅厅长；刘作明为省司法厅厅长；黄锦生为省财政厅厅长；叶壮为省人事厅厅长；张成明为省劳动和社会保障厅厅长；宋光齐为省国土资源厅厅长；杨洪波为省建设厅厅长；高烽为省交通厅厅长；李伟为省信息产业厅厅长；冷刚为省水利厅厅长；任永昌为省农业厅厅长；王平为省林业厅厅长；谢开华为省商务厅厅长；郑晓幸为省文化厅厅长；沈骥为省卫生厅厅长；王在银为省人口和计划生育委员会主任；高仁全为省审计厅厅长；崔志伟为省人民政府外事办公室主任。

根据省人民检察院检察长邓川的提名，免去陈文华的省人民检察院副检察长、检察委员会委员职务；沈涧的省人民检察院检察委员会委员、检察员职务；决定任命刘刚为省人民检察院成都铁路运输分院检察长。批准任命李建为成都市人民检察院检察长。

四川省志·人大志

第四篇　自身建设及其他

地方人大及其常委会能否有效履行宪法和法律赋予的职权，切实发挥权力机关的作用，在很大程度上取决于其自身建设的情况。四川省七至十届人大常委会始终把加强自身建设作为一项重要任务，积极加强组织建设、思想作风建设、能力建设和制度建设，发挥专门委员会作用，统一了思想，增强了常委会组成人员和专委会成员的使命感和责任感，提高了依法履职的能力。此外，省七至十届人大常委会在加强与代表和各级人大联系、制度宣传与法制教育、外事活动等方面做了大量工作，为加强社会主义民主、健全社会主义法制、提高全民的法律素质和法制观念等方面作出积极贡献。

第一章　组织制度建设

涉及专门委员会组织机构变化的见本篇第五章，相关制度建设的法规及规范性文件见附录第四部分。

第一节　四川省七届人大常委会组织制度建设

省七届人大常委会办事机构的建设不断加强。全省 7 个地区设立工作委员会，依法开展工作，发挥重要的作用。省人大常委会制定地区工作委员会工作条例。条例规定，地区工作委员会是省人大常委会派出的工作机关，履行条例规定的各项职责，向常委会负责并报告工作。地区工作委员会的设立，将加强常委会同省人大代表的联系，同县（市）人大常委会的联系，加强对地区行政机关和司法机关的监督，有利于完善常委会的职能。1988 年，为适应工作发展的需要，省人大常委会加强办事机构的建设，决定对原有办公厅的职责范围进行适当调整，并增设法制工作室、研究室和人事工作室。省人大和常委会先后制定有关地方人大工作和建设的一批地方性法规，使人大工作逐步制度化、规范化。为加强人事任免工作，逐步实现制度化、规范化，根据委员的建议，决定从组织上和法规上加以保证。省人大常委会决定成立人事工作室，作为办理人事任免工作的办事机构，拟订常委会人事任免办法（草案），1989 年 3 月，省七届人大常委会第八次会议在成都举行，通过《四川省人民代表大会常务委员会人事任免办法》。此外，省人大常委会还制定《四川省人民代表大会议事规则》《四川省人大常委会议事规则》《四川省县级人大常委会行使职权的规定》等，逐步完善人大职能。

第二节　四川省八届人大常委会组织制度建设

省八届人大常委会根据工作需要新设立侨务外事工作委员会后，在参与归侨侨眷权益保护法实施情况的检查，拟订和宣传省归侨侨眷权益保护法实施办法等方面做了一系列的工作。1996 年 6 月，省八届人大常委会第二十一次会议决定将法制工作室更名为法制工作委员会，将选举任免联络工作室更名为人事代表工作委员会。经省人大常委会建议，中共四川省委于 1994 年 9 月召开全省人大工作会议，会议认真学习邓小平关于社会主义民主政治建设，特别是坚持人民代表大会制度的重要论述，交流各地的工作经验。省委作出关于加强人大工作的决定，要求各级领导干部要带头学习邓小平关于人大制度和社会主义民主法制的一系列论述，提高对人大制度和人大工作重要性的认识；各级党委要支持人大及其常委会依法行使立法权、决定权、监督权、任免权等职权；各级党委和政府要努力解决好各级人大常委会的工作条件等问题，进一步搞好各级人大常委会的自身建设。此后，许多市（地、州）、县党委也相继召开人大工作会议，对深入贯彻省委人大工作会议精神作出部署。此次会议对于加强和改善党对人大工作的领导，加强各级人大常委会的建设，推进全省社会主义民主政治建设，起到积极的作用。此外，1995 年，省人大常委会对各市（州）、县（市、区）人大常委会和地区人大工委及乡镇人大主席团的机构改革也进行调查论证，提出改革意见。

第三节　四川省九届人大常委会组织制度建设

省九届人大常委会积极探索，创新制度。省人大常委会制定评议工作条例、法律法规实施情况检查监督规定、各级人大常委会司法案件监督条例等地方性法规和常委会组成人员守则等制度，常委会的工作得到加强。按照省委部署，常委会机关顺利进行机构改革，建章立制，机构设置更趋合理，干部队伍年轻化、知识化、专业化程度进一步提高。省人大常委会根据省委人大工作会议精神，重点抓了乡镇人大建设和加强乡镇人大的工作。全省大多数乡镇都按规定，配备乡镇人大主席或专职副主席，工作条件有所改善，人大工作有所加强。省人大常委会还督促各市（州）人大常委会指导、帮助和支持乡镇人大依法行使职权，认真贯彻村民委员会组织法等有关基层民主政治建设的法律法规，充分发挥乡镇人大在农村基层民主政治建设中的积极作用。常委会还建立公民旁听常委会会议制度，2001 年，审议通过四川省公民旁听省人民代表大会常务委员会会议规定，积极拓宽人民群众参与民主政治建设的渠道。为进一步加强省人大常委会与人民群众的联系，拓宽常委会接受群众监督的渠道，常委会。2002 年，省九届人大五次会议对四川省人民代表大会议事规则进行修改，常委会的工作得到加强。

第四节　四川省十届人大常委会组织制度建设

省十届人大常委会通过认真总结工作经验，深入开展调查研究，制定完善包括加强和规范代表活动、代表议案处理、代表建议批评意见处理、省人民代表大会会议和常委会会议的工作程序、发挥专门委员会作用、加强信访工作、加强同“一府两院”工作联系协调等 13 个具体规定和办法。2005 年，按照常委会关于提高地方立法质量有关事项的决定，主任会议对地方立法听证会规则、地方立法技术规定进行修订，制定公开征集地方立法选题和立法建议办法、地方性法规草案公开征求意见办法等，进一步完善立法工作程序和制度。2006 年，按照加强人大常委会制度建设的总体要求，为推进人大常委会决定重大事项工作的制度化、规范化，制定省人大常委会讨论决定重大事项的规定，明确规范决定重大事项的内容、方式和程序，对完善常委会工作制度，促进四川省重大事项决策的民主化、科学化具有重要意义。建立重要事项向省委报告制度，保证党对人大工作的领导。建立并坚持每年年初制定常委会立法、执法检查、听取专项工作报告、调查研究、学习等 5 个工作计划的制度。建立主任会议成员牵头负责重点课题调研制度和机关办会、办事、办文等工作制度。通过加强常委会制度建设，理顺关系，明确责任，规范程序，进一步促进工作的制度化、规范化。坚持抓好组织建设。认真贯彻执行公务员法和党政领导干部选拔任用条例，推行机关处级干部竞争上岗，进一步加强常委会机关干部队伍建设。常委会新设立港澳台事务工作委员会，机关增设全国人大代表联络处和规范性文件备案审查处，工作机构设置更趋合理。常委会办事工作机构按照各自工作职责，围绕如何更好地为代表和常委会工作服务，制定和完善机关办会、办事、办文等各项工作制度和规定。机关环境和信息化建设取得新进展，后勤保障能力增强。

第二章 思想、作风与能力建设

第一节 四川省七届人大常委会思想、作风与能力建设

省七届人大常委会在加强理论研究，加强自身能力建设方面取得一定成绩。1991 年，根据省七届人大四次会议常委会的工作报告，在全省范围内开展 10 年人大工作总结活动，举行人大工作理论研讨会，市（州）、县各级人大常委会也都进行经验总结。通过总结，进一步学习马克思主义国家学说、宪法和法律，学习有关文件，研究人大工作和建设中存在的问题，开展人大工作的理论研究，进行对人民代表大会制度和 10 年人大工作成就的宣传。省七届人大常委会每年举行一次有市（地、州）人大主要负责人参加的工作研讨会，对当前工作中的主要问题进行研讨，作出部署。此外，省人大常委会法制工作室还召开地方立法研讨会。

第二节 四川省八届人大常委会思想、作风与能力建设

省八届人大常委会以建设有中国特色社会主义的理论为指导，加强理论研究，成立人大制度研究会。1994 年 5 月，省人大常委会召开全省人大制度理论研讨会，对新形势下如何加强人大建设和人大工作，如何加强社会主义民主法制建设等问题进行研讨，同时成立四川省人民代表大会制度研究会，使人大制度的研究更加广泛、深入和普及。成立会上通过研究会章程，产生第一届理事会、常务理事会，选举杨析综为会长，宋大凡等为副会长，推举何郝炬等为顾问。1994 年，省人大常委会与成都市人大常委会联合召开纪念人民代表大会制度建立和宪法颁布 40 周年大会，召开纪念人民代表大会制度建立 40 周年座谈会，组织纪念人大制度建立 40 周年知识大赛，开展人大制度宣传的好新闻评选，还开展民族区域自治法颁布 10 周年纪念活动。1995 年 10 月，举行四川省人民代表大会制度研究会的首次年会，总结研究会的工作，交流研究成果，增补部分研究会成员。

为适应新形势下做好人大工作的需要，省人大常委会加强人大干部的培训工作，重点是培训县级人大常委会有关负责人，1993 年参加各类轮训班、学习班的就有 650 多人。1993 年 11 月，举办全省人大主任学习班，重点学习邓小平建设有中国特色社会主义的理论，学习《邓小平文选》第三卷，学习中共十四大文件和十四届三中全会决定，学习中国人民代表大会制度的基本理论和人大工作的业务知识。通过学习，提高认识，明确方向，树立做好新时期人大工作的信心。

第三节　四川省九届人大常委会思想、作风与能力建设

省九届人大常委会以提高决策水平为重点，积极加强思想建设、组织建设、作风建设和能力建设。加强学习，与时俱进。常委会始终坚持理论学习，结合新的形势和任务，及时组织常委会组成人员和机关干部认真学习政治理论，坚持每年召开全省市州人大主任学习会，学习理论，提高认识，统一思想，促进工作。通过对江泽民“七一”“5·31”重要讲话和“三个代表”重要思想的深入学习，常委会组成人员的思想理论水平进一步提高。中共十六大召开后，常委会组成人员和机关干部立即掀起学习贯彻十六大精神的热潮，常委会党组、机关党组和机关党委以高度的政治责任感分层组织学习，围绕主题，抓住灵魂，把握精髓，全面领会十六大的精神实质，深刻理解建设中国特色社会主义必须坚持的基本经验，深刻理解全面建设小康社会的奋斗目标，深刻理解建设高度的社会主义政治文明所赋予人大的庄严使命，以实际行动推进政治文明建设，促进四川发展新跨越。常委会坚持法律学习已形成制度。2001 年，常委会邀请有关专家、学者就民族区域自治法、专利法、WTO 与知识产权保护、当代司法制度与司法公正等法律及有关知识举行专题讲座，既增强常委会组成人员的法律观念和法治意识，也为常委会审议相关法规草案作了准备。5 年间，共举办法制讲座 20 余次，对于提高常委会组成人员和机关工作人员的法治意识和法律素质，起到很好的作用。

第四节　四川省十届人大常委会思想、作风与能力建设

省十届人大常委会始终把加强自身建设作为一项重要任务。坚持把思想建设放在首位。结合新的形势和任务，及时组织常委会组成人员和机关干部进行理论学习。坚持每年一次的常委会组成人员暨市（州）人大常委会主任学习会制度，定期举办法制和专题讲座。认真学习邓小平理论、“三个代表”重要思想和科学发展观，学习中共十六大、十七大精神和省党代会及省委全会精神，学习宪法和法律知识。在 2004 年的常委会组成人员暨市（州）人大常委会主任学习会上，集中学习中共十六届四中全会决定和总书记胡锦涛、委员长吴邦国在人民代表大会成立 50 周年纪念大会和座谈会上的重要讲话，进一步提高常委会组成人员对人大性质、地位和作用的认识，增强做好人大工作的使命感和责任感。认真贯彻落实省委人大工作会议精神，在党员干部中相继开展保持共产党员先进性教育、领导干部作风整顿建设等活动，进一步统一思想，提高认识，增强常委会组成人员和专委会成员的使命感和责任感，提高依法履职的能力。坚持抓好作风建设。常委会和各专门委员会组成人员认真履行职责，不断改进领导作风、工作作风和会风、文风。坚持密切联系人大代表和人民群众，深入实际、深入基层、深入群众，倾听人民的意见、反映群众的要求。有计划、有重点地开展调查研究，2004 年后，主任会议成员牵头进行的专题调研形成 53 个理论联系实际的调研成果，增强行使职权的科学性、实效性和针对性。加强机关党风廉政建设。进一步完善党风廉政建设的各项制度和工作责任，推动反腐倡廉工作深入开展。常委会高度重视自身能力建设，认真组织学习宪法、法律和其他相关知识，举办预算法、公务员法、食品卫生法、审计法、道路交通安全法及艾滋病防治立法等专题法制讲座，提高法律意识和业务素质。

第三章　宣传与法制教育工作

第一节　四川省七届人大常委会宣传与法制教育工作

省七届人大常委会在加强对人民代表大会制度宣传方面做了一些工作，取得一定成绩。1992 年，常委会专门召开宣传人民代表大会制度工作会议。1992 年是现行宪法颁布的 10 周年，为进一步宣传宪法，提高全民的宪法观念，更好地贯彻实施宪法，常委会在有关方面的配合下，组织开展现行宪法颁布 10 周年的纪念活动，在成都召开各界人士的座谈会，举行规模盛大的报告会。为加强对人民代表大会制度的宣传，常委会于 1992 年 11 月召开首次宣传人民代表大会制度工作会议，研究和部署加强和改进人大宣传工作的有关问题。在法制教育方面，1989 年省人大常委会听取省司法厅关于在全省公民中普及法律常识的情况汇报，认为几年来普法工作已经取得显著成绩，但不能估计过高，要坚持不懈地把法制教育工作深入开展下去，讲求实效，防止形式主义。

另外，在换届选举中，加强对人民代表大会制度的宣传，使干部和群众受到很好的社会主义民主和法制的教育，增强选民的主人翁责任感，增强干部的公仆意识。

第二节　四川省八届人大常委会宣传与法制教育工作

省八届人大常委会把法制宣传教育作为一项长期的战略任务来完成。1996 年，常委会在认真听取和审议省政府关于“三五”普法工作安排意见的报告后，通过关于在全省继续开展法制宣传教育的决议，要求全省各级国家机关、学校、农村、街道、企事业单位和组织积极开展形式多样的法制宣传教育，提高全体公民的法律意识和法制观念，特别是要抓好人大及其常委会选举、任命的干部的法律知识学习和培训，提高各级干部特别是领导干部的公仆意识与依法决策、依法办事、依法管理的水平和能力，全面推进各项事业的依法治理，推进依法治省的进程。常委会十分重视发挥报刊、广播、电视等新闻媒介的作用，通过举行有关法律法规的宣传贯彻座谈会、新闻发布会、常委会领导发表电视讲话、撰写文章及街头现场咨询等形式，大力宣传人大制度和法律法规。为宣传环境保护法，配合“中华环保世纪行”活动，常委会牵头组织“巴蜀环保世纪行”宣传活动，并取得较好的效果。常委会主办的《人民权力报》和《民主法制建设》杂志始终坚持把宣传人大制度、人大工作和社会主义民主与法制作为重要任务，努力提高报刊质量，在人大宣传和法制宣传中发挥重要作用。为推进人大制度的宣传工作，1995 年底，常委会邀请省级宣传部门和新闻单位召开人大宣传工作座谈会，专题研究如何进一步搞好人大制度、人大工作和法律法规的宣传等问题。一年一度的宣传人大制度好新闻的评选活动，对人大宣传和法制宣传起到积极的作用。仅1995年度全省宣传人大制度好新闻评选活动中，共评出79件获奖作品。

1997年初，中共四川省委作出关于依法治省的决定，省八届人大五次会议作出关于依法治省的决议，对依法治省的指导思想、目标、任务和监督保障措施等作出规定，对各级人大及其常委会提出新的、更高的要求。为将省委、省人大的决定、决议落到实处，1997年6月召开的省、市（地、州）人大主任学习会，对各级人大在依法治省中如何发挥作用的问题进行专题研究，交流各地在依法治理中的做法和经验，要求各级人大在依法治省中要发挥好主导作用，积极推进决定、决议的贯彻落实。常委会还经常了解和分析研究民主法制建设与依法治省过程中的新情况、新问题，掌握依法治省的进程，适时提出有关依法治省的阶段性的目标、任务和工作步骤。

第三节　四川省九届人大常委会宣传与法制教育工作

为促进宪法、法律的宣传普及和贯彻实施，推进依法治省进程，省九届人大常委会于1999年作出进一步加强“三五”普法工作的决议，2001年作出进一步开展法制宣传教育的决议。2000年10月中旬，常委会召开依法治省经验交流会，交流工作经验，提出依法治省的总体要求和建设社会主义法制省份的目标，强调大力推进依法治省进程，为四川省大开发、大发展创造良好的法制环境。常委会紧密结合“三五”普法教育，加强民主法制宣传工作，努力提高全体公民特别是领导干部的法律意识和法律素质，推动法律法规的贯彻实施，常委会积极加强对宪法和法律、对人民代表大会制度的宣传教育，努力提高全民的法律素质和法制观念。1998年，常委会专门召开人大宣传工作会议，总结交流经验，提出改进意见，常委会第二十四次会议作出关于进一步开展法制宣传教育的决议。宣传部门和新闻媒体按照决议要求，加大宣传力度，对人大制度、人大工作和法制建设的报道不仅数量逐步增长，而且报道形式上也丰富多样。常委会坚持每年组织一次宣传人大制度好新闻评选；连续5年组织省上新闻媒体参与“四川环保世纪行”活动；结合修改宪法、纪念现行宪法颁布20周年、代表法颁布实施10周年、省人大常委会成立20周年等契机，开展丰富多彩的法制宣传教育活动；全国人大组织中央新闻单位专门对高县人大等加强民主法制建设、发挥代表作用、建立“三访”制度的情况进行报道；建立四川人大网站，进一步拓宽人大宣传的渠道。人大理论研究有新的进展，取得一批新的研究成果。常委会机关的《人民权力报》《民主法制建设》杂志坚持正确的舆论导向，努力提高报刊质量，在人大宣传工作中发挥重要作用。法制宣传教育和人大理论研究广泛深入的开展，进一步提高全社会对人民代表大会制度的认识，增强广大公民参与国家和社会事务管理、参与社会各项政治活动的积极性，为推进依法治省提供强大的动力。

第四节　四川省十届人大常委会宣传与法制教育工作

省十届人大常委会高度重视法制宣传教育，将其视为人大工作的重要组成部分。常委会先后3次召开人大新闻宣传工作会议，发挥新闻媒体和常委会机关报刊、人大网站的作用，加强对民主法制建设和人大制度、人大工作的宣传报道。注重以中国民主法制建设和人大工作中的重大事件、重要活动为契机加强法制宣传教育。结合宪法修正案和物权法、监督法等重要法律的颁布实施，开展学习宣传教育活动，促进宪法、法律在全省的全面贯彻实施。

2004 年，召开纪念全国人民代表大会成立 50 周年暨地方人大常委会设立 25 周年大会、纪念邓小平 100 周年诞辰民主法制建设座谈会，举办人民代表大会制度知识竞赛和专题电视文艺晚会，拍摄反映省人大常委会 25 年历程和工作的电视专题片，把 2004 年 9 月作为人大制度宣传月。2005 年，省委召开“推进依法治省，建设法治四川”经验交流会，常委会组织开展对依法治省先进单位和经验的宣传。通过一系列宣传活动，宣传人民代表大会制度，宣传依法治省和全省民主法制建设的进展与成就。坚持每年组织新闻单位开展“四川环保世纪行”宣传活动，对一些典型案件进行跟踪报道和舆论监督。

坚持邀请公民旁听省人代会和常委会会议，听取他们对人大工作的意见和建议，仅 2005 年就有 50 名公民应邀旁听省人大常委会会议，公民政治参与的积极性增强。发挥新闻媒体和常委会机关报刊、四川人大网站的作用，加强对民主法制建设和人大制度、人大工作的宣传。法制宣传坚持正确的舆论导向，努力贴近群众、贴近生活、贴近实际，进一步提高全社会对人民代表大会制度的认识，提高全体公民特别是各级领导干部的法律素质和法制观念，增强学法、守法、用法的自觉性。

第四章　联系代表与各级人大工作

第一节　四川省七届人大常委会联系代表与各级人大工作

省七届人大常委会注意加强代表联系工作，使其逐步制度化，不断提高办事效率和质量。七届人大常委会每次例会邀请部分省人大代表和全国人大代表列席，共同商讨全省大事，并已形成制度；常委会和各专门委员会组织的有关视察、调查活动，邀请当地的代表参加；加强对代表小组活动的指导，丰富代表小组活动的内容。常委会1992年召开专门会议研究部署代表法的宣传和贯彻工作。常委会加强与各地人大的联系，召开各种座谈会、联系会、研讨会，直接听取代表意见，与各地人大相互沟通情况、交流经验，共同研究问题；与兄弟省市人大建立联系，为学习他们的好经验创造条件。常委会坚持举办市、县人大常委会负责人培训班，为提高人大的理论和业务水平，起到一定的作用。1988年，省人大代表已建立93个代表小组，定期开展活动。同代表的直接联系也有了一些新的做法，如省人大农业委员会同各市（地、州）的21名省人大代表建立直接联系制度。常委会从第五次会议起，邀请在人大专门委员会任职的代表列席会议。各市（州）、县在联系省人大代表方面，做了大量工作，协助组织代表视察和专题调查，邀请代表列席本地人大常委会会议，取得较好效果。常委会继续加强同各市（州）、县人大常委会的联系，并决定改各地区联络处为地区联络委员会。1989年，常委会在与省人大代表的联系方面做了若干改进。常委会加强同代表小组的联系，对各个时候小组活动的内容提出安排建议，各市（州）、县人大常委会积极协助各小组开展活动。建立部分省人大代表和全国人大代表列席常委会会议制度。根据常委会的决定，各地区人大联络委员会已相继成立，同县级人大常委会的联系有了进一步加强。1990年，根据省人大与市（州）、县人大共同联系代表的办法，省人大代表普遍参加当地人大常委会组织的各种活动，列席有关会议。常委会组成人员和办事机构通过调查和参加各地人大的有关会议，听取对常委会工作的意见。1990年9月，省七届人大常委会第十八次会议决定，将各地区联络委员会改为地区工作委员会，地区工作委员会的设立，加强了常委会同省人大代表的联系，同县市人大常委会的联系。

第二节　四川省八届人大常委会联系代表与各级人大工作

省八届人大常委会重视与代表的联系工作，常委会一直坚持邀请代表列席常委会会议的制度，认真听取代表的审议意见，在立法、执法检查、评议、视察等工作中，每次都有计划地邀请有关方面的代表参加，为代表履行职责提供机会。通过这些做法，一方面密切常委会与代表的联系，同时也拓宽常委会了解社情民意的渠道，为进一步做好工作创造条件。

常委会采取多种形式加强与市县人大的联系，召开市（地、州）人大主任学习会就是一种方式。市（地、州）人大主任学习会一般都会安排专题进行研究，1995 年的人大主任学习会就专门研究如何搞好代表评议和领导干部述职评议，推进人大监督工作的问题。1996 年召开的全省市（地、州）人大主任学习会，着重就加强执法检查监督问题进行研讨。主任、副主任到各地考察时，注意听取各地人大的意见和建议。常委会还加强对乡镇换届选举工作的指导，召开乡镇换届选举工作会议，及时答复和解决各地人大提出的有关问题。

第三节　四川省九届人大常委会联系代表与各级人大工作

从 2000 年开始，省九届人大常委会组织开展省、市、县三级人大常委会组成人员每人联系 3 名人大代表的“百千万”活动，虚心听取代表对经济、社会、法律实施、人大建设和常委会工作等方面的意见和建议，听取群众和选民的呼声与要求，不断改进人大工作。常委会组成人员自觉加强联系，如实反映社情民意，发挥联系人民群众的桥梁和纽带作用。同时，对代表进行培训提高。2001 年 6 月，常委会举办县以下基层省人大代表培训班，组织 152 名代表系统地学习地方组织法、选举法、代表法等有关法律法规，提高代表的法律水平和履行职务能力。

5 年间，常委会主动加强与全国人大的联系，经常向全国人大汇报工作、反映情况，得到全国人大的关心和支持。全省各市（州）和基层人大认真履行宪法和法律赋予的职责，工作取得显著成绩，创造许多好的经验和做法，对省人大常委会的工作起到借鉴和促进作用。省人大常委会制定地方性法规、进行执法检查、专项检查和个案监督、组织人大代表对“一府两院”进行工作评议和述职评议、法制宣传教育等重大部署的贯彻落实，都是在全省各级人大相互配合和支持下进行的。常委会在实践中总结和改进联系办法，拓宽联系渠道，采取邀请市（州）人大常委会负责人列席常委会会议、举办人大干部培训班、召开工作片会和理论研讨会、组织外出考察等方式，加强对市（州）和基层人大工作的指导。

第四节　四川省十届人大常委会联系代表与各级人大工作

省十届人大为代表知情知政服务明显增强。一是不断提高代表议案和建议、批评、意见的提出质量及办理水平。5 年共办理 116 件，督办、建议、批准和意见 3075 件。二是为代表知情服务明显增强。及时向代表通报常委会会议情况、重要工作安排和重要活动情况，寄送常委会公报和全省经济社会发展方面的重要信息资料。建立省人大代表电子邮件服务系统。从 2005 年起，在人代会召开前举行情况通报会，由“一府两院”向代表通报有关工作情况。三是扩大代表对常委会活动的参与。5 年共邀请 75 名全国人大代表和 180 名省人大代表列席常委会会议，组织部分代表参加常委会的立法调研和执法检查，充分听取代表的意见。坚持每年组织一次代表集中视察。从 2006 年开始，组织代表开展专题调研，形成 200 余篇调研报告，为代表参加人代会审议报告、提出议案和建议、批评、意见打下良好的基础。四是为代表履职创造更好的条件。积极推动市（州）人大常委会设立省人大代表联络处，为代表履职服务。认真落实代表执行职务的保障措施，尽力帮助解决代表在执行职务方面存在的困难和问题，省人大代表的活动经费有较大幅度的提高。从省十届人大三次会议开始，启用大会电子表决系统，对保障代表民主权利起到积极作用。通过邀请列席省人大常委会会议、参与常委会立法、监督等重大活动和组织学习、培训等多种形式，听取基层人大的意见，加强与市（州）人大的联系，交流工作情况和经验，及时答复各地提出的问题，加强市（州）、县（市、区）人大干部的培训工作，仅2003年就组织570多名市（州）及县级人大干部集中学习培训，帮助提高工作水平，促进各级人大工作的开展。市（州）人大积极参与省人大的立法调研、执法检查等工作，有力促进常委会工作的开展。与兄弟省（市、自治区）人大的联系和交流有所加强。

第五章　专门委员会建设

第一节　四川省七届人大专门委员会建设

省七届人大设立民族、政法、财经、教科文卫、农业、城建环保6个专门委员会，常委会组成人员中有45.6%是各专门委员会的成员。5年间专门委员会的各项制度不断健全，在立法、监督、执法检查等方面做了大量工作。专门委员会加强与法规起草部门的联系，听取法规草案起草修改情况的汇报，通过专题调查研究、参与论证、召开座谈会等形式，了解情况，研究问题，广泛听取各方面的意见，向常委会提出审议意见的报告；为常委会听取和审议“一府两院”工作报告作必要的准备，协助常委会进行法律监督和工作监督，发挥重要作用；加强同代表和各地人大的联系，召开各种座谈会、联系会、研讨会，直接听取代表意见，与各地人大相互沟通情况、交流经验，共同研究问题；还与兄弟省市人大建立联系，为学习他们的好经验创造条件。

1988年1月，省七届人大一次会议决定设立民族、政法、财政经济、教育科学文化卫生、农业5个专门委员会，这是完善人大及其常委会职能的重要组织保证。大会闭会后，各专门委员会在常委会的领导下，在拟定、审议地方性法规案和其他议案，对属于省人大及其常委会职权范围内同本委员会有关的问题进行调查研究等方面，做了许多工作，探索和积累一些经验。各专门委员会通过参加有关部门的重大会议，听取有关部门工作情况汇报，共同组织调查研究，提出建议和意见等形式，协助人大及其常委会进行法律监督和工作监督。省人大各专门委员会加强同省政府及其有关部门、省高级人民法院、省人民检察院的联系，分别听取工交生产、自筹基建规模、预算外资金管理、市场物价、农业投入、假化肥假农药危害、科技市场管理、专利法实施等情况汇报。专门委员会听取有关部门的工作情况汇报，并提出建议和意见，这是协助人大及其常委会行使监督权，对政府、两院工作实行经常监督。

1989年，专门委员会在常委会的领导下，研究、拟订和审议地方性法规草案和其他议案，具体组织有关执法检查，检查了解有关部门执行代表大会和常委会决议的情况等方面，做了大量工作。省七届人大二次会议主席团交付专门委员会审议的11件议案，已分别审议结束，常委会同意专门委员会提出的审议结果的报告。专门委员会加强调查研究，就常委会审议的议题和人民群众普遍关心的问题，到各地了解情况、听取意见，参加有关部门的工作会议，熟悉有关部门的业务情况，就一些问题约请有关部门的人员汇报情况、研究问题。政府两院提出的法规案和其他议案，专门委员会都事前与有关部门的拟订工作，交换意见，提出建议，并为常委会准备有关资料，便于委员们进行审议。政府、两院向常委会提出的工作报告和情况汇报，一般都先在专门委员会会议上征求意见，作必要的修改补充后再提请常委会审议。专门委员会除按照常委会的统一部署，具体组织有关法律法规实施情况的检查外，根据各自的职责范围，对法律法规、代表大会及常委会决议的贯彻执行情况进行检查了解，向省政府及有关部门提出意见和建议。这些工作对加强常委会与政府两院的日常工作联系，协助常委会行使立法、决定和监督权，进一步发挥常委会的职能作用，产生良好的效果。

1990年，各专门委员会在常委会领导下，研究、审议和拟订地方性法规草案和其他议案，进行调查研究，协助常委会对政府和两院工作进行监督，对常委会有效地行使职权，发挥重要的作用。经过3年的工作实践，专门委员会的工作逐步走向制度化。凡是提请常委会审议的议案和各项工作报告，各委员会一般都要先与政府有关工作部门和两院交换意见，向主任会议提出列入常委会会议议程的意见，提出审议意见的报告，并准备有关的资料。省政府提出的决算报告、预算调整意见和计划执行情况报告，都事先经财经委员会初审。各委员会对省政府提出的法规草案，以及自治地方和成渝两市提请批准的法规草案，在起草过程中，一般都参与研究，了解情况，提出建议；在常委会审议过程中，综合委员们的意见，广泛征求各地、各部门、各有关方面的意见，提出审查报告和修改草案。各委员会除审议大会主席团交付的各项议案，研究、审议、拟订常委会交付的各项议案外，按照各自的职责分工，为具体组织法律法规实施的检查，开展重大问题的调查研究，加强同政府有关部门和“两院”的经常联系，加强同各地人大的联系。民族委员会在加强民族法制建设的同时，对民族地区的林业问题、民族贸易问题以及杂散居少数民族工作问题，进行调查研究，向常委会和有关方面反映情况，提出建议。政法委员会就内务司法机关执法情况、《中华人民共和国行政诉讼法》实施准备情况，作了调查研究，具体组织对司法机关执法情况的检查，采取多种形式，促进行诉法施行前的准备工作，处理一些重要的来信来访，督促有关机关抓紧处理大案要案。财经委员会为协助常委会对政府经济部门工作的监督，围绕治理整顿、深化改革，听取25个厅局的工作汇报，了解情况，提出建议和意见。在粮食企业财务审计工作接近结束前，会同省级有关部门到部分市（地）、县作了实地考察，还组织或参与对《中华人民共和国环境保护法》《中华人民共和国城市规划法》执行情况的检查，参与对清理整顿公司工作的检查和财税物价大检查。教科文卫委员会主要抓常委会科技兴农决议的贯彻落实，对加强中小学德育工作作了调查研究，组织对省计划生育条例实施情况的检查，提出进一步贯彻落实的建议，还对文物保护法规和义务教育法规的实施情况进行检查。农业委员会除常委会审议的农业法规草案外，对草拟中的农业投资暂行条例、水法实施细则、减轻农民负担条例等法规草案，进行研究，与教科文卫委员会联合召开科技兴农座谈会，总结交流各地贯彻执行常委会科技兴农决议的情况和经验。

1991年，省七届人大四次会议主席团交付省人大政法、财经、教科文卫和农业委员会审议的10件议案，各专门委员会都作了认真的审议，常委会第二十六和二十七次会议分别审议和通过4个专门委员会关于9件议案审议结果的报告，在协助常委会进行法律监督和工作监督等方面，发挥重要作用。

1992年，省人大各专门委员会有重点地对《中华人民共和国环境保护法》《中华人民共和国矿产资源法》《中华人民共和国民族区域自治法》《中华人民共和国草原法》《中华人民共和国专利法》《中华人民共和国技术合同法》《中华人民共和国义务教育法》和《四川省计划生育条例》等法律、法规的实施情况进行检查，向常委会提出检查报告，向有关部门提出建议和要求。省人大教科文卫委员会对重庆、成都等7个市（地）贯彻执行常委会关于“依靠科技进步振兴农业”和“进一步推动我省工业企业科技进步”的两个决议的情况进行检查。各专门委员会在组织的有关视察、调查活动中，注意邀请当地的代表参加，加强同代表的联系。省七届人大五次会议期间，各专门委员会审议主席团提交的11件代表议案，各委员会都向常委会提出审议结果的报告。

第二节　四川省八届人大专门委员会建设

省八届人大根据工作需要新设立侨务外事委员会，省人大专门委员会增加至7个。省八届人大加强省人大各专门委员会起草和审议法规草案的职能。各专门委员会普遍开展立法的前期调查研究，认真审议法规草案，引导起草部门从国家和人民的根本利益出发，克服本位主义和部门利益倾向；由常委会及有关专门委员会牵头起草的法规增加。通过加强专门委员会的立法职能有效地推进立法进程，提高立法的质量。执法检查方面，各专门委员会在部分地区组织对《中华人民共和国民族区域自治法》《中华人民共和国土地管理法》《中华人民共和国科学技术进步法》《中华人民共和国城市规划法》《中华人民共和国台湾同胞投资保护法》《四川省计划生育条例》等法律法规执行情况的检查。各专门委员会多次听取省政府有关部门和“两院”的工作情况汇报，推动“一府两院”工作的开展。在代表议案审议方面，在本届历次人民代表大会会议上，主席团将127件正式议案交有关专门委员会审议。各专门委员会都进行认真审议，有些议案已制定为有关的地方性法规，有的作出相应的决议决定，有的列入常委会会议议程，有的向全国人大作了专门反映，各专门委员会均按规定向常委会提交议案审议结果的报告。

1993年，省八届人大一次会议闭会后，各专门委员会根据大会的精神和常委会的要求，积极主动地开展工作，保证常委会会议各项议程顺利进行。在制定和批准地方性法规方面，对准备提请常委会审议的法规草案或修正案，有关专门委员会一般都提前介入，参与研究，协调和督促有关部门的法案起草工作。在常委会对法规草案初审后，有关专门委员会广泛征求各地、各部门及有关专家的意见，研究提出审议报告和意见，并向常委会会议提供必要的资料。各专门委员会对今后几年的立法工作制定规划，作出大体的安排，有的已经开始调查研究，着手组织起草法规草案。在监督方面，各专门委员会对省政府及其工作部门、省法院、省检察院向常委会提出的工作报告和情况汇报，一般都与报告工作的机关事先交换意见，提出意见和建议。针对改革和发展中的一些重要问题和群众普遍关心的问题，各专门委员会分别听取主管部门的工作汇报，提出意见和建议，督促有关部门改进工作，认为必要时提请主任会议决定列入常委会会议议程进行审议。1993年，各专门委员会分别对《中华人民共和国环境保护法》《中华人民共和国水土保持法》《中华人民共和国妇女权益保障法》《中华人民共和国残疾人保障法》《中华人民共和国归侨侨眷权益保护法》以及《四川省酒类管理条例》《四川省技术市场管理条例》《四川省文化市场管理条例》《四川省〈中华人民共和国野生动物保护法〉实施办法》《四川省〈中华人民共和国渔业法〉实施办法》《四川省各级人大常委会监督条例》《关于综合治理沱江污染的决议》等法律、法规、决议的贯彻实施情况有重点地进行执法检查，向常委会提出检查报告，向有关部门提出改进执法工作的意见。各专门委员会加强调查研究工作。如：民族宗教委员会调查宗教工作的新情况，召开人大宗教工作座谈会，研究人大宗教工作和宗教法制建设方面的问题；政法委员会对清除“六害”、一些司法机关乱收费、法院在行政机关设置执行室等问题进行调查研究；财经委员会调查个体、私营经济发展情况和县级财政的情况和问题；城乡建设环境保护委员会调查万县市三峡库区淹没城镇的迁建规划情况，对5个县新县城的选址和集镇规划提出建议和意见；农业委员会对全省土地市场开展调查，提出依法加强土地资产管理的建议；教科文卫委员会对学校收费情况和医院收费、服务质量中存在的问题进行调查，提出加强管理的意见。各专门委员会开展的这些调查研究，写出的调查报告和提出的意见和建议，受到全国人大和省级有关机关的重视，推动有关问题的解决，促进“一府两院”改进工作。省八届人大一次会议期间，大会主席团交付各专门委员会审议的代表议案共15件。各专门委员会已向常委会提出审议结果的报告。侨务外事委员会是八届省人大常委会根据工作需要新设立的工作机构。设立以后，在参与归侨侨眷权益保护法实施情况的检查，拟订和宣传省归侨侨眷权益保护法实施办法等方面做了一系列的工作。

1994年，省人大各专门委员会把执法检查作为加强法律监督，推动有法必依，依法办事，维护法律权威的有效途径。有计划、有重点、经常性地进行。全年分别对《中华人民共和国民族区域自治法》《中华人民共和国土地管理法》《中华人民共和国环境保护法》《中华人民共和国城市规划法》《中华人民共和国统计法》《中华人民共和国妇女权益保障法》《中华人民共和国归侨侨眷权益保护法》《中华人民共和国台湾同胞投资保护法》《四川省计划生育条例》等13个法律法规的执行情况进行检查。在执法检查中注意将检查与法制宣传、普法教育相结合。各专门委员会定期听取有关部门的工作情况汇报。代表议案审议方面，省八届人大二次会议主席团交付各专门委员会审议的代表议案共30件，各专门委员会经过认真的审议，已向常委会提交审议结果的报告，常委会通过各专门委员会的报告。

1995年，各专门委员会在部分地区对《中华人民共和国产品质量法》《中华人民共和国科学技术进步法》《中华人民共和国环境保护法》《中华人民共和国草原法》《中华人民共和国工会法》《中华人民共和国兵役法》《中华人民共和国归侨侨眷权益保护法》等法律法规的执行情况进行检查，收到成效，检查结果向常委会作了书面汇报。工作监督方面，各专门委员会多次听取省政府有关工作部门和“两院”的工作情况汇报，推动“一府两院”工作的开展。代表议案审议方面，省八届人大三次会议共收到代表议案198件，主席团决定将其中的28件作为正式议案分别交省人大有关专门委员会审议。各专门委员会经过认真的审议，已向常委会提交议案审议结果的报告。

1996年，各专门委员会在部分地区对《中华人民共和国矿产资源法》《中华人民共和国城市规划法》《中华人民共和国台湾同胞投资保护法》《四川省农作物种子管理条例》《四川省计划生育条例》《四川省公证条例》《民族乡行政工作条例》《宗教活动场所管理条例》等16个法律法规的执行情况进行检查，收到成效。工作监督方面，各专门委员会多次听取省政府有关部门和“两院”的工作情况汇报。代表议案审议方面，省八届人大四次会议共收到代表议案202件，主席团将其中的38件作为正式议案分别交省人大有关专门委员会审议。各专门委员会经过认真审议，已向常委会提交议案审议结果的报告。在有关立法的23件议案中，有11件进行地方立法并已颁布实施，5件拟列入以后两年的立法计划，4件将作进一步的研究论证以决定是否立法，3件由省政府制定行政规章；另15件有1件由专门委员会进行执法检查，14件交由省政府研究解决。此外，有关专门委员会还办理一些来信、来访。

1997 年，省人大各专门委员会在省内部分地区对《四川省计划生育条例》等法律法规的执行情况进行检查，收到成效。代表议案审议方面，省八届人大五次会议共收到代表议案 165 件，经议案审查委员会和大会主席团决定，将其中的 16 件作为正式议案，分别交省人大有关专门委员会审议。各专门委员会经过认真的审议，已向常委会提交议案审议结果的报告。在这些议案中，有 3 件进行地方立法，1 件由省人大专门委员会进行执法检查，其余议案，有的由省人大和省政府法制部门进行立法调研，有的省政府正积极研究解决，有的决定权在中央，省政府已积极上报，争取解决。代表建议、批评和意见方面，省人大专门委员会和常委会办事机构共办理 12 件，并答复代表。此外，省人大各专门委员会接到一些群众来信、接待一些来访群众，并进行办理。

第三节　四川省九届人大专门委员会建设

1998 年 1 月，省九届人大一次会议决定增设、调整专门委员会的设置。增设法制委员会，将政法委员会改设为内务司法委员会，将城乡建设环境保护委员会改设为城乡建设环境资源保护委员会。省九届人大设置的专门委员会由八届人大的 7 个增加为 8 个，即法制委员会、民族宗教委员会、内务司法委员会、财政经济委员会、教育科学文化卫生委员会、农业委员会、城乡建设环境资源保护委员会、外事侨务委员会。省九届人大各专门委员会每年都重点检查 1—2 件法律法规的执行情况，对《中华人民共和国产品质量法》《中华人民共和国消费者权益保护法》《四川省城市园林绿化条例》《中华人民共和国土地管理法》《中华人民共和国审计法》《中华人民共和国统计法》《四川省都江堰水利工程管理条例》《四川省宗教事务管理条例》《四川省农药管理条例》等法律法规进行执法检查，协助全国人大对农业法等法律进行执法检查，促进这些法律法规在四川全省的贯彻实施。各专门委员会结合自身工作，开展立法调研，开展有关土地使用权流转、农民增收、农村乱建小庙滥塑神像、人防工作、科教兴川等专题调查研究，为立法决策提供依据。在代表议案审议方面，在本届各次人民代表大会会议上，主席团将 77 件正式议案交有关专门委员会审议。各专门委员会都进行认真审议，并向常委会提交议案审议结果的报告，有些议案已制定为有关的地方性法规。

1998 年，各专门委员会本着突出重点、注重实效的原则，对《中华人民共和国产品质量法》《中华人民共和国消费者权益保护法》《四川省城市园林绿化条例》《中华人民共和国环境保护法》《中华人民共和国监狱法》《中华人民共和国行政监察法》《四川省基层法律服务条例》《中华人民共和国矿产资源法》《中华人民共和国进出口商品检验法》《四川省农业技术推广法实施办法》《中华人民共和国专利法》《四川省计划生育条例》等法律法规的执行情况进行检查，对这些法律法规在全省的贯彻实施起到一定的促进作用。代表议案审议方面，省九届人大一次会议共收到代表议案 158 件，主席团将其中的 17 件作为正式议案分别交省人大有关专门委员会审议。各专门委员会经过认真的审议，已向常委会提交议案审议结果的报告。有关专门委员会还办理代表建议、批评、意见，且办理情况已答复代表。

1999 年，各专门委员会充分发挥专业性强的特点和优势，积极开展各项工作。代表议案审议方面，省九届人大二次会议共收到代表提出的议案 149 件，主席团将其中的 13 件作为正式议案分别交省人大有关专门委员会审议。各专门委员会经过认真的审议，向常委会提交议案审议结果的报告。

执法检查方面，省人大各专门委员会在省内部分地区着重对《中华人民共和国土地管理法》《中华人民共和国审计法》《中华人民共和国统计法》《中华人民共和国妇女权益保障法》《中华人民共和国义务教育法》《四川省农民负担管理条例》《四川省计划生育条例》《中华人民共和国台湾同胞投资保护法》等法律法规的实施情况进行检查，对推动这些法律法规的贯彻实施起到促进作用。

2000年，省人大各专门委员会积极履行职责，围绕全省工作大局，先后对《四川省宗教事务管理条例》《中华人民共和国消防法》《中华人民共和国税收征收管理法》《四川省计划生育条例》《中华人民共和国水土保持法》《中华人民共和国城市规划法》《中华人民共和国台湾同胞投资保护法》等法律法规的实施情况进行检查，取得成效。议案方面，常委会把办理代表议案和建议、批评、意见作为尊重和支持人民当家作主权利的一项重要职责，省人大各专委会以高度负责的精神，认真抓好落实。在省九届人大三次会议上，代表提出议案171件，主席团将其中18件列为正式议案分别交省人大有关专门委员会审议。各专门委员会反复抓落实，加强督办，成效较好。

2001年，各专委会分别对《四川省自然保护区管理条例》《四川省都江堰水利工程管理条例》《四川省宗教事务管理条例》《四川省农药管理条例》《四川省医疗机构管理条例》《中华人民共和国烟草专卖法》《四川省归侨侨眷企业事业权益保护条例》等法律法规的实施情况组织检查，推进法律法规的贯彻实施。代表议案审议方面，各专门委员会依照常委会的要求，把办理代表议案和建议、批评、意见作为尊重和支持人民当家作主的一项重要职责，认真抓好落实。省九届人大四次会议上，代表共提出议案173件，主席团将其中18件列为正式议案分别交省人大有关专门委员会审议。各专门委员会认真督办，狠抓落实，全部办完。立法调研方面，各专门委员会结合自身工作，也进行有关土地使用权流转、农民增收、农村乱建小庙滥塑神像、人防工作、科教兴川等专题调查研究，为立法决策提供依据。

2002年，省人大专门委员会组织对《中华人民共和国环境保护法》等法律法规执行情况的检查，还协作全国人大进行执法检查，促进法律法规的贯彻实施。代表议案审议方面，省九届人大五次会议期间，代表团和代表联名提出议案196件，其中11件被列为正式议案分别交省人大有关专门委员会审议。各专门委员会认真督办，狠抓落实，全部有了办理结果。

第四节　四川省十届人大专门委员会建设

省十届人大常委会任期的5年，各专门委员会加强理论学习，认真履责尽责，为加强常委会的立法、监督等工作发挥重要作用。各专门委员会坚持把思想建设放在首位，认真学习邓小平理论、“三个代表”重要思想和科学发展观，学习中共十六大、十七大精神和省党代会及省委全会精神，学习宪法和法律知识。认真贯彻落实省委人大工作会议精神，在党员干部中相继开展保持共产党员先进性教育、领导干部作风整顿建设等活动，进一步统一思想，提高认识，增强专委会成员的使命感和责任感，提高履职能力。坚持抓好作风建设，各专门委员会组成人员认真履行职责，不断改进领导作风、工作作风和会风、文风。各专委会坚持密切联系人大代表和人民群众，深入实际、深入基层、深入群众，倾听人民的意见、反映群众的要求，有计划、有重点地开展调查研究。各专门委员会充分发挥其在监督工作中的作用，常委会开展执法检查、审议专项工作报告，省人大有关专门委员会都提前介入，了解情况，提出监督意见和建议；事后按照常委会审议意见，跟踪检查，督促有关部门认真整改。各专委会还结合各自职责，开展一些立法、执法调研，为加强常委会的立法、监督工作发挥重要作用。

2003 年，各专门委员会本着突出重点、注重实效的原则，分别对《中华人民共和国工会法》《四川省〈中华人民共和国工会法〉实施办法》《四川省司法鉴定管理条例》《中华人民共和国动物防疫法》《四川省〈中华人民共和国动物防疫法〉实施办法》《中华人民共和国水污染防治法》《中华人民共和国环境噪声污染防治法》《中华人民共和国归侨侨眷权益保护法》《四川省〈中华人民共和国归侨侨眷权益保护法〉实施办法》《四川省劳动与社会保障监察条例》等 10 个法律法规的实施情况进行执法检查，推进法律法规的深入贯彻实施。代表议案审议方面，对省十届人大一次会议上代表提出的并经主席团交由省人大有关专门委员会审议的有 19 件议案，有关专门委员会认真审议，并加强督办。议案中提出的不少意见，如制定中小企业促进法实施办法、民办教育促进法实施办法、民族区域自治法实施办法等，被常委会采纳，其中有的法规草案已经初审，有的已列入立法计划。

2004 年，省人大有关专门委员会本着突出重点、注重实效的原则，有计划地对《中华人民共和国产品质量法》《中华人民共和国食品卫生法》《中华人民共和国台湾同胞投资保护法》《中华人民共和国统计法》《中华人民共和国法律援助条例》《四川省旅游管理条例》《四川省旅游服务质量管理条例》《中华人民共和国未成年人保护法》《中华人民共和国预防未成年人犯罪法》《四川省未成年人保护条例》等法律法规的实施情况进行执法检查，推进这些法律法规的深入贯彻实施。代表议案审议方面，省十届人大二次会议上代表提出并经主席团决定交由省人大各专门委员会审议的 18 件议案，各专门委都对议案进行认真审议，并向常委会提交议案审议结果的报告。议案中提出的许多意见，如修改草原法实施细则、修改道路运输管理条例、制定天然气管道及设施保护条例等，已列入立法计划。

2005 年，省人大常委会配合全国人大常委会对《中华人民共和国物权法》《中华人民共和国证券法》《中华人民共和国公司法》《中华人民共和国个人所得税法》《中华人民共和国固体废物污染环境防治法》《中华人民共和国各级人民代表大会常务委员会监督法》《中华人民共和国农产品安全生产法》《中华人民共和国劳动合同法》等法律草案或修正草案开展征求意见和立法调研工作。各专门委员会根据常委会的安排，积极配合全国人大有关专门委员会开展相关法律的立法调研。执法检查方面，省人大各专门委员会有计划、有重点地对《中华人民共和国人口与计划生育法》《中华人民共和国渔业法》《中华人民共和国保守国家秘密法》《四川省国家投资工程建设项目招标投标条例》《四川省城镇规划建设管理条例》《四川省民用机场净空及电磁环境保护条例》等法律、法规实施情况进行检查，并配合全国人大有关专门委员会开展执法检查，取得成效。代表议案审议方面，省十届人大三次会议上代表提出并经主席团决定交由省人大各专门委员会审议的议案有 18 件，各专门委会均进行认真审议，并向常委会提交议案审议结果的报告。另外，专委会还扩大代表对专委会活动的参与，保证代表依法履职，进一步发挥代表作用。

2006 年，各专门委员会配合全国人大有关专委会开展相关法律的立法调研。受常委会委托，有关专门委员会对相关法律法规组织开展执法检查活动，对常委会执法检查报告的审议意见，加强跟踪督办。代表议案审理方面，省十届人大四次会议代表提出并经主席团决定交由省人大各专门委员会审议的 27 件议案，各专门委员会进行认真的审议，并向常委会提交审议报告。其中，代表提出的关于解决新都三河场公路收费站问题的议案，经有关专门委员会督办，已妥善解决。省十届人大四次会议期间代表提出的建议、批评和意见有635件，省人大专门委员会对自己负责的建议、批评和意见进行认真办理，对重点建议、意见加强跟踪督办，提高办理质量。

2007年，各专门委员会开展一些立法调研，为加强常委会的立法工作发挥重要作用。各专委会分别对《四川省〈中华人民共和国防洪法〉实施办法》《四川省消费者权益保护条例（修订草案）》《四川省〈中华人民共和国农村土地承包法〉实施办法（草案）》《四川省内部审计条例（草案）》《四川省水上交通安全管理条例（草案）》《成都市物业管理条例》等开展立法调研，征求意见，提高审议质量。代表议案审议方面，省十届人大五次会议代表提出并经主席团决定交由省人大各专门委员会审议的议案有34件，各专门委会都进行认真审议，并向常委会提交议案审议结果的报告。省十届人大五次会议期间，代表提出对各方面工作的建议、批评和意见共493件，其中省人大各专门委员会和常委会各办事工作机构办理的25件，各专门委员会对自己负责的建议、批评和意见进行认真办理。

第六章　外事活动

第一节　四川省七届人大常委会外事活动

省七届人大常委会注重对外交往，派出友好访问团外出访问，也接待外国的访问团。1988 年，省人大常委会的对外交往有所增加。省人大友好访问团 11 月访问日本广岛县，访问期间广泛接触广岛县官方和民间的各方面人士，加深相互了解，增进友谊，推动两省县友好合作关系的进一步发展。还先后接待日本山梨县议会代表团、泰国议会代表团、美国众议院军事委员会访问团、哥伦比亚议会访问团、挪威议会代表团等 7 个国家的 16 个议会代表团和友好访问团，增进相互了解和友谊。1989 年，省人大常委会先后接待 4 个外国友好访问团。3 月，接待英国总检察长帕特里克·梅休爵士率领的英国皇家检察院代表团；4 月，接待以末田隆议长为首的日本广岛议会代表团；8 月，接待西里·西里朗上将率领的泰王国下议院军事委员会代表团；10 月，接待英国议会中国小组主席罗伯特·艾德礼为团长的英国议会访问团。外出访问方面，1989 年 5 月，应日本广岛方面的邀请，省人大派出 3 名委员赴日参加四川与广岛建立友好关系 5 周年纪念活动。

第二节　四川省八届人大常委会外事活动

省八届人大常委会积极加强与国外地方议会间的友好往来，仅省八届人大五次会议后就接待来访代表团 18 批 100 余人（次），组团出访 6 次，较好地宣传中国人民代表大会制度和四川省改革开放、经济发展方面的成果，促进四川省同这些国家的经贸、科技、文化交流与合作，提高全省在国际上的知名度。1993 年，常委会先后接待来自德国、日本、美国和泰国的 5 个友好访问团，派出 1 个友好访问团到日本广岛县访问。1994 年，接待来自美国、日本、匈牙利、玻利维亚、赞比亚、越南、英国、泰国等国的友好访问团 17 个，组团出访及参加有关部门组织的访问团出访 21 人次。

第三节　四川省九届人大常委会外事活动

省九届常委会有计划、有重点地开展同国外议会的联系和友好往来。在对外交往中，广泛宣传中国人民代表大会制度的优越性和四川省改革开放、经济、社会发展的显著成就，介绍四川省民主法制建设和人大工作的重要成果，就共同关心的经济和社会发展、西部大开发、法制环境与世贸规则相适应等方面的问题进行探讨。5 年间，省人大常委会共接待来访代表团 90 批 900 余人次，同时，较好地完成常委会出访计划。通过互访活动，扩大交流，增进了解，建立友谊，推进四川省同互访国家地方议会在政治、经贸、科技、文化等领域的合作与发展，提高四川的知名度。1999 年 5 月，以美国为首的北约悍然轰炸中国驻南联盟大使馆，激起全国人民的极大愤慨，常委会坚决拥护中国政府的严正立场，以省人大外侨委的名义发表严正声明，强烈谴责以美国为首的北约的野蛮暴行，配合党和国家的外交斗争。2000 年，面对经济全球化的发展趋势和中国即将加入世界贸易组织的新形势，省人大常委会有计划地开展同国外议会的联系和友好往来，常委会全年共接待来访代表团 16 批 260 余人，组团出访 3 批。

第四节　四川省十届人大常委会外事活动

省十届人大常委会加强对外联系和友好往来。5 年间，接待国外地方议会代表团来访 90 多批 980 余人次，较好地完成组团出访计划。邀请外国驻成都领事馆外交人员旁听省人代会。通过对外交往，广泛宣传中国人民代表大会制度，宣传四川改革发展的成就，增进了解，推进合作。2003 年，开展同国外地方议会的友好往来，广泛宣传中国人民代表大会制度和四川省改革开放、经济社会发展的成就，介绍全省民主法制建设和人大工作的情况，全年共接待来访的国外代表团 10 批 100 余人次。与此同时，组织安排常委会组成人员出访。通过互访活动，宣传四川，增进友谊，促进四川省与国外地方议会和人民的交流与合作。2005 年，根据工作需要，设立省人大常委会港澳台事务工作委员会。2007 年，省人大常委会邀请外国驻成都领事馆外交人员旁听省人代会。

附　　录

一、四川省出席第七、八、九、十届全国人民代表大会代表名录

（一）四川省出席第七届全国人民代表大会代表名录（203名）

（按姓氏笔画为序）

丁伟漱（女）	于汉卿	马力可（女）	马永利	马识途
王大德	王子平	王仁俊	王亚平（女）	王叔文
王宓君	王彦立（土家族）	王　敖	王莉文（女）	王献楫
王源峰	王福星	王慧才（女）	王德功	王德立
木呷补助（彝族）	瓦扎木基（彝族）	水普老毛（彝族）	毛子霖	仁真汪修（藏族）
邓享惠（女）	艾廉钺（女，满族）	古耕虞	平措汪杰（藏族）	卢铁城
卢道猜	旦　科（彝族）	叶荫庭	叶俊美	白在林
白尚武	冯希尧	冯德民	吉觉阿呷（彝族）	朱盛科
朱裕民	华德君	向德科	刘云波（女）	刘文科（满族）
刘书明	刘极常	刘应明	刘英杰（藏族）	刘秉尧
刘金龙	刘育仁	刘诗白	刘诗富	刘绍先（彝族）
刘晓平（女）	江永静	江泽佳	许　宁	牟　玲（女）
牟绪珩（土家族）	严升贵	苏克明（彝族）	杜琼书（女，满族）	李少言
李乐民	李聿茂	李克光	李英杰	李松旺
李国达	李振邦	李培全	杨　凤（纳西族）	杨东乔
杨代蒂（女，彝族）	杨如兰（女）	杨克宗	杨松英（女，羌族）	杨岭多吉（藏族）
杨贵元	杨美芬（女，苗族）	杨　超	肖光成	肖　秧
吴大成	吴诸辉	吴群梅（女）	邱国彬	何万钟
何玉兴（女）	何郝炬	佘国华	辛哲生	汪昌惠（女）
宋汝棼	张云湘	张仁樑	张凤台	张文康
张文澄	张永言	张廷翰	张庆寿	张安居
张贤文	张晓玲（女）	张皓若	张锡君	陆正群（女）
阿底洛曲（彝族）	陈书舫（女）	陈承志	陈登发	陈璟琚（女）
邵启昌	范玉平	林世铮	林健椿	易明均
罗平亚	罗蛰潭	金一渔	金海润（满族）	周　永（女）
周成美	周更新	周　颖	周殿鳌	泽　茸（藏族）

降央伯姆（女，藏族）		赵仕碧	赵尔宓（满族）	赵敏光
郝振贤	胡代光	胡兴祥（土家族）	胡绩伟	胡懋洲
胡耀邦	柯　召	钟鑫圆	香根·巴登多吉（藏族）	
侯光炯	侯通和（土家族）	祝有力（彝族）	费子文	贺　芳（女）
贺逢辰	柔　洛（女，藏族）	秦登田	索观涛（女，藏族）	夏万洁（女）
夏宗明	柴云振	钱毋荒	钱尚介	钱　敏
钱　悳	倪鹤龄	徐尚志	徐崇林	徐　僖
凌萝达（女）	高贤华	高素芳（女）	郭　炎	席义方
唐昌祥（女）	唐章锦	竞　华（女）	涂雍馥（女）	黄永光
黄启璪（女）	黄济人	黄家夫（苗族）	曹秀清（女）	曹建猷
盛秀英（女）	常嗣且（女）	康振黄	梁上泉	续俊海
彭迪先	彭绍清	彭　健	蒋一苇	蒋登富
韩春华	程贻举	傅建章	曾平江	曾恒华
谢太丰	蒲泽权	雷亨顺	蔡树根	臧棣华（女）
裴昌会	翟文蓉（女）	熊　复	潘大逵	魏文彦

（二）四川省出席第八届全国人民代表大会代表名录（205名）

（按姓氏笔画为序）

于汉卿	土登尼玛（藏族）	马开明（彝族）	马　麟	王文德
王可植	王充翁（女，藏族）	王兴浦	王如岑	王叔文
王金祥	王周龙	王荣轩	王　敖	王家福
王鸿举	王源峰	王嘉玲（女）	水普老毛（彝族）	邓阳仲
左明忠	石万俭	卢道猜	旦　科（藏族）	叶俊美
叶毓山	代先禄	白世泽（回族）	白尚武	白美清
冯克煦	冯伯和	冯崇泰	尼　妹（女，藏族）	吉木克达（彝族）
朱　预	朱盛科	朱裕民	伍精华（彝族）	任作瑛（女）
任绍辉	向仲怀	邬贺铨	刘文科（满族）	刘运生
刘家赞	刘继柏	刘　鹏	祁林山	许君健
孙同川	孙昌琼（女）	牟绪珩（土家族）	严升贵	严如高
苏克明（彝族）	李丁一	李太银	李方政	
李玉香（女，彝族）	李乐民	李达昌①	李克光	李伯勇
李松旺	李治银	李俊聪	李振邦	李　都（女）
李慎宽	杨　凤（纳西族）	杨代蒂（女，彝族）		杨汝兰（女）
杨汝岱	杨志明（藏族）	杨析综	杨松英（女，羌族）	杨宗义

① 2006年4月4日，李达昌因滥用职权罪被判处有期徒刑7年。

杨美芬（女，苗族）	杨振中	杨通兰（女，土家族）		杨麻里（藏族）
肖　秧	吴因易	吴味辛	吴国芬（女）	吴诸辉
何万钟	何天荣	何天祥（蒙古族）	何郝炬	何卿桂（女）
何雪容（女）	何碌为	佘国华	邹家华	辛哲生
汪林林	沈志云	沈　琴（女）	张万全	张　山（女）
张文彬	张永言	张安居	张其劭	张育仁
张彦宁	张美蕙（女）	阿布牛黑（彝族）	阿　称（藏族）	陈大鹏
陈子升	陈光国	陈昌智	陈明琼（女）	陈承志
陈宪传	陈爱民	陈宽金	林先泽	欧阳城
罗开忠	罗通达（藏族）	季英珠	岳龙芳（女）	周世勇
周仙兰（女）	周光龙	周德钦	泽尼足（藏族）	郎三清（女）
屈坤宁	经福谦	赵文欣	赵尔宓（满族）	赵忠玉
赵春梅（女）	赵敏光	郝仕伟	胡　敏	胡德忠
胡懋洲	柳恩梅	钟树梁	香根·巴登多吉（藏族）	
种明钊	费子文	姚武定	贺　芳（女）	秦万祥
袁昌玉（女）	袁景葵	索观涛（女，藏族）		钱尚介
倪鹤龄	徐尚志	徐宗俊	徐　静（女）	徐　僖
高贤华	高素芳（女）	郭代仪	席义方	唐　宁
唐发春	谈廷凤（女）	陶晞晦	黄玉方（苗族）	黄永光
黄学群（女）	黄济人	黄家夫（苗族）	黄寅逵	黄锦华
曹庆泽	康振黄	梁大碧（女）	梁树高	彭复生
葛少康	董德明	蒋辅臣	蒋登富	韩兴旺（苗族）
韩国宾	喻登荣	傅师亭（女）	曾平江	曾孝平
曾恒华	曾宪林	谢太丰	谢世杰	谢明道
蒲泽权	雷亨顺	雷复权（女）	蔡树根	臧棣华（女）
裴祥富	谭细锦	熊钟澜	滕传丽（女）	魏文彦

（三）四川省出席第九届全国人民代表大会代表名录（151名）

（按姓氏笔画为序）

于明强	土登尼玛（藏族）	马开明（彝族）	马贵珍（女，彝族）	王　力
王可植	王充翁（女，藏族）	王安的（女）	王如芩	王雨顺（藏族）
王金祥	王治仲	王诗文（女，藏族）	王荣轩	王家福
王景荣	水普老毛（彝族）	尹志君	邓　剑	卢道猜
甲灯·洛绒向巴（藏族）		田继万	史有作（女，彝族）	代先禄
白尚武	尼　妹（女，藏族）	朱天开	朱文明（女）	朱祖良
朱盛科	伍精华（彝族）	任正隆	任作瑛（女）	刘运生

刘佑林	刘应明	刘其山（苗族）	刘昌杰	刘晓凤（女）
刘晓峰	许君健	牟绪珩（土家族）	纪尽善	杜元耀
杜　江	杜定慧（女）	李之侠	李方政	李平伟
李乐民	李达昌	李克明	李家顺	李继开
李敦伯	李　蒙	杨占昌	杨礼康	杨刚才
杨如兰（女）	杨志文	杨析综	杨松英（女，羌族）	杨宗义
杨　洁（女，彝族）	杨　敏（女）	杨　路	肖池权（女）	吴因易
吴晓萍（女）	吴登昌	何成礼	何明芬（女）	何清瑞
何琼英（女）	何碧英（女）	佘国华	余大全	邹广严
邹家华	邹朝碧（女）	宋合生	宋宝瑞	张中伟
张安居	张作哈（彝族）	张应文	张良鹤	张　林
张国辉	张育仁	张居平	张惠国	张照荣
陈大鹏	陈可为	陈达芬（女）	陈德静	苟彦云
范　元	林左鸣	欧阳城	泽巴足（藏族）	孟俊修
赵　平（女）	赵宗政（白族）	赵敏光	胡先春	胡华超
胡　敏	钮小明（女）	段维义	费子文	姚忠仪（女）
贺小平（女，布依族）		袁景葵	索观涛（女，藏族）	夏鸿辉
晏玉清	徐松南	徐　静（女）	高显明	唐　宁
谈廷凤（女）	陶武先	陶　晦	黄工乐	黄永光
黄学玖	黄学美（女）	黄寅逵	黄锦华	曹庆泽
梁大碧（女）	梁德荣（女）	葛燎原	蒋世忠（回族）	舒维双
普天英（女，彝族）	曾孝平	曾宪林	谢天刚	谢世杰
谢明道	蓝新国	裴　娟（女）	翟文蓉（女）	樊世英
滕玉和	滕彩元	衡玉芳（女）		

（四）四川省出席第十届全国人民代表大会代表名录（147 名）

（按姓氏笔画为序）

于　伟	土登尼玛（藏族）	马丽（女，羌族）	马宗慧（女，回族）	王天玺（彝族）
王　平	王　宁	王　华	王　劲	王英凡
王国春	王诗文（女，藏族）	王荣轩	王洪章	王新琼（女）
木基以布（彝族）	毛兰珍（女，彝族）	方小方	邓新民	甘道明
石碧卢	仁江甲登·洛绒向巴（藏族）		田继万	田维钊（土家族）
尧斯丹（藏族）	曲木史哈（彝族）	朱开友	朱长林	任正隆
任德俭	刘山在	刘　进	刘应明	刘沧龙
刘晓峰	刘　捷	刘　镇	齐文超	江善明
孙传敏	孙　纯	孙砚方	孙洪波（女）	牟绪珩（土家族）

纪尽善　杜光辉　杜　江　李为国（羌族）　李乐民
李向志　李阳惠（女）　李春城　李家顺　李继开
杨礼康　杨成学（彝族）　杨志文　杨泉明
杨　洁（女，彝族）　杨　敏（女）　杨　路　肖天任
肖和联（女）　吴因易　吴全一　吴爱玲（女）　吴新春（女）
何成礼　何明芬（女）　何琼英（女）　余大全　余　斌
余新民　邹广严　冷　溶　汪正芳（女）　汪俊林
沈国俊　宋玉华（女）　张中伟　张东升（藏族）　张　宁（彝族）
张汝全　张学忠　张剑飞　张崇明　张照荣
陈文光　陈文清　陈志坤（女）　陈　放　陈晓慈
陈智林　林　红（女，藏族）　易敏利　罗林书　罗泽中
罗春梅（女，彝族）　周永康　周　屏（女）　周晓燕（女）
郑顺民　泽巴足（藏族）　胡华超　胡德平　柯尊平
钮小明（女）　段维义　侯则柔（女）　姜悦楷　祝彼得
秦宜智　聂荣贵　夏鸿辉　夏朝嘉　倪文渊
徐世群　翁蔚祥　高　军（女，藏族）　高显明
郭永祥①　席义方　唐月明（女）　唐燕子（女）　黄小祥
黄明全　黄学玖　黄彦蓉（女）　黄寅逵　崔富华（女）
蒋巨峰　程佳华　傅志康　傅勇林　童若春（女）
谢世杰　谢　冰（女）　谢明道　鄢良钟　蓝新国
嘎拉茶（女，藏族）　熊光林　熊仿秋（女）　潘敏智
戴　鸿（女）　魏复盛

① 2015年10月13日，郭永祥因受贿罪、巨额财产来源不明罪被判处有期徒刑20年，并处没收个人财产人民币200万元。对其受贿的所得财物及孳息、不能说明来源的财产予以追缴，上缴国库。

二、出席四川省第七、八、九、十届人民代表大会代表名录

（一）出席四川省第七届人民代表大会代表名录（960 名）

（按姓氏笔画为序）

成都市（102 人）

丁培林（女）	万正水	马留文	马毓龙（彝族）	马　麟
王艾文	王体乾	王学清（女）	王官祥	王信道
王彦立（土家族）	王家祐	王斯仁	王　懋	毛寿升
文宝瑛	邓宇民	邓重煌	孔凡庚	叶　治
吕桂芳（女）	朱必德	朱金龙	朱藻文	刘元瑄
刘在镕	刘先鑫	刘志顺	刘昌旺	许毓光（女）
苏蓉贵	杜传礼	杜崇明	李克俊（回族）	李秀娟（女）
李国平	李茂声	李润芝（女）	李福元	李熙亭
杨晓航	肖开蓉（女）	吴正兴	吴希海	吴忠观
何天祥（蒙古族）	何用先	何先祺	闵秀英（女）	汪龙生
宋大凡	宋锡仁	张中瀛	张世箕	张兴华（女）
张守福	张羽军	张杏珍（女）	张皓若	陆东昇
陈天凯	陈龙灿	陈国贵	陈英俊（女）	陈育新
陈海泉	陈家齐	林家湘	周正泰	郑希特
屈乾华	赵一明	赵文华	赵　江	赵德树
胡玉蓉（女）	胡懋洲	钟树梁	段耀华	贾正方
徐尧亮	徐明骥	高未龙	高卓藩	高鸿烈
郭应富	黄启昌	黄忠莹（女）	黄哲溥	黄嘉谷（女）
龚读纶	盘宝琚	康振黄	蒋远猷	蒋阜南（白族）
曾正明	谢体贤	蒲保明	廖成芳（女）	樊富槐
穆仁懋（女，满族）	魏柏良			

重庆市（147 人）

丁道三	于不凡	于汉卿	马丛生（苗族）	马　达（回族）
王大纬	王大乾	王广源	王文伟（女）	王玉兰（女）
王代元	王其美	王祖定	王　强（女）	王　镛

韦思琪	尹从华	尹代勋	邓全意	厉慧敏（女，满族）
龙登泰	卢丽珠（女）	白兰芳	朱文典	朱卓明
朱家勤	朱蕙舫（女）	刘文渊	刘西林	刘同信
刘志忠	刘志荣	刘昌德（女）	刘衍澍	刘海恩
刘惠君（女）	江慧鑫（女）	池永成	许倩云（女）	杜琪美（女）
李　义	李方楠（女）	李安纯	李其俊	李荣华（女）
李添荣	李智生	李锦兴（女）	李碧华（女）	杨佐华
杨学君（女）	杨　槐	肖体龙	肖康庄	肖鹏程
吴建超	邱坦银	邱森林	何咏梅（女）	余仁盛
余有声（女）	余钧汉	沈大钦	张天职	张文彬
张东林	张光宇（女）	张先禄	张忠惠	张　晋
张祥锥	张鼎馨（女）	陈大智	陈　义（女）	陈汝舟
陈志芳（女）	陈秀川（女）	陈忠慧	陈法龙	陈崇德
范泰枢	林向荣	林添麟	罗世英	罗运湖
金　烈	周世武	周先育	周明礼	周春山
於坤裕	经荣生	封忠全（女）	赵世兰（女）	赵　涛
赵隆侃	胡士奇	胡杰玲	胡昌先	胡海帆
胡朝木	段作芳（女）	姚明福	贺启洪	秦章瑜（女）
袁明才	莫应钦	徐以芳（女）	徐必仲	徐坤城
高仕洁	高健文	郭代仪	郭均禄	郭玲芬（女）
唐　华	唐怒涛	唐德跃	涂良清	黄　冶
黄启璪（女）	黄明荣	黄宝珍	黄　梅（女）	黄惠同
曹胜才	龚定碧（女）	康纲有	梁锡昌	蒋民宽
蒋显荣	蒋洪秀（女）	曾令锡	谢大敬	蒲海清
窦瑞华	蔡开森	蔡约生	廖景亚	漆渝秀（女）
谭明贵	熊懋仁	滕西全	戴大奎	戴明君（女）
魏桂敏（女）	蹇文斌			

自贡市（30 人）

王大贤	王诗远	王能典	白尚武	朱时达
孙文灿	李人瑞（女）	李士勋	李远志	李志贵
李泽涵	李富安	杨胜雄	杨锦华（女）	肖慈瑶（女）
吴仲瑜	岑灼辉	何昌源	宋祥德	陆　强
林　硕	欧阳城	欧阳钰（女）	夏鼎九	顾金池
唐德祥	唐承秀（女）	隋德美	潘泽彬	魏树良

攀枝花市（18 人）

王志民	王季勋	石世雄	龙　星	兰顺祥（傈僳族）
冯达炳	刘北辰	刘　杰	孙本先	苏英雄

李清廉	李腊望	李德禄	何玉美（女，白族）	张隆林
张　涵（藏族）	张瑗基（女）	罗世忠		

泸州市（32 人）

王明万（苗族）	王学黎	王锦屏	文跃友	邓光钿
邓自力	卢世英	田润之	刘以汶	刘　奇
刘昭棠	严先元	巫显麒	李廷明	杨立法
杨必纯（女）	吴晓萍（女）	汪培富	张玉清	张育仁
张春元	陈少清	林德高	姚平德（女）	徐志明
曹锡森	梁永淑（女）	蒋　恭	曾志刚	曾宪华（女）
游　泳	路森令			

德阳市（25 人）

马荣胜（回族）	王昌云	尹履恒	田德举	任乾元
李元庭	李正熙	李君瑞	李　蒙	吴志远
张邦宇	张秀云（女）	陈尔福	陈宽金	陈维福
英若采（女，满族）	林远菊（女）	林昌华	周维汉	官雪琴（女，满族）
赵以洲	袁　珂	夏更坤	黄家康	谭发忠

内江市（59 人）

丁惠麟（女）	马有钧（回族）	王振权	申臣祥	白元清（女）
华文江	华正和	刘月彬（女）	刘桂荣（女）	刘海泉
江生银	江亦李	江　涛	许世君	孙泽贵
杜厚堃	李力中	李生才	李果明	吴启茂
吴明瑛（女）	吴维明（女）	邱笑秋	张刚文（女）	张国琼
张炽燊	陆堂恩（彝族）	陈元忠	陈太斌	卓昆贤
罗　毅	官举良（女）	赵科进	胡锡珍	柯长吉
骆觉民	袁教治	袁跃芝（女）	夏鸿祥	卿良才
唐寿生	陶中清	陶礼永	黄文洲	黄崇智
曹申甫	梁秋明	辜廷祥	董振舒	傅从云
傅英道	傅　林	童代莲（女）	曾惠明（女）	雷秀祥
谭国英（女）	樊国镇	黎汉超	魏芸荪	

乐山市（54 人）

王文肃（女）	王学明	王祥兵	王道淳	文惠民
左信智	石定忠（女）	叶　云	代桂芝（女）	包胜林（女）
冯道芳（女）	宁　坪（女，彝族）		司徒波尔（彝族）	刘光明
刘　明	江尔逊	孙致孚	李玉玲（女）	李兆亮
李应延	李淑琴（女）	杨世荣	杨汝岱	杨承森
吴子明	吴玉辉（女）	何一心	何应生	余万松
冷　伦	汪贵义	沈人楠	沈守成	沈林春

张恩德 阿社依生（彝族） 阿洛朝生（彝族） 陈玉尧
陈文树 陈泗海 尚振魁 罗太模 周玉振
周绶章 钟永凤（女） 袁芝莲（女） 高福晖 黄 棠
黄震宇 彭 雨 游仲文 遍 能 谢联新
熊钟澜

绵阳市（34人）

王天进 王金城 王绍鹏 王祥胜 龙太康
冯忠镒 宁 瑶 皮知仁 刘永禄 许建周
严代泽 严 翔 苏振环 李林枝 李国秀
李崇紫（女） 吴因易 何 惠 邹致远 沈 鸣
张秀熟 郑中强 赵代富 郝子文（满族） 绒木塔（藏族）
倪润峰 徐永昌 钱鹏霄 黄迪生 龚仕玉（女）
曾子军 穆怀会（回族） 魏文光 蹇洪秀（女，羌族）

广元市（21人）

王大武 王仁俊 王为超 王良佐 王金祥
王保珍（女） 田际秋（女） 冯秀英（女） 朱兆芳（女） 李泰泉
张玉源 张鹏程 陈先明 周承瞻 孟寿伯
赵 湘 陶厚裕 彭 华 董金壁 薛义富
穆培满（回族）

遂宁市（18人）

古勤生 李恒明（女） 李新民（女） 吴南佐 邹国光
宋合生 张凡隆 张翠蓉（女） 陈忠义 和发祥
岳 忠 周良操 侯德珍（女） 陶惠云（女） 黄世述
蒙 健 蔡 忠 谭昌琪

阿坝州（22人）

三 の（藏族） 马福昌（回族） 王隆清（羌族） 王 瑞
王 增 左昌其（羌族） 卡拉泽の（女，藏族） 冯冰向
安文烈 苍定安（藏族） 杨正友（藏族） 杨吉生（羌族）
杨宝瑚 杨德珍（女，藏族） 张润琼（女） 陈维璋
纳玛泽里（藏族） 明维禄（藏族） 罗玉冰（女） 赵永忠（藏族）
曹万秀（藏族） 曹立功

甘孜州（21人）

扎西邓珠（藏族） 扎西泽仁（藏族） 扎西彭错（藏族） 扎 舍（藏族）
牛汝昌（藏族） 牛 麦（藏族） 丹珍翁姆（女，藏族） 曲 珍（女，藏族）
李二喜（藏族） 阿坡加（藏族） 阿基彭错（藏族） 罗通达（藏族）
周长庚（藏族） 周文芒（藏族） 泽 里（藏族） 降 呷（藏族）
赵德清（藏族） 南斯挖挖（彝族） 柏承印（藏族） 格桑郎吉（藏族）

贾洪轩

凉山州（40人）

一西则果（纳西族）	马开明（彝族）	马五支（彝族）	马学成（彝族）
马映龙（彝族）	王尊相	王源峰	王德森
扎　拉（藏族）	石天香（女）	叶文达	田斯喜（蒙古族）
付万保（彝族）	吉年米哈（彝族）	曲哈莫（女，彝族）	朱玉合（傣族）
伍天秀（女，布依族）	安学发（彝族）	巫方安（女）	李曲丕（彝族）
李约波（彝族）	杨玉辉（彝族）	杨俊明	吴永富
吴其果果（彝族）	宋德权（藏族）	张启祥	张桂芝（女）
阿力色日（彝族）	陈安亨	陈露珍（女）	罗开文（彝族）
罗拉和（彝族）	赵长生（壮族）	徐乃珂	商清富（彝族）
蒋忠志	谢开明	撒启义（回族）	薛世华

宜宾地区（40人）

于希文	王云松	王新民	甘传安	龙学贵
卢仁江	史明照	兰富云	乔梓荣	任旭文（女）
刘佐高	毕清林	买长荣（回族）	李光熙（苗族）	李先才
李砚田	李高锐	李增堂（女）	杨奎作	汪伯谦
张训恒	张道熙	陈其敏	罗树君（女）	金　新
周遂林	单兆汉	赵抚民	姜　漪（女）	敖子宽
袁石林	袁安全	高万权	高培忠	黄忠鑫
梁鸿瑜	梁维舟	雷复权（女）	谭万娴（女）	魏　颖

涪陵地区（48人）

王可植	王秀云（女，土家族）		邓典金	左炯（女）
石登山（苗族）	龙焕新（苗族）	叶　欣（土家族）	朱友生	向大槐
刘光炳	刘德兴	汤中文	孙世超	李仁才（苗族）
李成英（女）	李金荣	吴怀根	吴启华	邹在田
汪远宾	张成山	张嘉茂	陈伟才	陈安明
陈时文	范春耕	金洪生	金起农	周芳雄
郑体仁	郑哲敏	赵云秀（女）	赵云奎（土家族）	赵　青（女）
胡维仲	姜成玉	胥兴贵	姚健全	贺本友
敖仁良（土家族）	聂卫国	郭　炎	陶以仁	陶光炯
彭泽清（土家族）	蒋官荣（土家族）	税正宽	蔡肇发	

万县地区（52人）

王一纯	王廷秀（女）	王　敖	王懋琼（女）	卢秀斌（女）
冉崇胜	朱永盛	朱宗显	任凌云	刘正信
刘美智	刘培生	刘朝荣	苏大昆（女）	李开凡
李发祥	李　健	李培昌	杨茂正	吴心灿

吴服群	吴显孝	余春蓉（女）	汪成廉	宋益树
张守全	张昌友	张宣和	陈大逵	陈太鑫
陈文林	陈　铃	陈爱民	武玉勤（女）	欧阳荣
欧修德	赵永言	段光梅（女）	贺启芰（女）	骆永良
袁一飞	袁世喜	唐章锦	陶秀华（女）	彭达远
蒋永清	童国廷	谢学忠	谭华文	谭松国
谭爱诗（女）	魏心珩			

达县地区（70人）

王天洁（女）	王正道	王明先	王宗旭	王建经
尹著富	邓　辉	孔大真	冯大湘	冯宗全
冯诗元	冯　举	吉德润	朱伯芳	朱效萍（女）
刘国瑞	刘昌杰	刘南勋	刘　毅	严肇英（女）
杜天文	杜继美（女）	李开明	李文忠	李伯俊
李怀国	李良文	李　琼（女）	杨同彩	杨廷开
杨　峰	肖贵正	吴斯录	何恩荣	汪迎春
宋仕珍	张子英	张文志	张世增	张光华
张廷翰	张照荣	陈正会（女）	苟必伦	苟忠芳（女）
林代荣	易仕柱	罗兴旅	庞家声	赵宗发
赵洪秀（女）	段代芬（女）	费　中	秦大寿	秦志仁
聂绩武	顾德诚	徐书林	黄北海	盛永堂
梁光荣	彭　渝	程英男	蒲守易	蒲朝祯
鲍惠农	廖杰文	廖明才	潘志久	魏立建

南充地区（70人）

马智媛（女）	丰中铁	王天惠（女）	王玉珍（女）	邓伊霞（女）
母万华（女）	任炳田	孙佩瑜	杜凤兰（女）	杜河清
李万琛	李丕耀	李全玉	李忠国（女）	李惠民（女）
李智明	李慎宽	杨光毅	杨光普	何芝轩
何伟发	何郝炬	宋荣熙	张伯全	张启文
张　焱	陆德祥	陈永高	陈进贤	陈明琼（女）
陈煜伦	苑　红	林世弟	罗明全	周兴仪（女）
郑永义	孟昭祯	经玉琼（女）	赵国佐	赵培善
胡昌川	郦德合	俞景祥	姜跃祖	姚应清
秦　郁	袁天锡	高振中	郭历权	唐明轩
唐秋碧（女）	唐德清	黄以琳	黄承淑（女）	黄德操
戚　智	康智盛	董儒州	蒋正泽	蒋传华
蒋登伦	韩树远	程玉林	傅光国	曾发成
谢　奇	蒲济南	蒲跃菊（女）	谭承耀	樊明辉

雅安地区（22 人）

卫家坦	王泽民	尹宾汤	石嘉平	冯天英（女）
刘泽汉	佟伯芬（女，满族）	余　洁（女）	张天奎	张仲仁
张荣先	张惠明（女）	陈景雪（女）	郭吉生	郭　琳
黄君臣	彭　塞	辜毓明	谢世杰	谢昌贵（彝族）
谢登荣（彝族）	赖仲铭			

驻川部队（35 人）

王正清	王忠保	王济涵	邓俊昌	叶宗萍（女）
吉木约打（彝族）	华孝仁	刘亚玲（女）	刘健明	江木参（藏族）
安继光	杜芳雄	杨象熙	肖济凯	吴元明
何天佐（蒙古族）	张文清	张金省	陈理法	林肖芸（女）
周文光	周文碧	郑孔章	郑家才	赵国良
胡淑琴（女）	钟锦华	陶昌廉	徐广生	徐茂清
彭玉麟	储八斤	温天光	道志仁	熊诗富

（二）出席四川省第八届人民代表大会代表名录（982 名）

（汉语拼音索引）

A

阿都泽呷	艾生巨	安学发	敖林芬	敖仁良
敖子宽				

B

巴　金	白　玛	白尚武	鲍惠农	毕清林
毕仲杨	遍　能			

C

蔡　明	蔡新民	蔡约先	蔡振华	蔡志轩
苍定安	曹胜才	曹万秀	常思九	常新建
岑灼辉	陈保明	陈宝荣	陈超然	陈达春
陈大智	陈德厚	陈定凡	陈尔福	陈桂生
陈　浩	陈和平	陈建国	陈金龙	陈进贤
陈景雪	陈可楷	陈克义	陈宽金	陈曼娥
陈蓉平	陈荣生	陈上华	陈尚君	陈少清
陈世忠	陈思华	陈天凯	陈听发	陈维璋
陈贤炳	陈显贵	陈学明	陈以魁	陈永芳
陈永明	陈友贵	陈　越	陈月华	陈正群
陈志文	陈治安	陈治权	陈忠慧	陈作勋
陈煜伦	谌国顺	程立功	程绍柏	程学忠

程英男	程志璞	仇义富	崔光志	
D				
戴大奎	戴明君	戴培銮	戴文经	代桂芝
邓光钿	邓继成	邓孔银	邓礼政	邓如兰
邓松佑	邓先海	邓兴元	邓宇民	邓占清
邓自力	刁金祥	丁惠麟	丁茂生	丁自立
丁芸仪	窦瑞华	东　风	董朝永	董华泽
董任远	杜崇明	杜河清	杜恒产	杜厚垄
杜珊明	杜世弘	杜述清	杜廷煜	杜　襄
杜元耀	杜宗伟	杜琪美	段作芳	
E				
俄木学				
F				
范国钦	范佩鑫	方远龙	冯大湘	冯道芳
冯希尧	冯秀英	冯亚平	冯远禄	冯振和
冯宗纯	傅国光	傅应铨	傅运鸿	傅志福
付清民	付　悦			
G				
甘传安	甘居才	甘铁介巫	甘伟铭	甘宇平
高东华	高　芳	高福晖	高鸿烈	高洪恩
高开清	高荣江	高荣淼	高万权	高未龙
郜学洪	格桑郎杰	龚读纶	龚真祥	苟建丽
苟兴琼	苟彦云	辜树明	辜文兴	辜仲江
古小琴	谷风宝	谷正华	顾乐观	官雪琴
郭九儒	郭曼芬	郭茂林	郭信顺	郭子明
H				
海来张加	韩大进	韩富荣	韩礼兰	韩为模
何大彬	何方玖	何国瑞	何郝炬	何　惧
何　俊	何茂兴	何明刚	何清瑞	何荣钦
何上封	何一心	贺本友	贺光明	贺启洪
贺小华	洪　杰	洪景明	洪天云	候俊杰
侯忠万	胡承安	胡殿明	胡和绪	胡亨霖
胡开富	胡克礼	胡魁国	胡世祥	胡万生
胡锡珍	胡　渝	胡元玉	胡泽轩	胡中正
华正兴	黄伯海	黄昌华	黄承淑	黄大杰
黄丹华	黄德操	黄德勋	黄迪生	黄方毅
黄工乐	黄国惠	黄季安	黄嘉谷	黄拉哈

黄良周	黄伦坤	黄　梅	黄年平	黄荣强
黄世成	黄世述	黄文才	黄祥文	黄秀丽
黄学华	黄玉芳	黄玉清	黄玉秀	黄震宇
黄正才	黄忠鑫			

J

吉福仓	吉古夫铁	吉年米哈	吉史里土	贾正方
姜　凌	姜仁初	姜文康	姜兴林	姜耀祖
姜富容	江郎阿牛	江林洋	江　涛	江相麒
江亦李	蹇洪秀	蒋长安	蒋传华	蒋阜南
蒋　恒	蒋聚桂	蒋明斌	蒋依高	蒋远猷
金　烈	经荣生	经伟宪	经玉琼	景　慎
敬中春				

K

康纲有	康纪佳	康振黄	柯长吉	孔凡庚

L

兰木加	兰瑞华	雷修全	雷兆元	李安纯
李安民	李白玉	李伯勇	李长春	李长禄
李朝浦	李成楷	李成伟	李承远	李翠贤
李大金	李德禄	李　芳	李福魁	李功敏
李光荣	李国江	李恒明	李家顺	李　健
李　进	李　敬	李力中	李玲敏	李鲁章
李　蒙	李明清	李明政	李明宗	李年斗
李绍明	李生才	李淑兰	李淑琴	李天淑
李铁锤	李文波	李先锋	李贤述	李新成
李学亭	李扬德	李　尧	李永华	李有文
李友斗	李渝杰	李玉才	李玉玲	李玉龙
李月春	李泽涵	李昭勤	李珍堂	李芝芬
李之侠	李智生	李中直	李钰连	李麟年
历慧敏	陈俊才	梁安礼	梁仕培	梁守勋
梁　坦	梁锡昌	梁　之	廖成芳	廖仲权
林长江	林德高	林家湘	林丽诗	林添麟
林向荣	林心治	林衍琼	林永寿	刘安钧
刘北辰	刘　菠	刘昌德	刘昌平	刘朝远
刘崇本	刘崇理	刘代坤	刘丹陵	刘凡农
刘光兰	刘光明	刘国祥	刘海金	刘惠君
刘继邦	刘继松	刘进明	刘开郁	刘昆水
刘立中	刘茂治	刘妙娟	刘南勋	刘培生

刘　奇	刘庆来	刘荣富	刘少康	刘绍湘
刘绍璋	刘圣福	刘诗富	刘世雄	刘婉清
刘先鑫	刘晓峰	刘延秀	刘衍澍	刘　毅
刘义学	刘永超	刘永连	刘有伦	刘　宇
刘玉白	刘育仁	刘　在	刘志瑞	刘志远
刘志忠	刘中山	刘忠恕	刘资甫	刘自杜
刘宗树	龙光芬	龙维新	龙章和	龙贻宏
隆大林	娄叶兰	卢家健	卢开才	鲁绍彬
路庚申	陆德祥	陆　檗	吕　峰	罗崇杰
罗福珍	罗华芬	罗开文	罗开忠	罗良仰
罗明全	罗荣汉	罗世元	罗通达	罗　彤
罗旭良	罗玉冰	罗玉芳	罗再友	洛绒次里
洛绒曲批	洛桑拼错			

M

马比伍各	马　达	马光云	马黑木切	马厚富
马　华	马建中	马金财	马敬洪	马留文
马庆秀	马晓霞	马映龙	马泽民	马志强
马璋美	马　麟	买长荣	蒙　健	孟俊修
民主阿崩	明维禄	明云成	闵秀英	缪洪德
母家贵	穆仁懋			

N

纳玛泽里	尼麦曲登	聂厚德	聂卫国	宁洪囤

P

潘成秀	潘大文	潘广河	潘文生	潘泽彬
庞家琛	庞先义	彭传慧	彭光显	彭尚红
彭永华	彭智勇	彭追远	蒲朝祯	蒲海清
蒲济南	蒲家华			

Q

亓九才	齐克明	祁绍华	钱　玲	钱鹏霄
钱书林	乔克俭	秦登田	秦福豫	秦厚宽
秦武植	邱克勇	邱笑秋	邱永方	曲别格初
曲木中国	曲　珍	屈乾华	屈永正	全红瑞

R

冉茂华	饶用虞	任凌云	任培媛	任绍辉
任天举	任益民	任中心		

S

三果洛吾志美	三躲木滚	沙里津	邵积平	邵辑良

邵启昌	邵正权	申富安	沈国俊	沈人楠
沈守成	沈行洪	沈志凯	石定忠	石墩高
释大恩	舒庆萍	舒湘平	舒銮逸	税正宽
宋宝瑞	宋大凡	宋大捷	宋道华	宋和生
宋杰毅	宋明芳	宋仕珍	宋文泳	宋锡龙
宋益树	苏承荣	苏大昆	苏文钰	苏知银
粟多成	孙春明	孙华清	孙吉娥	孙世超
孙文启	孙志毅	孙志孚	孙仲弼	孙自强
T				
谭昌琪	谭发忠	谭光秀	谭光瑛	谭后根
谭患祯	谭明贵	谭琼芳	谭廷书	谭晓玲
谭佑贤	谭正伦	滕传丽	滕明才	滕耀彬
唐秉夏	唐德清	唐德跃	唐官印	唐祈明
唐绍仪	唐永良	唐玉华	陶秀华	田景岳
田润之	田兴泉	田子斌	田自力	佟柏芬
童代莲	童光琦	童国廷	吞 珠	
W				
万伯仲	万德全	万 里	万烈勋	万远凯
汪定熵	汪富业	汪龙德	汪兴高	王安明
王 敖	王昌勇	王成大	王成惠	王成荣
王传义	王春英	王大贤	王大榕	王代元
王登高	王登平	王福兴	王官政	王桂珍
王洪春	王红梅	王华辅	王季勋	王佳波
王金泉	王金祥	王兰飞	王连芳	王良金
王令方	王隆清	王乃俊	王仁和	王仁俊
王荣轩	王润霖	王式惠	王叔云	王斯仁
王松炳	王天进	王廷杰	王晓东	王新贤
王新让	王绪先	王永锡	王玉兰	王跃进
王月华	王泽明	王振林	王振邦	王治国
王中元	王毓强	王 岚	王懋琼	韦思琪
魏常坤	魏光清	魏云荪	文宝瑛	文长定
文集云	文 武	文治章	翁航琛	翁全帮
邬维萍	巫学德	吴邦弟	吴家国	吴康衡
吴明珍	吴明瑛	吴 平	吴平章	吴清萍
吴绍勇	吴贤志	吴显才	吴 毅	吴义林
吴因易	吴玉辉	吴 云	吴中煊	吴自力
吴宗银	伍天秀	伍学高		

X

夏安才	夏克芬	夏训炎	夏英华	夏照诚
鲜光亚	鲜魁森	向大槐	向开义	肖方伟
肖光成	肖健康	肖开蓉	肖明远	肖喜莲
肖　秧	肖元茂	谢安钦	谢昌贵	谢大敬
谢明德	谢福洲	谢　奇	谢世杰	谢卫先
谢应坤	谢正杰	邢泸生	幸代兴	熊克志
熊清泉	熊献群	熊相模	熊运元	熊懋仁
徐伯琏	徐成明	徐道洲	徐光生	徐　匡
徐荣高	徐尚志	徐世群	徐学明	徐　燕
徐尧亮	徐泽义	徐兆能	徐治能	徐宗钰
许梦侠	许启海	许倩云	许蔺琴	续俊海
薛建农	薛文琪			

Y

严建成	严顺炳	严先元	颜厚敏	杨本锦
杨必纯	杨灿清	杨春林	杨德珍	杨发美
杨芳洁	杨功余	杨　光	杨光杰	杨国栋
杨国攀	杨国威	杨海清	杨汉翔	杨　槐
杨吉生	杨嘉瑶	杨家乐	杨家全	杨解放
杨　进	杨开芳	杨明德	杨模芬	杨　追
杨其铭	杨荣良	杨汝岱	杨胜雄	杨世举
杨天炯	杨天鹏	杨廷寿	杨同彩	杨文杰
杨文均	杨析综	杨秀川	杨运洪	杨肇基
杨正友	杨志荣	杨志荣	杨宗贵	杨　岐
姚世方	姚占统	叶碧云	叶川英	叶贯本
叶慧邦	叶绍华	一西则果	易洪光	殷大奎
殷国茂	尹全忠	尤庆臣	于不凡	于光表
于汉卿	于占河	余伯玲	余春蓉	余钧汉
余孟浩	余启碧	余有声	余远牧	余正祥
喻敏林	袁承德	袁季广	袁天锡	袁一飞
袁云日	袁芝明	袁中秀	原继光	原　钧
岳　忠				

Z

泽仁彭措	曾安邦	曾凡伟	曾庆雄	曾通明
曾宪章	曾祥炳	扎　拉	扎　舍	章惠成
章玉钧	章玉琨	章增荣	章娴君	张春元
张光珍	张桂芝	张国辉	张　涵	张洪国

张家瑚	张进才	张居平	张坤伦	张林英
张明军	张平珍	张迁忠	张清河	张荣先
张绍成	张世昌	张世芳	张淑华	张淑群
张述全	张素英	张文彬	张文忠	张宪禄
张祥国	张祥锥	张兴美	张应文	张永寿
张玉清	张玉源	张正毅	张志科	张中伟
张中瀛	张忠孝	张子先	张宗兴	张毓金
张　焱	赵炳国	赵纯和	赵达友	赵东源
赵恩华	赵抚民	赵济和	赵俊普	赵俊如
赵开礼	赵天纪	赵文定	赵　湘	赵一明
赵永平	赵永忠	赵忠汉	赵宗发	赵宗政
郑碧华	郑和平	郑家才	郑孔章	郑莲海
郑录才	郑世国	郑希特	郑兴明	郑振华
支景恩	钟传兴	钟德荣	钟明跃	钟树良
钟　勘	周长庚	周德君	周德钦	周　纲
周浩义	周缓章	周九如	周　琳	周蓉蓉
周儒清	周绍良	周世武	周仕泽	周述康
周维汉	周文光	周宪志	周兴仪	周行魁
周益信	周勇仪	周玉振	周裕德	周元康
周泽庶	周正乾	周忠敏	朱伯芳	朱伯儒
朱昌政	朱承芳	朱发清	朱洪明	朱家清
朱明亮	朱文典	朱藻文	祝雨生	竺世方
资君良	邹广严	邹人凤	邹世昌	左昌其
左信智				

（三）出席四川省第九届人民代表大会代表名录（885 名）

（按姓氏笔画为序）

成都市（117 人）

王　于	刘健纪	如　意	杨　岐	杨秀川
杨析综	吴伯骥	吴济华	陆仁明	陆明远
赵肖东	钮小明	唐　伦	陶武先	龚续伦
董玉梅	童若春	马华贵	马留文	王艾文
王永锡	王传义	王怀彬	王树基	王荣轩
王振林	王晓东	左国辅	叶学东	代兴泉
朱长久	朱永明	朱昌问	伍学高	刘　芸
刘本初	刘荣富	安　静	牟蓊文	孙传敏

杜丽君　杨肇基　杨爱喜　苏文钰　苏培玮
苏　蓉　李天淑　李建明　李兆春　李明德
吴康衡　何　生　余存学　宋如华　张世昌
张廷模　张忠恕　张　珂　张至容　张良珍
张明军　张淑华　张　锋　张瑞琪　张新申
陈建国　陈佐国　陈京祥　陈　勇　陈　巍
林家湘　范贤尧　罗懋康　罗为群　罗正明
罗世元　罗　霞　周仙兰　周同甫　周　屏
郑抗美　郑伯泉　郑希特　屈乾华　胡大农
胡　渝　赵怀忠　赵尔琨　赵　兰　赵连喜
赵宗汉　赵振铣　钟祖祥　段维义　姜学如
胥洪秋　袁秀华　贾正方　唐德华　唐光全
唐芙蓉　黄大贵　黄正元　黄素华　黄寅逵
焉占翠　释大恩　舒銮逸　曾证明　曾朝荣
谢仁发　谢阶权　谢文楷　蔡　淮　熊春平
黎　民　穆仁懋

自贡市（33 人）

王一刚　刘永顺　宋宝瑞　张新泉　姜仁初
徐　薇　廖整风　王东洲　王永伦　邓元琴
田景岳　白玉珠　孙志毅　杨胜雄　李中敏
李建平　何拓疆　余孟君　张德胜　陈体渝
陈德英　罗林书　罗毅平　郑信鑫　晏世明
倪文渊　郭宝明　高凌峰　黄绍明　喻崇权
游　红　曾文英　薛　锋

攀枝花市（24 人）

王心让　任凌云　李　进　何毓成　陈　华
徐宗钰　万小全　毛成中　文怀政　刘俊峰
孙本先　杜珊明　李罗钧　严秀清　吴登昌
谷正华　汪学恺　张　林　张国良　胡殿明
洪及鄙　秦万祥　袁启良　郭建权

泸州市（41 人）

王恒丰　李永寿　李玉龙　李有文　陈永乐
赵彦博　黄惟泽　鲁满保　马淑蕾　王华辅
王　南　甘居才　陈　杰　罗贤全　周寅仪
屈　强　胡在友　聂勋潮　倪昔玉　徐晓玉
郭来虎　黄祖明　彭继元　董家蓉　舒庆萍
谢春友　熊华跃　滕中平

德阳市（37 人）

刘丹陵	刘伯华	李植松	王定熵	宋大凡
罗　毅	周新远	夏朝嘉	王玉华	王玉琼
王志红	王明德	王周龙	亓九才	方远龙
邓元忠	冉义萍	冉毅兴	冯宗纯	乔天明
刘　菠	刘世刚	严如高	肖隆清	宋玉华
张炳林	张　楠	陈晓慈	周维汉	胡德仁
姚正耀	贺登秋	秦厚宽	徐松南	曾广友
曾清云	谭建华			

绵阳市（50 人）

王天强	王成惠	卢铁城	朱藻文	李长春
邹广严	张应文	陈家铨	林永寿	马敬洪
王天进	王　丹	王巧秀	王清明	王绵生
王智红	王御国	王　瑜	石晓彬	包维曾
冯崇泰	吕丽江	杨文杰	杨海清	李安发
李玉秀	李正寿	李发生	吴大富	何道刚
余光银	张洪英	张海轮	张　曙	陈红英
陈兴春	赵忠明	赵映坤	聂兆和	郭建川
郭荣平	黄正良	黄丹华	韩桂莲	彭文高
董维全	蒋仁富	蒋宗许	景　慎	廖世孔

广元市（29 人）

杨秀明	何天谷	欧泽高	柳斌杰	赵　珉
唐远仁	王仁俊	王绪先	朱天开	向丽明
杨晓蓉	李文甫	李永田	李伦蓉	吴刚惠
张建华	陈敦孝	周世勇	郑建凡	胡月鹤
秦朝炽	徐光生	高荣江	章惠成	彭以清
彭　渝	锁兆银	焦志全	赖明扬	

遂宁市（29 人）

王绍康	刘庆来	肖道坦	陈德静	席义方
彭柏林	丁富国	上官秀巍	王连芳	冯承祖
刘志刚	刘苏民	李武学	李恒明	李家顺
吴文明	欧桂英	罗元富	庞明华	段元奎
柴昌健	唐秉夏	黄世述	浦敦武	蒲双祥
谭琼芳	熊继尧	滕彩元	颜如意	

内江市（76 人）

刘晓梅	刘崇理	江亦李	吴才荣	张开昶
张仲炎	陈双全	秦玉琴	唐孝考	陶晞晦

傅应铨	曾清华	马　平	马承民	王成大
王登高	邓兴元	田　炜	付　萍	冯大同
刘学英	刘期高	刘裕钦	孙华清	孙建明
杜华金	杨达明	杨志文	李必胜	李亚平
李克金	李玉才	李国江	李薇丽	李麒年
邱永方	陈　云	陈能刚	陈碧仙	邵启昌
林长江	林文良	幸　萍	欧群芳	罗才普
罗开忠	罗素芳	罗淑德	罗载友	周德君
蒋祖全	蒋吉祥	谢贻厚	雷钧天	廖则君
熊大礼	谭朝敏	海内盘	田景坤	郑康述
徐明花	胡家琼	胡锡珍	施明菊	骆文光
贾进江	钱　列	翁航琛	郭云放	郭德平
唐永良	黄忠鉴	黄贵华	黄道华	康定附
彭　英				

乐山市（38人）

王大京	李达昌	李益良	严建成	张世银
徐兆成	彭长卿	樊月明	马国刚	叶元玖
白德华	兰树堂	曲别格初	朱映阶	刘羽成
刘　强	杨俊基	杨胜宽	杨家全	苏承荣
李泽宗	严天强	何征修	余伯玲	张　杰
陈德玉	罗国荣	周文开	周品胜	周益信
姜　寒	祝国金	姚占统	徐建群	高东华
释演慈	曾安邦	熊钟澜		

南充市（61人）

向　阳	刘同心	杜世弘	李朝浦	吴兴儒
张中伟	林先泽	袁季广	徐　匡	黄工乐
敬瑞祥	王　元	王华敬	王明华	王桂珍
王　萌	艾　力	卢兴琼	冯希尧	刘世英
刘家厚	孙　纯	杜元耀	杨汉翔	李　川
李仕亿	李明东	李　斌	李慎宽	吴国晋
何大清	邹海泉	张世金	张成武	张和才
张学陶	张　谦	陆代风	陈正琼	陈明琼
陈绍森	陈道远	陈善荣	欧晓东	罗玉芳
赵太武	赵正铭	赵德胜	祝　琳	莫恒彪
陶治国	黄丽秀	敬中春	蒋明斌	蒋辅义
程　全	傅光国	傅金风	谢　奇	蔡宝成
蔡　勇				

宜宾市（47 人）

王　应	冯振伍	李之侠	吴继生	周江宁
赵济和	徐世群	曾宪章	熊　珩	马明清
王开义	王宇光	王安的	王远禄	邓孔银
刘光伟	江丽蓉	阮忠耿	买长荣	孙文启
杨天发	杨兴理	李利明	李　琴	李敦伯
何锡荣	洪庆伍	张　静	陈文彬	陈达春
陈　林	范让能	罗正大	罗文银	罗必莲
罗顺才	周国凡	赵抚民	段永炎	饶　强
高万权	黄云先	梁熙扬	谢旭明	詹诗海
熊相模	魏常坤			

广安地区（36 人）

王为德	王毓强	余国华	陈协蓉	陈保明
夏代川	梁　坦	敬正书	邓学荣	邓永富
邓　剑	冯昌宗	冯舜琼	向志习	刘凤成
庄成金	许明凤	孙　灵	孙树邦	杜朝俊
李光英	李国太	吴中煊	吴大明	张代忠
易正才	罗松柏	罗奇龄	周家杰	贺小华
高　萍	唐　剑	唐益财	曹小平	康永恒
熊运元				

达川地区（53 人）

王小列	王源峰	许　燕	陈文光	赵　蓉
姜保山	梁世鹏	董任远	傅德芝	马骏华
王希发	田先桂	向守富	刘元成	刘胜文
刘　毅	李永辉	李明菊	李隆春	吴华林
何大彬	余定清	余泽富	张正毅	张举淙
张永全	张佳丽	张格民	陈显惠	陈定友
邵正权	欧祖辉	周开忠	周蓉蓉	赵幼平
姜兴林	秦登田	郭仁友	高增龄	高连珠
唐　恭	龚天福	龚嘉镇	常建新	符泽友
亮光修	赖宜生	廖继康	熊长富	熊克志
潘建华	戴　鸿	魏仲德		

巴中地区（28 人）

牟绪珩	李洪仁	陈历伟	徐晓康	曹正其
韩忠信	王　菲	李开明	李玲玲	李树海
何长洋	何长润	何家福	张浩良	张清秀
张超先	陈听发	苟必伦	苟朝海	罗运琼

罗良娟	岳俊聪	周登全	经伟宪	赵大明
候必贵	鲜光宗	熊光明	刘中山	杨启泉
杨　牧	沈行洪	黄永光	葛文彬	谢世杰
解　杰	尹本忠	刘德萍	杨水源	李自明
李超凡	张志高	罗叔安	胡祖禹	赵通明
赵国江	钟　薇	徐德雷	高开清	高守伦
黄汝镇	阚宗禧			

眉山地区（28人）

王道延	吕　卓	李荣伟	张宗源	孟俊修
谭洪信	王荣木	邓世明	叶志华	冯宗汝
刘进明	孙开中	杨维国	杨仕祥	李吉荣
李忠国	李知易	吴爱玲	吴福全	何久伦
张泽民	陈昌柱	范桂仙	胡年勇	钟相友
郭建英	黄君凤	彭斌茹		

阿坝州（26人）

冉光荣	尧斯丹	刘子寿	周礼成	王廷杰
王雨顺	王春英	旦　科	吕忆红	华尔丹
杨绍珍	杨　凯	杨　秋	苍定安	李　川
李崇禧	肖格德	吴泽英	谷运龙	张万平
昌荣河	周耀伍	泽巴足	郝世昌	赵永忠
钟　中				

甘孜州（31人）

王金祥	司沛文	刘少峰	刘世明	纪尽善
练俊才	王定清	巴　金	龙斯文	多　吉
江郎阿牛	关　生	许春秀	孙飞杨	苏　萍
张平森	阿　西	阿松丁真	阿都泽呷	陈德贵
英　错	泽仁扎西	胡克扎	罗绒邓珠	姜明凯
袁晓明	郭全喜	高天富	黄时新	敬全林

凉山州（47人）

孙自强	苏大昆	张国辉	陈宗麒	卓凯星
袁福友	詹君美	马比伍各	马庆秀	马志强
马秀珍	马德清	马燕灵	王跃进	古宪福
卢开才	吉克木曲	吉克加加	曲木中国	仰　协
刘　斌	苏呷沙且	苏德友	李仲康	肖光成
何绍江	余天佑	余星福	沈建军	张仁煊
张正英	张作哈	陈其中	陈松桥	陈海英
陈　霖	林丽诗	欧可宗	郑国忠	胡淑修

贾定成	卿太金	高　勇	常　鹏	隆大林
鲜光亚	薛文洲			

驻川部队

王东方	王考庭	王绍书	艾永康	叶万勇
白万年	刘云华	牟明珠	孙虎贤	李木生
李江河	李克义	吴仲康	何锡发	宋　宏
陈　新	易春元	岳志军	赵焕辉	耿全礼
聂代喜	郭瓦加毛吉	郭振祥	唐贤明	游文智
廖文政	谭风平	谭玉龙	戴光敦	

（四）出席四川省第十届人民代表大会代表名录（884 名）

（按姓氏笔画为序）

成都市（111 名）

弓继权	王　杨（女）	王　毅	王乃红（女）	王传义
王体乾	王荣轩	王树基	王洪章	毛志雄
孔令全	邓全忠	丘小庆	白　刚（蒙古族）	成　甦
朱　杰	朱　志	宏乔玲（女）	任安惠	任德荣
刘明英（女）	刘荣富	刘遂海	齐继蓉（女）	苏　蓉（女）
苏文钰	苏碧群（苗族）	李邵华	李明德	李春城
李柏林	李登菊（女）	杨　岐	杨大陆	杨万宁
杨建德	吴平国	吴永康	余　胜	冷　刚
沈有春	张　平（女）	张　林	张世昌	张宁生（女）
张至蓉（女）	张廷模	张学果	张新申	陈开华
陈争鸣	陈荣造	陈家荣	陈舒平	罗为群（女）
罗懋康	周学文	周维莲（女）	郑　超	单晨光
赵　兰（女）	赵　强	赵连喜	赵国庆	赵德喜
胡　渝（女）	胡大农	查术华（女）	钟祖祥	钮小明（女）
段维义	侯一平	饶先树	姜顺章	姚汉民
敖锡贵	贾正方	高　庆（女）	黄　旭（女）	黄　萍（女）
黄大贵	黄自立	黄晓赤（女）	黄寅逵	曹世如（女）
龚娟娟（女）	梁晋渝（女）	梁恩玉	彭晓林（女）	蒋丽珍（女）
蒋显伦	蒋朝辉（女）	景天玉	傅代国	傅俊鹏（满族）
舒銮逸（女）	释大恩	释如意（女）	童　玲（女）	曾子林
曾孝贵	曾朝荣	谢木喜	谢文楷	谢志迪
鄢邦志	赖石梅（女）	廖如玉（女）	颜家瑾	穆仁懋（女，满族）
戴晓明				

自贡市（34名）

万天霞　王一刚（女）　邓龙琪　龙新蓉（女）　田景岳（土家族）
代正鸣（女）　冯培祥　冯铸涛　刘永顺　杜　江
李淑兰（女）　吴小可　何拓疆　陈体渝　欧晓鸥
罗毅平　侍　俊　郑信康　赵兴明　侯邦发
晏世明　倪跃松　徐　薇（女）　高　烽　唐　坚
陶晞晦　黄忠鑫　程一爽　曾文英（女）　曾朝章
游　红（女）　蒲定波　熊开洪　薛　锋

攀枝花市（24名）

代　俊（女）　仲剑丽（女）　华铁平　李玉芳（女）　李章忠
杨文毅　肖玉莲（女）　何毓成　谷正华（傈僳族）　张　林
张　涛　张　悦（女）　张成明　张国民（彝族）　周登全
郑学炳　赵　岷　赵肖东（女）　郝士权　洪及鄙
秦宜智　凌时人　诸韶华　韩宗山

泸州市（40名）

马淑蕾（女，回族）　王　力　王　南　王云秀（女）　王芝兰（女）
尹朝勇　申远康　朱厚利　苏向东（回族）　李有文
李作孝　李锡炎（土家族）　杨　剑　杨小莉（女）　杨运洪
肖天任　何仁均　何延政　邹　蔚　张燕丽（女）
陈永乐（女）　陈永芳（女）　陈善新　卓凯星　罗素萍（女，苗族）
周亚琼（女）　周寅仪　胡在友（女）　袁秀平　袁顺康
徐　波　唐　宁　梁伟华　董家蓉（女）　蒋明政
喻素芬（女）　舒庆萍（女）　谢　明　滕中平　潘永光

德阳市（34名）

马建平（回族）　王玉华（女）　王志红（女）　方小方　邓元中
左　正　石　柯　吕世才　乔天明　刘大成
刘成鸣　刘光基　刘晓光（女）　李成云　杨玉玺
杨启泉　吴　宪　吴果行　吴显坤　邱庆书
余　阳　汪定嫡　陆惠芬（女）　陈达芬（女）　赵晓平
姜跃君（女）　彭　彬（女）　斯泽夫　董任远　蒋子林
蒋巨峰　韩祥林　曾清荣　谢天佑

绵阳市（51名）

王　丹（女）　王凤朝　王成惠（女）　王和金　包维曾
达兴体（回族）　朱　丽（女）　任登菊（女）　任德祚　刘国学
李　伟　李代友　李发继　李柏云　杨步润
杨海清　吴伯骥　何　峰　邹广严　张中伟
张正贵　张洪英（女）　陈明世（羌族）　陈备英（女）　陈恩美（女，回族）

林　新	易　林	易　杰	罗　嘉（女）	罗　毅（女）
侍玉蓉（女）	胡　精	段　扬	聂兆和	郭兴林
郭建川	唐月明（女）	黄正良	黄学玖	曹约翰
龚富元	康　宁	董黎明（女）	蒋开恩	蒋仁富
蒋福源	蒋增友	谢国繁	嘎尼早（女，藏族）	
廖世孔	魏德谦			

广元市（29 名）

丁　武（女）	于　桂（女）	王永君	王朋友	王宗榜
田维钊（土家族）	母继福	刘　伟	刘　健	杜树兴
李再春	杨晋平	陈杰章	荀英明（女）	赵爱武（女）
胡景寿	袁祥生	贾邦彦	高荣江	郭永祥
唐容华（女）	黄晓丽（女）	梁泽金	韩治成	韩跃明
赖明扬	翟　峰	颜继禄	魏建平	

遂宁市（34 名）

上官秀巍	王德阳	邓　川	邓小明（女）	邓孝志
邓新民	史志义（彝族）	冯万治	刘庆来	刘志刚
李达昌	李孝富	李家顺	杨胜芳（女）	肖道坦
宋玉鹏	张云尧	张廷安	张学忠	赵小勤（女）
胡　平	段远奎	侯晓春	姚　国	郭炳毛
席义方	唐和林	蒋华琼（女）	鲁满保	曾前蓉（女）
熊高凤（女）	熊继尧	滕彩元	颜如意	

内江市（38 名）

王和平	王思中	韦建中	古　苇（女）	冯大同
乔耀海	刘长安	刘阳英（女）	严金荣	李德元
杨志文	邹华斌（女）	张崇国	张德元	陈廷德
罗载友	赵　平（女）	郝德温	姚伟民	姚良宏
钱　列（女）	翁航琛	郭德平	海内盘（回族）	黄　忠
黄丽蓉（女）	彭　英（女）	蒋　静	韩儒理	傅应铨
童代玲（女）	曾仲明（女）	曾省权	曾贵清	曾清华（女）
鄢良钟	薛典模	穆昕（回族）		

乐山市（38 名）

于　楠	王纯兰（女）	水普老毛（彝族）	古　松	叶元玖（女）
史志伦	兰树堂	刘　鹏	刘羽成（彝族）	刘忠福
严建成	李吉正	杨　军	杨国友	杨俊基
杨胜宽	何　健	何玉芬（女）	何金文	余佰玲（女）
张大常	张仲炎	张宗源	张桂华（女）	陈　阳（彝族）
陈德玉	林自强	罗　勇	罗国荣	钟　勉

贺正刚	袁邦亮	徐永丽（女）	徐建群（女）	高东华（女）
黄曙东	释永寿	谢心敏		

南充市（59名）

马道蓉（女，回族）	王　萌	王翠花（女）	邓　剑	艾　力（女）
卢兴琼（女）	冯庆煜	宁幼康	成能明	朱俊伟
伏文超	任晓春	任德俭	向　阳	刘世军
刘伯忠	许　伦	孙继昌	杜光辉	杜延聪
杜春茂	李秀华（女）	李梦华（女）	李慎宽	杨凤林
杨武云	杨雪鸿	杨朝光	吴道军	邹　平
邹海泉	张　云	张奇伟	张和才	张春典
陈修鹏	陈善荣	陈新民	罗南辉	郑秀兰（女）
屈经甫	赵一洁	赵明光	赵碧英（女）	胡光明
姚其清	高宗成	唐　燕（女）	唐国英（女）	陶治国
黄小祥	黄丽秀（女）	黄顺福	崔太平	隆益贵
董保真	敬瑞祥	蒋小华（女）	蔡宝成	

宜宾市（47名）

马明清（女）	王忠毅	王乾友	尹德宏	邓正斌
卢仁江	刘　捷	买长荣（回族）	李　锋	李之侠
李勇林	李敦伯	杨永祥	张　静（女）	张乃富
张天林	张邻惠（女）	陈　林（女）	陈永红（女）	陈永亮
陈达春	陈伯溪	范让能	林　易（女）	罗　云
罗文银（彝族）	周国凡	赵丽萍（女）	赵希文	柯尊平
侯　跃（女）	夏代川	徐世群	翁庆忠	唐　科
黄玉兰（女）	黄洪浪	盛永利	梁熙扬	蒋先继
韩　亮（苗族）	曾梦霞（女）	谢　杰	熊　珩	颜泽文
戴　雯（女）	魏常坤			

广安市（36名）

马开明（彝族）	王　平	王天强	白云升	任仕金
向开义	刘和斌（女）	孙　灵（女）	杜朝俊	李先国
李克勤	李国太	李学渊	吴洪川	张惠玲（女）
陈　彬	陈保明	陈胜明	欧阳晓玲（女）	明　亮
罗松柏	周运成	郑克寿	胡　涛（女）	柏　凡
夏代荣	高连珠	唐　剑	唐益财	康永恒
敬中春	蒋维君	游开余	谭　力	熊运元
颜昌琼（女）				

达州市（53名）

丁成明	马骏华（回族）	王善平	方　勤（女）	叶多英（女）

兰晓华（女）	任　林	向此德	刘达海	刘向琼（女）
刘胜文	刘家模	闫小川	孙治国	李永辉
李向志	李明菊（女）	李洪福	李祖伦	李隆春
何　潺	张顺帆	张格民	陈文清	陈双全
陈定友	陈恩碧（女）	邵顺友	林远健	周志君（女）
郑卫东	孟兆怀	赵　里（女）	胡　兵	胡　杰（女）
钟　强	洪继诚	姚林利（女）	秦登田	唐　恭（满族）
唐科全	黄庆海	龚天富	常新建（女）	彭言智（女）
鲁云波	谢天刚	蒲春天	赖宜生	廖继康
廖整风（女）	熊敬英（女）	樊映川		

巴中市（29 名）

马　婧（女）	王怀臣	冯天万	冯光虎	朱明玉（女）
向太然	牟绪珩（土家族）	李开明	李洪仁	李晓春（女）
李益良	杨安民	何家福	何继莲（女）	邹仁见
邹富贵	张超先	周仁义	经伟宪（女）	段兴普
秦祥志	徐晓康（女）	曹正其	康远奎	裘丽蓉（女）
鲜光宗	熊光林	滕家谟	魏红梅（女）	

雅安市（25 名）

马福康	王　宁	王雄志	尹本中	卢泽康（女）
李首成	李焕秀（女）	杨水源	邱玉金（彝族）	何国莲（女）
沈义南	张锦明（女）	欧泽高（藏族）	柯尊洪	钟　薇（女）
侯雄飞	姜建平	袁本朴（土家族）	唐朝纪	黄效民
阎红光	葛文彬	傅志康	舒维双	魏　宏

眉山市（28 名）

马志珍（女）	王加宾	王利清	王荣木	邓世明
叶志华	令狐大玉（女）	苏旭燕	李忠国	李荣伟
杨常沙	邱学清	何之友	余　斌	陈历伟
陈志忠	陈明芳（女）	孟俊修	夏春生	夏绩恩
晏永和	徐刚才	郭晓黎	黄　玲（女）	黄翠蓉（女）
雷　林	廖新蓉（女）	熊兴苹（女）		

资阳市（38 名）

王　华	王小列	王存志	王登高	文　岳
石道吉	卢先强	刘云春	刘激涛	李琼芳（女）
肖坤仲	邹昌奇	宋金华	张　绛	张玉芳（女）
陈文光	陈光志	陈华强	范　丹	林显奎
欧群芳（女）	罗开忠	罗茂书（女）	周齐铭	周雅聪（女）
施明菊（女）	徐学元	郭　瑛（女）	唐公昭	陶武先

曹建国　蒋吉祥　蒋中良　蒋祖全　蒋能蜀（女）
程启贵　曾宗政　廖荣江

阿坝州（26名）

马华嵩（回族）　王　笳（女）　王玉清（女）　王毓强（藏族）　白春花（女，藏族）
刚　科（藏族）　华尔丹（藏族）　刘子寿（藏族）　严益清（羌族）　李　丽（女）
李高伟　杨　秋（藏族）　杨　燕（女）　杨吉生（羌族）　杨克富
杨学平（羌族）　张大维（藏族）　张东升（藏族）　赵　平　郝士昌
扁　秋（藏族）　高晓蓉（女）　黄新初　蒲兴璋（羌族）　雷学锋（藏族）
新甲单真（藏族）

甘孜州（34名）

扎　西（藏族）　扎西彭错（藏族）　仁　青（女，藏族）　尧斯丹（藏族）
多吉扎西（藏族）　刘　瑛（女，藏族）　刘晓峰　杜云榜
李进川　李继平　李培学　李清禾　杨苏萍（女，藏族）
杨学康（藏族）　杨垒琼（女）　张平森（藏族）　阿都·泽呷（女，藏族）
陈德贵（藏族）　英　措（女，藏族）　范文华（藏族）　昂　波（藏族）
泽　波（藏族）　赵景强（藏族）　胡克礼（藏族）　相　洛（藏族）　姜保山
郭赤诚（藏族）　益西达瓦（藏族）　敬全林　喻秉钧　舒大春（藏族）
谢元鲁　廖命福（藏族）　戴　卫

凉山州（47名）

马永芬（女，回族）　马秀珍（女，彝族）　马泽云（回族）　马思军（回族）
王文远　邓成伦（彝族）　汉呷以打（彝族）　匡文俊　吉古夫铁（彝族）
吉克木支（彝族）　吉克加加（彝族）　曲木史哈（彝族）　许正模　许志强
孙自强（彝族）　严俊波　苏呷沙且（彝族）　巫明翠（女）　李　江
李少平　李从秀（女，傈僳族）　李达珠（蒙古族）　李兴定
李崇禧　杨治平　杨燕秋（女）　肖　春　肖萍华（女）
何绍江　张小力　张作哈（彝族）　张国辉　阿什老轨（彝族）
陈华强　欧可宗　罗　俊　罗　强　骆玉祥
耿福能　徐秀茵（女，彝族）　常　巍（彝族）　彭自权（彝族）
韩　勇　普龙英（女，彝族）　谢世杰　谢商华（女）
熊正林（藏族）

驻川部队（29名）

王绍书　牛蜀军　毕志彪（彝族）　朱新民　刘春光
闫　兵　许良朝　孙世云　孙虎贤　李江河
李柏霖　吴洪林　宋　姜　邵志军　罗悦泰
岳志军　段世治　聂代喜　徐宏亮　高善贵
郭大平　崔玉英　崔爱锁　曾德富　温正怀
温洪生　裘山山（女）　谭华生　颜贵波

三、大 事 记

1988 年

1 月 31 日 为适应四川省人民代表大会工作的需要，根据《中华人民共和国地方各级人民代表大会和地方各级人民政府组织法》的规定，四川省七届人大一次会议决定设立 5 个专门委员会，即民族委员会、政法委员会、财政经济委员会、教育科学文化卫生委员会、农业委员会。

1 月 四川省七届人大一次会议选举何郝炬等 78 人组成省七届人大常委会，选举张皓若等 7 人组成新一届四川省人民政府，选举任凌云为四川省高级人民法院院长，选举龚读纶为四川省人民检察院检察长。

3 月 10—16 日 四川省第七届人大常委会第二次会议在成都市举行，会议批准《阿坝藏族羌族自治州自治条例》。

5 月 23—28 日 四川省七届人大常委会第三次会议在成都市举行，会议通过《四川省人民代表大会常务委员会议事规则》。

8 月 7 日 四川省七届人大常委会第四次会议通过《关于设立办事机构的决定》，根据该决定，省人大常委会设立办公厅、法制工作室、研究室、人事工作室。

9 月 21—26 日 四川省七届人大常委会第五次会议在成都市举行，通过关于批准《峨边彝族自治县自治条例》的决议。该条例是四川省 3 个民族自治州自治条例颁布后，产生的第一个民族自治县的自治条例。

9 月 26 日 四川省七届人大常委会第五次会议决定撤销原宜宾、涪陵、万县、达县、南充、雅安地区联络处，设立省人大常委会宜宾、涪陵、万县、达县、南充、雅安、黔江地区联络委员会。各地区联络委员会在省人大常委会的领导下开展工作，其组成人员由省人大常委会决定任免。

1989 年

3 月 6—10 日 四川省七届人大常委会第八次会议在成都市举行，会议通过《四川省人民代表大会常务委员会人事任免办法》。

7 月 10—16 日 四川省七届人大常委会第十次会议在成都市举行，会议听取省监察厅副厅长曾宪章关于查处德阳汽车违控案的情况汇报。在第四次全体会议上，省人大常委会副主任王敖归纳了委员们审议关于查处德阳汽车违控案的意见。

7 月 16 日 四川省七届人大常委会第十次会议通过关于县、乡两级人民代表大会选举时间的决定。

11 月 8—15 日 四川省七届人大常委会第十二次会议在成都市举行，会议通过《四川省〈中华人民共和国渔业法〉实施办法》《〈四川省土地管理实施办法〉修正案》；审议批准《重庆市文化市场管理暂行条例》；并通过《关于进一步实施〈中华人民共和国村民委员会组织法（试行）〉的决议》。

1990 年

1 月 10—16 日 四川省七届人大常委会第十三次会议在成都市举行，会议审议通过《四川省乡镇人民代表大会主席团工作条例》。

1 月末 四川省七届县乡两级人民代表大会换届选举，有 214 个县（市、区）完成两级人大代表的选举。

3 月 13 日 四川省七届人大常委会第十五次会议在成都市举行，会议听取省人大常委会副主任白尚武作的《〈关于罢免胡绩伟第七届全国人民代表大会代表的议案〉的说明》，经审议，决定罢免胡绩伟的第七届全国人民代表大会代表职务。

8 月 四川省人大常委会组织 3 个视察组，到成都市、泸州市、万县地区，会同当地人大和有关单位到基层作重点检查，了解制止“三乱”的情况；12 月，省人大常委会听取审议四川省人民政府关于清理“三乱”的情况汇报。

9 月 四川省七届人大常委会第十八次会议决定：将省人大常委会在地区设立的联络委员会改为省人大常委会地区工作委员会，地区工作委员会是省人大常委会派出的工作机关，向省人大常委会负责并报告工作，原省人大常委会各地区联络委员会主任、副主任、委员，为省人大常委会地区工作委员会主任、副主任、委员，不再重新任命。会议还通过《四川省人大常委会地区工作委员会工作条例》。

12 月 29 日 四川省七届人大常委会第二十次会议决定，将省人大常委会人事工作室更名为省人大常委会选举任免联络工作室。

1991 年

5 月 四川省七届人大常委会第二十三次会议听取四川省人民检察院副检察长赵希尧《关于侦办郑六一贪污案的工作报告》、四川省高级人民法院副院长刘家琛《关于郑六一贪污案审理情况的报告》。省人大常委会对社会普遍关注的郑六一贪污案高度重视，曾向四川省人民检察院提出质询，并多次听取办案情况汇报，监督和支持检察机关和审判机关依法办案。该案 1991 年办结，郑六一受到法律制裁。

同月 四川省七届人大常委会第二十三次会议审议通过《四川省成都平原耕地保护区耕地保护

条例》。

同月 四川省七届人大常委会第二十三次会议听取四川省人民政府关于“一五”普法情况和“二五”普法安排的汇报，省人大常委会通过《关于在全省公民中实施法制宣传教育的第二个五年规划的决议》。

7月23—29日 四川省七届人大常委会第二十四次会议在成都市举行，会议审议和通过《四川省中等职业技术教育暂行条例》《四川省环境保护条例》《四川省农民负担管理条例》《四川省酒类管理条例》；审议和批准《重庆市农村合作经济组织承包合同条例》《重庆市罚款和没收财物管理条例》。

11月 四川省七届人大常委会第二十六次会议听取和审议省人大常委会副主任邓自力关于视察川东地区水法实施情况的报告。10月上旬，省人大常委会派出视察组，对川东涪陵、黔江、达县、万县4个地区执行水法的情况，进行了为期半个月的视察。

1992年

5月21—27日 四川省七届人大常委会第二十九次会议在成都市举行，会议审议通过《关于综合治理沱江污染的决议》。

9月21—26日 四川省七届人大常委会第三十一次会议审议通过《四川省各级人民代表大会常务委员会监督条例》《四川省地方各级人民代表大会代表选举实施细则修正案》。

11月28日 四川省人大常委会第三十二次会议决定接受张皓若因工作调动而提出的辞去四川省人民政府省长职务的请求。

是年 四川省人大常委会在全省范围内组织对《中华人民共和国全民所有制工业企业法》和《四川省农民负担管理条例》实施情况的检查。

是年 四川省人大教育科学文化卫生委员会对重庆、成都等7个市（地）贯彻执行四川省人大常委会关于“依靠科技进步振兴农业”和“进一步推动我省工业企业科技进步”的两个决议的情况进行检查。

1993年

2月 四川省八届人大一次会议选举杨析综等78人组成四川省八届人大常委会，选举肖秧等9人组成新一届四川省人民政府，选举李玉龙为四川省高级人民法院院长，选举龚读纶为四川省人民检察院检察长。

4月 四川省八届人大常委会审议通过《关于设立四川省人民代表大会常务委员会侨务外事工作委员会的决定》。

12月 四川省八届人大常委会第六次会议审议通过《四川省人民代表大会常务委员会制定地方性法规程序的规定》。

1994 年

3 月 28 日至 4 月 2 日 四川省八届人大常委会第八次会议在成都市举行。会议审议通过《关于进一步加强“二五”普法工作的决议》。

5 月 四川省人民代表大会制度研究会在成都市成立。成立会议通过研究会章程，产生第一届理事会、常务理事会，选举杨析综为会长，宋大凡等为副会长，推举何郝炬等为顾问。

11 月 24 日至 12 月 3 日 四川省八届人大常委会第十二次会议在成都市举行，会议听取和审议四川省工商局局长吴名智关于四川省贯彻实施《中华人民共和国反不正当竞争法》的情况汇报，四川省人大《反不正当竞争法》检查组向会议提交关于检查《中华人民共和国反不正当竞争法》执行情况的书面报告。

是年 四川省人大常委会与成都市人大常委会召开纪念人民代表大会制度建立和宪法颁布 40 周年大会，召开纪念人民代表大会制度建立 40 周年座谈会。

1995 年

2 月 四川省八届人大常委会审议并通过《关于设立四川省人民代表大会外事侨务委员会的议案》，决定提交省八届人大三次会议审议。

4 月 四川省八届人大常委会第十四次会议在成都市举行，会议审议省人大常委会《妇女法》执法检查组关于检查贯彻实施《中华人民共和妇女权益保障法》及四川省《实施办法》执法情况的书面汇报。

同月 四川省八届人大常委会第十四次会议制定《四川省各级人大常委会加强对法律实施情况检查监督的规定》，明确执法检查的主体、对象、范围及组织实施等问题，为执法检查工作的开展提供了比较明确的可操作的法制规范。

是年后 四川省各级人大常委会普遍开展代表评议工作，评议对象由初期基层的“七所八站”发展到市、县的行政、司法机关。在中共四川省委的直接领导下，四川省人大常委会从 1995 年起，连续组织人大代表先后评议四川省工商局、四川省公安厅、四川省人民检察院和四川省高级人民法院的工作。

1996 年

6 月 11—18 日 四川省八届人大常委会第二十一次会议在成都市举行，会议听取并审议《四川省人民政府关于“三五”普法规划的报告》，审议并通过《关于法制工作室和选举任免联络工作室更名为法制工作委员会和人事代表工作委员会的决定》。

上半年 四川省乡级人大自1995年下半年开始进行换届选举，省人大常委会及有关工作机构对换届选举作了组织、指导、协调工作。

10月10—19日 四川省八届人大常委会第十七次会议在成都市举行，会议听取关于四川省深化企业改革建立现代企业制度试点情况的汇报、关于贯彻实施科技进步法及有关法规情况的汇报。

是年 为宣传环境保护法，配合“中华环保世纪行”活动，四川省人大常委会牵头组织“96巴蜀环保世纪行”宣传活动。

1997年

4月 因重庆设为直辖市，四川省八届人民代表大会常务委员会组成人员中，有1名副主任，8名委员随着他们的省八届人大代表资格的终止而相应终止职务。

同月 四川省八届人民代表大会第五次会议审议和通过四川省人民代表大会关于依法治省的决议，对依法治省的指导思想、目标任务和保障措施作出规定。

8月 四川省八届人大常委会审议通过《关于县级人民代表大会代表选举时间的决定》《关于部分市、州、县（市、区）人民代表大会代表名额和新一届人大常委会组成人员名额的决定》《关于四川省第九届人民代表大会代表名额分配和选举时间的决定》。

1998年

1月 四川省九届人大一次会议选举谢世杰等81人组成四川省九届人大常委会，选举宋宝瑞等10人组成新一届四川省人民政府，选举敬瑞祥为四川省高级人民法院院长，选举韩忠信为四川省人民检察院检察长，选出四川省出席全国人民代表大会的代表151名。

3月底 1997年10月开始进行全省县级人大换届选举，选举出全省县级人大代表和县级国家机关领导班子。

6月12日 四川省九届人大常委会第三次会议任命袁福有为四川省九届人大外事侨务委员会副主任委员。

8月24—30日 四川省九届人大常委会第四次会议在成都市举行。会议听取并审议四川省人大常委会执法检查组关于《四川省农民负担管理条例》执法检查情况的汇报。1998年，省人大常委会专门对《四川省农民负担管理条例》的执行情况进行了检查，检查的重点是1997、1998年农民负担情况，包括收取提留、统筹费的情况，乱集资、乱摊派、乱收费、乱罚款的情况，查处农民负担恶性案件的情况，四川省人民政府和省直有关部门执行条例的情况及制定的有关政策规定有无违背条例规定的问题。

12月18日 四川省九届人大常委会第六次会议任命耿全礼为四川省九届人大内务司法委员会副主任委员。

是年 四川省人大常委会组织50余名省人大代表对四川省高级人民法院的工作进行评议，并指导全省各级人大开展对法院的评议监督工作。

1999年

3月底 在四川省人大常委会指导下，四川省5015个乡镇人民代表大会的换届选举工作顺利完成。

4月3日 四川省九届人大常委会第八次会议任命汪兴高为四川省九届人大教育科学文化卫生委员会副主任委员；黄永光为四川省九届人大农业委员会副主任委员。

5月 四川省九届人大常委会第九次会议听取四川省人大城乡建设环境资源保护委员会关于视察会东铅锌矿治污情况的汇报。会东铅锌矿选矿废水未经环保处理，直接排入大桥河，造成水质严重污染，群众反映十分强烈。四川省人大常委会及时召开治污工作联系会，听取有关部门的情况汇报，又赴会东矿区进行现场调查，充分听取广大干部、群众对治污工程的意见。从1999年起，四川省人大常委会领导先后5次深入矿区，了解和检查治污情况，督促四川省人民政府及有关部门和凉山州研究落实治污措施。至2002年底，会东铅锌矿“治污、治乱、治穷”的各项措施已逐步落实。

12月 召开纪念四川省人大常委会成立20周年大会，回顾四川省人大常委会设立20年来的历程，总结坚持和完善人民代表大会制度、人大建设的基本经验，提出开创人大工作新局面的思路。

2000年

5月7日 四川省九届人大常委会第十六次会议决定接受向阳辞去四川省九届人大常委会委员、内务司法委员会副主任委员职务。同时，任命吴才荣为四川省九届人大内务司法委员会副主任委员；董任远为四川省九届人大教育科学文化卫生委员会副主任委员；陈德静为四川省九届人大农业委员会副主任委员；刘丹陵为四川省九届人大城乡建设环境资源保护委员会副主任委员；李长春为四川省九届人大外事侨务委员会副主任委员。

5月 四川省人大常委会组成3个执法检查组，分别由省人大常委会领导带队，深入成都、德阳、泸州、宜宾、广安、达州6个市和15个县（市、区）、50余家企业，对贯彻执行乡镇企业法的情况进行检查。

同月 四川省九届人大常委会委员王廷杰因公殉职。

6月中旬 四川省人大常委会组成4个环保执法检查组，分别由省人大常委会领导带队，分赴岷江、沱江、嘉陵江流域的成都、内江、乐山、广元、南充等10个市及所属的36个县进行“一控双达标”检查。

8月2日 四川省九届人大常委会第十八次会议听取并审议四川省人民检察院检察长韩忠信作的《四川省人民检察院关于张育仁涉嫌受贿犯罪和被告刘中山涉嫌贪污、受贿犯罪的情况报告》。

是年 四川省人大民族宗教委员会和教科文卫委员会对3个民族自治州的21个县300多个乡镇

实施义务教育法的情况进行调查，对民族地区普及义务教育的问题和困难作出如实反映，提出加强对民族地区义务教育的建议，得到中共四川省委的肯定。

2001 年

3 月 30 日 四川省九届人大常委会第二十二次会议任命徐宗钰为四川省九届人大教育科学文化卫生委员会副主任委员。

4 月 提请四川省九届人大四次会议审议通过省人大及其常委会立法程序规定，确定地方立法“三审制”。

6 月中旬 四川省人大常委会组成 5 个检查组，分赴甘孜、阿坝、凉山 3 州，对 17 个县贯彻《中华人民共和国草原法》的情况开展执法检查。

2002 年

1 月 18 日 四川省九届人大常委会第二十七次会议任命周登全为四川省九届人大农业委员会副主任委员。

1 月 四川省九届人大常委会第二十七次会议审议《四川省人民代表大会常务委员会主任会议关于提请审议设立四川省人民代表大会常务委员会预算工作委员会的议案》，决定设立四川省人民代表大会常务委员会预算工作委员会。

3 月 30 日 四川省九届人大常委会第二十八次会议决定接受卢铁城辞去四川省九届人大常委会副主任职务。

5 月 28—30 日 四川省九届人大常委会第二十九次会议在成都市举行。会议根据《四川省公民旁听省人民代表大会常务委员会会议规定》首次实行公民旁听。10 名公民按照《四川省人大常委会办公厅关于公民旁听省人大常委会会议的公告》报名旁听此次会议。

7 月 16—20 日 四川省九届人大常委会第三十次会议在成都市举行。会议听取四川省人大常委会执法检查组关于检查全省贯彻实施《中华人民共和国药品管理法》情况的报告。

2003 年

1 月 四川省十届人大一次会议选举张学忠等 82 人组成省十届人大常委会，选举张中伟等 9 人组成新一届省人民政府，选举李少平为省高级人民法院院长，选举陈文清为省人民检察院检察长。

3 月底 四川省人大、部分市（州）人大和县级人大从 2002 年冬起陆续进行换届选举，全省已完成人大换届选举任务。

7 月 四川省十届人大常委会第四次会议，依法罢免鄢良钟的第十届全国人民代表大会代表职务，经第十届全国人大常委会代表资格审查委员会审查，全国人大常委会终止鄢良钟的第十届全国人民代表大会代表资格。

同月 四川省十届人大常委会第四次会议表决通过《四川省人民代表大会常务委员会关于进一步加强企业破产案件审理工作的决议》。

9月25日 四川省十届人大常委会第五次会议决定接受蒋显伦辞去四川省十届人大常委会委员职务。

2004年

7月 四川省十届人大常委会第十次会议通过《四川省人民代表大会常务委员会关于加强全省检察机关人民监督员试点工作的决议》。

9月 四川省十届人大常委会第十一次会议听取和审议《四川省人大常委会执法检查组关于检查〈中华人民共和国水污染防治法〉实施情况的报告》。

11月 四川省十届人大常委会第十一次会议听取审议《四川省人大常委会执法检查组关于检查〈中华人民共和国农村土地承包法〉贯彻实施情况的报告》。

是年 四川省人大常委会召开纪念全国人民代表大会成立50周年暨地方人大常委会设立25周年大会、纪念邓小平100周年诞辰民主法制建设座谈会，举办人民代表大会制度知识竞赛和专题电视文艺晚会，拍摄反映四川省人大常委会25年历程和工作的电视专题片。

是年 四川省人大常委会结合《中华人民共和国民族区域自治法》颁布20周年，召开纪念座谈会，促进民族区域自治法的贯彻实施。

2005年

1月21—26日 四川省十届人大三次会议在成都市锦江大礼堂举行。为提高会议效率，四川省十届人大三次会议作出如下改革：（1）将四川省发展和改革委员会《关于四川省2004年国民经济和社会发展计划执行情况及2005年计划草案的报告》、四川省财政厅《关于四川省2004年财政预算执行情况和2005年财政预算草案的报告》改为书面报告，印发会议审查批准；（2）将预备会议安排在第一次大会前举行，完成预备会议议程后，举行主席团第一次会议，随后召开第一次大会，听取四川省人民政府省长关于政府工作的报告；（3）要求会议关于各项工作报告的决议（草案），要文字简短，不重复报告内容；（4）大会通过各项决议和预备会议选举，均采用电子表决系统进行。

4月 四川省十届人大常委会第十四次会议决定设立四川省人大常委会港澳台事务工作委员会，与四川省人大外事侨务委员会实行“两块牌子、一套班子”，合署办公。

11月 四川省十届人大常委会第十八次会议听取和审议《四川省人大常委会主任会议关于组织人大代表视察法院庭审工作（试点）的情况报告》。2005年，四川省十届人大常委会与成都市人大常委会组织人大代表开展视察法院庭审的试点工作，旁听四川省高级人民法院、成都市中级人民法院及锦江区、金牛区、双流县法院的庭审共49次，以程序公正为重点，开展工作评议。各市（州）人大常委会随后也陆续开展此项工作。

12月20日 为贯彻落实中共中央9号文件和中共四川省委13号文件精神，拓展代表知情知政渠道，四川省人大常委会办公厅、人事代表工委为在成都的四川省人大代表举办报告会，四川省“一府两院”向代表们通报有关工作情况，并将会议材料印送全体省人大代表。

2006年

5月26日 四川省十届人大常委会第二十一次会议审议通过《四川省人民代表大会常务委员会讨论决定重大事项的规定》，明确规范决定重大事项的内容、方式和程序。

同日 四川省十届人大常委会第二十一次会议审议通过《四川省人民代表大会常务委员会关于规章及规范性文件备案审查的规定》，2007年又根据监督法的规定进行修改，使规章和规范性文件备案审查工作更加规范严谨。

9月28日 四川省十届人大常委会第二十三次会议表决通过《四川省人民代表大会常务委员会关于接受陈文清辞去省人民检察院检察长职务的决定》。

同日 四川省十届人大常委会第二十三次会议审议通过《四川省旅游条例》。该条例是四川省人大常委会在全国率先制定的具有鲜明地方特色的省级综合性地方性法规。

12月29日 四川省十届人大常委会第二十五次会议在成都市举行，补选杜青林为四川省出席第十届全国人民代表大会代表，依照有关法律规定，报请全国人大常委会代表资格审查委员会审查确认后，由全国人大常委会予以公告。

2007年

1月23日 四川省十届人大常委会第二十六次会议根据四川省人民政府省长张中伟的提名，决定蒋巨峰为四川省人民政府代理省长；通过《四川省人民代表大会常务委员会关于接受张中伟辞去四川省人民政府省长职务的决定》。

3月 四川省县乡两级人大完成自2006年7月起同步进行的换届选举。这次县乡两级人大换届选举是乡级人大每届任期由3年改为5年后，县、乡两级人大第一次同步进行的换届选举。

2008年

1月16日 四川省十届人大常委会第三十二次会议决定接受李少平辞去四川省高级人民法院院长职务，报四川省人民代表大会备案；任命刘玉顺为四川省高级人民法院副院长、代理院长。

四、四川省七、八、九、十届人大常委会工作报告摘录

（一）四川省七届人大第一、二、三、四、五次会议常委会工作报告摘录

1988年常委会工作报告（摘录）

一、制定和批准地方性法规

制定和批准地方性法规，是常委会的一项重要工作。一年来，根据建设和改革的需要，从我省的实际情况出发，制定和颁布了7个地方性法规。

民族立法工作方面，批准了《阿坝藏族羌族自治州自治条例》《峨边彝族自治县自治条例》等法规，其中《峨边彝族自治县自治条例》是我省三个民族自治州自治条例颁布以后，产生的第一个民族自治县的自治条例。

成都、重庆两市报请批准的地方性法规方面，一年来，批准了《重庆市技术市场管理暂行规定》等法规。

二、对法律实施情况的监督检查

一年来，先后听取了省人民政府和省高级人民法院关于《四川省计划生育条例》等9个法律、法规实施情况的汇报，并作出了进一步贯彻实施四川省计划生育条例、依法强化土地管理、进一步贯彻实施食品卫生法、加强我省社会治安管理工作等4个决议。

三、听取和审议省政府的工作报告

一年来围绕社会主义现代化建设和改革开放中的重大问题，听取和审议了省人民政府关于财政预算执行、治理经济环境整顿经济秩序、农业生产、工交生产、能源建设、压缩固定资产投资、外事工作、外贸工作、住房制度改革、扶持贫困地区、处理重大安全事故、社会治安、劳改劳教工作等工作报告共23次。

四、加强和改进人事任免工作

省七届人大一次会议后，常委会随即审议张皓若省长提出的新的一届省人民政府的秘书长、厅长、局长、委员会（办公室）主任的任命案，经过几次常委会会议的讨论，已决定任命秘书长和36个厅、局长和委、办主任，有3个厅、局还没有决定任命厅、局长。根据工作需要和张皓若省长的提请，决定任命蒲海清为副省长。

常委会还通过了副秘书长、各专门委员会个别副主任委员和委员、各办事机构和地区联络委员会（地区联络处）负责人的任免事项，其中任职 15 人，免去职务 7 人；通过了省高级人民法院和各地区中级人民法院的任免事项，其中任职 73 人，免去职务 16 人；通过了省人民检察院、各地区检察分院和成都铁路运输检察分院的任免事项，其中任职 182 人，免职 13 人；批准任免了市、州、县人民检察院检察长。

五、做好同代表和市州县人大常委会的联系工作

继续坚持省和各市州县人大常委会、地区联络处共同联系省人大代表的办法，及时了解代表反映的群众意见和要求。省人大代表已建立 93 个代表小组，基本上都能定期开展活动。同代表的直接联系也有了一些新的作法，如省人大农业委员会同各市、地、州的 21 名省人大代表建立了直接联系制度。常委会从第五次会议起，邀请在人大专门委员会任职的代表列席会议。各市、州、县在联系省人大代表方面，做了大量工作，协助组织代表视察和专题调查，邀请代表列席本地人大常委会会议，取得了较好效果。

省七届人大一次会议主席团决定交常委会审议处理的 4 件代表议案，都决定列入常委会会议议程。

省七届人大一次会议期间，代表们提出的对各方面工作的建议、批评和意见共 780 件，由省政府处理的 736 件，由常委会和省法院、省检察院等处理的 44 件。在大会闭会期间代表向常委会和省政府提出的建议、批评和意见共 175 件。所有建议、批评和意见已经处理完毕，并由有关单位直接答复了提意见的代表。

六、加强常委会的组织建设

省七届人大一次会议决定设立民族、政法、财政经济、教育科学文化卫生、农业等五个专门委员会，这是完善人大及其常委会职能的重要组织保证。

适应工作发展的需要，常委会加强了办事机构的建设，决定对原有办公厅的职责范围进行适当调整，并增设法制工作室、研究室和人事工作室。

另外，常委会的对外交往有所增加。

1989 年常委会工作报告（摘录）

一、制定和批准地方性法规

常委会一年来加强了地方立法工作，共审议省的地方性法规草案 10 个，已通过颁布的 8 个，还批准了各自治地方和成渝两市制定的法规 14 个。

此外，对全国人大常委会发来征求意见的城市居民委员会组织法、集会游行示威法、著作权等 6 个法律草案，广泛征求了各方面的意见，并及时汇总整理上报全国人大常委会。

二、检查法律、法规的实施情况

常委会 1989 年在我省范围内组织了对《全民所有制工业企业法》《村民委员会组织法（试行）》《民族区域自治法》实施情况的检查，检查有较大的声势，效果比较好。

常委会和各专门委员会还通过听取工作汇报，组织视察，对省计划生育条例、环境保护法、矿产资源法、义务教育法和省义务教育实施条例、消防条例、统计法等实施情况进行了检查，为这些法律法规的进一步贯彻实施提出意见和建议。

三、听取和审议政府两院的工作报告，通过相应的决议

常委会根据稳定政治、稳定经济的需要，一年来围绕巩固和发展安定团结的政治局面、推进治理整顿深化改革、加强廉政建设等重大任务，共听取省人民政府、省高级人民法院和省人民检察院工作报告、情况汇报 29 次，并相应通过了 9 项决议。

四、做好人事任免工作，指导县乡人大换届选举

一年来，常委会共任免国家机关工作人员 256 人，其中决定任命省政府组成人员 5 人，免去职务 2 人。为了使人事任免工作制度化，在总结以往工作经验的基础上，1989 年 3 月制定了人事任免办法。

省七届县乡两级人民代表大会任期届满，常委会作出决定，在 1989 年冬 1990 年春进行换届选举。到 90 年 1 月底止，已有 214 个县（市、区）完成了两级人大代表的选举。

五、联系代表和市、州、县人大常委会

一年来，常委会在与省人大代表的联系方面做了若干改进。常委会加强了同代表小组的联系，对各个时候小组活动的内容提出了安排建议，各市、州、县人大常委会积极协助各小组开展活动。建立了部分省人大代表和全国人大代表列席常委会会议制度。对办理代表提出的建议、批评和意见的工作，有了改进。对承办单位的办理情况注意了检查督促，由办公厅向代表印发了代表意见反馈表，根据反馈意见，对代表不满意的问题，及时交有关单位重新研究办理。

省七届人大二次会议期间，代表对各方面工作提出建议、批评、意见 1029 件，大会主席团决定把议案改作建议、批评、意见处理的 177 件，共 1206 件。到 1989 年 10 月底，已全部办理完毕，并答复了代表。常委会听取了省政府和常委会办公厅关于代表建议、批评、意见办理情况的汇报。

常委会组成人员到各地调查研究、视察工作，一般都走访了在当地的省人大代表或召开座谈会听取代表意见。

1989 年常委会共收到和接待人民群众来信来访近 1.2 万人次，除转交有关机关处理的以外，对一些重要的信访立案查办，解决一些久诉不息的问题。

六、发挥专门委员会的作用

省七届人大一次会议决定设立的民族、政法、财政经济、教育科学文化卫生、农业 5 个专门委员会，通过两年来的探索和实践，逐步形成了自己的工作特点。

省七届人大二次会议主席团交付专门委员会审议的 11 件议案，已分别审议结束。

1990 年常委会工作报告（摘录）

一、制定和批准地方性法规

省七届人大三次会议以后，常委会先后审议地方性法规草案 12 个，其中 8 个已发布施行；批准成渝两市制定的法规 13 个；批准民族自治地方制定的法规 3 个。

制定和批准维护经济建设正常秩序的法规是 1990 年立法的重点。

常委会还就全国人大常委会发来征求意见的国旗法、铁路法、著作权法等10个法律法规草案广泛征求了各方面的意见，及时整理上报全国人大常委会。

二、监督法律法规的实施

1990年对森林法、省绿化暂行条例、省长江水源涵养保护条例等法规的实施情况进行了检查。此外，常委会还听取了省政府关于传染病防治法、环境保护法、会计法实施情况的报告。

三、听取和审议政府、两院的工作报告

一年来，常委会就治理整顿、深化改革、廉政建设和社会治安等问题，先后听取了省人民政府、省高级人民法院和省人民检察院的专题工作报告和情况汇报22次。

四、认真办理代表建议意见，密切同代表和人民群众的联系

在省七届人大三次会议期间，代表共提出建议、批评和意见927件，到1990年10月已由各省级部门和14个市地州分别办理完毕，并直接答复了代表。

常委会组成人员走访代表、接待代表、处理代表来信的工作也有所加强。

常委会进一步加强了同市、州、县人大常委会的联系。

常委会共收到和接待人民群众来信来访1.3万余件次，其中多数是对司法机关和行政机关的判决、裁定、行政处罚不服的申诉。对这些申诉，一般按照“分级负责、归口办理”的原则转各地和各部门负责处理。对其中重要的申诉案件，则由常委会工作机构立案处理，分别情况，有的交有关单位限期办结，报告结果；有的直接组织调查，督促有关单位办理；必要时，调阅案卷，听取汇报，研究处理办法，责成有关单位办理。

五、加强人大组织制度建设，做好人事任免工作

我省县乡两级人大换届选举工作1990年4月已经结束。

常委会决定将各地区联络委员会改为地区工作委员会，并制定了地区工作委员会工作条例。条例规定，地区工作委员会是常委会派出的工作机关，履行条例规定的各项职责，向常委会负责并报告工作。

乡镇人大主席团成为常设以后，乡镇人民代表大会闭会期间有人负责处理日常工作，检查落实大会决议的贯彻执行，检查法律法规和上级人大决议的执行情况，督促办理代表议案和建议、批评、意见，组织代表开展活动，反映代表意见，监督和支持政府开展工作。

按照地方组织法和常委会人事任免办法，认真行使任免权，做好人事任免工作。一年来共任免国家机关工作人员249人次，其中任命198人，免职51人。由四川选出的全国人大代表胡绩伟，在1989年政治风波中支持并介入动乱，常委会第15次会议罢免了胡绩伟的第七届全国人民代表大会代表职务。

六、发挥专门委员会的作用

省人民代表大会闭会期间，各专门委员会按照地方组织法规定的职能，在常委会领导下，研究、审议和拟订地方性法规草案和其他议案，进行调查研究，协助常委会对政府和两院工作进行监督，对常委会有效地行使职权，发挥了重要的作用。

经过三年来的工作实践，专门委员会的工作已逐步走向制度化。

省七届人大三次会议主席团交付各专门委员会审议的各项议案，已全部审议完毕，常委会听取并通过了各委员关于议案审议结果的报告。各委员会除了审议大会主席团交付的各项议案，研究、审议、拟订常委会交付的各项议案外，还按照各自的职责分工，为具体组织法律法规实施的检查，开展重大问题的调查研究，加强同政府有关部门和两院的经常联系，加强同各地人大的联系，做了不少工作。

1991 年常委会工作报告（摘录）

一、常委会进一步加强了立法工作

一年来制定、颁布了成都平原耕地保护区耕地保护条例等 13 个地方性法规；批准了甘孜藏族自治州施行四川省土地管理实施办法的变通规定等自治地方的 4 个单行条例；批准了成都市城市园林绿化条例等 6 个地方性法规。紧紧围绕经济建设这个中心开展工作，是 1991 年常委会工作的一个突出的特点。在通过的 13 项地方性法规中，与经济建设密切相关的就有 8 项。

二、监督法律法规的实施

常委会组织了对水法、会计法、省工业产品质量监督条例、省保护消费者合法权益条例、土地管理法、义务教育法和省计划生育条例实施情况的检查，并有重点地对专利法、技术合同法、环境保护法、食品卫生法、传染病防治法的实施情况进行了检查。

从 1991 年起，实施普及法律常识、加强法制宣传教育的第二个五年规划。省人大常委会 1991 年 5 月听取了省政府关于“一五”普法情况和“二五”普法安排的汇报，常委会通过了在全省公民中实施法制宣传教育的第二个五年规划的决议。

三、听取和审议政府、两院的工作报告

一年来，常委会听取了省人民政府、省高级人民法院、省人民检察院的工作报告和情况汇报 22 次，并就开展法制宣传教育、加强社会治安综合治理及加强农村卫生工作，作出决议、决定。

四、加强人大组织制度建设，做好人事任免工作

一年中常委会共任免国家机关工作人员 217 人，其中任职 147 人，免职 70 人。

五、加强工作监督

常委会分别听取了法纪检察、控申检察和行政监察工作情况的汇报，对一些重大经济案件的查处加强了监督，对社会普遍关注的郑六一贪污案的查处自始至终很重视，曾向省检察院提出质询，并多次听取办案情况的汇报，监督和支持检察机关和审判机关依法办案。该案 1991 年已办结，郑六一受到了法律制裁。

六、认真办理代表建议意见，密切同代表和人民群众的联系

省七届人大四次会议主席团交付省人大政法、财经、教科文卫和农业委员会审议的 10 件议案，各委员会都作了认真的审议，常委会第 26 和 27 次会议分别审议和通过了 4 个专门委员会关于 9 件议案审议结果的报告

省七届人大四次会议期间，代表共提出建议、批评、意见 955 件，连同由议案转为建议的 152 件共计 1107 件，已按规定时间处理完毕，并将结果答复了代表。

1991 年常委会收到人民群众来信 11511 件，接待人民群众来访 2413 人次，共计 13924 件次。由常委会信访办立案、发函处理的案件比上年有所增加。

1992年以及七届常委会工作报告（摘录）

一、省七届人大五次会议闭会以后的工作

（一）制定和批准地方性法规。一年来，常委会制定和修订了9个地方性法规，批准了民族自治地方的3个自治法规，批准了成都市和重庆市10个地方性法规。

（二）加强对法律实施情况的监督检查。常委会坚持把开展执法检查放在工作的重要位置，92年在全省范围内组织了对《中华人民共和国全民所有制工业企业法》和《四川省农民负担管理条例》实施情况的检查。

一年来，省人大各专门委员会还有重点地对环境保护法、矿产资源法、民族区域自治法、草原法、专利法、技术合同法、义务教育法和省计划生育条例等法律、法规的实施情况进行了检查，向常委会提出了检查报告，向有关部门提出了建议和要求。

（三）听取工作汇报，通过相应决议。常委会根据省七届人大五次会议的授权批准了1991年财政决算等。常委会先后听取了省人民政府关于国民经济计划执行情况等。

省人大教科文卫委员会1992年对重庆、成都等7个市、地贯彻执行常委会关于“依靠科技进步振兴农业”和“进一步推动我省工业企业科技进步”的两个决议的情况进行了检查。

（四）依法任免国家机关工作人员。一年来常委会共任免和批准任免国家机关工作人员281人次，其中，省人民政府组成人员15人次，省高级人民法院及各地区中级人民法院106人次，省人民检察院及市、县人民检查院和地区检察分院118人次，省人大常委会办事机构及各地区人大工作委员会42人次。常委会在1992年11月28日第32次会议上，决定接受张皓若因工作调动而提出的辞去四川省省长职务的请求。

（五）加强同代表的联系，认真办理代表议案和建议。常委会每次例会邀请部分省人大代表和全国人大代表列席，共同商讨全省大事；常委会和各专门委员会组织的有关视察、调查活动，邀请当地的代表参加；加强了对代表小组活动的指导，丰富了代表小组活动的内容。常委会召开专门会议研究部署了《代表法》的宣传和贯彻工作。

省七届人大五次会议期间，主席团将11件代表议案分别交各专门委员会审议。各委员会都向常委会提出了审议结果的报告。

省七届人大五次会议期间，代表对各方面的工作提出的建议、批评和意见，连同大会主席团确定的由议案转为建议、批评和意见处理的，共823件，常委会办事机构分别交有关部门处理。截至92年10月，已经处理完毕，并将处理结果答复了代表。常委会和省政府1992年8月组成联合调查组，就办理工作的时效、质量和落实情况对省计委等9个省级单位进行了检查，对代表和群众反映比较集中的“热点”“难点”问题，进行了跟踪检查。常委会1992年接待人民来访、处理人民来信共13411人（次）、件（次）。

（六）搞好换届选举工作。

根据修订后的四川省地方各级人大代表选举实施细则，省人民代表大会的代表名额总数不超过1000人，各选举单位实际选出983人，其中女代表192人，占总数的19.5%，少数民族代表113人，占总数的11.5%，截至1992年1月中旬，县、乡两级人民代表大会的代表选举工作已告结束。

二、五年来工作的回顾和主要体会

五年里常委会共举行会议33次，听取和审议省人民政府和省高级人民法院、省人民检察院的工作报会、情况汇报113次，讨论决定各方面工作的重大事项，作出相应的决议、决定35个，其内容涉及政治、经济、教育、科技、文化、卫生、城乡建设、环境保护以及控制人口、廉政建设等各个方面。根据我省社会主义建设事业发展的需要，常委会加快了地方立法工作的步伐，先后制定和修订地方性法规45个，批准了民族自治区地方的自治条例和单行条例20个，批准了成、渝两市制定的地方性法规44个。

常委会加强了法律监督和工作监督，除了听取和审议“一府两院”贯彻实施法律、法规的情况汇报外，每年都有计划、有重点地在全省范围内组织检查2～3个法律、法规的实施情况，各专门委员会也对部分法律、法规的实施情况进行了检查。通过这些检查，推动了法律、法规的实施，纠正了一些违法行为，督促查办了一些重大违法犯罪案件。

常委会努力加强同人民代表和人民群众的联系，发挥联系群众、反映民意、解决矛盾的重要民主渠道的作用。五年来，常委会共任免国家机关工作人员1359人次。在任免工作中坚持民主集中制原则，严格依法办事，坚持干部的“四化”方针和德才兼备的原则。常委会的自身建设不断得到加强。

（二）四川省八届人大第一、二、三、四、五次会议常委会工作报告摘录

1993年常委会工作报告（摘录）

1993年，省人大常委会按照省八届人大一次会议决议的要求，在加快经济立法，加强对“一府两院”的监督、发挥代表作用等方面有了新的进展。

一、以经济立法为重点加快地方立法步伐

一年来共制定和修改地方性法规10件，还有两件法规草案已经初审；共批准成渝两市地方性法规11件，批准民族自治地方的单行条例4件。在制定的地方性法规中，经济法规占了较大比重。为了完善立法程序，常委会总结多年来的实践经验，在过去制定的三个有关地方立法程序法规的基础上，制定了《四川省人民代表大会常务委员会制定地方性法规程序的规定》。

常委会还就全国人大常委会发来征求意见的中华人民共和国农业法、公司法、证券法、预算法、反不正当竞争法、民族区域自治法、科技进步法、教师法、红十字会法等一批法律草案（或修正案），广泛征求各方面的意见，及时研究整理上报了全国人大常委会。

二、针对改革和发展中的重大问题开展执法检查

为了促进《四川省农民负担管理条例》的贯彻实施，坚决制止违反条例规定增加农民负担的行为，常委会去年在全省范围内组织了对条例实施情况的检查，并会同省政府、省政协、省法院和省

级有关部门，组成执法检查组，分别到梁平、眉山等13个县进行重点检查。

企业法颁布后，常委会对企业法和转机条例的实施情况，主要是企业自主权的落实情况进行了检查。

除了常委会统一组织进行的上述两项执法检查外，省人大各专门委员会还分别对一些法律、法规的实施情况进行了重点检查监督。

三、围绕经济建设听取和审议“一府两院”的工作报告

一年来，常委会共听取和审议工作报告和情况汇报24次，通过相应的决议4件。

四、发挥各专门委员会的职能作用

各专门委员会还分别对环境保护法、水土保持法、妇女权益保障法、残疾人保障法、归侨侨眷权益保护法以及省酒类管理条例、技术市场管理条例、文化市场管理条例、野生动物保护法实施办法、渔业法实施办法、各级人大常委会监督条例、关于综合治理沱江污染的决议等法律、法规、决议的贯彻实施情况有重点地进行了执法检查，向常委会提出了检查报告，向有关部门提出了改进执法工作的意见。

各专门委员会去年加强了调查研究工作。

省八届人大一次会议期间，大会主席团交付各专门委员会审议的代表议案共15件。各专门委员会已向常委会提出了审议结果的报告。

侨务外事工作委员会是本届省人大常委会根据工作需要新设立的工作机构。设立以后，在参与归侨侨眷权益保护法实施情况的检查，拟订和宣传省归侨侨眷权益保护法实施办法等方面做了一系列的工作。

五、加强对新形势下人大工作的研究和实践

党的十四大确定我国经济体制改革的目标是建立社会主义市场经济体制，八届全国人大一次会议把“国家实行社会主义市场经济”载入了我国宪法。十四大同时还确定我国政治体制改革的目标是建设社会主义民主政治，对九十年代推进政治体制改革，使社会主义民主和法制建设有一个较大的发展，提出了具体的要求。人大工作如何适应这个新形势，这是本届人大常委会产生以后面临的重要课题。一年来，常委会以建设有中国特色社会主义的理论为指导，对此加强了研究和实践。

适应形势发展的需要，加强地方立法工作，加快立法步伐特别是经济立法步伐，常委会于召开了全省立法工作会议。会议形成了《关于进一步加强立法工作，提高立法质量的意见》，拟订了五年立法规划。

为了适应新形势下做好人大工作的需要，常委会去年还加强了人大干部的培训工作，重点是培训县级人大常委会有关负责同志，参加各类轮训班、学习班的有650多人。

常委会共依法任免国家机关工作人员465人，其中任命376人，免职89人；先后接待了来自德国、日本、美国和泰国的5个友好访问团，派出了一个友好访问团到日本广岛县访问，增进了同国外议会的相互了解和友好关系。常委会办事机构共向有关机关交付和督促办理代表的建议、批评和意见514件。一年来共接待人民来访和处理人民来信1.4万人（件）。

1994年是我国经济体制改革整体推进和重点突破的关键的一年。在新的一年里，要以改革的精神加快地方立法的步伐，认真研究市场经济发展的新情况，新问题，从实际需要出发，抓紧制定一批经济法规；要加强对法律实施情况的监督检查；要围绕改革开放、经济建设和精神文明建设的重大问题，以及事关国计民生和人民群众普遍关心的问题，加强对“一府两院”工作的监督；要抓好基层民主政治建设。发挥乡、镇人民代表大会的职能作用，加强乡镇人大主席团的建设；要把贯彻代表法、充分发挥人大代表作用作为一项基础工作抓紧、抓好。代表评议工作要在1993年开展的基础上，根据各地的实际情况在全省普遍推行，重点是县级的一些政府职能部门和司法机关以及乡镇的一些基层单位；要加强宪法、法律的宣传教育；要加强省人大常委会的自身建设。要认真学习邓小平同志关于建设有中国特色社会主义理论和社会主义市场经济理论，不断提高审议和决定重大问题的工作效率和工作水平。

1994年常委会工作报告（摘录）

1994年是我国深化改革和加快经济发展的一年。省人大常委会在加快地方立法，加强对“一府两院”的法律监督和工作监督，促进改革和发展，维护社会稳定，推进社会主义民主法制建设等方面做了大量工作。

一、一年来的主要工作

（一）适应改革开放和经济发展的需要，加快地方立法步伐

一年来共制定、修改和批准地方性法规34件。其中常委会制定和修改地方性法规14件，批准成渝两市制定的地方性法规17件，批准民族自治地方制定的单行条例3件。在立法工作中突出了经济建设和改革开放这个重点，同时也兼顾了其它方面的立法需要。在制定和批准的34件法规中，属于经济建设和改革开放方面的有22件，占立法总数的64.7%；属于教育、科技、文化和保护公民合法权益等方面的共12件，占35.3%。

常委会还对全国人大常委会发来征求意见的22个法律草案广泛征求了各方面的意见，并将这些意见整理上报了全国人大常委会。

（二）加强执法检查，促进法律法规的贯彻实施

1994年常委会在全省范围内组织了反不正当竞争法和义务教育法、教师法执行情况的检查。

常委会还配合全国人大常委会在我省进行了农业法、环境保护法、专利法的执法检查，取得了实际效果。

常委会和专门委员会在执法检查中注意将检查与法制宣传、普法教育相结合。

（三）抓大事，抓热点，增强监督工作的力度

一年来，常委会以改革开放、经济建设和政治生活中的重大问题以及人民群众关心的“热点”问题为重点，大力加强工作监督，先后听取省人民政府和省高级人民法院、省人民检察院的工作报告22次，作出有关决议、决定4个，向“一府两院”转交了常委会对各次报告的审议意见19件。各专门委员会还定期听取了有关部门的工作情况汇报。

（四）搞好人大制度的建设，加强人大工作的研究和宣传

经常委会建议，中共四川省委于召开了全省人大工作会议，此后，许多市、地、州、县党委也相继召开了人大工作会议。

常委会召开了全省人大制度理论研讨会，同时成立了四川省人民代表大会制度研究会。在市、

地、州人大主任参加的人大工作研讨会上，对在改革开放的新形势下如何搞好执法检查、代表评议、部门执法责任制、完善人大的监督机制等问题进行了研讨，总结交流了工作经验。常委会重视基层的社会主义民主政治建设，在乡镇人民代表大会设立常设立席团后，又分别制定了四川省村民委员会组织法实施办法和四川省城市居民委员会组织法实施办法。常委会专门召开了一次全省农村基层民主政治建设会。

1994年是人民代表大会制度建立和我国第一部社会主义宪法颁布的40周年。常委会与成都市人大常委会联合召开了纪念人民代表大会制度建立和宪法颁布40周年大会，召开了纪念了人民代表大会制度建立40周年座谈会，组织了纪念人大制度建立40周年知识大赛，开展了人大制度宣传的好新闻评选，还开展了民族区域自治法颁布10周年纪念活动。

（五）认真贯彻代表法，发挥代表作用，密切联系群众

常委会结合“二五”普法，对代表法进行了深入的宣传和贯彻。常委会重视代表评议工作的开展，加强了对这项工作的指导。全省的县（市、区）和乡镇人大已较普遍地开展了代表评议，一部分市、州也开展了这项工作，不少地方把评议和领导干部述职结合起来，增强了监督效果。

省八届人大二次会议主席团交付各专门委员会审议的代表议案共30件，各专门委员会经过认真的审议，已向常委会提交了审议结果的报告。

一年来，常委会共收到人民群众来信及接待人民群众来访1.6万余件（人）次，1994年，常委会共依法任免国家机关工作人员275人，其中任命218人，免职57人，常委会同各国地方议会间的友好交往也进一步增强，接待了来自美国、日本、匈牙利、玻利维亚、赞比亚、越南、英国、泰国等国的友好访问团17个，组团出访及参加有关部门组织的访问团出访21人次。

二、1995年主要工作任务

1995年全面完成我省“八五”计划，并为“九五”计划作好准备的一年。在新的一年里，第一，继续加快立法步伐，特别是经济立法步伐。第二，加强法律实施的监督，促进法律法规贯彻实施。第三，加强对“一府两院”的工作监督，促进各项改革开放措施的落实。第四，广泛深入地进行法制宣传教育，提高干部群众的法制观念。第五，搞好乡镇人大换届选举，加强人大的自身建设。

1995年常委会工作报告（摘录）

一、一年来的工作回顾

（一）加快地方立法步伐，为全省的改革开放和经济发展提供法制保障

为了加快地方立法步伐，提高立法质量，常委会在加强自主性立法的同时，对由有关部门牵头起草的法规和成渝两市及民族自治地方的立法，加强了统筹协调工作。一年来，常委会共制定和修改地方性法规25件，批准成渝两市制定的地方性法规24件，批准民族自治地方制定的单行条例7件。常委会在立法工作中始终坚持以经济立法为主，在常委会制定的地方性法规中，经济方面的占40%。就全国人大常委会发来征求意见的破产法、保险法、外汇管理法、出版法、体育法等29个法律草案征求了各方面的意见，并将修改意见整理上报了全国人大常委会。

（二）开展执法检查，推动法律法规的贯彻实施

常委会重点组织了对妇女权益保障法和农业法贯彻实施情况的检查。

此外，常委会还配合全国人大常委会对我省执行文物保护法、全国人大常委会关于深入开展法制宣传教育的决议和关于禁毒的决定的情况进行了检查。各专门委员会在部分地区对产品质量法、科技进步法、环境保护法、草原法、工会法、兵役法、归侨侨眷权益保护法等法律法规的执行情况进行了检查。

（三）听取和审议工作汇报，加强对“一府两院”的监督

一年来共听取“一府两院”的工作汇报22次，作出有关决议、决定两个，向“一府两院”转交常委会对有关工作汇报的审议意见19件。

（四）加强人大制度和法制宣传，提高全社会的法律观念

常委会以举行有关法律法规的宣传贯彻座谈会、新闻发布会、常委会领导发表电视讲话、在报刊上撰文及街头现场咨询等形式，大力宣传有关重要的法律法规。同时还与新闻单位密切协作，采取各种人民群众喜闻乐见的表现形式，普及有关法律知识。常委会的“一报一刊”始终坚持把宣传人大制度、人大工作和社会主义民主法制作为重要任务。在1995年度全省宣传人大制度好新闻评选活动中，共评出了79件获奖作品。常委会邀请省级宣传部门和新闻单位召开了一次人大宣传工作座谈会。

（五）指导乡镇人大换届选举，搞好人大机构改革

常委会召开了全省乡镇人大换届选举工作会议，对换届选举中的有关组织领导工作作了全面的部署和安排。全省6000多个乡镇都已选出了新一届人大代表，90%以上的乡镇已召开了新的一届人民代表大会。

常委会按照精简、统一、效能的原则进行机构改革，对常委会内设机构、职能配置和人员编制正着手作必要调整，并按照国家公务员制度的要求落实岗位责任制。在搞好省人大机构改革的同时，常委会对各市、州、县（市、区）人大常委会和地区人大工委及乡镇人大主席团的机构改革也进行了调查论证，提出了改革意见。

（六）认真审议代表议案，办理代表提出的建议、批评和意见

省八届人大三次会议共收到代表议案198件，主席团决定将其中的28件作为正式议案分别交省人大有关专门委员会审议。各专门委员会经过认真的审议，已向常委会提交了议案审议结果的报告。

代表在省八届人大三次会议上还提出建议、批评、意见494件，连同由议案转为建议的，共664件。这些建议、批评、意见全部办理完毕，办理情况已答复了代表。

一年来，常委会共任免国家机关工作人员283人，其中任命219人，免职64人。在信访工作中，常委会共收到人民群众来信14242件，接待来访群众2569人次。通过办理信访，督促有关部门和地方解决了一些人民群众急需解决的问题，纠正了一些错案。1995年，常委会的外事活动也比较活跃，全年共接待来访19个团100余人，组团出访6个团60余人次。

二、1996年的主要工作任务

1996年是实施“九五”计划的第一年，是本世纪最后一个重要发展阶段的新起点。在新的一年里：（一）加快立法步伐，提高立法质量。（二）增强监督力度，提高监督实效。（三）加强法制宣传教育。（四）加强理论学习，增强工作能力。

1996年常委会工作报告（摘录）

1996年是实施“九五”计划的第一年。省人大常委会各项工作都取得了新的进展。

一、一年来的工作情况

（一）地方立法工作取得较大进展

一年来，常委会共制定地方性法规26件，批准成渝两市制定的地方性法规16件，批准民族自治地方制定的单行条例3件。就全国人大常委会发来征求意见的刑法修订草案和信托法、拍卖法、乡镇企业法、煤炭法等十几个法律草案征求了有关方面的意见，并将意见整理上报了全国人大常委会。

（二）强化执法监督力度，促进法律法规的贯彻实施

1996年，常委会组织了对科技进步法和环境保护法贯彻实施情况的检查。

此外，常委会还配合全国人大常委会对四川省执行劳动法、教育法、水土保持法、未成年人保护法等法律的情况进行了检查。各专门委员会在部分地区对矿产资源法、城市规划法、台湾同胞投资保护法、农作物种子管理条例、计划生育条例、公证条例、民族乡行政工作条例、宗教活动场所管理条例等16个法律法规的执行情况进行了检查。

（三）抓大事，抓热点，加强对“一府两院”工作的监督

一年来，常委会围绕改革开放和经济建设中的重大问题及人民群众关心的“热点”问题，听取“一府两院”的工作报告和有关情况汇报22次，作出有关决议、决定3个。

（四）开展代表评议，促进政府工作

1996年，常委会对省工商局整改方案的落实情况进行了检查，并听取了省工商局关于评议整改工作情况的汇报。省人大常委会组织省人大代表对省公安厅的工作进行了评议。

（五）加强法制宣传教育，推动“三五”普法的实施

常委会第21次会议专门听取和审议了省政府关于“三五”普法工作安排意见的报告，通过了关于在全省继续开展法制宣传教育的决议。为宣传环境保护法，配合“中华环保世纪行”活动，常委会牵头组织了“96巴蜀环保世纪行”宣传活动。

（六）认真办理代表的议案和建议，加强与代表的联系

省八届人大四次会议共收到代表议案202件，主席团决定将其中的38件作为正式议案分别交省人大有关专门委员会审议。各专门委员会经过认真的审议，已向常委会提交了议案审议结果的报告。代表在省八届人大四次会议上还提出建议、批评、意见435件，连同由议案转为建议的共599件。这些建议、批评、意见已全部办理完毕，办理情况已答复了代表。

常委会不仅一直坚持邀请代表列席常委会会议的制度，认真听取代表的审议意见，在立法、执法检查、评议、视察等工作中，也每次都有计划地邀请有关方面的代表参加，为代表履行职责提供机会。委会还采取多种形式加强与市县人大的联系。一年来，常委会共任免国家机关工作人员261人（次），其中任命195人（次），免职66人（次），由主任会议提名通过任免的47人（次）。在信访工作中，常委会1996年共收到人民群众来信14847件，接待来访群众3012人（次）。在外事工作方面，常委会1996年共接待来访代表团21批150余人（次），组团出访6次。

二、1997 年的工作任务

1997 年是我们国家历史发展上的重要一年。在新的一年里，第一，继续加快立法步伐，努力提高立法质量。第二，加强和改进监督工作，保障法律法规的有效实施和改革措施的切实落实。第三，搞好普法工作，大力推行部门执法责任制和错案责任追究制。第四，切实做好换届选举工作。

1997 年以及八届常委会工作报告（摘录）

一、地方立法工作成果显著

常委会坚持以改革精神立法，将立法工作与改革开放、经济建设和社会发展紧密结合，从我省实际需要出发确定立法的重点，抓紧制定相应的地方性法规，为改革开放和经济发展提供法制保障。在工作中，常委会在坚持国家法制统一的前提下，注重突出立法的地方特色，注重立法的补充性、针对性、实用性，提倡“小而精”，针对要规范的事项，成熟几条制定几条。为了加强立法的计划性，常委会制定了五年立法规划，此后又根据我省的形势发展作了多次调整，增加了直接促进改革开放和经济发展的项目，加大了经济立法的比重。在五年立法规划的基础上，常委会每年都要制定年度立法计划，根据需要和可能，将五年立法规划中的立法项目合理地安排、分解在各个立法年度，以保证立法规划的实现。为了加强对全省立法工作的领导和统筹、协调，常委会多次召开有关地方立法的会议，对有关立法问题进行探索和研究，会议中形成的一些共识，对全省各级地方立法都具有较强的指导作用。1993 年召开的全省地方立法工作会议，研究了以经济立法为重点、加快地方立法步伐等问题，形成了关于进一步加强地方立法工作、提高地方性法规质量的意见，该意见经省委同意批转各地执行。为了完善和规范立法程序，常委会根据宪法和法律的规定，在认真总结过去执行三个有关地方立法程序法规实践经验的基础上，于 1993 年 12 月制定了四川省人大常委会制定地方性法规程序的规定。该法规对立法议案的提出、法规草案的拟定和审议，对下级人大立法的批准程序，都作了规定，明确了常委会审议法规的“两审制”，加强了省人大各专门委员会起草和审议法规草案的职能。据此，常委会在立法工作中实行了法规起草小组制度；各专门委员会普遍开展了立法的前期调查研究，认真审议法规草案，引导起草部门从国家和人民的根本利益出发，克服本位主义和部门利益倾向；由常委会及有关专门委员会牵头起草的法规增加；常委会的法制工作机构加强了对法规合法性审查和立法技术保障，加强了对立法工作干部的培训。这些都有效地推进了立法进程，使立法的步伐大大加快，立法的质量有所提高。

五年来，常委会共制定和批准地方性法规 190 件，占 1979 年以后全省立法总数的 56.88%，其中常委会制定的地方性法规 95 件，批准成、渝（区划调整前）两市制定的地方性法规 77 件，批准民族自治地方制定的单行条例、补充或变通规定 18 件。常委会始终把制定和批准有关改革开放和经济建设方面的法规作为立法工作的重点。在五年立法规划中，经济立法项目就占了 59.4%。五年来，常委会经认真审议制定经济类的法规共 112 件，占本届立法总数的 58.95%。在加快经济立法的同时，常委会还十分重视维护社会稳定，保护公民合法权益，促进教育、科技、文化、卫生事业发展，加强精神文明建设，完善人民代表大会制度方面的立法。为了与发展变化了的形势相适应，特别是与行政处罚法和作了重要修改后新出台的刑法等法律的有关规定相衔接，常委会对过去颁布的法规适时进行了清理、修改、补充和完善。

五年来常委会还对全国人大常委会发来征求意见的刑法、民族区域自治法、行政处罚法、科学技术成果推广法、农业法、公司法、破产法、乡镇企业法、水土保持法、大气污染防治法、职业教育法等法律草案和法律修订草案，均按要求广泛征求了各方面的意见，并将意见及时整理上报了全国人大常委会。

二、执法检查逐步深化，监督力度有所增强

五年中，常委会每年都要有计划、有重点地安排检查一至两个法律法规的执行情况。为了增强检查的实效，常委会不是一般性的泛泛检查，而是确定检查的主要方面，着重检查执法机关的执法行为，每次重点解决一两个实际问题。五年来先后对农民负担管理条例、企业法和全民所有制工业企业转换经营机制条例、反不正当竞争法、义务教育法及其实施条例、教师法、妇女权益保障法、农业法、科技进步法、环境保护法、文化市场管理条例等十多个法律法规的执行情况进行了检查。各专门委员会也在部分地区组织了对民族区域自治法、土地管理法、科技进步法、城市规划法、台湾同胞投资保护法、计划生育条例等法律法规执行情况的检查。常委会还配合全国人大常委会对我省贯彻执行农业法、文物保护法、教育法、残疾人保障法、归侨侨眷权益保护法等法律和执行全国人大常委会关于深入开展法制宣传教育、禁毒等决定的情况进行了检查。在检查中，常委会和专门委员会注意将执法检查与法制宣传、普法教育结合起来，既宣传了法律法规，又促进了法律法规的贯彻执行，从而增强了广大干部群众的法律意识和法制观念，推动了行政机关依法行政，有效地促进了法律法规的实施。

常委会在执法检查中，坚持程序与实施并重，通过检查，务求执法环境得到改善，执法状况有所改观。对执法检查方式，也进行了积极的探索。在环保执法检查中，我们采取了定性与定量相结合的办法，能够量化的指标尽量使之量化，把对执法情况的评价建立在科学数据的基础上。这种检查方式得到了全国人大有关领导的肯定。1996 年常委会在检查沱江流域、金沙江流域、三峡库区和川南酸雨区执行环境保护法情况时，就引入了有关量化指标，用各种检测数据来说明问题，比较客观地反映了当地的执法状况。并督促当地政府和有关部门坚决执行国务院的有关决定，关闭了一批污染严重且治理无望的企业，使几个地方的局部水环境和大气质量都有所改善。1997 年检查省文化市场管理条例执行情况时，为了了解我省文化市场的真实情况，常委会在检查中除了听取汇报、抽样调查、召开座谈会、个别走访外，还派出人员到成都、南充、广元等地进行了暗访调查。

常委会 1995 年专门制定了各级人大常委会加强对法律实施情况检查监督的规定，明确了执法检查的主体、对象、范围及组织实施等问题，为执法检查工作的开展提供了比较明确的可以操作的法制规范。

三、从抓大事和抓热点入手，加强对“一府两院”工作的监督

五年来，常委会听取“一府两院”的工作报告和情况汇报 105 次，作出有关决议、决定 13 个，并坚持会后向报告单位发送常委会的书面审议意见，督促其改进工作，监督力度不断增强。

常委会每年一、三季度对财政预、决算及其执行情况、国民经济和社会发展计划执行情况进行审查。还围绕国计民生和经济社会发展的重大问题，先后听取和审议了有关农业生产、深化企业改革、建立现代企业制度、重点建设、环境保护、土地管理、开发区建设、股份制试点、个体和私营经济发展、乡镇企业、外贸、外事、口岸、交通、科技和教育改革等情况汇报。对委员们在审议中提出的重要意见和建议，常委会都以书面形式交政府有关部门，要求认真对待和办理。对事关全局的重要问题，常委会还要作出有关的决议、决定。五年来，常委会先后就土地资源和土地资产的管理、加强环境保护和消防工作等作出了决议、决定，对督促政府改进工作、保障各项法律、法规和政策措施的落实，促进我省经济的持续、快速、健康发展起到了积极的作用。

常委会五年来听取了省政府关于行政执法、反腐倡廉和贯彻实施民族区域自治法、科技进步法、环境保护法、水土保持法、行政处罚法等法律、法规情况的汇报；听取了省高级人民法院关于经济审判、行政审判、执行工作等情况的汇报，并作出了关于加强人民法院执行工作的决定；听取了省人民检察院关于执行民事诉讼法和行政诉讼法、开展民事行政检察工作、查办贪污贿赂经济犯罪大要案件情况等汇报。各专门委员会也多次听取了省政府有关部门和“两院”的工作情况汇报，这些都有力地推动了“一府两院”工作的开展。

四、代表评议工作取得新的进展

八届人大一次会议以后，常委会使评议工作在全省普遍推开，评议对象由初期的基层“七所八站”，发展到市、县的行政、司法机关。在认真总结基层评议工作经验的基础上，省人大常委会从1995年起，开展了对省级有关部门工作的评议，三年中先后评议了省工商局、省公安厅和省检察院的工作。为了增进坪议的效果，1996年对公安机关的评议和1997年对检察机关的评议都采取了上下联动的方式，省和市（地）、州、县人大分别负责组织对同级公安、检察机关的评议，最后由省人大常委会召开省上的评议会议，代表向被评议者面对面地提出评议意见。会后，常委会还督促被评议的省级机关搞好整改，并通过市（地）、州、县人大督促各地的整改。常委会连续三年开展评议活动，直接促进了工商、公安和检察机关的工作。同时，评议把人大及其常委会的监督与发挥人大代表的作用以及人民群众的参政议政等结合起来。

五、推进依法治省进程，加强法制宣传教育

省委作出了关于依法治省的决定，省八届人大五次会议又作出了关于依法治省的决议，对依法治省的指导思想、目标、任务和监督保障措施等作出了明确的规定。省、市（地）、州人大主任学习会，对各级人大在依法治省中如何发挥作用的问题进行了专题研究。

1996年，常委会在认真听取和审议了省政府关于“三五”普法工作安排意见的报告后，通过了关于在全省继续开展法制宣传教育的决议。常委会还十分重视发挥报刊、广播、电视等新闻媒介的作用。为宣传环境保护法，配合“中华环保世纪行”活动，常委会组织了“巴蜀环保世纪行”宣传活动。常委会主办的《人民权力报》和《民主法制建设》杂志也始终坚持把宣传人大制度、人大工作和社会主义民主与法制作为重要任务，努力提高报刊质量，在人大宣传和法制宣传中发挥了重要作用。为了推进人大制度的宣传工作，1995年底，常委会还邀请省级宣传部门和新闻单位召开了人大宣传工作座谈会，专题研究了如何进一步搞好人大制度、人大工作和法律法规的宣传等问题。一年一度的宣传人大制度好新闻的评选活动。

六、依法搞好换届选举，认真办理议案和建议

1995年下半年至1996年上半年，省人大常委会及有关工作机构对我省乡级人大的换届选举作了大量的组织、指导、协调工作。1997年下半年起，常委会开始着手省级和县级人大的换届选举工作。省、县人大换届选举均获得了圆满成功。全省各地及驻川部队共选出省九届人大代表885名。同时，县级人大代表3.85万名全部选出，一些地方已经召开了新的一届人民代表大会，选举产生了新一届领导班子。

在本届各次人民代表大会会议上，代表和有关的提议案单位共提出议案931件，主席团决定将其中的127件作为正式议案交有关专门委员会审议。五年来的历次人代会期间，还收到代表提出的建议、批评和意见及由议案转为建议、批评、意见的2984件。全部建议、批评、意见均办理完毕，办理情况已答复了代表，代表对办理情况表示满意。

五年来，常委会共任免国家机关工作人员1508人，其中任命1174人，免职334人。

在信访工作中，常委会五年来共收到人民群众来信7万多件，接待群众来访1.28万人（次）。在外事工作方面，常委会积极加强与国外地方议会间的友好往来，仅省八届人大五次会议以来就接待来访代表团18批100余人（次），组团出访6次。

（三）四川省九届人大第一、二、三、四、五次会议常委会工作报告摘录

1998年常委会工作报告（摘录）

一、一年来的主要工作

（一）结合四川实际，做好地方立法工作，努力提高立法质量

一年来，常委会共制定公布了12件地方性法规，批准成都市制定的地方性法规7件，批准民族自治地方制定的单行条例5件。在经济立法方面，常委会制定了水路交通管理条例、水利工程管理条例、民营科技企业条例、价格管理条例（修正案）、燃气管理条例、易制毒化学物品管理条例、盐业管理条例；在社会事业发展和社会稳定方面，常委会制定了四川省各级人大常委会司法案件监督条例、《人民防空法》实施办法、公民献血条例（修正案）、《归侨侨眷权益保护法》实施办法（修正案）、社会力量办学条例。

一年来，常委会还积极配合全国人大有关部门做好民族区域自治法的修改调研及国家其它有关立法的调研工作。对全国人大常委会发来征求意见的土地管理法修订草案、村民委员会组织法草案及合同法草案、行政复法草案等9个法律草案，广泛征求意见，并将我省的意见上报了全国人大常委会。

（二）加强执法检查，注重检查实效，促进法律法规的贯彻实施

1998年常委会专门对《四川省农民负担管理条例》的执行情况进行了检查。检查的重点是1997、1998年农民负担情况，包括收取提留、统筹费的情况，乱集资、乱摊派、乱收费、乱罚款的情况，查处农民负担恶性案件的情况，省政府和省级有关部门执行条例的情况及制定的有关政策规定有无违背条例规定的问题。省委、省政府对减轻农民负担问题非常重视，撤销了不符合减负要求的省级文件4个，停止了农村各项达标活动。

（三）围绕改革发展稳定大局，加强对“一府两院”工作的监督

一年来，常委会听取省政府和省法院、省检察院的工作报告和有关情况汇报33次，作出有关决议、决定3个。加强对全省经济运行宏观调控的监督。基础设施建设，落实民族地区扶贫措施、推动民族地区发展提出了许多好的意见和建议；加强对全省环境保护的重大问题的监督；加强对解决社会“热点”“难点”问题的监督；常委会还对解决宗教房产纠纷等难点问题进行了监督；加强对精神文明建设和社会事业重大问题的监督；加强对司法机关的监督。

（四）指导乡镇人大换届选举，加强农村基层政权建设

我省乡镇一级人民代表大会于1999年3月底前先后任期届满，全省4972个乡镇应依法进行换届选举。

（五）认真办理代表议案和建议，加强人大信访工作，密切同代表和人民群众的联系

省九届人大一次会议共收到代表议案158件，主席团决定将其中的17件作为正式议案分别交省人大有关专门委员会审议。各专门委员会经过认真的审议，已向常委会提交了议案审议结果的报告。这些议案中，有12件是关于地方立法的，其中6件已通过立法，1件准备列入今年立法计划，2件列入了五年立法规划，1件待条件成熟时再制定法规，另外2件经研究暂不宜重新立法；其余5件，已交由政府研究解决。省政府高度重视，派调查组进行了调查，其中有的问题已经得到解决。有的正逐步加以解决。代表在省九届人大一次会议上提出建议、批评、意见共374件，其中336件交由省政府办理，其余38件分别由省人大专委会、常委会办事机构及省法院、省检察院、军队和群团等部门办理。各系统、各部门认真负责，积极努力，这些建议、批评、意见已于去年年底前全部办理完毕，办理情况已答复了代表。

信访工作是常委会密切联系群众、了解社情民意的重要渠道。随着人民群众法制观念的增强和人大意识的逐步提高，人大信访工作任务日益繁重。去年，常委会共收受和处理人民群众来信14110件，接待来访群众3825人次，其中集体上访120批，2278人次。

常委会注意加强与代表的联系，充分发挥代表在闭会期间的作用。先后举办县级人大主任、副主任和人大干部培训班4期，共培训人员近400人次。常委会领导到各地考察时，注意听取和采纳各地人大的正确意见和建议，对各地人大工作中的有关问题及时给予了回复。

（六）依法任免国家机关工作人员，积极开展同外国地方议会的交往

一年来，常委会依法任免国家机关工作人员360人次，其中依法任命299人次，对新任命的政府组成人员首次组织了颁发任命证书仪式。

常委会有计划、有重点、有目的地开展同外国地方议会的交往，利用多层次、多形式同外国地方议会进行联系和友好往来。共接待来访的外国代表团16批130余人次，组团出访4次。

（七）加强法制宣传教育，提高全体公民法律意识和法制观念

抓好法制宣传教育，提高人民群众和广大干部的法律意识和法制观念，是实行依法治省的基础。常委会在正确行使用权各项职权的同时，把法制宣传教育作为一项长期的战略任务来抓。通过举办有关法律法规讲座、召开新闻发布会、常委会领导发表讲话、撰写文章等多种形式，大力宣传人大制度和法律法规。常委会宣传阵地建设也不断得到加强，《人民权力报》和《民主法制建设》杂志始终坚持把宣传人大制度、人大工作和社会主义民主法制建设作为根本任务，牢牢把握正确的舆论导向，努力提高报刊质量，在人大宣传和民主法制宣传中发挥了重要作用。

（八）大兴学习之风，努力提高常委会组成人员的理论水平和法律水平

去年换届后，常委会十分重视加强组成人员的理论学习和法律知识学习。通过举办法制讲座、集中学习研讨等有效方法，提高组成人员的理论水平和法律水平，增强组成人员的人大意识和公仆观念，努力做到组织到位，思想到位，工作到位，作风到位，不负人民重托，切实履行职责。常委会第二次会议认真组织学习法律知识，邀请了法学专家、教授讲课，使大家进一步熟悉宪法、地方组织法及常委会议事规则，熟悉和掌握人大工作程序和工作方法。

二、1999 年的主要工作任务

第一，切实搞好地方立法，努力提高立法质量。

第二，认真开展普法检查，督促法律法规实施。

第三，加大工作监督力度，增强监督实效。

第四，加强农村基层民主法制建设。

第五，密切同省人大代表、人民群众和各地人大的联系。

第六，积极做好省委人大工作会议筹备工作。

第七，加强常委会自身建设。

1999 年常委会工作报告（摘录）

一、一年来的工作回顾

（一）加强和改进立法工作，提高立法质量

常委会坚持抓法制，促发展，保稳定的总体工作思路，切实加强和改进立法工作。一年来，共制定颁布地方性法规 16 件，批准成都市制定的地方性法规 8 件，批准民族自治地方制定的单行条例 4 件。在经济立法方面，常委会制定了天然林保护条例、预算外资金管理条例、外商投资企业劳动管理条例、农药管理条例、地质环境管理条例、涉案物品价格鉴定管理条例、外商投资财产鉴定条例、《土地管理法》实施办法（修订）等 8 件法规，占省制定法规的 50%。在社会事业发展和社会稳定方面，常委会制定了科学技术普及条例、广播电视管理条例、自然保护区管理条例、《动物防疫法》实施办法、消防条例、防震减灾条例修正案、各级人大常委会法律监督书的若干规定、省人大常委会人事任免办法修正案等 8 件法规。这些法规对我省的改革开放、经济建设和社会事业的发展起到了促进和保障作用。

常委会还积极配合全国人大有关部门做好立法法、气象法、澳门特别行政区驻军法等 15 个法律草案的征求意见工作，及时上报了我省的修改意见，有的意见已被国家立法所采纳。

（二）认真行使监督职权，努力增强监督实效

深入开展了“三五”普法情况检查。常委会组织了 5 个检查组，先后检查了省人民政府及有关部门、省高级人民法院、省人民检察院等 27 个执法主体关于开展普法教育和依法治理工作的情况。

切实进行了天然林保护条例执法情况检查。1999 年，常委会组织了 3 个检查组，对甘孜、阿坝、凉山、绵阳、乐山、雅安等市、地、州贯彻执行省天然林保护条例的情况进行了全面检查。

在监督工作中，常委会对关系全省改革开放、经济建设和社会发展大局，以及人民群众普遍关

心的热点、难点问题，组织视察，听取汇报，跟踪监督，督促“一府两院”努力改进工作。全年共听取“一府两院”的工作报告和有关情况汇报21次。

（三）围绕改革发展稳定大局，讨论决定重大事项和查处群众反映强烈的问题

常委会紧紧围绕全省改革发展稳定大局，议大事、抓大事，认真行使决定权，讨论决定了本行政区域内的一些重大事项。九届全国人大常委会第十二次会议通过了《中华人民共和国公路法（修正案）》，有效遏制了“费改税”具体实施办法出台前交通规费收入大幅下滑的现象，维护了正常的经济秩序。

会东铅锌矿选矿废水未经环保处理，直接排入大桥河，造成水质严重污染，给当地群众生产、生活和健康造成很大危害，群众反映十分强烈。常委会及时召开治污工作联系会，听取了省司法厅、省环保局、省监狱局等有关部门的情况汇报，又赴会东矿区进行现场调查，充分听取广大干部、群众对治污工程的意见。

（四）指导乡镇人大换届选举，搞好选举任免工作

四川省5015个乡镇人民代表大会于1999年3月底前先后任期届满，换届选举工作从1998年下半年全面铺开。省人大常委会高度重视，周密部署，与市州人大和地区工委密切联系，掌握情况，交流经验，加强指导。各级人大坚持党的领导，充分发扬民主，严格依法办事，于1999年3月底前顺利完成了换届选举任务。

（五）认真办理代表议案和建议、批评、意见，加强和改进代表工作

省九届人大二次会议共收到代表提出的议案149件，主席团决定将其中的13件作为正式议案分别交省人大有关专门委员会审议。代表在省九届人大二次会议上共提出建议、批评、意见402件，各承办部门和单位认真负责地进行了办理。

常委会十分重视人民群众来信来访工作。一年来，共处理人民群众来信13223件，接待来访群众4097人次，对群众反映强烈的问题，常委会依法办理，一抓到底，督促有关地区、有关部门研究解决，处理了一些难题，纠正了错案冤案，维护了社会政治稳定。

（六）贯彻执行中央的外交政策，积极开展同外国地方议会的交往

常委会有计划、有重点地开展了同外国地方议会的联系和友好往来。一年来共接待来访代表团15批140余人，组团出访5批。

（七）加大人大法制宣传教育，推进民主法制建设

1999年，常委会加大了法制宣传教育的力度。7月，省委批转了省人大常委会关于加强和改进人大宣传工作的报告。11月，省委又召开了人大工作会议，提出了关于加强和改善党对人大工作领导的意见。12月，召开了纪念省人大常委会成立20周年大会，回顾了省人大常委会设立20年来的光辉历程，总结了坚持和完善人民代表大会制度、人大建设的基本经验，提出了开创人大工作新局面的思路。

（八）加强自身建设，提高常委会组成人员和机关工作人员的政治、业务素质

一年来，常委会始终把加强组成人员和机关工作人员的学习和提高作为一项重要任务，采取切实有效方法，坚持学习邓小平理论和党的十五大、十五届三中、四中全会精神，学习有关法律知识，增强党的观念，提高政治素质和法律水平。

二、2000 年的主要工作

（一）加强地方立法工作，努力提高立法质量。

（二）加强和改进监督工作，支持和促进“一府两院”依法行政和公正司法。

（三）加强社会主义民主法制宣传，提高全民的法制观念和法律意识。

（四）努力推进基层民主政治建设，为改革和发展创造良好的法制环境。

（五）充分发挥人大代表的作用，进一步密切与代表和人民群众的联系。

（六）加强调查研究，改进工作作风。

（七）加强人大常委会的自身建设，提高地方国家权力机关的决策水平。

2000 年常委会工作报告（摘录）

一、一年来的主要工作

（一）根据发展需要，加强地方立法

一年来，常委会共制定地方性法规 10 件。其中，经济建设方面的占 70%，有集体合同条例、财政收支审计监督条例、城市房屋拆迁管理条例、森林公园管理条例、城市供水条例、能源法实施办法、华侨投资权益保护条例等 7 件；社会发展和常委会自身建设方面的占 30%，有保护和奖励见义勇为条例、宗教事务管理条例、省人大常委会组成人员守则等 3 件。批准成都市制定的地方性法规 5 件，批准民族自治地方制定的单行条例 3 件。为了给西部大开发创造良好的法制环境，常委会对 1980 年以来颁布的 196 件地方性法规进行了全面清理，对不适应四川大开发、大开放、大发展的法规，常委会将废止 23 件，抓紧修改 15 件。

一年来，常委会还积极配合全国人大做好行政强制措施法、婚姻法修正案等 14 个法律草案的征求意见工作，并及时上报了修改意见，有的意见已被国家立法所采纳。

（二）突出发展主题，加强工作监督

一年来，常委会紧紧围绕省委的工作重点，突出发展主题，加大监督力度，增强监督实效。

针对年初全省工业生产下滑的严峻形势，常委会及时听取和审议了省政府关于全省 1—2 月工业生产情况的汇报，对扭转工业生产被动局面起到了促进作用。2000 年，常委会先后听取和审议了省政府关于 2000 年上半年国民经济和社会发展计划执行、1999 年财政决算及 2000 年 1—6 月财政预算执行、1999 年省级财政预算执行情况和其他财政收支的审计工作、全省环境保护“一控双达标”、农业产业结构调整、全省扶贫开发等工作情况的报告，关于食品卫生法、统计法、城市规划法等法律法规实施情况的报告，听取和审议了省法院关于解决“执行难”问题、省人民检察院关于检察工作改革情况的汇报。

（三）搞好执法检查，促进经济发展

5 月，常委会组成三个执法检查组，分别由常委会领导带队，深入成都、德阳、泸州、宜宾、广安、达州 6 个市和 15 个县（市、区）、50 余家企业，对贯彻执行乡镇企业法的情况进行了检查。

6 月中旬，常委会组成了 4 个环保执法检查组，分别由常委会领导带队，分赴岷江、沱江、嘉陵江流域的成都、内江、乐山、广元、南充等 10 个市及所属的 36 个县进行了“一控双达标”检查。

一年来，省人大各专门委员会积极履行职责，围绕全省工作大局，先后对省宗教事务管理条例、消防法、税收征管法、计划生育条例、水土保持法、城市规划法和台湾同胞投资保护法等法律法规的实施情况进行了检查，取得了一定成效。

为加强个案监督，促进司法公正，常委会对射洪县葛明江、杨勇、张洪斌强奸案，安岳县城市信用社诉成都市南方物业公司、成都市金宇集团公司借款担保纠纷案，乐山市中级人民法院助理审判员曾建军受贿案等 3 件群众反映强烈、社会影响较大的案件进行了具体监督，维护了法律的尊严，推动了法律法规的实施，提高了人大和司法机关的威信，社会反映良好。

（四）抓住社会热点，做出决议决定

常委会注意把握经济和社会生活中出现的新情况、新问题，正确行使决定权，及时作出决定、决议，推动各项工作。一是针对人民群众普遍关注的法院执行难的问题，常委会听取和审议了省高级人民法院关于执行工作情况的汇报，作出了关于加强全省人民法院执行工作的决议。二是针对家庭暴力给家庭和社会造成的严重危害，常委会作出了关于预防和制止家庭暴力的决议。三是加大反腐倡廉力度。

（五）推进机构改革，搞好任免工作

常委会认真贯彻党中央、国务院和省委关于省政府机构改革的指示精神和具体部署，正确处理党管干部与人大依法任免国家机关工作人员的关系，严格按照法定程序进行任免工作。一年来，共任免国家机关工作人员 149 人（次）。特别是省政府机构改革，组成部门由原先的 35 个调减为 25 个，在改革力度大、时间紧的情况下，常委会听取并审议了省政府机构改革方案及实施意见的报告，及时任命了政府组成人员，保证了省政府机构改革的顺利进行和工作的正常运转。

（六）指导乡镇人大，推进依法治理

常委会贯彻省委人大工作会议精神，去年重点抓了乡镇人大建设和加强乡镇人大的工作，全省大多数乡镇都按规定，配备了乡镇人大主席或专职副主席，工作条件有所改善，人大工作有所加强。常委会还督促各地指导、帮助和支持乡镇人大依法行使职权，认真贯彻村民委员会组织法，充分发挥乡镇人大的积极作用。

（七）认真办理议案，广泛联系代表

一是在省九届人大三次会议上，代表提出议案 171 件，主席团决定将其中 18 件列为正式议案分别交省人大有关专门委员会审议。各专门委员会反复抓落实，加强督办，成效较好。议案审议结果的报告，现已印发给各位代表。二是在省九届人大三次会议上，代表提出建议、批评、意见 422 件，绝大多数承办部门和单位认真进行了办理，并及时向代表作了答复。对代表不满意的答复，常委会要求有关部门重新办理。

一年来，常委会处理人民群众来信 14700 多件，接待来访群众 4480 多人（次）。努力调处和化解人民内部矛盾，督促有关地区和部门切实研究解决群众反映强烈的问题，为维护社会政治稳定起到了积极作用。

（八）加强法制宣传，推动法律实施

常委会紧密结合“三五”普法教育，加强民主法制宣传工作，努力提高全体公民特别是领导干部的法律意识和法律素质，推动法律法规的贯彻实施。

（九）开展友好交往，增进友谊合作

一年来，常委会共接待来访代表团16批260余人；组团出访3批。

（十）加强自身建设，切实转变作风

一年来，常委会结合西部大开发的新形势，组织常委会组成人员和机关党员干部认真学习江泽民同志“三个代表”重要思想，努力提高政治思想素质。加强调查研究，努力改进工作，团结协作，相互配合，真抓实干，狠抓落实，是常委会2000年工作的一个基本特点。一年来，先后就三州贯彻实施义务教育法、全省退耕还林（草）试点工程、农村电网建设与改造、农村集体土地使用权流转、乡镇人大建设等重大问题，进行了深入的调查研究并写出了专题调研报告。省人大民族宗教委员会和教科文卫委员会对3个民族自治州的21个县300多个乡镇实施义务教育法的情况进行了调查，对民族地区普及义务教育的问题和困难作了如实反映，提出了加强对民族地区义务教育的建议，得到省委的肯定。

二、2001年的主要工作任务

（一）贯彻实施立法法，继续做好地方立法工作。

（二）紧扣全省工作重点，依法行使重大事项决定权。

（三）努力改进监督工作，增强监督实效。

（四）加强法制宣传教育，推进依法治省。

（五）加强和改进代表工作，充分发挥代表作用。

（六）加强自身建设，提高干部素质和常委会决策水平。

2001年常委会工作报告（摘录）

一、一年来的工作回顾

（一）坚持以发展为主题，做好地方立法工作

一年来，常委会按照规定要求，立足四川省情，着眼西部大开发，做好地方立法工作，全年共制定了关于加强经济监督工作的决定、促进科技成果转化条例、消毒管理条例等14件法规；对省人大常委会议事规则、文化市场管理条例、农作物种子管理条例等14件法规进行了修改完善；废止了省邮电通信管理条例等20件法规。批准成都市制定的地方性法规6件；批准民族自治地方制定的单行条例3件。

一年来，常委会还积极配合全国人大对土地承包法、防沙治沙法等14个法律草案进行了征求意见工作，并及时上报了修改意见。

（二）认真搞好执法检查，推进法律贯彻实施

2001年，常委会集中抓了草原法的执法检查。6月中旬，省人大常委会组成5个检查组，分赴甘孜、阿坝、凉山三州，对17个县贯彻草原法的情况开展了执法检查。

一年来，各专委会分别对自然保护区管理条例、都江堰水利工程管理条例、宗教管理条例、农

药管理条例、医疗机构管理条例、烟草专卖法、归侨侨眷企业事业权益保护条例等法律法规的实施情况组织了检查，推进了法律法规的贯彻实施。

（三）加大工作监督力度，努力增强监督实效

常委会继续把监督工作放在重要位置，督促“一府两院”认真落实省九届人大四次会议的各项决议。常委会听取和审议了省政府关于我省实施西部大开发战略、发展旅游业、实施科教兴川战略、退耕还林（草）试点、乡镇企业发展、2001年上半年国民经济和社会发展计划执行情况、2000年财政决算及2001年1至6月财政预算执行情况、2000年省级财政预算执行和其他财政收支的审计工作情况、公安队伍建设、检察机关开展刑罚执行监督工作、省法院改革工作情况等汇报。

（四）认真搞好述职评议，促进政府依法行政

常委会不断改进监督工作，增强监督实效，把对事的监督与对人的监督结合起来，促进省政府的勤政、廉政建设。2000年，常委会对省发展计划委员会、省经济贸易委员会、省民族事务委员会、省国家安全厅、省司法厅、省国土资源厅、省建设厅、省农业厅、省水电厅、省文化厅等10个省政府组成部门的主要领导进行了述职评议。

（五）依法决定重大事项，积极推进依法治省

为了强化预算监督工作，保证财政资金的有效使用，杜绝浪费，遏制腐败，常委会加强了对财政预算执行和其他财政收支的审查工作，常委会设立了省人大常委会预算工作委员会。为了全面提高全体公民特别是各级领导干部的法律素质，逐步实现经济和各项社会事务管理的法治化，推进依法治省，常委会作出了关于进一步开展法制宣传教育的决议。

（六）努力改进代表工作，充分发挥代表作用

省人大常委会在代表工作上，重点抓了四项工作。一是继续深入开展了联系代表的“百千万”活动。二是举办了首期基层省人大代表培训班。三是坚持开展对人大干部的分期培训。四是组织在川的全国人大代表集中视察。常委会认真办理代表议案和建议、批评、意见，并把这项工作作为尊重和支持人民当家作主的一项重要职责。督促各专门委员会、“一府两院”及有关部门认真抓好落实。省九届人大四次会议上，代表共提出议案173件，主席团决定将其中18件列为正式议案分别交省人大有关专门委员会审议。省九届人大四次会议上，代表提出建议、批评、意见450件，各承办部门和单位认真进行办理，截至2001年11月，各项建议、批评和意见全部有了办理结果，并及时向代表作了答复。

一年来，常委会还认真办理了人民群众来信来访。共处理人民群众来信14928件，接待来访群众5641人次。对群众反映强烈的问题，常委会督促有关地区和部门认真研究解决，处理了一些难题，纠正了一些错案冤案，维护了人民群众的合法权益，维护了社会政治稳定。

（七）加强法制宣传教育，提高全民法律素质

常委会加大了人大法制宣传工作力度。宣传部门和新闻媒体积极贯彻落实常委会关于进一步开展法制宣传教育的决议。

（八）指导乡镇人大换届，搞好选举任免工作

常委会加强了与市、州人大常委会的工作联系，及时了解选举进展情况，加强具体指导帮助，经过大家共同努力，全省顺利完成了乡镇人大换届选举任务。

一年来，常委会认真履行人事任免权，正确处理党管干部与人大依法决定任免国家机关工作人员的关系，严格依照法定程序进行任免工作，全年共依法任免国家机关工作人员 80 人次，保证了地方国家机关工作的正常运转。

（九）不断扩大对外交往，积极推进友谊合作

一年来，常委会共接待来访代表团 22 批 257 人次；组团出访 3 批。通过互访活动，扩大了交流，增进了友谊，推进了我省同互访国家地方议会在政治、经贸、科技、文化等领域的了解与合作。

（十）加强人大自身建设，努力提高工作水平

常委会的自身建设主要以提高常委会依法决策水平为重点，在思想建设、组织建设、作风建设和制度建设方面做好工作。一是加强理论学习。二是坚持举办法制讲座。三是加强制度创新。四是认真贯彻六中全会精神，切实改进作风。

二、2002 年的主要工作任务

（一）加强和改进立法工作。（二）加强执法检查和工作监督。（三）依法行使好重大事项决定权。（四）做好代表工作，进一步密切联系群众。（五）搞好换届选举，推进社会主义民主政治建设。（六）深入开展法制教育，努力提高公民的法治观念。（七）加强常委会机关建设，不断提高人大工作水平。

2002 年常委会工作报告（摘录）

五年工作的回顾

一、地方立法成就显著

省人大常委会紧紧围绕经济建设中心，坚持以发展为主题，立足四川省情，始终把地方立法作为工作重点。五年来，常委会共制定法规 56 件，修改法规 38 件，废止法规 15 件；批准成都市制定的法规 38 件，批准民族自治地方制定的单行条例 17 件。立法工作坚持与时俱进，求实创新，法规质量逐步提高。一是适应发展要求，及时制定新的法规。二是适应形势需要，对法规进行全面清理。常委会根据改革开放、建立和完善社会主义市场经济体制及我国加入世界贸易组织新形势的要求，对 1980 年以后颁布的 196 件地方性法规进行了全面清理，修改完善了土地管理法实施办法、计划生育条例、省人大常委会议事规则等 38 件法规，废止了省邮电通信管理条例等 15 件法规。三是加强立法制度建设，着力提高法规质量。2001 年 4 月，提请省九届人大四次会议审议通过了省人大及其常委会立法程序规定，确定了地方立法“三审制”。

五年来，常委会还积极配合全国人大常委会进行立法调查，组织力量，深入各地，对全国人大常委会下发征求意见的立法法、农业法、合同法、村民委员会组织法、气象法、婚姻法修正案等法律草案专门进行调查，并及时上报了各方面的意见。

二、监督工作扎实推进

常委会认真贯彻发展是第一要务的指导思想，加大监督力度，改进监督方式，增强监督实效。

一是搞好执法检查，推进法律法规的实施。五年来，常委会在全省范围内对环境保护法、乡镇企业法、草原法、药品管理法、天然林保护条例、农民负担管理条例6个法律法规的实施情况、“三五”普法规划落实情况开展了执法检查，并对民族地区义务教育执法情况进行了专项检查。

二是加大工作监督力度，增强监督实效。常委会针对人民群众关心的“热点”和“一府两院”在依法行政、公正司法、反腐倡廉等方面的问题，认真听取并审议“一府两院”的工作报告和情况汇报。五年来，共听取和审议了“一府两院”关于计划、财政、对外开放、实施西部大开发战略、农业和农村工作、工业生产、重点项目建设等方面的工作报告和情况汇报117件次，并坚持常委会议审议后向“一府两院”及政府有关部门发送书面审议意见的制度，督促“一府两院”及有关部门切实改进工作。

三是搞好“两个评议”，促进勤政廉政建设。常委会认真组织代表和常委会组成人员对“一府两院”进行工作评议、对政府组成人员进行述职评议。1998年，常委会组织50余名省人大代表对省法院的工作进行了评议，并指导全省各级人大开展了对法院的评议监督工作，1999年对法院整改工作进行了跟踪监督。

四是加强个案监督，促进司法公正。五年来，常委会把司法监督作为工作重点之一，加大力度做工作。1998年制定了司法案件监督条例。2000年，对射洪县葛××、杨×、张××强奸案，安岳县城市信用社诉成都市南方物业公司、成都市金宇集团公司借款担保纠纷案，乐山市曾××受贿案3件群众反映强烈、社会影响较大的案件进行了监督。

三、围绕中心决定大事

五年来，常委会先后就预算审查监督、加强天然林资源保护、综合治理岷江流域水质污染、认真实施公路法、选举工作等作出了86项决议、决定，对促进决策的民主化、科学化，保障和促进我省的经济发展和社会稳定，发挥了重要作用。

四、切实改进代表工作

代表工作是人大工作的基础。常委会重视发挥代表的作用，尊重代表的民主权利。一是认真办理代表议案和建议、批评、意见。五年来，共办理代表议案51件，建议、批评和意见2228件，督办力度不断加大，办理质量进一步提高。二是积极探索闭会期间发挥代表作用的途径和形式。三是不断改进代表联系办法。从2000年开始，常委会组织开展了省、市、县三级人大常委会组成人员每人联系3名人大代表的“百千万”活动，虚心听取代表对经济、社会、法律实施、人大建设和常委会工作等方面的意见和建议，听取群众和选民的呼声与要求，不断改进人大工作。四是对代表进行培训提高。

五、依法搞好选举任免

五年来，省、市（州）、县（市、区）先后进行了换届选举，乡级人大进行了两次换届选举。常委会对换届选举高度重视，认真组织，精心指导，适时作出换届选举决定，先后召开换届选举工作会议4次，举办换届选举工作人员培训班3期，切实帮助和指导下级人大的换届选举工作，及时纠正选举中不符合法律规定的做法，保证了换届选举工作的顺利进行。

五年来，选举和任免国家机关工作人员1076人次，保证了地方国家机关的正常运行。

六、法制宣传不断深入

常委会积极加强对宪法和法律、对人民代表大会制度的宣传教育，努力提高全民的法律素质和法制观念。1998 年，常委会专门召开了人大宣传工作会议，总结交流经验，提出改进意见，常委会第 24 次会议作出了关于进一步开展法制宣传教育的决议。

七、对外交往逐步扩大

常委会有计划、有重点地开展了同国外议会的联系和友好往来。五年来，常委会共接待来访代表团 90 批 900 余人次，同时，较好地完成了常委会出访计划。通过互访活动，扩大了交流，增进了了解，建立了友谊，推进了我省同互访国家地方议会在政治、经贸、科技、文化等领域的合作与发展，提高了四川的知名度。

八、自身建设不断加强

常委会以提高决策水平为重点，积极加强思想建设、组织建设、作风建设和制度建设。一是加强学习，与时俱进。二是积极探索，创新制度。三是改进作风，求真务实。四是精简机构，增强活力。

（四）四川省十届人大第一、二、三、四、五次会议常委会工作报告摘录

2003 年常委会工作报告（摘录）

2003 年是贯彻落实党的十六大提出的各项任务，全面建设小康社会的开局之年，也是省十届人大常委会开展工作的第一年。

地方立法取得新成绩。常委会一年来，共审议通过地方性法规 5 件，修改 2 件，废止 2 件；批准成都市制定的法规 1 件；批准民族自治地方制定或修改的自治条例和单行条例 5 件。积极配合全国人大对民法、海关法、银行法、银行业监督管理法、道路交通安全法、放射性污染防治法、畜牧法、农业机械化促进法等 11 个法律草案或征求意见稿开展了立法调研和征求意见工作，并及时上报了修改意见。

监督工作有了新进展。一年来，面对突如其来的非典疫情，常委会及时召开了学习、宣传、贯彻传染病防治法及突发公共卫生事件应急条例座谈会，听取和审议了省政府关于全省防治非典型肺炎工作报告，促进政府及有关部门依法防治非典，采取省、市、县三级联动的方式，对政府及有关部门贯彻实施传染病防治法和突发公共卫生事件应急条例的情况进行了检查。积极配合全国人大对我省实施建筑法、关于禁毒的决定、科技进步法等法律的情况开展执法检查。各专门委员会本着突出重点、注重实效的原则，分别对工会法及工会法实施办法、司法鉴定管理条例、动物防疫法及动物防疫法实施办法、水污染防治法、环境噪声污染防治法、归侨侨眷权益保护法及归侨侨眷权益保护法实施办法、劳动与社会保障监察条例等 10 个法律法规的实施情况进行了执法检查。常委会认真做好政府规章备案审查工作，共接受省人民政府规章备案 13 件，成都市人民政府规章备案 7 件，对这些规章进行了备案审查。常委会听取了“一府两院”关于政务服务中心工作、审理破产案件、查处渎职侵权案件、公安队伍集中教育整顿、统筹城乡经济社会发展、规范教育收费、经营城市暨加

快城镇化进程、人口与计划生育等方面的工作报告15个。

选举任免工作顺利开展。2002年冬至2003年春，省人大、部分市州人大和县级人大陆续进行了换届选举。到2003年3月底，全省圆满完成了人大换届选举任务。一年来，共任免国家机关工作人员105人（次），对政府组成部门主要负责人颁发了任命书。

代表工作进一步改进。对省十届人大一次会议上代表提出的并经主席团决定交由省人大有关专门委员会审议的19件议案，已审议完毕。对会议期间代表提出的620件建议、批评和意见，“一府两院”及有关部门认真办理，常委会加强了督办工作。

与人民群众的联系更加密切。全年共处理来信15160件，接待来访12642人次。

坚持常委会会议邀请公民旁听。

与市、州人大的联系和对外交流得到加强。常委会共组织了570多名市州及县级人大干部集中学习培训。

全年共接待来访的国外代表团10批100余人次。

自身建设进一步加强。常委会举办了八次法制讲座。加强了常委会机关制度建设，制定和修订了一批规章制度。

2004年是全面贯彻落实党的十六大和十六届三中全会精神，实现四川省“十五”计划和全面建设小康社会的关键一年。在新的一年里：一、以人民根本利益为标准，努力提高立法质量。二、强化监督职能，增强监督实效。三、围绕中心，服务大局，依法行使好重大事项决定权。四、努力做好代表工作，坚持密切联系群众。五、深入开展民主法制宣传教育，不断增强全社会的法治观念。六、加强自身建设，不断提高干部素质和机关工作水平。

2004年常委会工作报告（摘录）

2004年是贯彻落实党的十六大精神，实现我省“十五”计划的关键一年。

立法工作扎实推进。常委会一年来，共审议通过地方性法规3件，通过法规性决定2件，修改法规38件，废止法规3件；批准成都市制定、修改和废止的法规3件；批准民族自治地方制定、修改和废止的单行条例6件。一年来，积极配合全国人大对治安处罚法、土地管理法、国有资产法、电子签名法、企业破产法和对外贸易法等9个法律草案或修正草案开展立法调研，及时上报了建议意见。

监督工作取得实效。一年来，针对我省水污染防治和农村土地承包中存在的突出问题，有计划、有重点地组织全省水污染防治法和农村土地承包法的执法检查。省人大有关专门委员会本着突出重点、注重实效的原则，有计划地对产品质量法、食品卫生法、台湾同胞投资保护法、统计法、法律援助条例、四川省旅游管理条例、四川省旅游服务质量管理条例、未成年人保护法、预防未成年人犯罪法、四川省未成年人保护条例等法律法规的实施情况进行了执法检查，推进这些法律法规的深入贯彻实施。配合全国人大或受其委托，对土地管理法、专利法、义务教育法、工会法开展了执法检查。做好政府规章备案审查工作，共接受省人民政府规章备案7件、成都市人民政府规章备案11件，对这些规章认真进行了审查。常委会先后听取审议“一府两院”关于计划、财政、审计、农业、科技、基础设施建设、就业和再就业、司法等方面的专题工作报告21个。

依法决定重大事项，认真做好任免工作。常委会全年共通过决议、决定9项。作出了关于提高地方立法质量有关事项的决定，就地方立法工作中有关立法计划编制、法规草案起草、民主公开立法、法规议案审议等作了明确规定。

一年来，共任免和批准任免国家机关工作人员96人次。加强对被任命人员的监督，常委会对省教育厅、省民政厅、省建设厅、省林业厅、省劳动和社会保障厅5个省政府组成部门的主要负责人进行了述职评议。

代表工作进一步改进。省十届人大二次会议上代表提出并经主席团决定交由省人大各专门委员会审议的18件议案，已审议完毕。对于会议期间代表提出的668件建议、批评和意见，常委会督促“一府两院”及有关部门认真办理。

与人民群众和各级人大的联系更加密切。坚持常委会会议邀请公民旁听制度。

一年来，共接待群众来访16595人次，处理群众来信15268件。

民主法制宣传教育不断深入。紧密结合“四五”普法，隆重纪念人民代表大会成立50周年和地方人大常委会设立25周年。结合民族区域自治法颁布20周年，召开纪念座谈会，促进了民族区域自治法的贯彻实施。坚持开展每年一次的“环保世纪行”活动。

自身建设进一步加强。常委会坚持法制讲座制度，先后就宪法、行政许可法、民族区域自治法、村民委员会组织法和法学理论等专题，举办了5次法制讲座。常委会组成人员认真开展调查研究，形成了一批研究成果。就如何做好述职评议工作和提高专题报告审议质量问题，举办了两次专题座谈会。

2005年是“十五”计划最后一年，也是实现我省全面建设小康社会第一步目标的关键一年。新的一年，一、加强立法工作，提高立法质量。二、突出监督重点，增强监督实效。三、依法行使重大事项决定权，进一步做好人事任免工作。四、坚持密切联系群众，切实做好代表工作。五、加强民主法制宣传教育，努力增强全社会法制观念。六、加强自身建设，不断提高工作水平。

2005年常委会工作报告（摘录）

2005年是完成“十五”计划重要一年。2005年5月，中共中央转发了《中共全国人大常委会党组关于进一步发挥全国人大代表作用，加强全国人大常委会制度建设的若干意见》，这是我国人民代表大会制度建设进程中的一件大事。中共四川省委转发了《中共四川省人大常委会党组关于进一步发挥省人大代表作用，加强省人大常委会制度建设的意见》。

一、立法工作稳步推进，立法质量不断提高

常委会全年审议地方性法规和有关法律问题决定的草案33件，通过22件，全年共修改地方性法规11件，批准成都市制定和废止法规4件，批准民族自治地方制定和修正单行条例3件，配合全国人大常委会对物权法、证券法、公司法、个人所得税法、固体物污染防治法、监督法、农产品安全生产法、劳动合同法等法律草案或修正草案开展征求意见和立法调研工作，及时上报了建议意见。各专门委员会也配合全国人大有关专门委员会开展了相关法律的立法调研。

常委会坚持民主立法、科学立法，不断增强立法工作的透明度和公开性。发挥地方立法咨询小组的作用，充分听取法律专家、学者的意见。采取座谈会、论证会、网络直播等方式，向社会公开征求与人民群众利益密切相关的重要法规草案的意见。坚持向社会公开征集立法建议，积极组织、引导人民群众参与征集活动，就一些社会热点问题提出立法建议。在立法工作中坚持充分发扬民主，集中民智，反映民情，体现民意，使制定的法规科学严谨、公正可行，较好地协调平衡了各方面的利益关系。切实把好立项、起草、审议等环节，搞好立法调研，努力把重大的、有争议的问题解决在起草调研审议阶段，对新制定的法规实行可行性表决，保证了立法质量，提高了工作效率。

常委会及时作出了关于县乡两级人民代表大会换届选举时间的决定。作出了关于巴中、雅安、眉山、资阳、凉山五市州人民代表大会推迟换届选举和新一届人民代表大会常务委员会组成人员名额的决定。

二、监督工作突出重点，监督实效不断增强

常委会重点组织了对水污染防治法、食品卫生法、关于进一步开展法制宣传教育的决议3个法律、决议的执法检查。受全国人大常委会委托，还对安全生产法和矿山安全法、劳动法、律师法的贯彻实施情况进行了检查，并将检查情况向全国人大常委会作出报告。此外，省人大各专门委员会还有计划、有重点地对人口与计划生育法、渔业法、保密法、国家投资建设项目招标投标条例、城镇规划建设管理条例、民用机场净空及电磁环境保护条例等法律、法规实施情况进行了检查，并配合全国人大有关专门委员会开展了执法检查。

一年来，常委会听取和审议了省政府关于计划、财政、审计、科技、公安、对外贸易、市场化配置矿产资源、贯彻实施行政许可法、“十一五”规划纲要（草案）编制等方面的专题工作报告16个。

进一步加强和改进了对预算的审查监督工作。督促省政府细化报送省人代会审议的预算草案内容，提交省十届人大三次会议审查的省级部门预算由23个增加到42个，加大了代表大会对财政预算审查的监督力度。

常委会与成都市及有关区县人大常委会共同组织人大代表开展视察法院庭审的试点工作，旁听省法院、成都市中院及锦江区、金牛区、双流县法院的庭审共49次，以程序公正为重点，开展工作评议。

常委会专门听取和审议了省人大常委会信访办公室关于信访情况和重大信访案件办理工作的报告，两次召开全省人大信访工作座谈会，建立实施信访信息综合分析通报制度和常委会负责同志接待上访人员制度。全年共处理来信15700多件，接待来访17200多人次。

常委会建立并实施了常委会拟任命人员任前法律考试制度。一年来，共任免和批准任免国家机关工作人员85人次。

三、代表工作进一步改进，制度建设成效明显

常委会坚持向省人大代表通报工作情况、提供信息资料，使代表知情知政。要求“一府两院”将有关经济社会发展的信息资料及时寄送代表。在代表大会闭会期间，向省人大代表及时通报常委会会议和重要活动情况，寄送常委会公报及相关报刊资料。本次大会前，专门组织在蓉全国人大代表和省人大代表听取了“一府两院”工作情况的报告。围绕改革发展稳定的重大问题，组织代表集中视察，不断改进视察方式。扩大代表对常委会、专委会活动的参与。坚持邀请代表列席常委会会议，扩大了常委会审议议案的民主基础。邀请省人大代表参加常委会组织的立法调研和执法检查，注意听取代表的意见和建议。增加了省人大代表活动经费，一些市州人大常委会设立了省人大代表联络处，代表活动条件进一步改善，较好地保障了代表依法履行职责。

省十届人大三次会议上代表提出并经主席团决定交由省人大各专门委员会审议的18件议案，均已审议完毕。会议期间代表提出的659件建议、批评和意见都已认真办理。

根据《若干意见》和有关法律法规的规定，常委会深入调查研究，积极探索创新，制定和完善了包括加强和规范代表活动、代表议案处理、代表建议批评意见处理、人代会会议和常委会会议工作程序、发挥专门委员会作用、加强信访工作等13个具体规定和办法。按照常委会关于提高地方立法质量有关事项的决定，主任会议对地方立法听证会规则、地方立法技术规定进行了修订，制定了公开征集地方立法选题和立法建议办法、地方性法规草案公开征求意见办法等，进一步完善了立法工作程序和制度。常委会办事工作机构按照各自工作职责，围绕如何更好地为代表和常委会工作服务，制定和完善了机关办会、办事、办文等各项工作制度和规定。

四、民主法制宣传教育不断深入，公民的法制观念和法律素质进一步提高

常委会充分发挥新闻媒体和常委会机关报刊、四川人大网站的作用，加强对民主法制建设和人大制度、人大工作的宣传。广泛报道各级人大履行职权和人大代表执行职务的情况，深入宣传依法治省、建设法治四川的重要意义和取得的进展。常委会制定或修改法规后，都召开了新闻发布会。召开全省“依法治省、建设法治四川经验交流会”，继续开展“四川环保世纪行”宣传活动。召开全省人大新闻宣传工作经验交流会。全年共有50名公民应邀旁听了省人大常委会会议。

五、自身建设得到加强，与各级人大的联系更加密切

常委会认真学习宪法、法律和其他相关知识，举办预算法、公务员法、食品卫生法、审计法、道路交通安全法及艾滋病防治立法等6次专题法制讲座。常委会机关就如何行使重大事项决定权和加强预算审查监督问题两次举行专题座谈会。坚持年初制定立法、执法检查、听取专题工作报告、调查研究和学习五个工作计划。

根据工作需要，设立了省人大常委会港澳台事务工作委员会。

2006年是实施“十一五”规划的开局之年，也是全省各族人民在新的起点上继续向全面建设小康社会宏伟目标迈进的关键一年。常委会工作着重做好以下五方面的工作。一、坚持为民宗旨，进一步加强和改进立法工作。二、围绕全省大局，进一步加强和改进监督工作。三、贯彻《若干意见》，进一步加强和改进代表工作。四、加强法制宣传，进一步推进依法治省。五、加强自身建设，进一步提高人大工作水平。

2006年常委会工作报告（摘录）

一、加强立法工作，立法质量进一步提高

一年来，常委会制定地方性法规7件，首次进行了地方立法解释；修改5件，废止3件，对4件法规草案进行了审议，对12件立法项目进行了调研；批准成都市和民族自治地方制定的地方性法规和自治条例7件，修改16件，废止3件；对全国人大发来征求意见的10件法律草案征求并上报了意见；对政府备案的规章进行了审查。采取座谈会、论证会、网络公布和向社会公开征集立法建议等多种形式，广泛听取人民群众的意见和建议。各专门委员会还配合全国人大有关专委会开展了相关法律的立法调研。

二、突出监督工作重点，增强了监督实效

一年来，常委会检查了4部法律的实施情况，听取和审议了“一府两院”19个专项工作报告，发出审议意见书21份。

此外，受全国人大常委会委托，还检查了归侨侨眷权益保护法贯彻实施情况，促进了归侨侨眷合法权益的维护和落实。

全年共处理来信15120件，接待来访15427人次。

三、高度重视代表工作，较好地发挥了代表作用

全年共有60名全国和省人大代表列席常委会会议，并就社会主义新农村建设、发展循环经济、节约能源、环境保护、教育卫生事业、法制建设、构建和谐社会等方面问题进行专题调研，形成了一百多篇调研报告。

认真做好为代表服务工作。坚持向省人大代表及时通报常委会会议和重要活动情况、寄送常委会公报和涉及全省经济社会发展方面的重要信息资料，建立并通过省人大代表电子邮件服务系统向代表传送资料信息，市州人大常委会设立了省人大代表联络处。

省十届人大四次会议上代表提出并经主席团决定交由省人大各专门委员会审议的27件议案，均审议完毕。省十届人大四次会议期间代表提出的635件建议、批评和意见，省人大专门委员会和常委会办事工作机构、“一府两院”及有关部门都已认真办理。

四、规范重大事项决定权的行使，加强对县乡人大换届选举工作的指导

制定了省人大常委会讨论决定重大事项的规定，明确规范了决定重大事项的内容、方式和程序。常委会作出了关于继续深入开展法制宣传教育的决议。

一年来，共任免和批准任免国家机关工作人员87人次。

常委会及时对我省部分市州和181个县（市、区）人民代表大会换届选举时间和代表总名额、常务委员会组成人员名额作出决定，对全省县、乡人大同步换届选举依法作出安排。

五、加强常委会自身建设，努力提高工作水平

今后一年的主要任务：一、突出重点，注重特色，加强和改进立法工作。二、围绕大局，增强实效，加强和改进监督工作。三、密切联系，认真组织，加强和改进代表工作。四、发扬民主，依法办事，做好重大事项决定和人事任免工作。五、丰富形式，拓宽渠道，深入开展法制宣传教育工作。六、求真务实，扎实工作，进一步搞好自身建设。

2007年以及十届常委会工作报告（摘录）

五年工作的回顾

省十届人大常委会于2003年1月经大会选举产生，共举行32次常委会会议。

一、地方立法取得新成绩

常委会五年来，共审议通过地方性法规30件，修改法规56件，废止法规10件，立法解释1件；

批准成都市制定、修改和废止法规39件；批准民族自治地方制定、修改和废止自治条例、单行条例21件（其中，2007年共立、改、废地方性法规12件）。根据上位法和经济社会发展的要求，着力抓好法规的修改废止工作。坚持立、改、废并重，对城市房屋拆迁管理条例、选举法实施细则等一些地方性法规进行了修改。按照行政许可法的要求，对我省现行地方性法规设定的行政许可事项进行了全面清理，停止执行52个行政许可事项，并对有关法规进行了修改。监督法颁布后，常委会及时对有关地方性法规和规范性文件进行了全面梳理，对与监督法不一致的条例和有关规定予以废止和修订，保证了法制统一。

积极协助全国人大常委会对物权法、监督法、劳动合同法等38个法律草案或修正案草案组织开展立法调研，并将有关意见及时整理上报。

二、监督工作实效增强

深入开展执法检查。五年来，先后对12件法律法规的实施情况进行了检查（其中，2007年对水污染防治法、节约能源法进行了执法检查）。配合全国人大常委会对安全生产法、劳动法、律师法等8件法律的执行情况进行了执法检查。

认真听取和审议"一府两院"专项工作报告。五年来，常委会听取和审议专项工作报告92个（其中，2007年听取和审议了16个），并坚持向"一府两院"发送审议意见书，督促其改进工作。

不断改进和加强预算审查监督。本届常委会自2003年首次要求省政府向人代会报送部门预算以后，不断推动省政府细化报送省人代会审查的预算草案内容。到2007年，向人代会送审的省级部门预算由最初的4个增至87个，代表大会对财政预算审查监督的力度不断加大，预算审查监督的实效增强。

认真做好规章和规范性文件备案审查工作。2006年，常委会制定了规章及规范性文件备案审查的规定，2007年又根据监督法的规定进行了修改，使规章和规范性文件备案审查工作更加规范严谨。几年来，省政府和成都市向常委会备案的规章共103件。2007年，市、州人大常委会根据监督法规定报送备案的规范性文件共63件。常委会备案审查工作机构均按有关规定作了处理。

常委会建立了信访信息综合分析通报制度和常委会主任会议成员接待上访人员制度，多次召开信访工作座谈会。2005年，常委会专题听取和审议了信访工作和重大信访案件办理情况的报告。五年间共处理来信73515件，接待来访74434人次，与市州人大常委会一起办理了全国人大常委会交办的信访案件6829件。

三、代表工作和制度建设取得新进展

一是不断提高代表议案和建议、批评、意见的提出质量及办理水平。五年来，共办理议案116件，督办建议、批评和意见3075件。二是为代表知情知政服务明显增强。及时向代表通报常委会会议情况、重要工作安排和重要活动情况，寄送常委会公报和我省经济社会发展方面的重要信息资料。建立了省人大代表电子邮件服务系统。从2005年起，在人代会召开前举行情况通报会，由"一府两院"向代表通报有关工作情况。三是扩大代表对常委会活动的参与。五年共邀请75名全国人大代表和180名省人大代表列席常委会会议，组织部分代表参加常委会的立法调研和执法检查。坚持每年组织一次代表集中视察。从2006年开始，还组织代表开展专题调研，形成了200余篇调研报告。四是为代表履职创造更好的条件。积极推动市州人大常委会设立了省人大代表联络处，为代表履职服务。省人大代表的活动经费有了较大幅度的提高。从十届人大三次会议开始，启用大会电子表决系统，对保障代表民主权利起到了积极作用。

制定完善了包括加强和规范代表活动、代表议案处理、代表建议批评意见处理、省人民代表大会会议和常委会会议的工作程序、发挥专门委员会作用、加强信访工作、加强同“一府两院”工作联系协调等13个具体规定和办法。建立了重要事项向省委报告制度，保证党对人大工作的领导。建立并坚持每年年初制定常委会立法、执法检查、听取专项工作报告、调查研究、学习等五个工作计划的制度。建立了主任会议成员牵头负责重点课题调研制度和机关办会、办事、办文等工作制度。

四、决定重大事项和选举任免工作依法进行

制定了省人大常委会讨论决定重大事项的规定，明确了决定重大事项的内容、方式和程序。五年来，常委会对事关我省经济社会发展的重大问题共作出决议、决定39个，作出了关于继续深入开展法制宣传教育的决议。2003年，常委会作出关于进一步加强企业破产案件审理工作的决议。2004年作出关于开展全省检察机关人民监督员试点工作的决议。

五年来，共任免和批准任免国家机关工作人员436人次。

为适应宪法修改后县乡人大同步换届选举的新情况，常委会就市县乡三级人民代表大会换届选举的有关问题，市、县人大常委会组成人员名额等及时作出决定。

五、法制宣传教育深入推进

常委会先后三次召开人大新闻宣传工作会议。2004年，隆重召开了纪念全国人民代表大会成立50周年暨地方人大常委会设立25周年大会、纪念邓小平诞辰100周年民主法制建设座谈会，举办人民代表大会制度知识竞赛和专题电视文艺晚会，拍摄了反映省人大常委会25年历程和工作的电视专题片。2005年，省委召开了“推进依法治省，建设法治四川”经验交流会。坚持每年组织新闻单位开展“四川环保世纪行”宣传活动。坚持邀请公民旁听省人代会和常委会会议。

五年来，接待国外地方议会代表团来访90多批980余人次。邀请外国驻蓉领事馆外交人员旁听省人代会。

六、自身建设不断加强

常委会坚持每年一次的常委会组成人员暨市州人大常委会主任学习会制度，定期举办法制和专题讲座。2004年以后，主任会议成员牵头进行的专题调研形成了53个理论联系实际的调研成果。推行机关处级干部竞争上岗。常委会新设立了港澳台事务工作委员会，机关增设了全国人大代表联络处和规范性文件备案审查处。常委会邀请列席省人大常委会会议、参与常委会立法、监督等重大活动和组织学习、培训。

今后工作的建议

进一步加强和改进地方立法工作。进一步加强和改进监督工作。进一步加强同省人大代表和人民群众的联系。进一步加强常委会的自身建设。

五、四川省人大机关制度建设相关法规与规范性文件

四川省人民代表大会议事规则

（1990年2月17日四川省第七届人民代表大会第三次会议通过，根据2002年4月8日省九届人大第五次会议《关于修改〈四川省人民代表大会议事规则〉的决定》修正）

第一章 总 则

第一条 为了保证省人民代表大会会议依法行使职权，根据《中华人民共和国宪法》和《中华人民共和国地方各级人民代表大会和地方各级人民政府组织法》的规定，结合省人民代表大会的实践，制定本规则。

第二条 省人民代表大会会议审议、决定问题，应当充分发扬民主，实行民主集中制的原则。

第二章 会议的举行

第三条 省人民代表大会会议每年至少举行一次，一般于第一季度举行。省人民代表大会常务委员会认为必要，或者有五分之一以上的代表向省人民代表大会常务委员会提议，可以召集省人民代表大会临时会议。

每届省人民代表大会第一次会议，在该届省人民代表大会代表选举完成后的两个月内举行。

第四条 省人民代表大会会议由省人民代表大会常务委员会召集。

每届省人民代表大会第一次会议由上届省人民代表大会常务委员会召集。

第五条 省人民代表大会会议有三分之二以上的代表出席，始得举行。

省人民代表大会举行会议时，省人民代表大会的代表应当出席；因病或者其他特殊原因不能出席的，应于会议前请假。

第六条 省人民代表大会常务委员会在省人民代表大会举行会议前，进行下列准备工作：

（一）提出会议议程草案；

（二）提出主席团和秘书长名单草案；

（三）决定列席会议人员名单；

（四）会议的其他准备事项。

第七条 省人民代表大会常务委员会应当在省人民代表大会举行会议的二十日前，将开会日期和建议会议讨论的主要事项通知代表。议程草案中列有审议地方性法规的，应将准备审议的地方性法规草案及说明同时发给代表。

省人民代表大会临时会议不适用前款的规定。

第八条 省人民代表大会举行会议前，按照市、州组成代表团；驻川部队代表单独组成代表团。各代表团推选代表团团长、副团长。团长召集并主持代表团全体会议，副团长协助团长工作。

各代表团可分设代表小组，各代表小组分别推举小组召集人。

第九条 代表团对列入会议议程的各项议案进行审议，并可由代表团团长或者由代表团推选的代表在主席团会议或大会全体会议上代表本代表团对会议审议的议案发表意见。

以代表团名义提出的议案、质询案、罢免案，由代表团全体代表的过半数通过，并由代表团团长签署。

第十条 省人民代表大会会议举行前，召开预备会议，选举主席团和秘书长，通过会议议程和关于会议其他准备事项的决定。

预备会议决定事项，以全体代表过半数通过。

预备会议由省人民代表大会常务委员会主持，每届省人民代表大会第一次会议的预备会议由上届省人民代表大会常务委员会主持。

第十一条 省人民代表大会预备会议举行前，各代表团审议省人民代表大会常务委员会提出的主席团和秘书长名单草案、会议议程草案以及会议的其他准备事项。

省人民代表大会常务委员会主任会议根据各代表团提出的意见，可以对主席团和秘书长名单草案、会议议程草案以及会议的其他准备事项提出调整意见，提请预备会议通过。

第十二条 主席团主持省人民代表大会会议，并决定下列事项：

（一）决定大会副秘书长人选；

（二）决定会议日程；

（三）决定提出议案的截止日期；

（四）决定候选人提名的截止日期，以及正式候选人名单；

（五）通过议案处理意见的报告，决定议案是否列入本次会议议程或交有关专门委员会审议；

（六）提出需要会议通过的决议、决定草案，决定提交各代表团审议，并决定提交大会全体会议表决；

（七）决定质询案答复的方式、场合；

（八）决定罢免案的处理；

（九）其他需由主席团决定的事项。

主席团主持选举、确定选举是否有效，并公布选举结果。主席团认为必要时，可召开大会全体会议就某些议案和有关报告进行讨论、审议。

第十三条 主席团第一次会议推选常务主席若干人，推选主席团成员若干人分别担任每次大会全体会议的执行主席。

主席团决定问题，由主席团全体成员的过半数通过。

第十四条　主席团常务主席召集并主持主席团会议，主席团第一次会议由省人民代表大会常务委员会主任召集。

主席团常务主席可以对属于主席团职权范围内的事项向主席团提出建议，并可对会议日程安排作必要的调整。

主席团常务主席可以召开代表团团长会议，就大会审议的有关报告和重大问题听取各代表团的审议意见，进行讨论，并将讨论的情况和意见向主席团报告。

主席团常务主席可以就重大的专业性问题，召集有关代表进行讨论，并将讨论意见和情况向主席团汇报。

第十五条　省人民政府组成人员、省高级人民法院院长、省人民检察院检察长不是省人大代表的，列席省人民代表大会会议；省人民代表大会常务委员会办事机构的负责人、参加省政协会议的人员、其他有关机关、团体的负责人、全国人民代表大会代表，经省人民代表大会常务委员会决定，可以列席省人民代表大会会议。

列席会议的人员，有发言权，没有表决权。

第十六条　省人民代表大会举行会议时，召开大会全体会议、代表团全体会议、分组会议、专题讨论会议。

主席团可以召开大会全体会议进行大会发言，就议案和有关报告发表意见。

第十七条　省人民代表大会全体会议设旁听席。旁听办法另行规定。

省人民代表大会会议可举行新闻发布会、记者招待会。

第十八条　在会议期间，省人民代表大会各专门委员会根据需要，对列入会议议程的有关议案进行审议，提出审议意见，向主席团报告。

第十九条　省人民代表大会会议设立秘书处，秘书处由秘书长和副秘书长若干人组成。

秘书处在秘书长领导下，办理主席团交付的事项和处理会议日常事务工作，副秘书长协助秘书长工作。

第二十条　省人民代表大会会议期间，秘书处和有关的代表团应当为少数民族代表提供口头翻译和重要文件的民族文字译本。

会议期间，秘书处应将代表在各种会议上发言的重要内容整理成简报印发代表，并可根据本人要求，将发言摘要印发会议。

第三章　议案的提出和审议

第二十一条　省人民代表大会主席团、省人民代表大会常务委员会、省人民代表大会各专门委员会、省人民政府可以提出属于省人民代表大会职权范围内的议案，由主席团决定列入会议议程或先交有关的专门委员会审议，提出是否列入会议议程的意见，再由主席团决定。

一个代表团或者十名以上的代表书面联名，可以向省人民代表大会提出属于省人民代表大会职权范围内的议案，先交有关的专门委员会审查，提出是否作为议案的意见，由秘书处汇总向主席团提出议案处理意见的报告，再由主席团决定是否确定为议案和是否列入本次会议的议程，主席团决定不作为议案的，改作建议、批评和意见处理，并将主席团通过的关于代表提出的议案处理意见的报告印发代表。

议案可以在会议举行期间提出，也可以在会议举行前提出。

第二十二条 主席团决定作为议案的，由秘书处根据主席团的决定交有关专门委员会审议。有关专门委员会应在下次省人民代表大会会议召开前审议完毕，向省人民代表大会常务委员会提出是否列入代表大会会议议程和常务委员会会议议程或作其他处理的审议结果的报告，由常务委员会审议决定，并将议案办理结果答复提案人。

专门委员会审议时，可以邀请提案人列席会议，发表意见。

第二十三条 提案人向省人民代表大会提出议案时，应当写明提案的理由及要求；提出制定或修改地方性法规的议案，应提出法规的主要内容或修改意见。

第二十四条 列入会议议程的议案，提案人和省人民代表大会有关的专门委员会、省人民代表大会常务委员会有关的办事机构应当提供有关的资料。

第二十五条 列入会议议程的议案，提案人应向大会全体会议作关于议案的说明，由各代表团审议。有关专门委员会可以对议案进行审议，提出报告，由主席团印发代表。需要表决的议案，由主席团审议决定提交大会全体会议表决。

专门委员会审议议案时，可邀请有关方面的代表和专家参加，发表意见。

第二十六条 列入会议议程的地方性法规案，大会全体会议听取法规草案的说明后，由各代表团审议。

有关的专门委员会对地方性法规案进行审议，向主席团提出审议意见，并印发会议。

法制委员会根据各代表团和专门委员会的审议意见，对地方性法规案进行统一审议，向主席团提出审议结果的报告和法规草案修改稿，对重要的不同意见应当在审议结果的报告中予以说明，经主席团审议通过后，印发会议。

地方性法规草案修改稿经各代表团审议后，由法制委员会根据审议意见对法规草案修改稿进行修改，提出地方性法规草案表决稿，由主席团提请大会全体会议表决。

第二十七条 省人民代表大会会议举行前，省人民代表大会常务委员会对准备提请会议审议的重要的地方性法规，可以公布草案，广泛征求意见，并将意见汇总印发代表。

第二十八条 列入会议议程的议案，在交付表决前，提案人要求撤回的，经主席团同意，会议对该议案的审议即行终止。

第二十九条 列入会议议程的议案，在审议中发现有重大问题需要进一步研究的，经主席团提出，由大会全体会议决定，交下一次省人民代表大会会议审议，或者授权省人民代表大会常务委员会进一步审议，向下一次代表大会会议作出说明。常务委员会进一步审议时，根据情况，可作出相应的决议。

第三十条 省人民代表大会代表在会议期间向省人民代表大会提出的对各方面工作的建议、批评和意见，秘书处可交有关机关和组织研究处理并答复代表。会议期间不能办理的，会后由省人民代表大会常务委员会办公厅交有关机关和组织研究办理并负责在会议闭会之日起三个月内，至迟不超过六个月，答复代表。承办单位在六个月内不能办结的，应当在限期内向代表说明情况。

第三十一条　代表的建议、批评和意见需要两个以上部门会办的，分别由省人民代表大会常务委员会办公厅或省人民政府办公厅协调，确定主办单位和会办单位。会办单位应在二个月内向主办单位提出会办意见，由主办单位负责答复代表。

第三十二条　代表对有关机关和组织的答复不满意，要求重新办理的，省人民代表大会常务委员会办公厅和省人民政府办公厅可交承办单位重新研究办理，并在二个月内负责答复代表。

第四章　审议工作报告、审查计划和预算

第三十三条　省人民代表大会每年举行会议时，省人民代表大会常务委员会、省人民政府、省高级人民法院、省人民检察院向会议提出工作报告，由各代表团进行审议，并由大会全体会议作出相应的决议。

第三十四条　秘书处应综合各代表团在审议中提出的主要意见向主席团报告，并转告提出报告的机关。提出报告的机关应认真研究处理代表的意见，需要向代表说明的，应向代表进行说明。

第三十五条　省人民代表大会举行会议的二十日前，省人民政府计划、财政部门应当就国民经济和社会发展计划及计划执行情况、省财政预算及预算执行情况的主要内容，向省人民代表大会财经委员会和有关的专门委员会汇报，由财经委员会进行初步审查，有关委员会应就有关部分进行初步审查，并将审查意见转告财经委员会，由财经委员会综合初步审查意见转告省人民政府。

第三十六条　省人民代表大会每年举行会议的时候，省人民政府应当向会议提出关于全省国民经济和社会发展计划草案及计划执行情况的报告、关于全省预算和预算执行情况的报告，并将国民经济和社会发展计划主要指标（草案）、省财政预算收支表（草案）和省预算执行情况表（草案）一并印发会议，由各代表团审查，财经委员会和有关的专门委员会可同时进行审查。

财经委员会应当根据各代表团和有关的专门委员会的审查意见，对关于国民经济和社会发展计划及计划执行情况、关于省财政预算及预算执行情况进行审查，向主席团提出审查结果的报告，经主席团会议审议通过后，印发各代表团，并将关于国民经济和社会发展计划决议草案、关于省财政预算和预算执行情况的决议草案提请大会全体会议表决。

第三十七条　省人民政府向省人民代表大会提出的上年度预算执行情况的报告，决算已经编出的，应当报告决算情况；决算未能编出的，可由省人民代表大会决定授权省人民代表大会常务委员会审查批准决算报告。

第三十八条　国民经济和社会发展计划、省财政预算经省人民代表大会批准后，在执行过程中必须作部分调整的，省人民政府应当将调整方案提请省人民代表大会常务委员会审查批准。

第五章　选举、辞职和罢免

第三十九条　省人民代表大会会议选举、罢免省人民政府省长、副省长、省高级人民法院院长、省人民检察院检察长、省人民代表大会常务委员会组成人员和出席全国人民代表大会的代表，并接受上述人员的辞职。

省人民代表大会会议可以罢免省人民政府其他组成人员。

各专门委员会的主任委员、副主任委员和委员的人选，由主席团在代表中提名，大会通过。

选举、罢免和接受辞职，除《中华人民共和国地方各级人民代表大会和地方各级人民政府组织法》和《中华人民共和国全国人民代表大会和地方各级人民代表大会选举法》有规定的外，按本章规定办理。

第四十条 主席团和代表依法书面联名提出的候选人具有同等法律地位，均应列入候选人名单，交各代表团讨论。如果提出的候选人名额超过法律规定的差额，主席团应将全部候选人名单交各代表团酝酿，然后根据较多数代表的意见，确定正式候选人名单。

第四十一条 主席团或候选人的提名人应当向会议介绍候选人的基本情况，并对代表提出的问题作必要的说明。

第四十二条 大会选举采用无记名投票方式，候选人得票数超过全体代表半数的，始得当选；获得过半数选票的名额超过应选名额的，以得票多的当选。大会全体会议选举的时候，可以设秘密写票处。

选举结果，由会议主持人当场宣布，候选人的得票数应当公布。

第四十三条 省人民代表大会会议举行选举的具体办法，由大会全体会议通过。

第四十四条 主席团、常务委员会、十分之一以上代表书面联名或三个以上代表团，可以提出对常务委员会组成人员、省人民政府组成人员、省高级人民法院院长、省人民检察院检察长、本省选的全国人民代表大会代表的罢免案，由主席团交各代表团审议后，提交大会全体会议表决；如审议中发现有需要调查的问题，可以由主席团提出建议，经大会全体会议决定，组织调查委员会或交由常务委员会调查，提交下一次会议审议决定或授权省人民代表大会常务委员会审议并向下一次会议提出报告。

罢免案应当写明罢免的对象和理由，并提供有关的材料。

被提出罢免的人员有权在主席团会议和大会全体会议上提出申辩意见，或者书面提出申辩意见，由主席团印发会议。

第四十五条 省人民代表大会常务委员会组成人员和省人民代表大会专门委员成员的代表资格被罢免的，其常务委员会组成人员和专门委员会成员的职务相应撤销，由主席团或者省人民代表大会常务委员会予以公告。

第六章 询问和质询

第四十六条 各代表团在审议议案和工作报告时，代表可以向有关的机关提出询问，有关机关负责人应当到会听取意见，回答询问。

第四十七条 省人民代表大会会议期间，一个代表团或十名以上的代表书面联名，可以书面提出对省人民政府及其所属各工作部门以及省高级人民法院、省人民检察院的质询案。

第四十八条 代表团或代表书面联名提出质询案的范围主要是：有关实施宪法、法律、行政法规和地方性法规方面的问题；有关贯彻国家方针、政策方面的问题；有关失职、渎职及决策方面的问题；有关执行上级和本级人民代表大会及其常务委员会的决议、决定方面的问题；其他需要质询的事项。

第四十九条　提出质询案必须写明质询对象、质询的问题和内容。

第五十条　质询案按照主席团的决定，交由受质询机关负责人在主席团会议、有关的专门委员会会议、有关的代表团会议上或者向提质询案的代表口头答复，或者由受质询机关提出书面答复。

主席团认为必要时，可将受质询机关的答复印发会议。

第五十一条　受质询机关的负责人在主席团会议或在专门委员会会议上答复的，提质询案的代表团团长或者提质询案的代表有权列席会议，发表意见。在专门委员会会议或者代表团会议上答复的，有关的专门委员会或者代表团应当将答复质询案的情况向主席团或常务主席报告。主席团认为必要的时候，可以将答复质询案的情况报告印发会议。

第五十二条　质询案以书面答复的，受质询机关负责人应当签署，由主席团决定印发提质询案的代表团或代表。

第五十三条　质询案在受质询机关负责人答复前，提案人要求撤回的，质询即行终止。

第五十四条　提质询案的代表或者代表团对答复质询不满意的，可以提出要求，经主席决定，由受质询机关再作答复。

第七章　特定问题的调查会

第五十五条　省人民代表大会认为必要时，可以组织关于特定问题的调查委员会。

主席团、三个以上代表团或者十分之一以上的代表书面联名，可以提议组织关于特定问题的调查委员会，由主席团提请大会全体会议决定。

第五十六条　调查委员会由主任委员、副主任委员和委员若干人组成，由主席团在代表中提名，提请大会全体会议通过。调查委员会可以聘请专家参加调查工作。

第五十七条　调查委员会进行调查的时候，一切有关的国家机关、社会团体、企事业单位和公民都有义务如实向它提供必要的材料。提供证明材料的公民要求调查委员会对材料来源保密的，调查委员会应当予以保密。

第五十八条　调查委员会应当向省人民代表大会提出调查报告，由各代表团审议后，大会全体会议可以根据调查委员会的报告作出相应的决议。

省人民代表大会也可以授权常务委员会在省人民代表大会闭会期间听取调查委员会的报告，并作出相应的决议，向省人民代表大会下一次会议提出书面说明。

第八章　发言和表决

第五十九条　省人民代表大会代表在省人民代表大会各种会议上的发言和表决，不受法律追究。

第六十条　省人民代表大会举行会议的时候，代表或者代表团推选的代表在大会全体会议上的发言，不超过十五分钟，事先经会议主持人许可，可以延长五分钟。

代表要求在大会全体会议上发言的，应当事先向秘书处报名，由大会执行主席作出安排。在大会全体会议上临时要求发言的，经大会执行主席许可，始得发言。

第六十一条　在主席团的每次会议上，主席团成员或者代表团推选的代表的发言，不超过十五分钟，就同一问题的再次发言不超过十分钟。经会议主持人许可，发言时间可适当延长。

第六十二条 大会全体会议表决议案由全体代表的过半数通过。表决结果由会议主持人当场宣布。

第六十三条 交付表决的议案，有修正案的，先表决修正案。

第六十四条 大会全体会议表决议案，采用投票方式、举手方式或者其他方式，由主席团决定。大会通过的法规、决议、决定及其他表决结果由大会主席团公布。

第九章 附 则

第六十五条 省人民代表大会主席团公布的地方性法规、决议和决定公告，应载明制定机关、通过和施行的日期，并及时在《四川省人民代表大会常务委员会公报》《四川日报》上刊登。地方性法规由省人民代表大会常务委员会办公厅报全国人民代表大会常务委员会和国务院备案。

第六十六条 本规则由四川省人民代表大会常务委员会负责解释。

第六十七条 本规则自公布之日起施行。

四川省人民代表大会常务委员会议事规则

（1988 年 5 月 28 日四川省第七届人民代表大会常务委员会第三次会议通过，根据 2001 年 3 月 30 日省九届人大常委会第二十二次会议《关于修改〈四川省人民代表大会常务委员会议事规则〉的决定》第一次修正，根据 2007 年 9 月 27 日四川省第十届人民代表大会常务委员会第三十次会议《关于修改〈四川省人民代表大会常务委员会议事规则〉的决定》第二次修正）

第一章 总 则

第一条 为了保证四川省人民代表大会常务委员会会议正常进行，提高议事效率，使常务委员会工作制度化、规范化，根据《中华人民共和国宪法》《中华人民共和国地方各级人民代表大会和地方各级人民政府组织法》《中华人民共和国立法法》《中华人民共和国各级人民代表大会常务委员会监督法》及有关法律规定，结合常务委员会的实践，制定本规则。

第二条 省人民代表大会常务委员会审议议案、决定问题，应当充分发扬民主，实行民主集中制的原则。

第二章 会议的召开

第三条 省人民代表大会常务委员会会议每两个月至少举行一次。常务委员会会议由主任召集并主持，主任可以委托副主任主持会议。

第四条 常务委员会会议必须有常务委员会全体组成人员的过半数出席，才能举行。

第五条 常务委员会会议议程草案由主任会议拟定，提请常务委员会全体会议决定。

常务委员会会议的日程安排，由主任会议决定。

第六条 常务委员会举行会议，应在举行会议十五日以前，将开会日期、建议会议审议的议程，通知常务委员会组成人员。

临时召集的会议，可以临时通知。

第七条 常务委员会举行会议时，常务委员会组成人员除因病或者其他特殊原因请假的以外，均应出席会议。

第八条 常务委员会举行会议时，省人民政府、省高级人民法院、省人民检察院的负责人列席会议。根据会议审议的事项，通知省级有关部门负责人列席会议。

省人民代表大会各专门委员会不是常务委员会组成人员的主任委员、副主任委员，有关的专门委员会委员，常务委员会办事机构的负责人，列席会议。

设区的市、自治州人民代表大会常务委员会主任或副主任一人列席会议。必要时，可邀请部分县（市、区）人民代表大会常务委员会主任以及部分在川的全国人民代表大会代表或者省人民代表大会代表列席会议。

第九条 常务委员会举行会议时，召开全体会议、分组会议，也可召开联组会议。

联组会议的召开由主任会议根据需要决定。

第十条 常务委员会分组会议和联组会议对议案或者专项工作报告进行审议时，有关部门负责人应当到会听取意见，回答询问。

第三章 议案的提出和审议

第十一条 主任会议可以向常务委员会提出属于常务委员会职权范围内的议案，由常务委员会会议审议。

省人民政府、省人民代表大会各专门委员会，可以向常务委员会提出属于常务委员会职权范围内的议案，由主任会议决定提请常务委员会会议审议，或者先交有关的专门委员会审议、提出报告，再决定提请常务委员会会议审议。

常务委员会组成人员五人以上联名，可以向常务委员会提出属于常务委员会职权范围内的议案，由主任会议决定提请常务委员会会议审议，或者先交有关专门委员会审议、提出报告，再决定是否提请常务委员会会议审议。不提请常务委员会会议审议的，应当向常务委员会会议报告或者向提案人说明。

第十二条 自治州、自治县的人民代表大会可以向常务委员会提出报请批准自治条例、单行条例的议案。

较大的市的人民代表大会及其常务委员会可以向常务委员会提出报请批准由市制定的地方性法规的议案。

第十三条 主任会议根据工作需要，可以委托常务委员会的有关办事机构代常务委员会拟订议案草案，并向常务委员会会议作说明。

第十四条 提出议案的机关，有关的专门委员会，常务委员会的有关办事机构，应当对列入常务委员会会议议程的议案，提供有关的资料。

第十五条 向常务委员会提出的任免案，提请任免的机关应当在常务委员会举行会议二十日以前报送常务委员会，并书面介绍被任免人员的基本情况、政绩及任免理由。在常务委员会审议任免案期间，提请任免机关的负责人或由其委托的有关负责人应到会听取意见，回答询问。

第十六条 省人民政府、省高级人民法院和省人民检察院依法可以向常务委员会提出撤职案。

主任会议依法可以向常务委员会提出撤职案。

常务委员会组成人员五分之一以上书面联名依法可以向常务委员会提出撤职案，由主任会议决定是否提请常务委员会会议审议；或者由主任会议提议，经全体会议决定，组织调查委员会，由以后的常务委员会会议根据调查委员会的报告审议决定。

撤职案应当写明撤职的对象和理由，并提供有关的材料。

撤职案在提请表决前，被提出撤职的人员有权在常务委员会会议上提出申辩意见，或者书面提出申辩意见，由主任会议决定印发常务委员会会议。

撤职案的表决采用无记名投票的方式，由常务委员会全体组成人员的过半数通过。

第十七条 向常务委员会提出补选出缺的全国人民代表大会的个别代表的候选人，有关机关应当提供候选人的情况。

向常务委员会提出罢免全国人民代表大会个别代表的议案，由主任会议决定提请常务委员会会议审议，或者先交常务委员会有关办事机构进行调查，提出报告，再决定提请常务委员会会议审议。被提出撤换的代表，可以列席常务委员会审议该议案的会议或者书面申诉意见。

第十八条 常务委员会会议审议议案时，先由全体会议听取关于议案的说明，再由分组会议进行审议，有关的专门委员会也可进行审议。根据议题需要，可举行联组会议进行审议。

第十九条 列入常务委员会会议议程的地方性法规草案，一般应当经三次常务委员会会议审议后再交付表决。各方面意见比较一致的，由主任会议决定，可以经两次常务委员会会议审议后交付表决。列入常务委员会会议议程的地方性法规修改案，各方面意见比较一致的，由主任会议决定，可以经一次常务委员会会议审议即交付表决。

地方性法规草案由法制委员会提出审议结果的报告和草案修改稿、草案表决稿。

第二十条 报请省人民代表大会常务委员会批准的自治条例和单行条例，应在通过三十日前，征询省人民代表大会民族宗教委员会的意见。由民族宗教委员会向常务委员会全体会议提出审查意见的报告。经常务委员会会议审议批准。

第二十一条 报请省人民代表大会常务委员会批准的地方性法规，应在通过十五日前，征询省人民代表大会有关的专门委员会的意见。由有关的专门委员会向常务委员会全体会议提出审查意见的报告。经常务委员会会议审议批准。

第二十二条 提议案机关的负责人可以在常务委员会全体会议、联组会议上对议案作补充说明。

第二十三条 列入常务委员会会议议程的议案，在交付表决前，提案机关或提议案人要求撤回的，经主任会议同意，对该议案的审议即行终止。

第二十四条 列入常务委员会会议议程需要作出决议、决定的议案，在审议中发现有重要问题需要进一步研究的，经主任会议提出，常务委员会同意，可以暂不付表决，交有关专门委员会进一步审议，提出审议报告。

第二十五条 常务委员会审议议案需要作出决议、决定，但有关重大事实不清的，可以组织关于特定问题的调查委员会。

主任会议可以向常务委员会提议组织关于特定问题的调查委员会，提请常务委员会审议。

五分之一以上常务委员会组成人员书面联名，可以向常务委员会提议组织关于特定问题的调查委员会，由主任会议决定提请常务委员会审议，或者先交有关的专门委员会审议，提出报告，再决定提请常务委员会审议。

调查委员会应当向常务委员会提出调查报告。常务委员会根据报告，可以作出相应的决议、决定。

第四章　听取和审议专项工作报告

第二十六条 常务委员会全体会议听取省人民政府、省高级人民法院、省人民检察院向常务委员会提出的专项工作报告；听取省人民政府有关部门受省人民政府委托向常务委员会提出的专项工作报告。

省人民政府、省高级人民法院、省人民检察院应当在常务委员会举行会议的二十日前，由其办事机构将专项工作报告送交省人民代表大会有关专门委员会或者常务委员会有关工作机构征求意见；省人民政府、省高级人民法院、省人民检察院对报告修改后，在常务委员会举行会议的十日前送交常务委员会。

常务委员会办事机构应当在常务委员会举行会议的七日前，将专项工作报告发给常务委员会组成人员。

专项工作报告由省人民政府、省高级人民法院、省人民检察院负责人签署并向常务委员会报告。

第二十七条 常务委员会全体会议听取专项工作报告后，可以由分组会议和联组会议进行审议。

第二十八条 常务委员会组成人员对专项工作报告的审议意见由常务委员会办公厅交由省人民政府、省高级人民法院、省人民检察院研究处理。省人民政府、省高级人民法院、省人民检察院应当将研究处理情况由其办事机构送交省人民代表大会有关专门委员会或者常务委员会有关工作机构征求意见后，向常务委员会提出书面报告。常务委员会认为必要时，可以对专项工作报告作出决议；省人民政府、省高级人民法院、省人民检察院应当在决议规定的期限内，将执行决议的情况向常务委员会报告。

常务委员会听取的专项工作报告及审议意见，省人民政府、省高级人民法院、省人民检察院对审议意见研究处理情况或者执行决议情况的报告，向省人民代表大会代表通报并向社会公布。

第五章　质　询

第二十九条 常务委员会会议期间，常务委员会组成人员五人以上联名，可以向常务委员会书面提出对省人民政府及其有关部门、省高级人民法院、省人民检察院的质询案。

第三十条 质询案必须写明质询对象、质询的问题和内容。

第三十一条 质询案由主任会议决定交由受质询机关答复。

第三十二条 主任会议可以决定由受质询机关在常务委员会会议上或者有关专门委员会会议上口头答复，或者由受质询机关书面答复。

质询案以书面答复的，应当由受质询机关负责人签署，并印发常务委员会组成人员和有关的专门委员会。

在专门委员会会议上答复的，提质询案的常务委员会组成人员有权列席会议，发表意见。主任会议认为必要时，可以将答复质询案的情况报告印发常务委员会会议。

提质询案的常务委员会组成人员的过半数对受质询机关的答复不满意的，可以提出要求，经主任会议决定，由受质询机关再作答复。

质询案在受质询机关答复前，提案人要求撤回的，质询即行终止。

第六章 发言、表决和决议的公布

第三十三条 常务委员会举行会议时，常务委员会组成人员和列席会议的人员在全体会议上的发言，不超过十五分钟。在联组会议上的第一次发言不超过二十分钟，对同一个问题的第二次发言不超过十分钟。事先提出要求，经会议主持人同意的，可以延长发言时间。

第三十四条 表决议案由常务委员会全体组成人员的过半数通过。

表决结果由会议主持人当场宣布。

第三十五条 交付表决的议案，有修正案的，先表决修正案。

第三十六条 任免案逐人表决，也可根据情况合并表决。

第三十七条 常务委员会表决议案，采取无记名方式、举手方式或者其他方式。

第三十八条 常务委员会公布的地方性法规、决定和决议公告，应载明制定机关、通过和施行的日期，并及时在《四川省人民代表大会常务委员会公报》《四川日报》上刊登。

报请批准的地方性法规、自治条例和单行条例，分别由较大的市、自治州和自治县的人民代表大会常务委员会发布公告予以公布。

常务委员会会议通过或批准的地方性法规、自治条例和单行条例，由常务委员会办公厅报全国人民代表大会常务委员会和国务院备案。

第三十九条 常务委员会通过的任免决定，由常务委员会办公厅通知提请任免的机关，并由常务委员会向被任命人员颁发任命书。

第四十条 本规则自公布之日起施行。

四川省人大常委会主任会议制度

（2003 年 11 月 11 日四川省第十届人大常委会主任会议第 15 次会议通过）

第一条 根据《中华人民共和国地方各级人民代表大会和地方各级人民政府组织法》、《四川省人民代表大会常务委员会议事规则》及有关法律、法规，结合省人民代表大会常务委员会（以下简称省人大常委会）实际情况，制定本制度。

第二条 主任会议由省人大常委会主任、副主任、秘书长组成。

省人大专门委员会主任委员、常委会副秘书长、常委会办事工作机构主要负责人列席主任会议。

经主任或主持会议的副主任确定，省人大专门委员会、常委会办事工作机构的其他有关负责人可以列席与主任会议议题有关的会议。

经主任或主持会议的副主任确定，可邀请省人民政府、省高级人民法院、省人民检察院及省级有关部门的主要负责人列席与主任会议议题有关的会议。

第三条 主任会议由主任召集并主持。主任可以委托一位副主任主持主任会议。

主任会议一般一个月举行一次。根据需要可以临时召开。

第四条 主任会议必须有全体组成人员的过半数出席，始得举行。

主任会议组成人员因病或者其他特殊原因需请假的，应经会议主持人批准。

第五条 主任会议的议题由主任会议组成人员、省人大专门委员会、常委会办事工作机构提出，由秘书长征求意见汇集后提交主任或主持会议的副主任确定。确定后的主任会议议题应在会议召开两天前，分别送主任会议组成人员（常委会会议期间和临时召开的主任会议除外）。

省人大专门委员会、省人大常委会办事工作机构提请主任会议讨论决定的议题，要集体研究确定，并经主要负责人签字后报送。

第六条 主任会议讨论决定事项，坚持民主集中制，坚持依法办事，坚持集体负责的原则。

需要以票决制决定的事项，以全体组成人员的过半数通过。

第七条 主任会议处理常委会重要日常工作，负责处理常委会授权事项。

第八条 主任会议研究决定有关重要会议的准备工作。

拟定常委会会议议程草案，决定常委会会议日程安排。常委会举行会议期间，决定是否召开联组会议审议有关议题。

审议关于召开省人代会会议的决议草案和省人代会有关文件；提出常委会向省人代会所作的工作报告（草案），提请省人大常委会会议审议；确定以常委会名义召开的会议工作方案。

委托常委会有关办事机构代主任会议拟订议案草案，并向常委会会议作说明。

第九条 主任会议负责提出议案，处理其他议案。

向常委会提出属于常委会职权范围内的议案，由常委会会议审议。

对省人民政府、省人大专门委员会所提议案，决定列入常委会会议进行审议。对常委会组成人员五人以上联名向常委会提出的属于常委会职权范围内的议案，决定提请常委会会议审议，或者先交有关的专门委员会审议、提出报告，再决定是否提请常委会会议审议；不提请常委会会议审议的，应当向常委会会议报告或向提案人说明。

在常委会会议期间，对常委会组成人员五人以上联名向常委会书面提出的对省人民政府及其委、办、厅、局，省高级人民法院、省人民检察院的质询案，决定交受质询机关答复，或者先交有关专门委员会审议，提出意见，再决定是否交受质询机关答复。在专门委员会会议上答复的，专门委员会应当向常委会会议或主任会议报告。

第十条 主任会议负责提出地方性法规案，决定地方性法规案的审议和提请表决。

向常委会提出地方性法规案，由常委会会议审议。

对省人民政府、省人大专门委员会向常委会提出的地方性法规案，决定列入常委会会议审议，或者先交有关的专门委员会审议、提出报告，再决定列入常委会会议议程。如果主任会议认为该法规案有重大问题需要进一步研究，可以建议提案单位修改完善后再向常委会提出。

对常委会组成人员五人以上联名向常委会提出的地方性法规案，决定是否列入常委会会议议程，或者先交有关专门委员会审议，提出是否列入常委会会议议程的意见，再决定是否列入常委会会议议程。不列入常委会会议议程的，应当向常委会会议报告或者向提案人说明。

听取省人大有关专门委员会关于报请常委会审查批准的地方性法规，民族自治地方的自治条例、单行条例的审查报告，决定提请常委会会议审查批准。

听取和讨论省人大法制委员会提出的地方性法规草案审议修改意见的报告和法规（草案）表决稿，并决定是否提请常委会全体会议表决。

对列入常委会会议议程的地方性法规案，各方面意见比较一致的，在第一次会议审议期间，决定经两次常委会会议审议后交付表决；对各方面意见比较一致的地方性法规修正案，决定经一次常委会会议审议后交付表决。

对搁置审议满两年的、或者因暂不付表决经过两年没有再次列入常委会会议议程审议的法规案，向常委会报告该法规案终止审议的建议。

决定将重要的地方性法规草案向社会公布，征求社会各界意

第十一条 主任会议负责提出，人事任免案，处理其他人事任免事项。

提出由主任会议提名、常委会任免的人选。

听取省人大常委会人事代表工作委员会有关人事任免案的初步审查意见和建议，决定是否提请常委会会议审议。

省人大常委会会议在审议任免案中，认为情况不清，任免理由不充分，需要进一步了解的，提出并征得多数常委会组成人员的同意，可以暂不提付表决，待了解清楚提出书面报告后再进行审议。

在省人代会闭会期间，对省人大专门委员会提出的撤职案，决定提请省人大常委会会议审议；对省人大常委会组成人员五人以上联名提出的撤职案，决定是否提请常委会会议审议，不提请审议的，应当向常委会报告并向提案人说明。

听取常委会代表资格审查委员会关于代表资格的审查报告，决定提请常委会审议。决定提请常委会会议审议罢免个别全国人民代表大会代表职务的议案，提请常委会会议审议，或者先交常委会有关办事工作机构进行调查，提出报告，再决定提请常委会会议审议。

在省人大常委会会议闭会期间，对有关机关对省人大代表进行刑事审判、或者实行逮捕以及采取法律规定的其他限制人身自由的措施，决定许可，并向下一次常委会会议报告。

第十二条 主任会议决定和组织实施有关监督事项。

听取省人民政府及其所属工作部门、省高级人民法院、省人民检察院的有关情况的报告。

讨论常委会关于省人民政府、省高级人民法院、省人民检察院专题工作报告的决议或决定草案，提请常委会会议通过。

决定将常委会会议审议后提出的对专题工作报告的审议意见，责成常委会办公厅印送报告单位研究办理。

确定组织代表集中视察时间、内容和形式。

组织协调省人大常委会和专门委员会的执法检查，讨论省人大常委会执法检查报告稿，并提请常委会会议审议。

组织实施省人大常委会评议工作。

在常委会组成人员和其他代表中，提名特定问题调查委员会主任、副主任和委员，提请常委会会议通过。

要求省人民政府责成审计部门对重点部门和重点项目资金使用情况进行专项审计，并报告审计结果。

对提请研究的司法个案，决定监督方式：听取案件办理和监督办理情况的汇报；组织对案件的专门调查或执法检查；向有关司法机关提出对案件的处理建议或者意见；将有关司法案件的质询案交受质询机关答复；对影响重大的司法监督个案，提请常委会会议审议。

第十三条 主任会议指导和协调省人大专门委员会、省人大常委会办事工作机构的工作。

讨论常委会年度立法计划、执法检查计划、听取省“一府两院”专题工作报告计划、调研计划、学习计划和培训计划。

听取各专门委员会关于视察、执法检查、调查和有关工作的报告，对有关的重大问题，决定提请常委会会议审议。

讨论省人大专门委员会关于省人民代表大会主席团交付审议的代表提出的议案审议结果的报告，提请常委会会议审议。

听取省人大专门委员会、省人大常委会办事工作机构提出的下一级人大不适当决议、本级人民政府不适当的规章和规范性文件的初审意见，决定是否提请常委会会议审议。

审定指导市（州）、县、乡级人大换届选举的工作方案，提请常委会会议审议。

按有关规定，讨论决定向全国人大常委会的请示，讨论决定涉及市（州）、县级人大有关法律法规实施和工作方面重大问题的处理意见。

第十四条 主任会议的文件由提出议题的省人大专门委员会和省人大常委会办事工作机构准备。

主任会议通过的文件，由主任或主持会议的副主任签发。

主任会议决定的重要事项，需要发布新闻的，由省人大常委会秘书长举行新闻发布会发布。

第十五条 主任会议确定专人记录，整理编印会议纪要。会议纪要由主任或主持会议的副主任签发。

第十六条 主任会议的会务工作由省人大常委会办公厅承办。主任会议决定的事项，按职责由有关单位和人员承办落实，由省人大常委会办公厅负责督办。

四川省人大常委会秘书长会议制度

（2003年4月17日四川省第十届人大常委会秘书长会议第2次会议通过）

省人大常委会秘书长会议是省人大常委会机关的行政管理机构。为了充分发挥秘书长会议对机关重要工作组织协调、实施管理、监督检查的职能，全面加强机关建设，提高工作效率，制定本制度。

一、秘书长会议由秘书长、副秘书长、各专门委员会主任委员、常委会各办事工作机构主要负责人、机关党委书记、机关纪检组组长组成。

秘书长会议由秘书长召集并主持，秘书长也可以委托一位副秘书长主持。

根据会议议题和工作需要，由秘书长会议主持人确定列席会议人员。

二、秘书长会议原则上每二个月召开一次，必要时可以临时召开。应有三分之二以上会议组成人员参会方可召开秘书长会议。

三、秘书长会议的主要职责：

（一）学习贯彻党和国家的路线、方针、政策，学习贯彻宪法、法律、法规，确保在机关工作中政令畅通、依法办事、廉洁高效。（二）落实省人大常委会党组会议、省人大常委会会议、主任会议决定的有关重要事项及上级领导机关的重要指示精神。（三）审定机关年度目标管理任务、工作总结，并组织实施；审定和考核机关各处室目标责任。（四）研究决定为省人代会会议、常委会会议、主任会议及其他重要会议、重要活动、重要接待任务等服务的有关工作。（五）通报机关重要工作，协调省人大专门委员会、省人大常委会办事工作机构工作中的有关重要问题。（六）落实领导机关、领导同志交办的重要工作。（七）需要由秘书长会议研究决定的其他事项。

四、秘书长会议的议题，由办公厅办公室收集汇总后报秘书长审定，并提前两天将会议议题、时间、地点通知参会人员。临时召开的会议除外。

五、办公厅办公室承担会议记录，并整理会议纪要。会议纪要由秘书长或委托主持会议的副秘书长签发。

六、秘书长会议讨论决定的事项，由有关部门和人员按职责分工办理落实，由办公厅办公室督办。办理和督办情况应及时报告秘书长，并视情况在下次秘书长会议上或机关适当范围内通报。

四川省人大常委会秘书长办公会议制度

（2003年10月17日四川省第十届人大常委会秘书长办公会议第12次会议通过）

为了加强省人大常委会机关日常工作的集体领导和做好机关的综合、组织、协调、服务、保障的工作，规范工作程序，提高办事效益，制定本制度。

一、秘书长办公会议由秘书长、副秘书长组成。根据会议议题内容，确定列席会议人员。

二、秘书长办公会议由秘书长主持，也可委托一位副秘书长主持。会议议题、列席会议人员，由会议主持人审定。

三、秘书长办公会议原则上每半月召开一次，必要时可临时召开。

四、秘书长办公会议主要职责：

（一）讨论办公厅年度工作计划和工作总结。

（二）研究处理省人民代表大会会议、常委会会议期间代表、常委会组成人员依法提出的应由办公厅承办或牵头承办的议案和建议、批评、意见。

（三）研究提出常委会和机关重要会议、重要活动组织安排方案。

（四）研究机关干部人事、财务管理、行政事务、福利等方面的问题。

（五）需要由秘书长办公会议研究和决定的其他事项。

（六）研究秘书长班子和办公厅队伍建设。

五、办公厅各处室需提请秘书长办公会议讨论决定的有关重要问题，经分管副秘书长协调审核后，由秘书长审定列入会议议程。

六、秘书长办公会议提出的重要意见、建议，由会议主持人按程序报请秘书长会议、常委会主任会议或常委会有关领导决定。

七、秘书长办公会议研究决定的事项，应及时印发会议纪要；会议纪要由秘书长签发，也可委托主持会议的副秘书长签发。要按会议纪要和秘书长职责分工，抓紧抓好有关事项的落实。

八、秘书长办公会议的会务工作由办公厅办公室具体负责。

四川省人大法制委员会工作规则

（2003年2月11日四川省第十届人大法制委员会全体会议通过）

为依法履行工作职责，提高工作效率，制定本工作规则。

一、法制委员会主要工作职责：

（一）拟定有关议案；

（二）做好统一审议地方性法规的工作；

（三）做好审议省人民代表大会主席团或省人民代表大会常务委员会交付议案的有关工作；

（四）拟定执法检查计划，做好执法检查的有关工作；

（五）围绕本委员会的职责，开展调查研究；

（六）承担本委员会接待外国议会有关团（组）来访的具体务性工作；

（七）承担省人民代表大会主席团及省人民代表大会常务员会和领导同志交办的其他工作。

二、法制委员会会议制度

（一）全体会议

法制委员会一般每月举行一次全体会议。在人民代表大会者常务委员会会议期间，根据需要，法制委员会全体会议可以临举行。

法制委员会全体会议由主任委员确定会议议题并召集会该副主任委员受主任委员的委托，可以召集全体会议。会议应有分之二以上组成人员出席方得举行。

法制委员会全体组成人员应按时出席会议。法制委员会咨询委员和不是法制委员会组成人员的法制工作委员会的负责人列席会议。

法制委员会全体会议根据会议议题，可以邀请有关部门的负责同志列席会议。法制委员会全体会议讨论决定以下事项：1. 以委员会名义提出的议案；2. 关于地方性法规草案审议结果的报告、草案修改稿或修改说明、表决稿等；3. 委员会的工作总结和工作要点；4. 对省人民代表大会主席团或省人民代表大会常务委员会交付办理议案的处理；5. 委员会执法检查计划和执法检查报告；6. 委员会规章制度；7. 多数组成人员认为需要由委员会全体会议议定的其他事项。会议就有关事项作出决定，由委员会组成人员进行表决，以过半数通过有效。

（二）办公会议

法制委员会不定期召开主任委员、副主任委员和法制工作委员会负责人参加的办公会议；法制委员全主任委员或者受主任委员委托的副主任委员，根据工作需要确定会议议题并召集会议。

会议主要研究委员会日常工作和专项工作；协调法制工作委员会拟提交法制委员会全体会议决定的事项。

（三）会务工作

法制委员会全体会议和办公会议的会务工作由法制委员会办公室具体承办，包括收集会议议题、通知与会人员、搞好会前文资料的印送、派人担任会议记录以及编写会议纪要等服务工作。

三、法制委员会办文规则

（一）公文种类及适用范围

报告、请示，用于向全国人大有关专门委员会和省人大及其委会、常委会党组、主任会议请示、汇报工作，提出方案等。

通知，用于转发全国人大常委会及有关专门委员会的文件材料，或要求市、州、县人大常委会办理的有关事项。

函，用于与市、州、县（区）人大常委会和省级有关部门联系作、询问和答复问题等。

会议纪要，用于记载委员会全体会议和办公会议议定的事项。

情况反映，用于向省人大常委会领导和省级有关部门反映法律监督、工作监督和立法工作中发现的重要问题。

（二）公文的审批和办理

向上级的请示、报告，由主任委员或者其委托的副主任委员发；会议纪要，由会议召集人签发；其他公文，由各分管工作的副任委员签发。

专业性文件的起草和印发，由相关业务处办理；综合性文件的起草和印发，由办公室办理。

四川省人大民族宗教委员会工作规则

（2003 年 7 月 15 日四川省第十届人大民族宗教委员会第 6 次会议通过）

四川省人大民族宗教委员会为了依法行使职权，根据《中华人民共和国地方各级人民代表大会和地方各级人民政府组织法》和《四川省人民代表大会常务委员会议事规则》的有关规定，结合民族宗教委员会的工作实际，制定本规则。

一、性质和职权

民族宗教委员会（以下简称民宗委）是省人民代表大会的专门委员会，是省人民代表大会的组成部分和常设机构，受省人民代表大会领导；在代表大会闭会期间，受省人大常委会领导。

民宗委依法集体行使职权。负责与省民委、省宗教局、省级有关单位的对口工作联系，负责办理省人民代表大会及其常委会职权范围内有关民族宗教方面的工作事项。民宗委下设办公室，在委员会领导下进行工作。

二、主要工作职责

1. 向省人民代表大会或者常委会提出有关民族宗教方面的议案和地方性法规、决议、决定草案。

2. 研究、审议省人民代表大会主席团或者常委会交付的地方性法规草案，并提出审议报告。

3. 审议办理省人民代表大会主席团或者常委会交办的有关议案、质询案；研究办理省人大代表提出的建议、批评和意见并答复代表。办理民宗委职权范围内的人民代表和人民群众的来信来访。

4. 对提请省人民代表大会及其常委会审议、批准的有关民族宗教的地方性法规草案进行审议，提出审议意见；对报送省人大常委会备案的有关行政规章进行审查，提出审查意见。

5. 对本省民族自治地方自治条例、单行条例的起草和修订工作进行指导。

6. 提出民族宗教方面的立法年度计划，起草和协助省政府有关部门起草有关地方性法规草案。

7. 参与省人大常委会组织的视察、评议活动和执法检查。对同民族宗教有关的问题依法进行视察、调查和执法检查，提出意见、建议和报告。

8．对省人民代表大会或者常委会授权的问题进行调查，并提出报告。

9．对本省现行的地方性民族、宗教法规提出修订或者废止的建议。

10．对有关民族、宗教方面的法律法规、行政规章和其他具有法律效力的决议、决定贯彻执行情况进行监督和检查。

11．对省人民政府做出的有关民族、宗教工作的决定、命令以及市、自治州、县、自治县人民代表大会及其常委会有关民族、宗教问题做出的决议进行监督和检查。

12．承办全国人大下发的有关民族、宗教方面法律草案的征求意见和反馈工作。

13．开展调查研究，对涉及民族、宗教方面的重大事项和重问题，向省人大常委会及其主任会议提出报告和建议。

14．同本省的少数民族和宗教界建立联系，积极反映他们的见和建议。加强同全国人大民族委员会和各省、自治区、直辖区大民族宗教工作机构以及本省各市、自治州、县、自治县人大民宗教工作的联系和交流。

15．听取对口联系单位的工作报告、意见和建议，并提出意和建议。

16．与省人大各专门委员会和常委会办事机构加强联系，行立法等方面的意见。

17．加强与省级机关工作对口单位的联系，对一些重要问题行研究座谈。

三、民宗委委员的职责

1．认真学习党和国家的民族宗教政策及法律法规，勤思考强法律意识，提高依法行使权力的能力。

2．出席省人大民宗委全体组成人员会议，对审议、讨论的议积极发表意见和建议。

3．参加民宗委组织开展的调查研究、执法检查、学习考察等动。

4．结合实际工作情况，向省人大民宗委提出工作意见和建

四、会议制度

民宗委定期或不定期举行会议，会议分为民宗委全体组成人员会议和民宗委办公会议。

会议由主任委员召集，或由主任委员委托副主任委员召集。

委员会会议以及与民宗委有关的其他重要会议，请常委会分管副主任出席。

委员会会议、办公会议和委内其他会议，请本委咨询委员列席。

民宗委全体会议一般定期举行，必要时可以临时召集。会议必须有半数以上组成人员出席，方能举行。组成人员应当积极参加会议，因特殊情况不能出席会议的必须在会前请假。

会议所作的表决、决定，必须有过半数以上组成人员通过，方为有效。

民宗委全体会议审议议案和讨论问题时，必要时可邀请全国人大代表、省人大代表和专家、学者以及有关部门负责人列席会议。民宗委不定期召开对口联系单位的联席会议，通报情况，听取意见，研究立法和工作计划，部署安排有关评议和执法检查等重大事项。

对以上会议的情况均应形成会议记录、会议纪要；委员会组成人员要按照各自的职责范围对会议决定的事项抓好落实。

五、文件签发及办理制度

1．民宗委向省人民代表大会、常委会提出的议案或议案审议意见以及涉及重大问题的文件，需经委员会讨论决定，由委员会主任委员或分管副主任委员审签，报常委会分管副主任审阅。

2. 调查报告、视察报告、情况反映、通知、函件、答复等委员文件，由委员会主任委员或分管副主任委员签发。

3. 需要以省人大常委会或办公厅名义发出的文件，由委员主任委员或分管副主任委员审签后，报常委会分管副主任或秘长签发。

4. 委员会会议纪要，由会议主持人签发。

六、民宗委办公室职责

1. 为委员会研究、决定问题和拟提出的议案提供法律、政策据和咨询服务。

2. 负责委员会会议的会务，以及已决定事项的督办落实工作

3. 承办委员会文秘和日常行政事务。

4. 协助委员会搞好调查研究、执法检查等项工作。

5. 承办委员会立法、监督、调研服务工作以及交办的其他项。

6. 严格遵守机关《公文处理实施细则》《档案管理实施则》《保密工作规定》。

四川省人大内务司法委员会工作规则

（2003 年 8 月 1 日四川省第十届人大内务司法委员会第 6 次全体会议通过）

四川省人大内务司法委员会（以下简称内司委）为了依法行使职权，提高办事效率，有序地进行工作，根据《中华人民共和国地方各级人民代表大会和地方各级人民政府组织法》和《四川省人民代表大会常务委员会议事规则》的有关规定，制定本规则。

一、内司委是省人民代表大会（以下简称省人大）的专门委员会，是省人大的常设机构，在省人大闭会期间，受常务委员会（以下简称常委会）的领导。协助省人大及其常委会行使部分职权。

内司委主要负责联系省高级人民法院、省人民检察院、省公安厅、省国家安全厅、省司法厅、省民政厅、省监察厅、省人事厅、省档案局、省保密局等内务司法机关及省总工会、团省委、省妇联、省残联以及省军区、省武警总队等省级司法机关、政府组成部门和组织。

二、内司委的主要工作职责为：

（一）向省人民代表大会或者常委会提出有关内务司法方面的地方性立法、监督事项方面的议案。

（二）研究、审议办理省人民代表大会主席团或者省人大常委会交付的议案。

（三）审议省人民政府提请省人大常委会审议的内务司法方面的议案并提出审议结果的报告。

（四）审议成都市人大常委会报请省人大常委会审议批准的属内务司法方面的地方性法规并提出审议结果的报告。

（五）对全国人大常委会和省人大有关专门委员会征求意见的法律、法规草案，提出修改意见。

（六）审议本委员会联系的有关机关向省人大常委会提出工作报告和专题报告并提出建议、意见。

（七）审议省人大主席团或省人大常委会交付的质询案，听受质询机关对质询案的答复，提出审议意见，并向人大主席团或常委会报告审议结果。

（八）办理省人大代表提出的与本委员会有关的建议、批评意见。

（九）审议省人大常委会交付的与本委员会有关的不适当省政府的规章、决定、命令，省高级人民法院、省人民检察院的规范文件和下一级人大及其常委会的决议、决定并提出审议结果报告。

（十）对属于省人大及其常委会职权范围内与本委员会有关的重大问题进行调查研究，提出建议。

（十一）协助省人大常委会监督内务司法机关的工作，进行执法检查及对司法案件的监督，督促内务司法机关及时处理转的司法案件和办理代表提出的建议、批评和意见。

（十二）加强同省内务司法机关的联系，参加联系单位召开重要工作会议。

（十三）办理省人大及其常委会交办的其他事项。

三、内务司法委员会的会议制度

（一）内务司法委员会会议。由主任委员或副主任委员召集并主持，全体委员参加，原则上一个月举行一次。每次会议讨论事项和会议日期由办公室负责提前通知各位委员。内务司法委员会成员因故不能出席会议时，应事先请假。会议应有三分二以上组成人员出席，决定有关事项，应有组成人员过半数同意，并形成会议纪要。

（二）内务司法委员会办公会议。由主任委员、各分管工作的副主任委员根据工作需要，召集内务司法委员会部分委员、办公室负责人及有关人员参加，不定期召开。会议主要研究议定日常工作和急办的专项工作，必要时可形成办公会议纪要并分送各位委员和相关单位。

四、内务司法委员会联席会议制度

内务司法委员会每年召开一至两次对口单位的联席会议，互通情况，研究立法规划，部署执法检查等重要工作，会议议定事项可制发简报或形成会议纪要。

五、内务司法委员会根据工作需要，采取调查研究，专题调查，执法检查，视察，查阅有关部门文件资料，参加有关部门的重要会议等形式进行工作。

调查、视察之后应形成文字材料，向各位委员通报情况，向常委会提出建议。

六、内务司法委员会的文件审批、办理制度

（一）属于向常委会或者对各专门委员会提出的关于议案审议意见及对重大问题的建议等重要文件，需经内务司法委员会讨论决定后，由主任委员签发。

（二）日常工作中的一般性文件，如调查（视察）报告、情况反映、简报资料信息、信函、通知等，由主任委员或分管副主任委员签发。需以常委会名义发出的文件，由主任委员或分管副主任委员审核后，送常委会分管主任或常委会秘书长签发。

（三）内务司法委员会会议纪要、办公会议纪要，送会议主持人审签后印发。

七、内务司法委员会办公室

内务司法委员会办公室是内务司法委员会的办事机构，负责承办内务司法委员会交付的各项工作。办公室要不断完善办文、办会、办事的各项规章制度，严格岗位责任制，既有明确分工，又能密切合作，严格办事时限，提高办事质量和工作效率。

八、内务司法委员会应主动与各专门委员会加强工作联系，密切配合，互相支持，可以商请有关专门委员会联合进行专门问题的调查或执法检查等。

对其他委员会向本委员会正式征询意见的地方性法规草案，应及时审议并回复意见。

九、内务司法委员会应加强与各内务司法单位的联系，互送有关资料、互通信息，参加有关部门的重要会议；或邀请有关部门进行专题座谈和研究。

十、内务司法委员会应加强与全国人大内务司法委员会的联系，并通过《人大内务司法》刊物，加强与市、州人大常委会法制机构和各联系点的工作联系，指导工作，互通情况。

四川省人大财政经济委员会工作规则

（2003 年 2 月 18 日四川省第十届人大财政经济委员会第 1 次会议通过；
2003 年 7 月 14 日四川省第十届人大财政经济委员会第 9 次会议修订）

为了保证四川省人民代表大会财政经济委员会（以下简称“财经委”）依法行使职权，提高办事效率，推进工作制度化、规范化据《中华人民共和国地方各级人民代表大会和地方各级人民组织法》和《四川省人民代表大会常务委员会议事规则》的有定，制定本规则。

一、性质和职权

财经委是省人民代表大会的组成部分和常设机构，受省代表大会领导；代表大会闭会期间，受省人大常委会领导。

财经委协助省人大及其常委会行使有关职权，协助开展监督、法律监督和地方立法工作，与省政府发展计划、工交、财商贸等部门以及中央在川的金融、海关、邮政、石油、电力等部立工作联系。

二、主要工作职责

（一）向省人民代表大会主席团或常委会提出属于其职围内的财经类地方性法规、决议、决定草案和其他议案。

（二）审议省人民代表大会主席团或省人大常委会交付的财经类地方性法规草案和其他议案，并提出审议意见。

（三）审议省人民政府提请省人大常委会通过的财经类性法规草案和其他议案，并提出审议意见。

（四）审议成都市人大常委会报请省人大常委会审议批准的财经类地方性法规草案，并提出审查意见的报告。

（五）审议财经委联系的有关部门向省人大常委会提出的工作报告，并提出建议和意见。

（六）审议省人民代表大会主席团、省人大常委会主任会议交付审议的质询案，听取和审议受质询机关对质询案的答复，并向大会主席团、常委会或主任会议提出审议意见或报告。

（七）审议省人大常委会交付的被认为是不适当的省政府规章、决定、命令以及省政府有关部门的规范性文件，提出修改或废止的审议意见。

（八）协助省人民代表大会及其常委会对国民经济和社会发展计划、财政预决算编制和执行情况进行审查监督，必要时就有关重要问题向主任会议或常委会提出报告。

（九）提出财经方面的立法计划，组织或参与财经类地方性法规草案的起草、调研工作。

（十）对全国人大常委会、有关专门委员会和省人大有关专门委员会征求意见的法律、法规草案提出修改和完善意见。

（十一）监督财经方面的法律、法规及有关决议、决定的实施情况，适时开展执法检查，听取所联系的省级有关部门对有关法律、法规实施情况的汇报，并向主任会议或常委会提出建议或报告，必要时提请常委会组织执法检查。

（十二）适时听取所联系的省级有关部门关于财经方面问题工作汇报，对有关经济社会发展的重大事项和人民群众关心重大问题组织专门视察或调查，并向主任会议或常委会提出报告。

（十三）对属于省人大常委会职权范围内的与财经委有关重大问题开展调研，提出建议。

（十四）督促省政府有关部门及时办理财经委转交的重要访案件和代表提出的建议、批评和意见。

（十五）办理省人大代表提出的财经方面的建议、批评和见。

（十六）办理全国人大财经委和省人大常委会或主任会议办的有关事项。

（十七）办理常委会主任、分管副主任、秘书长交办的有关项。

三、会议制度

（一）财经委员会会议分为全体会议和主任委员办公会全体会议，由委员会全体组成人员参加。主任委员办公会议由主任委员、副主任委员参加。委员会全体会议请常委会分管副主任出席。

（二）财经委员会每月至少举行一次全体会议，审议、决定经委职责范围内的重大问题。委员会会议由主任委员召集主持，主任委员可以委托副主任委员主持，由全体组成人员参加。经委办公室负责人和有关工作人员列席会议。涉及财政、审计和税收方面的议题，请常委会预算工作委员会副主任、预算工作处处长及有关人员列席会议。

（三）委员会会议审议议案、决定问题，应当充分发扬民主，实行民主集中制的原则。会议就重大问题作出决定时，须经委员会全体组成人员的过半数通过，并形成正式文件或会议纪要。

（四）会议议题和会议时间，由主任委员决定，或根据工作需要由主任委员委托分管副主任委员决定。涉及重大事项的议题应先请示常委会分管副主任同意。

（五）每次会议议题和会议时间、地点由办公室提前通知委员会组成人员；因病或者其他特殊原因不能出席会议的，应事先请假。

（六）主任委员办公会议不定期举行，主要研究处理日常工作中的重要问题和急需办理的事项。根据工作需要委员会有关委员和办公室负责人列席会议。

（七）省人大常委会主任会议由财经委主任委员列席，或根据审议议题的需要，由财经委分管副主任委员列席。

四、文件签发及办理制度

（一）委员会向省人代会、常委会或主任会议提出的议案或议案审议意见，需经委员会讨论决定，由委员会主任委员或分管副主任委员签发。涉及重大问题的重要文件，需报请常委会分管副主任审定。

（二）日常工作中的调查报告、视察报告、情况反映、通知、函件、答复等委员会的一般性文件、文稿，由委员会主任委员或分管副主任委员签发。

（三）需要以省人大常委会或办公厅名义发出的文件，由委员会主任委员或分管副主任委员审签后，报常委会主任、分管副主任或秘书长签发。

（四）委员会会议纪要，由会议主持人签发。

五、工作联系制度

（一）加强与各专门委员会、常委会各办事机构的工作联系，密切配合，互相支持，互通信息。根据工作需要，邀请有关专门委员会成员或办事机构负责人参加财经委的有关会议和视察活动，或商请有关专门委员会与财经委对某一问题联合进行调查研究或开展执法检查等活动。

（二）加强与省级有关部门的工作联系，坚持每年召开一次财经委与省级有关部门的联系会议，沟通工作情况，通报工作安排，研究当年立法、执法检查工作重点，协调工作步骤。在日常工作中，密切联系、互送资料、互通信息，派员参加有关部门的重要会议，适时就一些重大问题邀请有关部门进行专题调查研究。

（三）加强与市、州、县人大财经委（工委）的工作联系，在全省建立 1 ~ 3 个工作联系点。采取召开工作会、研讨会、交换资料、联合或委托调研等形式，加强联系，共同推进人大财经工作。

（四）加强与全国人大财经委和全国人大常委会预算工委的联系，主动请示汇报工作。密切同兄弟省、市、自治区人大财经委的联系，学习经验，推动工作。

六、办公室工作

财经委下设办公室，在委员会领导下进行工作。办公室的主要职责是为委员会履行各项职责做好组织、联系等服务保障工作。

（一）为委员会研究、决定问题和拟提出的议案提供法律、政策依据和咨询服务。

（二）做好委员会会议、主任委员办公会议的筹备、会务工作，以及已决定事项的督办、落实工作。

（三）承办委员会的文秘和日常事务性工作以及委员会交办的其他事项。

（四）承办常委会领导、委员会主任委员、副主任委员和委员交办的有关事项。

四川省人大教育科学文化卫生委员会工作规则

（1989年7月15日四川省第七届人大教育科学文化卫生委员会第23次会议通过，经四川省第七届人大党委会第44次主任会议批准，1998年5月26日经四川省第九届人大教科文卫委员会第5次会议修订）

根据《中华人民共和国地方各级人民代表大会议事规则》《四川省人民代表大会常务委员会议事规则》《四川省人民代表大会常务委员会监督条例》，结合本委员会的工作任务，制定本工作规则。

一、性质任务

第一条 四川省人民代表大会教育科学文化卫生委员会（以下简称“本委员会”）是四川省人民代表大会的组成部分和常设专机构，受人民代表大会领导；在大会闭会期间，受省人民代表大常务委员会领导。

本委员会协助四川省人民代表大会及其常务委员会依法行有关职权，与教育、科技、文化、卫生、计划生育、体育、广播电视、闻出版、地震、专利、中医等省级有关部门建立工作联系。

第二条 本委员会的主要任务、职责是：

（一）研究、审议四川省人民代表大会主席团或四川省人大委会交付审议的法规草案和议案，提出审议报告和草案修改稿。

（二）向四川省人民代表大会主席团或省人大常委会提出于本级人民代表大会或本级人大常委会职权范围内同本委员会关的地方法规和决议、决定草案，以及其他议案。

（三）审议成都市人大常委会报请省人大常委会批准的教科文卫方面的地方性法规，提出审议结果报告。

（四）四川省人民代表大会或四川省人大常委会审议省政府工作报告、国民经济和社会发展计划草案、计划执行情况、省财政预算草案和预算执行情况时，本委员会提前就有关方面内容进行初审，提出审议意见和建议。

（五）审议与本委员会有关的省政府、省高级人民法院、省人民检查院和下一级人民代表大会及其常委会的决定、决议、命令、规章，如有同宪法、法律、行政法规和本级人民代表大会及其常委会颁发的法规、决定、决议相抵触的问题和其他问题，向省人大常委会主任会议提出报告。

（六）审议四川省人民代表大会主席团或省人大常委会主任会议交付审议的有关质询案，听取和审议受质询机关对质询案的答复，并向主席团或主任会议提出报告。

（七）了解或会商省政府有关部门主办的有关法规草案拟订工作，开展相应的立法研究。

（八）协助省人大有关专委会审议民族自治地方制定的有关教科文卫单行条例，提出修改意见。

（九）提出教科文卫方面的地方性法规立法规划和年度立法计划的建议方案。

（十）协助省人大常委会组织或直接组织对有关法律、法规实施情况的执法检查，听取省政府有关部门关于法律、法规实施情况汇报，必要时向省人大常委会写出报告或提出意见。

（十一）参与省人大常委会组织的视察活动。在必要时，对关方面的重大事项和人民群众关心的教科文卫方面的重大问题组织专门视察或调查，并提出专题报告。

（十二）根据工作需要，听取省政府有关部门的工作汇报。

（十三）联系教科文卫方面的省人大代表和下一级人民代大会教科文卫工作机构。

（十四）办理全国和省人民代表大会代表提出的与本委员有关的建议、批评和意见。

（十五）参与同本委员会有关的外事活动。

（十六）承办全国人大教科文卫委员会、省人大常委会交办其他事项。

第三条　本委员会根据四川省人民代表大会的决议及其常会的工作要点和本委员会的任务、职责，制定年度工作计划，开展工作。

二、组织机构

第四条　本委员会由主任委员一人、副主任委员数人和委若干人组成，并依照有关法律规定产生。主任委员主持委员会工作，副主任委员协助主任委员工作，委员分工联系某方面的工作。

本委员会按照民主集中制的原则，实行集体负责制。

第五条　本委员会可根据工作需要，提请省人大常委会聘专家若干人为顾问。顾问可以列席会议，发表意见，参与委员会有关活动。

第六条　本委员会下设办公室，在委员会领导下工作。办公室由若干具有一定思想政治水平、专业知识和从事研究、实际工作能力的专职人员组成。办公室的人员配备由本委员会提出意见，人事主管部门审核、办理。

办公室的主要职责是为本委员会研究问题和作出决定提供法律、政策和理论依据及有关的资料信息，提出可供选择的方案；围绕委员会拟讨论的问题和拟向省人民代表大会或省人大常委会提出的议案提供决策咨询服务；根据本委员会的决议和主任委员的意见，为委员会履行各项职责做好组织、联系等服务工作，承担委员会的秘书工作和事务工作。

三、会议制度

第七条　本委员会会议由主任委员召集，一般每月一次，必要时可临时召开会议，审议、决定本委员会工作职责范围内的重大事项。

第八条　凡属本委员会职责范围内的重大问题，须经委员会会议讨论决定。日常工作由主任委员或主任委员委托副主任委员处理。

本委员会主任委员、副主任委员组成主任办公会议。主任办公会议一般半月举行一次。主任办公会议主要研究、议定日常工作中的重要问题和急需办理的事项。根据工作需要，本委员会的有关委员，办公室负责人和有关工作人员可列席会议。

第九条　本委员会讨论问题，需要向省人民代表大会、省人常委会、省人大常委会主任会议提出议案或报告的，应作出决定决定须有全体委员的过半数通过。会议决定只写经过表决后通的意见；委员有不同意见，允许保留；如本人要求，可以将其意见决定附上。

第十条 召开委员会会议的通知、议程和有关材料，应在会的前三天送交全体委员。

委员会组成人员除因病或其他特殊原因事先请假者外，应时出席本委员会会议。

视会议议程需要，可以邀请有关常委会委员、人大代表、省府有关部门负责人和有关专家列席会议。

第十一条 为了适应民主法制建设的需要，经委员会会议定，可举行有关法律、法规和重大问题的研究讨论会。

第十二条 本委员会委员可在委员会职权范围内，就有关要问题提出议题，要求主任委员将其列入议程。主任委员和副任委员研究，如果决定不列入议程，须向提出议题的委员说明理由。

四、工作制度

第十三条 本委员会每年可就工作范围内的重大问题组织题调查，并提出调查报告。

委员会不驻会的委员每周安排半天时间，到本委员会办公阅读文件、资料，研究有关事宜和了解情况。

第十四条 本委员会及办事机构分别同省政府有关部门及办事机构保持经常联系，可参加省政府有关部门召开的业务工作会议或法制工作会议。本委员会可与省政府有关部门联合召开会议或举行联合调查，或相互参力口对方组织的调查活动。

委员会认为必要时，可就教科文卫等方面引起广泛关注的有关问题，邀请省政府有关部门的负责人或专家向委员会作专题介绍。本委员会应加强与有关科研单位、高等院校和学术团体的联，系，必要时可委托研究有关问题。

以委员会名义对外召集会议，应经主任委员同意，或按会议审批程序报常委会主任会议审批。

第十五条 本委员会在工作中应加强与其他专门委员会和省人大常委会办事机构的联系，沟通情况。需要时，可以联合召开会议，听取省政府有关部门的汇报、研究问题。在立法审议中，应征求法制委员会或有关专门委员会的意见。

第十六条 本委员会应加强同省人大代表和人民群众的联系，听取和反映他们的意见和要求。

（一）根据需要，邀请有关的省人大代表列席委员会会议、参加委员会活动。

（二）本委员会组成人员进行调查研究和视察时，通过召开座谈会、个别走访等多种形式听取和反映省人大代表和人民群众的意见、建议和要求。

（三）与部分省人大代表建立固定联系。

（四）接待处理省人大代表和人民群众的有关重要来信来访。

第十七条 本委员会每年召开一至两次与省政府对口厅、局、委、办工作联系会议，互通情况、商讨当年工作要点。

本委员会应加强同市、州、地区人大教科文卫工作机构的联系。通过召开工作研讨会、互送文件资料、委托调查研究等方式沟通情况，交换意见，推进工作。

加强和省政协有关委员会的工作联系。

第十八条 本委员会向全国人大教科文卫委员会反映情况请示问题，争取其对工作的指导。

第十九条 本委员会研究、审议有关地方法规草案工作程序：

（一）及时了解有关部门草拟法规的情况和存在的主要问题并提出意见和建议。

（二）对省政府提请省人大常委会审议的有关法规草案，组织调查研究，征求人大代表、有关部门、专家学者和市、州、县人大的意见，为省人民代表大会或省人大常委会正式审议作好准备。

（三）本委员会对审议的有关地方性法规草案，提出修改意见。

（四）本委员会根据省人民代表大会或省人大常委会对有法规的审议意见，将法规草案进行修改，提出审议报告和草案修稿。

第二十条 本委员会研究、审议省人民代表大会代表和常会委员联名提出的有关议案的工作程序：

（一）研究、审议提案人是否具有法定资格，是否合乎法定人数，议案的内容是否属于省人民代表大会或省人大常委会职权范围，向省人民代表大会主席团或省人大常委会主任会议提出是否列入会议议程或是否立案的建议。

（二）对省人民代表大会主席团或省人大常委会主任会议决定并交付本委员会审议的有关议案，提出办理的建议意见，经省人民代表大会主席团或省人大常委会主任会议批准后，对议案进行审议或督促有关承办部门认真办理，并对办理情况进行审议。

（三）本委员会会议听取和审议有关承办议案部门关于办理议案情况的汇报后，向省人民代表大会主席团或省人大常委会提出审议报告。

第二十一条 本委员会拟定、提出有关议案的程序：

（一）本委员会组成人员提出以委员会名义拟定议案的建议，由委员会会议研究是否列为议案。

（二）提出建议的委员或委员会办公室根据委员会会议的决定拟出议案草稿，征求有关方面的意见，由委员会审定后，向省人民代表大会或省人大常委会提出，并作说明。

如系法规案，应由委员会作出决定，成立法规草案起草小组，报常委会主任会议批准后，实施起草工作，并由委员会向代表大会或常委会作出说明。

第二十二条 为省人大常委会将要听取和审议省政府有关工作汇报进行调查研究，提出建议。

（一）根据省人大常委会的工作要点和主任会议确定的省大常委会会议议程的有关议题，督促省政府有关工作部门做好报的准备工作，必要时可对其汇报初稿提出意见和建议。

（二）对列入省人大常委会会议议程的有关议题组织力量查研究，提出调查报告和资料供常委会审议参考。必要时，可代人大常委会拟定决定或决议草案。

第二十三条 本委员会的文件审批、办理按以下规定：

（一）属于向省人大常委会或各专门委员会提出的关于议的审议意见及对重大问题的建议等重要文件，需经委员会讨论定后，由主任委员或分管副主任委员签发。

（二）日常工作中的视察（调查）报告、简报、情况反映、资信息、信函、通知等一般性文件、文稿，办公室起草后，由分管办室的副主任委员签发。需要以省人大常委会名义发出的文稿，主任委员或主持工作的副主任委员审核后，送省人大常委会常副主任签发。

（三）本委员会的会议纪要，送会议主持人签发。

五、附则

第二十四条 本规则由本委员会修改和解释。

第二十五条 本规则经本委员会会议通过后执行。

四川省人大农业委员会工作规则

（四川省第九届人大农业委员会通过，2003 年 7 月 28 日四川省第十届人大农业委员会修订）

一、根据《中华人民共和国地方各级人民代表大会和地方各级人民政府组织法》和《四川省人民代表大会议事规则》《四川省人民代表大会常务委员会议事规则》等法律法规，结合农业委员会的实际，制定本规则。

二、农业委员会是省人民代表大会设立的专门委员会，受省人民代表大会领导。在省人民代表大会闭会期间，受省人民代表大会常务委员会领导。

三、农业委员会协助省人民代表大会及其常务委员会行使有关职权，开展地方农业立法和地方农业监督工作。农业委员会主要负责与省农业厅、水利厅、林业厅、国土资源厅、乡镇企业局、畜牧食品局、农业机械管理局、气象局、扶贫开发办公室、供销合作社、农业科学院等单位建立工作联系。

四、农业委员会的工作职责

1. 向省人民代表大会或其常务委员会提出属于其职权范围内的地方性农业法规、决议、决定草案和其他议案。

2. 审议省人民代表大会主席团或其常务委员会主任会议交付审议的地方性农业法规草案和其他议案，提出审议意见。

3. 审议省人民政府提请省人民代表大会常务委员会通过的地方性农业法规草案，提出审议意见和法规草案第二次审议稿。

4. 审议成都市人民代表大会常务委员会报请省人民代表大会常务委员会审议批准的地方性农业法规，提出审查意见的报告。

5. 协助审议民族自治地方制定的有关农业方面的单行条例，提出修改意见；协助审议地方性法规草案中有关农业方面的条款，提出修改意见。

6. 提出地方性农业立法规划和年度立法计划的建议方案，起草或者组织起草地方性农业法规草案。

7. 组织讨论全国人大农业与农村委员会交付的农业法律草案，提出修改意见。

8. 开展农业法律法规宣传。

9. 按照有关规定审查省人民政府制定的有关农业方面的规章，并向省人民代表大会常务委员会主任会议提出报告。

10. 监督农业方面的法律、法规及有关决议、决定的实施情况，协助省人民代表大会常务委员会开展执法检查；协助省人民代表大会常务委员会承办全国人民代表大会常务委员会在我省开展的有关农业的执法检查。适时组织本委员会开展执法检查。

11. 代拟省人民代表大会常务委员会关于审议省政府有关农业工作汇报的审议意见。听取本委员会联系的省级有关部门的专题工作汇报，就重大事项和人民群众关心的重大问题组织专门视察或调查，并向常务委员会或主任会议提出专题报告。

12. 审议省人民代表大会主席团或其常务委员会主任会议交付审议白勺质询案和询问案，组织听取受质询机关和受询问机关对质询案和询问案的答复，并提出审议意见或报告。

13. 办理省人大代表提出的与本委员会有关的建议、批评和意见。

14. 办理公民、法人或者其他组织提出的与农业有关的重要的申诉和意见。

15. 对属于省人民代表大会或其常务委员会职权范围内同本委员会有关的问题，开展专题调查研究，提出意见和建议。

16. 承办省人民代表大会主席团及其常务委员会主任会议交办的有关事项。

17. 办理常委会主任、分管副主任、秘书长交办的有关事项。

五、农业委员会的会议制度

1. 农业委员会全体会议和农业委员会主任委员会议

农业委员会全体会议由主任委员或由主任委员委托副主任委员召集并主持，全体委员参加，农业委员会办公室有关工作人员列席会议。会议至少每两个月举行一次。会议主要审议决定农业委员会工作职责中的重大事项。会议议程由办公室负责拟定，报主任委员或受主任委员委托的副主任委员审定，并提前通知各位委员。农业委员会全体会议应有三分之二以上委员出席，农业委员会成员因故不能出席会议的，应事先请假。农业委员会全体会议审议有关问题时，应当充分发扬民主，就有关事项作出决定时，须经农业委员会组成人员过半数同意，并形成正式文件或会议纪要。

农业委员会主任委员会议由主任委员、副主任委员参加，主要研究处理日常工作中的重要问题和急需办理的事项。会议不定期举行。根据工作需要，委员会有关委员和办公室工作人员列席会议。

2. 农业委员会联席会议

农业委员会每年召开1~2次有关部门的联席会议，互通情况，研究立法工作中的有关问题和实际工作中的重大问题，商议有关法律、法规贯彻执行情况的检查等工作。会议议定事项形成会议纪要。

六、农业委员会根据工作需要，采取工作座谈会、调查研究、专题调查、执法检查、查阅有关部门文件资料、参加有关部门的重要会议等形式进行工作。

调查、检查之后应形成文字材料，向各位委员通报情况，向省人民代表大会常务委员会提出建议。

七、农业委员会的文件审批、办理制度

1. 属于向省人民代表大会常务委员会或各专门委员会提出的关于议案的审议意见及对重大问题

的建议等重要文件，需经农业委员会讨论决定后，由主任委员或委托的副主任委员签发。

2. 日常工作中的一般性文件、文稿，如调查（视察）报告、情况反映、资料信息、信函、通知等，由主任委员或分管副主任委员签发。需以省人民代表大会常务委员会或省人大常委会办公厅名义发出的文稿，由主任委员或委托的副主任委员审核后，送分管的常委会副主任审签，按省人大机关办文程序印发。

3. 农业委员会会议纪要，送会议主持人审签后印发。

八、农业委员会应加强与各专门委员会、常委会各办事工作机构的工作联系，密切配合，互相支持，互通信息。根据工作需要，邀请他们参加农业委员会的有关会议；或商请其联合对某一问题进行调查或对法律、法规的执行情况进行检查等。

对其他委员会向本委员会正式征询意见的地方性法规草案，应及时研究并回复意见。

九、农业委员会应加强与省级有关部门的工作联系，互送资料、互通信息，派员参加有关部门的重要会议；或就某方面的问题邀请有关部门进行调查研究。

十、农业委员会应加强与全国人大农业与农村委员会，各省、自治区、直辖市相对应的专门委员会，市、州人大农业委员会的工作联系，互通情况，交流经验。

十一、农业委员会办公室是农业委员会的办事机构，负责承办农业委员会交付的各项工作，为农业委员会履行各项职责做好服务保障工作。

四川省人大城乡建设环境资源保护委员会工作规则

（2003年2月9日四川省第十届人大城乡建设环境资源保护委员会第1次会议讨论，2003年2月19日委员会第2次会议通过）

四川省人民代表大会城乡建设环境资源保护委员会为了依法行使职权，根据《中华人民共和国地方各级人民代表大会和地方人民政府组织法》和《四川省人民代表大会议事规则》、《四川省人民代表大会常务委员会议事规则》的有关规定，制定本规则。

一、性质地位职权

城乡建设环境资源保护委员会是省人民代表大会的专门委员会，受省人民代表大会的领导。在大会闭会期间，受常委会的领导。协助省人民代表大会及其常委会行使有关职权。

二、联系工作部门

城乡建设环境资源保护委员会主要负责与省建设厅、国土资源厅、环保局、旅游局、测绘局、人防办、华西集团等单位建立对口工作联系。

三、主要工作职责

（一）向省人民代表大会或者常委会提出其职权范围内同本委员会有关的议案和地方性法规草案。

（二）研究、审议省人民代表大会主席团或者常委会交付的地方性法规草案和其他议案，并提出审议报告。

（三）提出城乡建设环境资源保护方面的立法年度计划，起草或者协同省政府有关部门起草有关地方性法规草案。

（四）审议省人民代表大会主席团或者常委会主任会议交付的有关质询案，听取受质询机关对质询案的答复，并提出报告。

（五）研究办理省人大代表提出的建议、批评和意见，并答复代表。

（六）参与省人大常委会组织的视察、评议活动和执法检查。对同本委员会有关的问题依法进行视察、调查和执法检查，提出意见、建议或报告。

（七）对省人民代表大会或者常委会授权的问题进行调查，并拟出报告。

（八）对全国人大常委会征求意见的有关法律草案，组织研究和讨论，提出修改意见。

（九）审议成都市人大常委会报请省人大常委会审议批准的与本委员会有关的地方性法规，并提出审查意见报告。

（十）听取对口联系单位的工作报告，提出意见和建议。

（十一）加强同下一级人民代表大会或者常委会相对应的工作机构和省级机关对口联系单位的联系。

（十二）承办省人民代表大会或者常委会及主任会议交办的其他事项；承办常委会主任、分管副主任交办的有关事项。

（十三）研究、审议与本委员会有关的其他事项。

四、会议制度

委员会全体会议、对口单位联系会议及研究重大问题的会议，请常委会分管副主任参加。

（一）委员会全体会议

1. 委员会全体会议由主任委员或者委托副主任委员召集并主持。一般两个月举行一次，必要时可以临时召集。

2. 委员会全体会议应有全体组成人员的过半数出席方能举行。会议就有关事项作出决定时，必须有全体组成人员的过半数同意，并应形成正式文件或者会议纪要。

3. 委员会举行全体会议时，办公室一般应在举行会议 5 日前将会议的日期、议题及其他有关事项通知全体组成人员和有关人员。

4. 委员会全体会议审议议案和讨论问题时，办公室负责人和有关工作人员列席会议，必要时可以邀请全国人大代表、省人大代表和专家、学者以及有关部门负责人列席会议。

（二）委员会主任办公会。由主任委员、副主任委员参加，每一个月至少举行一次，主要研究、议定本委员会的日常工作和急需办理的事项。

（三）委员会联席会议

委员会每年召开一次对口联系单位的联席会议，通报情况，听取意见，研究立法和工作计划，部署安排有关评议和执法检查等重大事项。会议讨论的情况或议定事项应形成会议纪要，按照各自的职责范围抓好落实。

五、工作方式

委员会坚持集体行使职权的原则，严格依法办事。

委员会采取专题调查、视察、考察、执法检查、参加有关部门的重要会议等形式进行工作。

委员会的日常工作，由主任办公会处理。具体事务工作由办公室办理。

六、文件审批、办理制度

（一）向常委会或者有关专门委员会提出的议案审议意见及对重大问题的建议等重要文件，经委员会全体会议讨论决定后，报常委会分管副主任审阅，由主任委员审签。

（二）日常工作中的视察和调查报告、情况反映、资料信息、信函、通知等文件、文稿，需要盖委员会印章的，由主任委员或分管的副主任委员审签。需要以常委会办公厅名义发出的文件，如涉及重大问题的，报常委会分管副主任审阅，由主任委员审签后，送办公厅处理。

（三）委员会全体会议纪要、主任办公会纪要，由会议主持人审签后印发。

七、工作联系制度

（一）加强与全国人大、各市、州人大相对应的专门委员会或工作委员会的工作联系，经常沟通信息，推进工作。

（二）主动与各专门委员会和常委会办事工作机构加强工作联系，互相支持，密切配合。在日常工作中，通报信息，交流情况，根据工作需要，可以邀请他们派员参加本委员会的有关会议，商请他们派员参加本委员会对某一问题进行调查或者对法律法规的执行情况进行检查等。

对其他专门委员会或者常委会办事工作机构征询意见的有关地方性法规草案，应及时研究并回复意见。

（三）委员会应加强与省级机关对口联系单位的工作联系，及时通报信息，交流有关资料，参加他们的一些重要会议或者就某方面的问题，邀请有关部门负责人和有关人员进行座谈和研究。

八、办公室工作

城乡建设环境资源保护委员会办公室是本委员会的办事机构，负责承办委员会交付的各项工作。办公室要按照机关学习制度，坚持每月2次政治理论或业务知识学习，不断完善办文、办会办事的各项规章制度，实行主任负责制，落实机关分解的工作目标，明确分工，通力合作，严格纪律，讲求时效，保证质量，做好各项工作。

九、本工作规则如与常委会议事规则等有关规定不一致的，按常委会有关规定执行。

四川省人大外事侨务委员会工作规则

（2003年6月27日四川省第十届人大外事侨务委员会第3次全体会议通过）

总　则

第一条　为了正确行使宪法、法律、地方法规赋予的职权，依据地方组织法和省人民代表大会、省人大常委会议事规则，结合本委员会实际，制定本工作规则。

第二条 四川省人民代表大会外事侨务委员会，是四川省地方国家权力机关的一个专门委员会，负责省人大涉外、涉侨法制工作，并完成省人大及其常委会交办的有关涉台工作任务。由主任委员一人、副主任委员和委员若干人组成。受省人民代表大会领导，在大会闭会期间，受省人民代表大会常务委员会领导，并接受全国人民代表大会外事委员会、华侨委员会指导，依法开展省人大涉外、涉侨、涉台工作。

第三条 外事侨务委员会贯彻民主集中制的原则。通过建立委员会会议、主任委员办公会议制度，坚持集体行使法定职权和集体领导下的分工负责制。主任委员主持委员会全面工作，签发或委托副主任委员签发委员会文件；副主任委员协助主任委员工作；全体委员明确分工负责外事、侨务、台务、调研、信访、联络、宣传等项工作。委员会下设办公室，承办日常具体工作和行政事务。

工作职责

第四条 外事侨务委员会的工作职责：

1. 审议省人民代表大会主席团或省人大常委会交付的有关议案、质询案、法规草案，提出审议结果报告。

2. 拟定或委托有关部门拟定地方性法规草案，提出属于省人大及其常委会职权范围内的涉外事、侨务、台务、海关、检验检疫、民航、边防、口岸等涉外单位的议案。

3. 组织对国家涉外、涉侨、涉台、海关、检验检疫、民航、边防、口岸等法律草案或地方性法规草案征求意见的工作，提出修改意见或建议的报告。

4. 协助省人大及其常委会行使监督权，对行政机关、司法机关实行涉外、涉侨、涉台、海关、检验检疫、民航、边防、口岸等工作的法律监督和工作监督。不定期地组织执法检查，提出检查报告。

5. 深入基层调查研究，对有关重大问题，开展专题调研，向有关部门提出建议和处理意见。

6. 受理涉外侨台方面来信、来访，处理本委员会职权内的重大信访和申诉案件，依法维护其正当合法权益。

7. 加强海外联络联谊工作，团结海外华侨、港、澳、台同胞，维护祖国统一和主权尊严，开展与本委员会有关的涉外工作和联谊活动。

8. 做好与省人大有关的外事工作，贯彻国家的对外方针，加强对外宣传工作，宣传人民代表大会制度和民主法制建设进程，宣传我省社会经济的发展情况。

9. 根据工作需要，经主任委员办公会议决定，可以召集省人大侨、台界代表，或行政、司法、涉外、涉侨、涉台等单位负责人员，或侨、台界人士等不同类型的工作座谈会议。其主要内容是：听取意见、沟通情况，协商工作。必要时，组织召开全省性人大外、侨、台、海关、检验检疫、民航、边防、口岸等涉外单位工作座谈会或工作片会。

10. 保持与全国人大办公厅外事局、外事委员会、华侨委员会、本省各级人大外侨工作机构和兄弟省市人大、省级有关部门的工作联系。加强与省人大其他专门委员会和常委会办事机构的联系，以各种方式加强与省人大侨、台界代表的联系。

11. 完成省人大及其常委会和全国人大有关委员会交付的其他工作任务。

会议制度

第五条 外事侨务委员会会议，由全体委员组成。主任委员召集并主持会议，也可以由主任委员委托副主任委员召集主持会议。会议讨论决定委员会重大问题。委员会会议坚持依法集体行使职权，举行会议、表决议案，全体委员必须过半数有效，并形成会议纪要。

第六条 委员在会上有权围绕议题充分发表意见，提出不同看法，行使表决权力，发言和表决不受法律追究。但经会议通过的决议或集体形成的决定，委员个人在会后无权更改，并应坚守保密规定。

第七条 委员会会议每两月至少举行一次，一般安排在常委会议召开前后或会中举行。根据特殊需要，可以提前或推迟举行有关议题的负责人员和办公室主任，应当列席会议。会上均作会议记录，会后根据需要编写会议纪要，由主持会议的主任委员或副主任委员签发。

第八条 外事侨务委员会主任委员办公会议，由主任委员和副主任委员组成。主任委员或受委托的副主任委员召集并主持会议。主要内容是研究处理委员会日常工作中的重要问题。

第九条 主任委员办公会议处理委员会日常工作，对委员会决定的主要事项的实施情况进行研究和处理。在日常工作中，主任委员、副主任委员负责协调各方面的协作关系，有权决定和督办明确分工负责的事项，但不得随意变更已经会议确定的事项和作出的决定。

第十条 主任委员办公会议一般每月举行一次，也可根据实际需要临时举行。办公室主任和有关工作人员列席会议。会前用口头或电话通知，会上作记录，必要时可编写会议纪要，由会议主持者签发。

第十一条 根据工作需要，不定期召开各种不同类型的工作座谈会议。由主任委员或受委托的副主任委员主持，会议邀请全体委员参加。会前印发书面会议通知，会上安排签到并作会议记录。会后一般应编写情况简报或会议纪要，由会议主持者签发。

办公室职责

第十二条 外事侨务委员会办公室，在委员会领导下进行工作，承办日常具体工作和行政事务。

1. 为委员会拟定、审议地方性法规草案和修改地方性法规做好服务保障工作。

2. 负责做好全国人大有关法律草案、省人大常委会及省人大各专委会有关法规征求意见的工作。

3. 做好常委会、主任会议、委员会听取对口联系单位工作汇报的服务工作。

4. 为委员会审议省人大代表提出的有关议案、建议和批评意见拟定审议结果和办理情况的报告草案。

5. 拟定执法检查计划，做好常委会、委员会有关执法检查的服务工作。

6. 负责委员会文件起草，包括起草委员会年度工作计划、总结，负责委员会承办和参加的有关会议的材料准备及其有关具体工作。

7. 围绕委员会的工作职责开展调查研究。

8. 协助委员会做好对外联络、对外宣传等涉外工作。

9. 联系市、州人大外侨工作机构；承担接待与本委员会对口的全国人大和外省（市、区）人大专委会团（组）的来访的具体工作。

10. 负责委员会文秘工作。

11. 完成委员会及办公厅交办的其他任务。

其 他

第十三条 外事侨务委员会委员和全体工作人员必须认真学习理论和业务知识，加强思想、作风建设，模范执行宪法、法律和法规，坚持和完善人民代表大会制度，保证国家涉外、侨、台法制建设任务在全省贯彻实施。

第十四条 本工作规则，经省人大外事侨务委员会全体委员会议讨论通过。

四川省人大常委会法制工作委员会
关于具体问题的法律询问答复办理程序规定

第一条 为了规范有关具体问题的法律询问答复办理程序结合四川省人大常委会法制工作委员会工作实际情况，制定本规定。

第二条 法制工作委员会受理以下单位和部门关于具体问是的法律询问：

（一）省级有关部门；

（二）市、州人大常委会及其有关委员会。

第三条 法制工作委员会接到法律问题询问后，由办公室登记并初步审查是否属于具体问题的法律询问和是否符合第二条规定。办公室审查后应当登记编号并按请示性质分送相关处。

不属于具体问题的法律询问或不符合第二条规定的，办公室应当告诉询问人。

第四条 相关处接到具体问题的法律询问请示后，应当指定承办人负责答复。承办人根据法律询问的具体情况，征求有关部门和单位意见，在五个工作日内草拟答复意见，报法制工作委员会分管副主任或者主任审查后，由主任或委托的副主任及时主持召开法制工作委员会办公会议议定。办公会议议定中分歧意见较大难于正确集中的，应当请示常委会负责人决定。

法律询问涉及国家法律规定，且全国人大常委会及其办事机构已有明确答复的，承办人应当根据全国人大常委会及其办事机构已有的答复草拟答复意见，报法制工作委员会分管副主任或者主任签发，及时答复询问人；需要请示全国人大常委会法制工作委员会的，按请示程序办理。

属于地方性法规需要进一步明确具体规定，或者需要明确适用法律依据的法律问题询问，按地方性法规解释程序办理。

第五条 法制工作委员会讨论具体问题的法律询问答复的办公会议，法制工作委员会主任、副主任和办公室、法规一处、法规二处负责人参加。办公室负责记录。

第六条 法制工作委员会办公会议讨论具体问题的法律询问答复，由承办人向会议汇报答复办理情况。

汇报答复办理情况应当包括以下方面：

（一）具体问题的法律询问答复稿；

（二）法律、法规相关条款；

（三）答复意见所依据的资料；

（四）征求有关部门和单位的意见。

第七条 法制工作委员会办公会议讨论具体问题的法律询问答复，应当重点讨论以下方面：

（一）答复意见是否针对地方性法规具体应用问题的法律询问答复；

（二）答复意见是否符合法律、法规规定；

（三）答复意见是否符合立法原意、立法精神和基本原则

（四）答复意见是否准确、规范。

第八条 具体问题的法律询问答复经法制工作委员会办议研究后，由法制工作委员会主任或者委托的副主任签发。

承办人应当在签发后两个工作日内校对、印制具体问题律询问答复文本，分送询问人和有关部门。

第九条 承办人办理答复完毕后，应当在两个工作日内律问题询问答复正式文本四份和法制工作委员会主任或者分主任签发的法律询问答复稿、法律问题询问请示等送办公室归档。

四川省人大法制委员会审议地方性法规草案的规定

（2001年2月20日四川省人大法制委员会全体会议通过）

第一条 为了搞好地方性法规草案的统一审议工作，根据《中华人民共和国立法法》和《四川省人民代表大会及其常务委员会立法程序规定》，制定本规定。

第二条 省人民代表大会法制委员会负责地方性法规草案的统一审议，向省人民代表大会或省人民代表大会常务委员会提出审议结果的报告和草案修改稿。

省人民代表大会常务委员会法制工作委员会配合省人民代表大会法制委员会搞好法规草案统一审议工作，负责草拟地方性法规草案审议结果的报告、草案修改稿、建议表决稿等。

第三条 法制委员会审议法规草案应当召开全体会议，由法制委员会主任委员或副主任委员主持；法制委员会组成人员三分之二以上出席，会议才能举行。

不是法制委员会组成人员的法制工作委员会主任、副主任，列席法制委员会全体会议。

根据审议内容，可以邀请有关专门委员会的负责人列席会议，发表意见；可以要求提案单位或有关部门到会说明情况，回答询问。

第四条 法制委员会全体会议审议法规草案，由法制工作委员会负责人或承办人向会议作修改说明。

法规草案修改说明主要包括三个部分：

（一）常务委员会会议和有关专门委员会的审议意见及其他方面提出的意见；

（二）法规草案争议的主要问题；

（三）法规草案的重要修改建议和修改理由。

第五条 法制委员会全体会议对法规草案进行逐条审议。其重点是：

（一）法规草案的立法目的和立法原则是否违背宪法、法律、行政法规的立法精神和基本原则，其具体规定是否与法律、行政法规的具体规定相抵触；

（二）法规草案是否与现行地方性法规协调一致；

（三）法规草案设定的委托执法、授权执法是否合法或适当；

（四）法规草案设立的行政许可制度、行政强制措施、行政处罚办法、收费种类、资格认证和资格培训等是否合法或适当；

（五）法规草案名称是否准确规范，章节条款安排是否科学合理等。

第六条 法制委员会全体会议审议法规草案，要充分发扬民主，集中正确意见，坚持少数服从多数的原则。法规草案审议结果报告和草案修改稿或建议表决稿经全体会议审议修改后，由法制委员会全体组成人员进行表决过半数通过。

第七条 法制委员会组成人员对法规草案修改中争议较大的重要事项，可以由全体会议对该事项进行单独表决。

法制委员会全体会议对法规草案修改中涉及的重要事项的单蚀表决，应在法规草案审议结果报告和草案修改稿或建议表决稿通过之前进行。

第八条 法规草案审议结果报告稿和草案修改稿未经法制委员会全体会议通过的，由法制工作委员会继续修改，提请下次法制委员会全体会议继续审议。

第九条 经法制委员会全体会议通过的法规草案修改稿，在重要问题上与有关专门委员会的意见不一致的，法制委员会应及时向人民代表大会主席团或常务委员会主任会议报告。

第十条 法规草案审议结果报告和草案修改稿经法制委员会全体会议通过后，由法制委员会主任委员或分管的副主任委员签发，报送省人民代表大会主席团或省人民代表大会常务委员会审议。

四川省人大常委会人事代表工作委员会主任办公会议办法

（2003 年 8 月 4 日四川省人大常委会人事代表工作委员会主任办公会议通过）

为加强人事代表工委自身建设，坚持民主管理、民主监督、科学决策和重大问题集体研究的原则，特制定本办法。

一、人事代表工委主任办公会议（以下简称“主任办公会议”），研究、讨论和决定本委的重大事项。办公会议由委主任和副主任组成，根据工作需要可吸收处长、副处长参加。

二、主任办公会议主要职责是：

1. 研究和制定本委年度工作计划和工作总结。

2. 对以本委名义召开的会议及领导交办的重要事项进行研究和统筹安排。

3. 研究、检查各年度工作的进展和完成情况。

4. 研究和制定有关本委自身建设的各项规章制度。

5. 研究和决定本委人事等重要问题。

6. 研究包干和专项经费的开支，提出使用意见，掌握其开支情况。

7. 研究、讨论需要由办公会议决定的其他重要问题。

三、主任办公会议的纪律

凡主任办公会议商定的事项，暂时不宜公布的，参会人员不得向会外人员透露。

四、主任办公会议原则上每月召开一次，必要时可临时召会议由主任或副主任主持，如主任不在时可委托副主任主持。

五、主任会议召开前一天应把开会时间、地点和会议需研究议题通知与会人员。

六、主任办公会议应由专人作好记录。

四川省人大常委会预算工作委员会公文处理规定

（2003年7月10日四川省人大常委会预算工作委员会通过）

为规范预算工作委员会办文工作，提高办文的效率和质量，特作如下规定：

一、办文。指预算工作委员会对外发函件、编发预算审查监督信息、会议纪要、简报和向常委会主任会议等写出各种报告及其他对外的一切文字资料。凡送领导审示的文稿一律用机关统一制定的拟稿笺，并注明承办人及草拟日期。

二、审批程序。承办人草拟好文稿后，送预算工作处处长或副处长审改，报预算工作委员会领导审签。预算工作委员会的重要文件由预算工作委员会主任签发，也可由主任委托专职副主任签发；预算工作委员会的日常函件等由专职副主任签发。

需要以省人大财经委员会和预算工作委员会两家的名义发出的函件由预算工作委员会主任或副主任审签后，送财经委员会主任或副主任会签。

需要以省人大常委会或办公厅名义发出的文件，由预算工作委员会主任或副主任审签后，送常委会主任、分管副主任或秘书长签发。

三、印制。收到签发文件后，承办人及时交内勤登记、编号，由承办人负责输入微机打印、校对（函件不得在机关以外的地方打印），文稿印制好后，承办人应将签发原件和正式文稿一式三内勤存档。

四、复印。按文稿印制份数复印。设有密级的文件不能复

五、发文。承办人根据文稿的内容、发送范围负责发送，无误。

六、文件的传阅和归档。内勤负责文件的登记，及时填写传阅单。按程序进行传阅、收回、清理和清退，并按机关的要时将函件移交档案室，编号文件退还办公厅机要室，防止遗失密。

四川省人大常委会研究室室务会议制度

（2003 年 8 月 9 日四川省人大常委会研究室主任办公会议通过）

为了加强研究室工作的组织协调，增强全室工作人员的工作主动性、计划性、目的性和责任感，提高工作效率，形成整体合力，完成好各项工作任务，特制定本制度。

一、研究室室务会议由研究室主任、副主任和综合处、调研处全体同志参加。根据会议内容和工作需要，《民主法制建设》杂志社的负责人可列席会议。

二、室务会议由研究室主任主持，如遇特殊情况，也可由主任委托副主任主持。会议议题由主持人确定。

三、室务会议原则上每月召开 1 ~ 2 次，必要时可临时召开。

四、室务会议主要内容：

1. 讨论通过研究室的年度工作计划和工作总结；

2. 传达学习党中央和省委、省人大常委会（党组）及常委会机关的重要会议、文件、决定精神；

3. 部署落实主任会议、秘书长会议和常委会领导决定交由研究室办理的事项，部署安排当月和季度的工作，明确工作任务和责任人，对由研究室召开的重要会议和承担的重要接待、重要调研课题进行组织协调和落实责任；

4. 督促检查正在进行的工作或检查已完成的工作，协调处理出现的问题；

5. 通报机关或研究室工作情况。

四川省人大常委会信访办公室处理人民来信的规定

（2002 年 10 月 21 日四川省人大常委会信访办公室办公会议第 6 次会议通过）

为使省人大常委会信访办公室办信工作制度化、规范化，提高工作质量和效率，制定以下规定。

第一条 对人民群众来信办理，应遵循“分级负责，归口管理”的原则。

第二条 处理群众来信时做到及时拆阅分流，不拖延、不积压，每月底前工作人员应当处理完自己分管市、州的来信。

第三条 在处理群众的来信中，做到准确无误，根据来信反映的内容、性质，依照法律和政策规定，分别转有关部门处理。

第四条 认真搞好来信处理登记，登记时力求做到细致、准确、完整，以备查阅。

第五条 重要来信，承办人认为应函交有关单位办理的，应该真审阅，提出书面处理意见，经办信处集体研究，处长审签后，呈送办领导审批。

第六条 重要来信的处理，承办人员应认真填制《重要来信处理呈批表》，报处和办领导审签。

第七条 对常委会主要负责同志的来信，应及时认真审阅，每月定期将来信基本情况及重要、典型来信呈报有关领导同志。

第八条 做好交办案件的跟踪催办、督办工作，每3个月以《催办通知》形式予以催办，每6个月以书面通报形式进行催办，努力提高结案率。

第九条 常委会领导同志对群众来信的批示，应及时、认真按规定处理、督办、抓好落实，督办处理情况必须回复有关领导同志。

第十条 重要来信需以《信访简报》《信访要情》等形式反映的，由承办人提出意见，拟写文稿，经办信处集体研究后，送办公室领导同志审批后印发。

第十一条 做好来信管理、统计保密工作。

编　后　记

按中共四川省委办公厅、四川省人民政府办公厅印发的《关于印发〈四川省志〉(1986—2005)编纂方案的通知》(川委厅〔2006〕4号)要求,《四川省志·人大志(1986—2005)》(以下简称《人大志》)由四川省人大办公厅牵头编纂。

为编修好本志,省人大常委会领导高度重视和全力支持,编纂委员会名誉主任、省十届人大常委会主任张学忠,编委会主任、省十一届人大常委会主任刘奇葆,编辑委员会副主任、省人大常委会副主任席义方、甘道明始终关注和指导修志工作,并严格把关审定稿件和解决具体问题。编委会办公室多次召开编修会,共同研究、讨论、广泛征求意见,多方收集、查阅资料,解决了编纂工作中的具体困难。其中:李尚志编写编辑说明、概述、后记、附录中的人大机关制度建设等内容;岳茂良编写前三篇中第八届、第十届的有关内容;王晋编写第四篇和前三篇中第七届的有关内容;何建兴编写前三篇中第九届的有关内容;李尚志、潘光霞、郭丹进行统稿工作。省人大常委会机关各部门的同志为修编此志,积极提供资料,热情给予帮助。四川省社会科学院政治学研究所、四川省政治学会组织理论功底扎实的科研人员担任编辑,为此一并致以真诚的谢意!

本志在编修出版过程中,承蒙杨启泉、张渝田、袁本朴、朱新华、袁祥生、杨文、李清禾、陶生元、贾松青、肖萍等关怀,不厌其烦,反复修改,去谬正误,并提出许多宝贵的意见和建议。四川省地方志办给予修志工作具体业务指导和认真审稿,精心斧正。四川省历届人大常委会委员、人大代表、各界同仁和朋友给予《人大志》热忱关心和厚爱。在此,谨对各位领导、有关单位和同志表示衷心感谢!

由于编写者水平有限,经验不足,加之人手较少,时间跨度长,内容多而杂,给编纂工作带来一定困难,书中难免有错漏之处,敬请领导和同志们指正!

《四川省志·人大志(1986—2005)》编纂办公室

2020年3月